公共管理案例教学集之一:

公共管理案例教学理论与实践

GONGGONG GUANLI ANLI
JIAOXUEJI ZHIYI:
GONGGONG GUANLI ANLI
JIAOXUE LILUN YU SHIJIAN

樊亚利 刘红 主编

Southwestern University of Finance & Economics Press

西南财经大学出版社

图书在版编目(CIP)数据

公共管理案例教学理论与实践 / 樊亚利,刘红主编 . 一成都:西南财经大学出版社,2013.5
ISBN 978 - 7 - 5504 - 0835 - 7

Ⅰ. ①公… Ⅱ. ①樊… Ⅲ. ①公共管理—案例—教学研究
Ⅳ. ①D035

中国版本图书馆 CIP 数据核字(2012)第 208579 号

公共管理案例教学理论与实践

樊亚利 刘 红 主编

责任编辑:王正好
助理编辑:廖术涵
封面设计:穆志坚
责任印制:封俊川

出版发行	西南财经大学出版社(四川省成都市光华村街55号)
网 址	http://www.bookcj.com
电子邮件	bookcj@foxmail.com
邮政编码	610074
电 话	028 - 87353785 87352368
印 刷	四川森林印务有限责任公司
成品尺寸	185mm×260mm
印 张	18
字 数	375 千字
版 次	2013 年 5 月第 1 版
印 次	2013 年 5 月第 1 次印刷
印 数	1—2000 册
书 号	ISBN 978 - 7 - 5504 - 0835 - 7
定 价	36.00 元

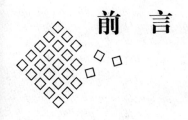

前　言

　　案例教学法是美国哈佛大学商学院于20世纪20年代首创和始终倡导的管理学创新教学模式，经过欧美国家一些著名高校几十年的教学实践，已被证明是一种行之有效的教学方法。案例教学法以案例作为基本素材，在教师的精心设计和积极引导下，学生通过对案例内容的阅读、思考、讨论和相互启迪，不断厘清容易混淆的概念范畴和理论观点，对提高学生的理论水平能起到举一反三的作用。同时，案例情节较为逼真的模拟情景，也有利于学生通过总结汲取前人经验，加深对社会问题的认识和理解，以提高分析和解决问题的能力。

　　作为一种启发式的教学方法和研究型的教学模式，公共管理案例教学在相对轻松的学习氛围中，通过讨论问题、交流观点，不仅能更好地体现以人为本的教学互动，也有利于互相学习、提升见解，锻炼学生思维反应能力、语言表达能力和勇于探索的创新精神。与传统的专业课授课方式相比，案例教学法的最大优势就在于它能够使学生在案例情景中充分发挥思维和想象的主观能动性，变被动接受为主动思考。因此，案例教学不仅有助于激发学生积极参与的学习热情和团队精神，同时也为学生提供了一个在课堂上充分展示个人能力与综合素质的机会和平台。

　　本案例集是新疆财经大学公共经济与管理学院与西南财经大学公共管理学院共同合作完成的教改成果。编写案例集的主要目的是为公共管理专业课教学提供配套的辅助教材，以便于学生在课堂或课外开展讨论，深化对公共管理基本原理和相关理论的理解和认识，培养学生观察社会、深入分析公共管理问题和理论联系实际的综合能力。

　　本案例集共分为四册，即《公共管理案例教学集之一：公共管理案例教学理论与实践》；《公共管理案例教学集之二：公共管理课程案例教学方案设计》；《公共管理案例教学集之三：民族地区公共政策分析》；《公共管理案例教学集之四：他山之石——国外公共管理典型案例分析》。其中,《公共管理案例教学集之一:公共管理案例教学理论与实践》以公共管理案例教学理论为基础,以中外公共管理领域面临的问题,特别是 2000 年以来我国构建市场经济体制过程中政府公共管理实践难题为主要内容,分上、下两篇,分别为公共管理案例教学的相关理论与具体实践。为了让学生在课堂案例教学中能够充分讨论我国公共管理与政府行政执法行为中存在的现实难题,本案例集收录了一些 2000 年以来我国政治经济生活中发生的典型案例。虽然其中相当部分属于个别现象,党和政府也正在对这些公共管理中出现的问题采取各种改进措施,但是,问题的出现有些深层次的原因尚需从公共管理专业学习的角度进行深入细致的解剖分析。为此,我们在案例之后安排了相应的"案例分析提示与思考",以便于学生在教师的正确引导下,结合不同章节的知识点和教学重点,通过对案例内容的充分讨论来理清思路、辨明是非,从而更加清晰地认识到中国公共管理领域的现实问题并找到解决途径。

参加这部公共管理案例教学集编写的还有新疆财经大学公共经济与管理学院行政管理教研室的殷琼副教授、阿孜古丽·吐尔洪副教授、谭军讲师、王丽讲师、井西晓讲师、唐努尔·阿不都克里木讲师、史青讲师、郭文雅讲师、徐疆讲师。这套案例集是各位老师多年以来,在教学过程中不断探索和实践的经验总结和成果展现。

本案例集虽已经过反复修订,但其中的问题和不足仍在所难免。敬请各位同仁和读者阅后多提宝贵意见。

樊亚利 刘 红

2012 年 3 月

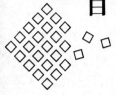

目 录

2 实战篇

第一章 行政职能   /30

第六章　行政决策　/135

理 论 篇

第一章　评价中心

评价中心（Assessment Center），被认为是当代人力资源管理中用于识别管理者才能的最有效的工具。它的最早起源可以追溯到 1929 年，德国心理学家建立了一套用于挑选军官的非常先进的多项评价过程。他们认为只靠纸笔测试难以窥探清楚一个人的全部潜能，只有将候选人放在一个复杂的环境中去，通过观察其行为反应，才有助于真正了解候选人各个方面的综合素质。后来，英、美等国也相继效法。在第二次世界大战期间，美国的战略情报局使用小组讨论和情景模拟练习来选拔情报人员，并获得了成功。

在工业组织中，开创使用评价中心技术先河的是美国电话电报公司（AT&T）。该评价工作从 1956 年一直持续到 1960 年，结果证明，在被提升到中级管理岗位的员工中，有 78% 与评价中心的评价鉴定是一致的；在未被提升的员工中，有 95% 与评价中心在 8 年前认定的缺乏潜在管理能力的判断是吻合的。D. W. 贝维领导了这一被称为"管理发展研究"的计划，并在《变动世界中雇员的工作》一书中介绍了该计划的实施情况。此后，许多大公司，如通用电气公司（GE）、国际商用机器公司（IBM）、福特汽车公司（FORD）、柯达公司（KODAK）等都纷纷效法，采用了这项技术并建立了相应的评价中心机构来评价管理人员。

一、评价中心的含义

关于评价中心的概念，不同的学者从不同的角度提出了各自的定义描述。邓巴等人（Dunbar, Koretzc & Hctover, 1991）认为评价中心是"以超越传统测评方式，为了解被试者的工作熟练程度而搜集数据的一种测试方式"。台湾学者陈英豪、吴裕益（1992）则指出"所谓评价中心乃是模拟一些标准情境（亦即在自然情境下之实际操作）的测验，其模拟程度高于一般纸笔测验所代表者……评价中心通常着重在'过程'、'作品'，或此二者之结合"。科尔曼博士（Coleman, 1987）认为评价中心可以定义为"允许候选人在标准化的情景下展示其与成功工作绩效相关的技能与能力的系列测验技术的总称"。在评价中心发展历史上作出过重要贡献的学者拜汉姆博士（William C. Byham）这样描述："评价中心是一种包括多种与工作相关的情景模拟技术，有时也包括面试和心理测验，它是一种综合评价技术。"

目前，认同度最高的定义当属国际评价中心大会（International Congress on Assessment Center Methods）在 2000 年 5 月公布的"评价中心操作纲领和道德规范"。其中指出：评价中心技术是把受评人置于一系列模拟的工作情景中，由经过专业培训的考评人员组成评价小组，采用多种评价手段，观察和评价受评者在这些模拟工作活动中的心理、行为等，在综合评判过程中将观察到的被评价者的多种行为进行汇总并打分讨论的结果，是对被评价者在各个维度、胜任力或其他评价中心所要测量的变量上的表现的评估，以考察受评人的各项能力或预测其潜能，了解受评者是否胜任某项工作。

虽然不同版本定义的语言表述不同，但都强调了模拟工作情境。评价中心的核心理念就是模拟。评价中心的目标是模拟目标工作中最重要的任务，使得被测试者不仅能够展示出重要的技能，并且能够展示出被测试的特征在怎样的程度上能够有效地运用到工作最重要的情境中。

二、评价中心的特点

通常，在对管理人员进行评估时，有两种不同的分析方法：一种是工作任务分析，主要针对管理人员在实际管理工作中所涉及的任务、活动、职责等进行分析；另一种是个人特征分析，即进行有效的管理工作需具备什么样的领导特质和人格特征等。

而评价中心法之所以能从众多评价方法中脱颖而出，是与该方法的基本特点分不开的。其最基本的特点包括行为特征分析法和情景模拟技术。

（一）行为特征分析法

所谓行为特征，是指一组有共同特点的行为。在这里，行为必须是具体明确的，具备可观察、可重复、可比较验证的特点。这样，人们可以比较客观、方便地以具体行为为数据进行评判和分析。

首先，行为特征不同于工作任务。工作任务是指某项工作要求做什么。而行为特征则指完成某项任务所要采取的具体行为。例如，计划是一项普遍的管理职能。如果从行为特征的角度来看，计划是可以通过一系列具体明确的行为表现出来的，如"安排一系列工作问题研讨会"、"给下属分派一系列有明确时间期限的任务"、"预先估计采用某一方案可能出现的问题，并给出处理相应问题的建议和安排"等等。其他一些管理职能，如授权、控制和决策等也是一样。

其次，行为特征也不同于人格特征。通常，在管理中探讨人格特征，是指管理人员在不同情境中处理问题时的一贯性个人风格。在实际应用中，行为特征表面上看起来可能类似于人格特征，但评价中心中的行为特征都有明确的行为描述和定义，也即评价人对行为特征的认识已达成共识，一切从行为出发，避免了主观臆断和理解上的歧义。例如，敏感性一词，从行为特征的角度来看，有具体明确的行为描述来支持，如"询问某个下属对实施某项计划的看法"，"表明他或她了解顾客此时的心情，因为他或她曾有过类似的经历"，"与下属多次沟通，以确定与下属在某项方案上确已达成共识"等等。

这样，借助行为特征，评价中心法就取得了较为客观的了解人的行为数据，有了评价和诊断管理人员管理潜能的标准和依据。当然，评价中心只是一种方法，当用于不同目的（如升职或发展诊断）或不同类型的管理职位时，所考察的行为特征的数目和繁简程度会有所不同。常见行为特征举例：

（1）口头沟通。在私下和公开场合均能有效地表达自己的意见和看法（包括手势和非言语交流）。

（2）计划与组织。为自己或他人安排一系列行动过程去实现既定的目标；进行适当的任务分工和资源分配。

（3）授权。有效地使用下属；善于将决策权和其他责任分配给合适的下属。

（4）控制。建立一整套程序和规则用于协调和引导下属人员的活动和任务；采取有效的行动监控所分配任务的完成情况。

（5）主动性。主动施加影响，促成目标实现；主动争取而不是被动接受；采取行动实现常规要求以外的目标，具有独创性。

（6）挫折耐受性。在压力和反对意见面前保持稳定和正常的表现。

这里，应再次强调的是，所有的行为特征都是由实际管理工作中的活动和行为来定义和描述的。上面列举的定义只是对相应行为特征的简明概括。在评价中心法的实际使用中，每一行为特征都需要给出详细的定义和细致的行为描述。行为特征是评价中心法的核心和灵魂，能否有效地把握行为特征是评价中心法成败的关键。

（二）情景模拟技术

评价中心法的另一基本特点是采用情景模拟技术。这与该方法强调行为特征是分不开的。评价中心强调确定与有效管理有关的行为特征，而行为特征又是通过特定情境下候选人的一系列具体行为表现来反映的。因此，设计提供能体现真实情境本质特点的模拟情境是评价中心法有效实施的关键。评价中心法认为，只有在适合的模拟情境下激发候选人的管理行为，才能准确、有效地推断候选人是否适合提升到相应管理职位，或诊断其在某些方面有明显缺陷或不足，以便有针对性地给予培训。

三、评价中心的技术手段

评价中心主要采用模拟演讲、结构化面试、案例分析、无领导小组讨论、公文筐测验等技术手段有针对性地进行行为特征分析和情景模拟（见表1-1）。

表1-1　　　　　　　　评价中心各种测评技术手段的主要功能与作用

与工作相关的素质维度	测评方法分类						
	结构化面试	管理游戏	公文筐	无领导小组讨论	模拟面谈	书面表达	演讲
1. 影响力	★			★	★		★
2. 口头沟通能力	★	★	★	★	★		
3. 口头表达能力				★			★
4. 书面表达能力			★			★	
5. 创造力	★						
6. 承受压力能力					★		
7. 工作标准	★		★				
8. 领导力	★	★		★	★		
9. 说服能力				★			★
10. 敏感性			★	★	★		
11. 行为灵活性	★			★	★		
12. 执著性	★			★			
13. 冒险性	★	★	★				★
14. 独立性	★		★				
15. 计划组织能力	★	★	★				
16. 控制能力	★				★		
17. 分析能力	★	★	★		★		★
18. 判断力	★		★		★		
19. 果断性		★	★		★		★
20. 依从性	★						
21. 适应性	★	★					
22. 翻译能力						★	

（一）模拟演讲

模拟演讲，一般是在一定范围内（考官组成的测评组、一定范围的公众或二者兼有）进行演讲，主要是根据给定的题目或情景自行拟定演讲题目，或者是介绍自己对竞争职位的工作设想，有时还兼有答辩。模拟演讲是在一定时间、空间和情境中进行的演说，对演讲者来说意义重大。

1．模拟演讲的主要特点

（1）考察侧重点明确，能突出地测试考生的表达能力、应变能力，以及对相关工作的了解和胜任能力。

（2）信度比较高。能比较直观地测试考生，当面及时的反应有助于评委的合理评价。

（3）评定标准一致。考生的表现区别较大，能较明显地评定出优劣，有利于评判合理性。

运用模拟演讲的考察方式，主要是在考生将内部语言转化为外部语言的过程中，观察考生的言语、内容、表情等，考察考生的思维敏捷性、明晰性、准确性、表达能力，心理素质，对于题目有关知识的把握程度等。

2．模拟演讲的不足

（1）对于不擅长言语表达的考生比较不利，不能进行对比。

（2）考察不全面，只能考察考生的某些方面，必须与其他方法同时采用。

（3）选题要求高。题目选择较为局限，选择的题目只能包含某一方面的知识。

（二）结构化面试

结构化面试，又称结构化面谈，是指面试前就面谈所涉及的一系列问题进行系统的结构化设计的面试方法。结构化面试是相对于非结构化面试（自由面谈）与半结构化面试而言。虽然它也是通过考官与考生谈话的方式进行，但从形式到内容都突出了系统结构的特点（即精心设计），从而确保这种面试方法更为科学、有效，操作起来更为规范、可行。其特点是：结构化面试除了保留传统面试法的优点外，还增加了另外一些优点：即可以减少面谈的盲目性和随意性，操作上更规范，面试结果更具有客观性和可比较性。因此，结构化面试在公共管理部门领导人才素质测评中已被广泛应用。它有助于从各个角度对被测者进行全方位、多层面的考察，同时也容易对若干被测者的综合素质进行比较。因为当每个被测者要求回答同样的问题时，评分的标准也较为固定，考官根据被测者对同一问题的回答和其现场表现，较容易对被测者加以比较并作出判断。

通常情况下，结构化面试测评的要素结构主要包括以下五个组成部分：一是知识要素，看其知识是否符合岗位的工作需求，具体包括综合知识、专业知识、社会知识、工作经历、领导和管理知识、学习经历、个人兴趣和爱好等；二是能力要素，具体包括社会适应能力、语言表达能力、应急处理能力、逻辑推理能力、人际交往能力、自我控制能力、创新能力、学习能力、动手能力等，不同的领导岗位对能力的要求也不同；三是品质要素，具体包括风度、仪表、责任感、忠诚度、意志力、忍耐力、团队意识、大局意识、奉献精神、吃苦精神、利己性和利他性等等。

品质要素对于领导人才测评和遴选越来越重要；四是驱动力要素，目的是要考察被测者为什么工作，具体包括工作动机、价值观念、理想和抱负、认识及自我评价等；五是气质要素，即考察被测试者属于何种气质结构，是比较典型的胆汁质、多血质，还是黏液质、抑郁质气质类型，或者是以某种气质类型为主，以其他类型为辅的气质结构。气质结构虽无好坏之分，但却有更适应哪种工作之别，因而对于领导人才素质素质的综合考察也是非常重要的。

（三）案例分析

案例分析法是 20 世纪初哈佛大学首创的课堂实践性教学和培训方法。案例，也叫个案或实例，是指采用一定的视听媒介，如文字、录音、录像等，所描述的客观存在的真实情景。作为一种研究工具，案例分析早已广泛应用于社会科学的调研工作中。案例一般是对组织内部的个体，或组织中的一个或几个变量之间相互关系的一种描述。它以社会现实问题为对象，以事实或数据为依据，是实际工作的仿真或缩影。某个案例可能是带有普遍意义的事件或情景，也可能是特殊的，既可能提供成功的经验，也可能记载失败的教训，更多的是截取实际工作中的某一片段，平铺直叙一种实际工作场景，将问题活生生地摆在我们面前。它要求学习者应用相关的知识和过去的经验，进行具体分析和研究，通过明确问题、探讨成因、提出多种可选方案、找出最佳解决方案等若干步骤，来达到提高学习者认识问题、分析问题和解决社会实际问题能力的目的。

目前，案例分析是国内外广泛用于考察人才素质的一种重要方法和技术，其突出特点是给出综合性较强的题目，要求考生进行仔细阅读和分析，运用相应的理论知识和实践经验对所提问题进行解答，或作出评价，以此来考察他们的理论基础、理解能力、分析能力、逻辑思维能力、沟通能力和协作精神，尤其是着眼于考察他们的知识水平和理论联系实际与解决实际问题的能力。

（四）无领导小组讨论

无领导小组讨论，又叫做无主持人讨论，也常常被称为无领导小组测验，是指将数名评价对象集中起来，组成一个小组，要求他们就某一问题展开指定角色或不指定角色的自由讨论，主试（评价者）通过对评价对象在讨论中的言行的仔细观察，做出相应评价的一种主观测评形式。一组评价对象（通常是以 5 ～ 7 人为宜）组成一个临时工作小组，讨论给定的问题，并做出决策。工作小组是临时组成的，并不指定谁是负责人，目的就在于考察评价对象的表现，尤其是看谁会从中脱颖而出，成为自发的领导者。

无领导小组讨论能检测出笔试和单一面试法面试中所不能检测出的能力或者素质：可以依据考生的行为言论，对考生进行更加全面、合理的评价；能使考生在相对无意中显示自己各个方面的特点；能使考生有平等的发挥机会，从而很快地表现出个体差异；能对竞争同一岗位考生的表现进行横向对比，观察到考生之间的相互作用；应用范围广，能应用于技术、非技术和管理等领域；节省时间。但缺点也很明显，即对测试题目和考官的要求较高；同时，单个考生的表现易受其他考生的影响。

（五）公文筐测验

公文筐测验，又叫文件筐测验，是一种特殊的情景模拟测验，是对实际工作中管理人员掌握和分析资料、处理各种信息，以及做出决策的工作活动的一种抽象和集中，是测评管理人才实际工作能力的重要工具。测验在假定情境下实施，通过观察应试者在规定条件下处理工作的过程中的行为表现和书面作答，来评价其计划、组织、预测、决策和沟通的综合管理能力。

1. 公文筐测验的特点

公文筐测验的主要特点是：把纸笔测试和面谈相结合；可以多人同时施测、分别进行，便于比较；情景模拟类测试，可对个体行为直接观察；灵活性强，可根据不同工作特性和待测素质设计题目；施测时间一般为 2~3 小时，最长可达一两天，具体时间可以视情况而定。

通过让受测者在规定的时间内处理一系列文件，主试者可以观察、评价受测者的组织、计划、分析、判断、决策能力及分派任务的能力和对工作环境的理解与敏感程度。与传统的纸笔测验相比，公文筐测验能够更加直接地测试受测者处理和解决实际问题的综合能力。因此，公文筐测验更显生动、实务、直观，便于操作，不呆板，测验效度较高。

2. 公文筐测验是选拔高层管理者的有效测评工具

首先，从成本核算的角度考虑，公文筐测验的成本高、耗时长，对于责任重大、关键性的职位人选，采用这一测试较为合算，否则得不偿失；其次，公文筐技术主要是基于高级管理人员的工作特点设计的，测试形式和要点同高层管理者的工作形式与素质要求比较接近，自然也最符合高层管理者的职位特点和职责内涵。而中层和基层管理者的工作内容往往较少涉及处理公文，所以除非需要从中层管理者中物色人才，一般不采用公文筐测验。

3. 公文筐测验是一种有效的测评技术和能力培训方式

评价中心的测评实践表明，公文筐测验的实践模拟性较强，便于透过潜能发现人才。研究表明，公文筐测验不仅适用于对中高层管理者和关键岗位工作人员综合能力的测试和比选，也是一种较为有效的人才培训方式，能有效检验和提高参与培训者的语言沟通能力、文字表达能力、灵活应变能力和实务操作能力，可用于培训中高层后备干部，解决人际冲突的管理技巧和协调组织内部关系的能力。

四、评价中心的有效性

评价中心在国外的使用非常广泛。美国 AT&T 公司在建立评价中心的考评、提升制度后，曾对该方法的有效性进行了检验。该公司封存了几百名管理候选人在评价中心得到的结果。8 年后，将封存的结果打开与实际表现情况对照，发现评价中心判定适合进入中级管理层的候选人有 80% 已经在中层管理职位上，而其判定不适合进入中级管理层的候选人中有 95% 在实际中也确未得到提升。作为比较，该公司采用随机方式确定升职，正确率只有 15%，而采用部门经理提名方式确定升职，其正确率为 35%。

美国的贝尔系统公司也对评价中心技术的评估效果进行了检验。该公司汇集了多年来参加评价中心评测的 5 943 名管理候选人的评估结果，并对结果进行了比较检验。检验显示，评估结果为"非常适合某项管理职位"的候选人比"适合某项管理职位"的候选人实际被提拔的可能性要高出两倍，而"适合某项管理职位"的候选人又比"不适合某项管理职位"的候选人实际被提拔的可能性要高出 10 倍。IBM 公司一项类似的研究表明，管理候选人在评价中心获得的评估分数与其 8 年后所达到的管理阶层有显著相关。对大量关于评价中心有效性研究的元分析（一种汇总评价某类研究综合效果的量化技术）表明，评价中心的评估分数预测日后升职的相关系数为 0.53，预测日后工作成绩的相关系数为 0.36。这是对评价中心技术有效性的一个综合估计。

表 1-2　　　　　　　各种主要技术手段在评价中心中的使用率

复杂性	测验的类型	在评价中心中的使用率（%）
比较复杂的	公文筐	81
	案例分析	73
	无领导小组讨论	59
比较简单的	演讲	46
	管理游戏	25
	模拟面谈	47

由表 1-2 可见，公文筐测验、案例分析和无领导小组讨论这三种技术手段，是评价中心最常用的人才能力测评与培训形式。其中，公文筐测验在评价中心的使用频率高达 80% 以上，案例分析的使用率高达 73%，无领导小组讨论的使用频率则接近 60%。这充分表明三种技术手段的有效性已经得到了普遍认可。

第二章　案例分析概述

一、案例

案例，英文中的对应词是 case，原意为状态、情形、事例等，也可译作个案、实例、个例、事例。通俗地讲，案例就是对现实生活中某个真实事件的特定情景的客观描述。

比如：医学上经常碰到一些疑难病症或特殊病例，这时医院就要做成案例，供研究之用或后人借鉴；老师在上法律课时，总是会穿插大量的案例来说明、解释相关的法律条文和法学理论，为学生提供一个具体、直观、生动的实例，以达到举一反三的教学效果；而古今中外的军事典籍和战争实例，更是为人们总结治国方略、战争的经验教训提供了很好的素材。

管理案例及管理案例分析法的出现，则是医学案例分析法、法学案例分析法与军事案例分析法被广泛借鉴和运用到工商企业管理活动及其教学活动的结果。

所谓管理案例，通常是指对某一特定管理情景的管理过程及其结果的客观书面描述或介绍。它主要是对一个组织中的人员、行为、事件、背景与环境等相关要素，通过对事实、对话、情境以文字描述或数据与图表等形式表达出来。因此，管理案例具有下列特点：

(一)真实性

案例所记叙的事实是管理活动中真正发生过的事，而不是随意虚构、杜撰的。当然，为了使案例更具有典型意义或避免案例可能产生的消极影响，某些案例往往更换时间、地点、单位、人名，或集中类似的内容，突出某个方面，省略某个方面，这种对案例素材的加工整理不仅是可以的，而且是必要的，但应以不影响基本内容的真实性为前提。

（二）客观性

案例往往只是对某项管理活动所作的客观记叙，是对客观事实的白描与再述，即把客观事实交代清楚，它并不包含任何主观性评论或倾向性意见，是对确已发生过的管理事实的如实记录，而不是凭个人杜撰、虚构与主观臆想的结果。它不得带有撰写者的分析与评论，而对案例所反映的管理活动的是非曲直的评论，则属于案例分析者的任务。

（三）目的性

管理案例都是为了适应特定的目的而编写的，它不是素材的任意胡乱堆砌，而是经过仔细筛选，精心编排组织的。它总是为了说明某种看法、观点，验证某个管理学的原理、原则，案例提供某种场景，使人们仿佛置身其中，促使人们在复杂的情况中作出判断、研究对策，从而提高人们运用管理学理论分析和解决实际问题的能力。

（四）启发性

一则好的管理案例，通常会有完整的情境和背景、情节和冲突，以及对问题的思考和解决过程，要揭示人物的内心世界如情感、态度、动机、需要，要有隐含的思想，即各种行为背后所隐含的某种思想、信念和理论等，以待读者去解读、品味和分享。因此，读后往往会引起人们的积极思索，有思考的余地和想象的空间，甚至能引发各种不同意见的争论，提出不同的解决方案来讨论、比选。因此，很多好的案例往往不是平铺直叙，而是采用暗示、伏笔、悬念等手法，来启发、诱导读者积极思考和探索解决方案。

本案例集第二篇中所涉及的公共管理案例就属于管理案例中的一种。

二、案例分析法

所谓案例分析法，就是运用一定的方法和写作技巧，通过直接或间接的途径，以结构简洁紧凑的书面形式，把一个个真实的管理活动情景用文字、数字或图表描述出来，以供教学或研究之用，加深学习者对理论的理解、对问题的认识，从而提高其理论水平及分析问题和解决问题的能力。

在历史上，运用案例进行教学起源于 1870 年左右的哈佛大学法学院。朗代尔（Christophre C. Langdell）出任法学院院长时，对传统法律教育进行了改革，引入了案例法。朗代尔认为判例能引申出法律原则的归纳过程的经验资料，要想精通并掌握法律原则，最有效的方法是应对这些原则具体化了的那些判例进行研究。朗代尔按年代排列了上诉法院的判决，并于 1871 年出版了以此为基础的法律教育案例集。在英美法等西方国家中，案例主要源于对某个事件审理的书面记录及其裁决（判例），通常情况下那些对法律条文的意义发展有贡献的判决最有可能成为"案例"。20 世纪以后，哈佛大学校长埃姆斯（James B. Ames）开发了按主题而不是按年代排列的案例集，标志着案例教学的目标从对法律原理的追求转向对法律推理能力的培养。

19 世纪 90 年代美国约翰·霍普金斯医学院创办后，引入了一种全新教学模式即学生花两年时间学习基础理论，花两年时间在临床学习，在其附属教学医院中引入"临床职位"，让医学院的学生在主治医师指导之下具体负责 5 个或更多的病人，在教师和医生监护下进行检查、诊断和记录，并与相关人员一起对病人医疗记录（病历）进行讨论与研究。后来医学院的教师大多利用这种病例进行教学，学生也根据病例学习讨论。这就是医学高等教育的临床案例教学。

20 世纪初，哈佛大学洛威尔（Lawrence Lowell）教授在创建商学院时建议向法学院学习案例教学法。1908 年哈佛大学商学院正式成立，案例教学法逐渐引入商学院的教学之中。第一次世界大战后，案例教学法在工商管理领域获得了长足发展，并且成为哈佛大学商科高等教育的核心方法。1919 年多汉姆（Wallance B. Donham）出任哈佛大学商学院院长，他专门拨款成立商业研究处，雇佣人员进入商业实践领域收集和写作案例，开发了许多经典的商业案例。1920 年美国洛克菲勒财团为了培养高素质的管理人员，资助哈佛大学商学院进行案例教学法试验，从而推动案例教学法在商学院教学中得到进一步的发展。哈佛大学商学院运用案例教学法培养了一批在工作岗位上十分称职能干的高素质企业管理精英，一直到现在，该院还规定，凡是取得硕士学位的研究生，在两年学习期间，除各门课程外，每人必须分析几百个案例。哈佛商学院有一整套科学严密的保管与使用案例制度，编写案例要履行严格的审查报批手续，并用知识产权保护所撰案例。

20 世纪 30 年代，在美国的公共行政学科领域中也逐步尝试着进行案例教学，第一本案例集的主编是哈洛尔德·斯坦恩（Harold Stein）。公共管理教学中的案例分析法首先由哈佛大学创立，哈佛大学肯尼迪学院的一个 MPA 毕业生要经过 1 300 个实际案例的练习。其中，一些好的案例已经广为流传，并经常被引用。至今，哈佛大学已经积有案例 1 万多个，并且每年更新其中的 20％。案例相当于典型调查材料，通常的做法是对已经发生过的真实典型事件，由撰稿人尽可能通过种种来源收集可靠资料，并以客观和公正的观察态度撰写，所写案例必须能够充分说明与事件有关的完整情况，并力图尽可能地客观再现与该事件有关的当事人的观点，特别是再现置身于某种情景而且必须做出某种决策的当事人的观点，以供读者评判。公共管理的案例材料一般都把重点放在人际关系、政治因素与决策问题上，同时也强调技术细节。

一般情况下，法律教育中案例法的运用着重培养"类律师思维"，即培养从特殊到一般的归纳、创新能力以及法律类比推理能力，其案例主要被作为一种"范例"；而医学教育中案例法的运用则着重于培养"类临床医生思维"，一名症状有待诊断的患者及对其采取的治疗方案就构成一个医学案例。通过分析这样的案例能够培养学生在不完全的患者症状信息中确定初步线索，迅速作出多种假设并筛选出一种假设以作出诊断、治疗决定的能力；工商管理教育中的案例教学，则着重于培养学生的"类经理思维"，把学生带入到工商业的经营管理"现场"，以培养学生在不充分信息条件下，发现问题，去伪存真，判断是非，正确果断地排除风险并作出决策（大部分是紧急决策）的能力；而公共管理高等教育中的案例教学，则着重培养学生的"类行政管理人员思维"，即在面临各种压力的困境条件下，利用案例所提供的不充分信息，快速作出决策并依法行政与管理的能力。

由此可见，案例分析教学法在公共管理教育领域与商业教育领域中的运用有着更多的类似之处。而在法律与医学教育中，案例一般情况下自然地产生于法律与医学专业实践过程中，但在商业和公共管理领域，很少有自然发生的案例，这两个领域的案例必须经过教师或作者的提炼加工。在法律和医学领域中的案例分析更多地倾向于一定的理论原则，而在商业和公共管理领域中的案例分析则更多地倾向于一定的认知理解力和解决实际问题的技术方法。当然，商业领域中的案例往往围绕绩效或盈利来展开；而公共管理领域中的案例，一般情况下不围绕盈利，而往往是围绕政治决策与社会价值而展开。

公共管理领域中的案例之所以不同于法律、医学、商业领域中的案例，其根本原因还在于其自身的特质。公共管理（Public Administration or Public Management），是一门运用管理学、政治学、经济学、社会学、伦理学等多学科理论与方法专门研究公共组织，尤其是政府组织的管理活动及其规律的学科体系。在西方，它源于 20 世纪初形成的传统公共行政学和 60 ~ 70 年代流行的新公共行政学，后于 20 世纪 70 年代末期开始受到工商管理学科取向的强烈影响而逐渐发展起来。如今，它已经成为融合了行政管理、公共政策、公共事务管理等多个学科方向的大学科门类。它是一门应用性极强的学科，学生除了学习和掌握基本的必要的理论知识之外，更重要的是要培养起学生发现问题、分析问题和解决问题的综合能力。因此，公共管理学科的重点不再仅仅是通过抽象的推理来研究问题，而要以问题和案例为基本导向，展开讲授、研讨、模拟训练、案例分析和社会实习，这是公共管理教学模式、能力培养方式和研究路径创新的基本特色。

第三章 公共管理案例

什么是公共管理案例？

一般来说，公共管理案例是对公共管理过程中的某种具体情景的真实描述。

公共管理，尤其是政府管理是当代社会科学和管理科学创新研究的一个重要领域。作为管理学的一个重要分支，公共管理学以公共部门的管理，特别是政府管理作为主要研究对象，其学科属性、研究视野、理论主题、知识体系、研究范式较之传统的公共行政学已经发生了根本改变。这场改革不仅改变了公共部门管理的理论形态及知识体系，也改变了公共部门管理的实践模式。因此，公共管理的教学与研究重点已不再是传统的概念阐释或抽象的逻辑推理，多学科交叉研究和理论与实践相结合的学科特征，要求教学中必须引经据典、举一反三、深入浅出，从而不断加深理解、清晰概念、扎实理论功底，同时必须广泛观察社会，在发现问题、分析问题的过程中，更要着力于探讨在实践中应当怎样有效地解决问题。因此，案例分析法很适合于公共管理教学模式的创新。

一、公共管理案例的特征

公共管理案例是公共管理活动的缩影和典型化，它源于公共管理的实践，但又高于公共管理实践。公共管理案例作为管理案例的一种，除具有管理案例的一般特征外，还具有如下特征。

（一）案例的公共性和公务性

这是公共管理案例的最大特点，它反映的是公共管理，特别是围绕政府管理实践中的人、事、权、组织、协调、领导、决策、执行、监督、效率等各方面存在的问题展开叙述和讨论。目的不是让组织经营营利，而是要追求全社会的公平、正义、和谐、文明、进步。因此，公共管理案例素材及选题带有明显的公共性和公务性的特点。这是由公共管理的本质属性所决定的。

（二）案例涉及范围广、包容量大

涉及范围广是指上至中央高层领导决策、下到基层操作管理，大到全国、小到地方县、乡镇，乃至各级政府机关的人、财、物与办公效率等内部管理话题等，在公共管理案例中都有所涉及。包容量大是指案例题材既可源于各级公共部门内部，也可以来自组织外部，甚至可以是其他国家的公共管理经验借鉴；若从案例内容看，既有人事、财务、社会的问题，也有公关、法制、协调、监督、效率等方面的管理内容。

（三）案例的编排和分类具有相对性

由于公共管理案例所涉及内容具有广泛性、丰富性、综合性和交叉性等特点，通常很难简单界定和划分某个案例究竟属于组织、决策、人事、预算或法制监督等哪个方面的特定内容。因为有些案例可能同时涉及上述多个方面，故分类编排具有一定的相对性，所以在教学应用实践中也具有一定的灵活变通性。

（四）案例分析无统一模式、格式及规定的标准答案

由于每一位案例分析者的知识水平、人生阅历及所处的社会环境不同，对同一案例的观察角度、思考深度、分析方法及结论自然有别。因此，公共管理案例分析无统一模式、格式，不必限定方法对案例素材进行观察、思考、分析，最终也不可能有规定的标准答案。应当允许案例分析者依据自己掌握和理解的有关理论，从不同角度和多个层面进行发散性思维；同时，也应当适时组织案例研讨，提供平台让案例分析者有机会公开阐述个人见解，并且有理有据地提出自己的分析研究结论，从而在畅所欲言、百家争鸣的讨论或争论的氛围中达到拓展思维、加深理解、互相学习和不断完善解决问题方案的教学研讨目的。

二、公共管理案例的类型

公共管理的范围遍及国家和社会生活的各个方面和全体国民。任何一种社会管理都没有公共管理这样广泛的周延性和关系到国家与社会的全局性。由于公共管理活动内容的丰富性和广泛性，因而公共管理案例的类型具有多样化的特征，人们可以从若干不同的角度去分类。如从案例的学习功能方面来分，可以将公共管理案例分为描述型和分析型；若从案例所涉及范围来看，则有全国性案例和地方区域性案例之分；若从管理体制的不同层次来看，又可分为高层、中层和基层案例；若从所要研究问题的跨度来分，可分为专业性案例和综合性案例。总之，有多少种不同的分类标准和角度，就有多少种案例类型。在此，借鉴国外专家的分类观点，主要介绍两种最常见和最具代表性的公共管理案例分类方法。

（一）第一种分类法

是由美国著名案例研究专家罗伯特·英最先提出的，他依据复杂程度和案例性质，将案例类型做出如下划分。

（1）根据案例本身的复杂性程度将案例分为：单个型案例和多重型案例两大类型。所谓单个型案例，是指情节较为简单、只涉及一件事情，只有一条主线的案例；而多重型案例通常由多个相对独立的事件或情节交织而成，即一个案例本身还包含着多个案例，情节相对比较复杂。

（2）根据案例自身的性质可将案例分为三种类型。第一种是探索性案例，它旨在界定管理实践中的问题和假设，确定预期的解决办法是否可行；第二种是描述性案例，即在相关的背景下，对某一管理现象或管理实践活动作全面描述的案例；第三种是解释性案例，它注重从因果关系的角度来解释是何种原因导致了某种结果，或者某个管理事件的发展将会导致什么样的结果，并注意发现管理实践中存在的问题及问题产生的原因，有利于分析问题和解决问题。

在作出以上两种划分之后，罗伯特·英又将两种分类综合在一起，排列组合成六种案例类型。他认为，不论是单个型的案例，还是多重型的案例，都不是孤立存在的，它可能和上述三种类型案例即探索性、描述性和解释性案例交叉结合在一起，从而出现单个型探索性案例、单个型描述性案例、单个型解释型案例、多重型探索性案例、多重型描述性案例、多重型解释型案例六种管理案例类型。

（二）第二种分类法

这是美国芝加哥大学教授劳伦斯·林恩提出的案例教学功能分类法。他主要根据案例的不同教学功能，将案例区分为以下类型。

1. 规范型案例

行政法把行政行为分为抽象的行政行为和具体的行政行为。规范型案例主要是对抽象的行政行为的客观描述和经验总结。它接近法学案例的风格，主要是指一些涉及具体行政法规如行政处罚法、行政监督法、行政诉讼法等的相关案例。这类案例结构简单明了，内容也不太复杂，只要求案例分析者根据有关的法规和司法解释，通过对案例的审理，得出一个客观、公正的结论。其目的是培养学习者依法行政的思想，树立行政法治的现代公共管理意识。

2. 决策型案例

决策贯穿于公共管理的各方面和政府行政管理活动的全过程，任何管理活动都离不开决策。因此，决策型案例是公共管理案例的主干，或者说，公共管理案例中的大部分都属于决策型案例。它还可以具体细分为两种：

（1）特定决策型案例。这种案例主要是重现一个公共管理问题的特定背景，但不描述所作的实际决定，而是让分析者设想若处在案例中特定行政领导的位置上该如何决策。它通常要求分析者根据案例所提供的基本素材和存在的问题，通过自己的分析思考，作出一个特定的决策。这种案例的思考题一般为："如果你是行政领导（市长、局长等），你将作出什么决定？"

（2）政策制定型案例。又称之为宏观决策型案例。这类案例重现了一个比较复杂的公共管理情景，要求组织成员或参谋机构，为某个组织或工作单位确立宏观的战略方针与政策方案，并为此制定具体的实施细则。这类案例特别适合于培训担任主管职务的学习者或给政策制定人担任顾问和参谋的学习者拓展思维，提升辅助决策能力。

3. 评述型案例

它通过再现一个特定管理事件的全过程，要求学习者对案例中的人和组织的行为进行评审，指出其中的功过是非及其成因。这类案例最能体现公共管理案例的分析无统一的模式和格式的特点，学习者完全可以站在自身的立场和角度，运用相关的管理学理论，凭借自己的知识积累和社会阅历，对同一种管理现象或管理事件作出不同的评价。评述型案例通常可以具体细分为三种：

（1）成功型的案例。它要求学习者分析公共决策取得成功的原因，研究归纳公共管理者正确地分析问题、处理问题、制定和执行决策的成功经验。

（2）失败型的案例。它再现的是失败的管理实践，要求学习者分析其失败的原因，全面深刻地总结其中需要在今后引以为戒的教训。

（3）成败参合型的案例。现实的管理实践中，大量的决策和行为都是成败参合、长短相伴的，很难说它完全是对的或是错的。这就要求我们能够实事求是地客观分析其中的成败得失，认真总结其经验与教训，学其所长，补其所短，为今后不断提高管理效能奠定基础。

4. 原理应用型案例

它主要通过再现一个公共管理的问题或情景，要求学习者运用管理学中某一特定的概念、原则、理论或方法对案情进行系统分析。这种案例较好地贯彻了理论联系实际的教学原则，能有效培养学习者运用某个特定的理论、方法去分析实际问题的能力，从而达到检验理论水平和加深理解的教学目的。

5. 问题对策型案例

它是针对某一公共管理情景提出的问题，要求学习者独立思考，提出解决这一问题的具体方案、对策和办法。这类案例一般先给出一组或大量相关数据，以及组织机构或成员可能将要面临问题的背景资料，但这个问题还不太明朗，还未提上政策日程。因此，要求案例分析者根据给予的事实、资料或数据，鉴别和找出组织机构或某个领导成员急需解决的问题，并且提出解决问题的方案、对策和建议。

一般来说，问题对策型案例看上去情节较为混乱，问题很多，信息也不太充分，文字上也模棱两可。分析者正是要在这种错综复杂的情形下或环境中，通过去粗取精，去伪存真，由此及彼，由表及里，分清主次矛盾，找出急需解决的问题并提出对策建议。通常，这种类型的案例分析做起来较为烦琐，但对案例分析者的能力是一个考验和锻炼，有利于提高自己的综合判断能力、大局意识和分析问题、解决问题的能力。

三、公共管理案例的功能

公共管理案例在教学和研究中有多方面的功能与作用。归纳起来，主要体现在以下几方面。

（一）提供相关实际知识的功能

这是案例最直接、最基本的功能。它能使案例阅读者了解到某一国家、地区、行业、某类组织的相关背景知识，这对于扩展学习者的知识视野是颇为有用的。尤其是对于在职管理人员和公务人员来说，他们当然已有相当的实际经验，但往往囿于局部地区与个别行业的范围，需要进行更广泛地交流与切磋，以开阔视野，扩大和更新自己的知识领域，从而为自己今后的职业发展储备足够的能量。

（二）为案例使用者提供一个集思广益的机会

案例的使用者可以包括教师、学生、考生、实际工作者以及其他感兴趣的读者。它不仅对个人有很大帮助，而且对一个集体如小组、班级来说，通过有组织的讨论和互动达到教学相长、互相启发的作用更加明显。通过提供一个逼真的具体管理情景，案例能为学习集体提供一个共同的关注点，一个取长补短、互相启发的机会。尤其是对已经具备一定专业水准和实践经验的学习者来说，很多经验丰富、各怀绝技、并且来自"五湖四海"、各行各业的人聚集在一起，就同一问题畅所欲言、各抒己见，在交流辩论中共同提高，这是一个十分难得的宝贵机会。

（三）有助于提高案例使用者分析问题的能力和作出决策的能力

案例使用者通过思考分析案例，培养了自己的逻辑思维能力，通过撰写案例分析报告，培养了自己分析问题的系统性和逻辑判断能力。同时，还有很多的案例让使用者设身处地于案例中特定行政领导的地位，要求他们根据案例提供的事实，通过对诸多方面的分析，找出问题的症结，从而作出科学的决策。这种模拟决策情景的提供，能有效培养案例分析者独立的分析判断能力和决策能力，从而为他们以后从事管理工作打下一个良好的基础。

（四）有助于加深对管理学理论和方法的理解及运用

理论是源自于实践的。案例虽不能说等同于实践，但它与管理学教材相比，更接近于现实。它将现实的公共管理问题及其具体的运作过程真实地再现出来，要求案例分析者运用所学的理论来分析、解剖，总结其经验，发现其问题并提出解决问题的思路和方法。这种分析方法往往能较好地使学习者举一反三，加深对管理学的基本理论和基础知识、基本方法的理解和掌握。

（五）有助于培养案例使用者对行政管理活动的敏锐性和适应性

使用者通过对案例的学习，间接了解了管理过程中诸多复杂因素及其相互作用，并且在模拟的情景中观察学习如何在复杂多变的现实中把握全局、抓住主要矛盾、有效化解冲突、作出正确决策、贯彻执行决策。尽管这还是一种感性认识，但这种间接的感性认识的长期积累将使他们对现实变得愈来愈敏感，因为通过案例的反复学习和熏陶，现实中复杂的管理活动已经在他们的头脑中提前预演。一旦置身于活生生的管理实践中，他就会对周围诸多因素产生一种莫名的敏感。而且一旦有机会，他就会更快地适应环境并进入角色。

（六）有助于提高公共管理者的职业素养和全局意识

以史为鉴，可以鉴古今；以人为鉴，可以明得失。案例就是一面镜子，它通过重现和反映已经发生过的管理现象和事实，为学习者提供一个可资借鉴的参照，对正面的人和事可以借鉴学习，对负面的人和事实要从中吸取教训，时刻警醒。因此，公共管理者可通过案例的学习来培养提高自身的职业素养和职业精神，不断改进工作。

一方面，借助案例的学习和研究，尤其是通过对失败性案例的学习，可以时刻警醒，以便戒免。前车之鉴，后事之师，通过严格自律，就能做到少犯错误尤其是类似的错误。另一方面，在现实中由于工作性质和分工较细的缘故，绝大多数公共管理者的管理范围和眼光往往局限在本部门或本业务范围内，这就容易造成部门利益观念和眼光狭小的局限性。通过对案例的学习和思考，不仅有助于加深他们对公共管理理论的理解和认识，同时也有助于其系统了解政府及公共管理管理工作的性质、责任和全貌，以克服思维和行为的局限性，增强整体感和全局意识，以便在实际工作中自觉维护大局，提高工作责任心和有效性。

（七）有助于促进公共管理理论创新与发展

一个世纪以来，管理学理论在实践中不断创新发展的历史告诉我们，实践是管理创新的源泉。公共管理案例源于实践，贴近现实，能比较逼真地反映公共管理内外环境因素的变化状况。因此，通过案例分析，在对一些个案的解剖研究中，可以比较清晰地观察和了解公共管理的矛盾焦点与环境变迁，发现管理学理论的薄弱环节与需要创新之处。因此，管理案例的教学和研究有助于学术研究的理论创新与发展。

第四章 公共管理案例分析

一、案例分析的两种模式

案例分析作为 20 世纪一种新型的教学方法，为解决管理学传统教学模式中理论与实践相脱节的难题提供了一条有效途径。因此，案例分析教学法已被广泛引入管理学各学科领域。公共管理的专业课程的教学实践也不例外。一般而言，我们将公共管理案例教学分为简单案例和复杂案例两种模式。

（一）简单案例

简单案例，又称之为"案例研究"。因其由芝加哥大学首先开发使用，又被称为芝加哥模式。它一般是在讲课过程中给学生分发案例，让他们在课堂中当堂讨论。师生一起站在局外人、旁观者的角度分析讨论问题的发生与解决方案，并从中总结出管理的一般原则。

（二）复杂案例

复杂案例，又称之为"案例分析"。因其由哈佛大学首先开发使用，又被称为哈佛模式。案例分析通常要按照一定程序进行，比如问题是什么？事实和原因在哪里？对策是什么？其目的在于提高学生的判断力和解决问题的实际能力，其重点是放在解决问题的过程上，通常所使用的案例多是现实中已经发生的相当复杂的管理问题。

（三）两者的区别

哈佛模式与芝加哥模式的重要区别，就在于它不是站在一个局外人的立场来分析评判案例中存在的问题及对策的，而是以一个当事人的立场来设身处地的分析案例、反省问题产生的原因，并最终提出有效的解决方案。因此，采用哈佛模式对一个复杂案例进行分析时，要把自己当做这一案例中的领导者或参与者，身临其境地对问题、对策及其后果进行具体分析、判断和决策。

二、案例分析的主要方法

（一）专题分析法

专题分析法，是指专门针对公共管理案例中的某一个或几个问题，从一个角度或一个层面切入，引经据典、广征博引，运用逻辑推理或系统的数据分析等各种定性、定量分析方法，对研究专题进行深层次分析的一种案例分析方法。其特点在于：目标集中，方法科学、内容集中、重点突出，分析透彻。为此，通常选择自己最内行、最富经验、掌握情况最多、最有把握性的问题来进行分析，这样可以剖析得更加深刻、细致、详尽、透彻，最终有理有据地提出自己独到的见解。

由于，每个人的人生经历不同，看问题的角度不同，引用的论据不同，所以同样的问题往往会得出不同的观点和结论。为了将案例的专题分析引向深入，通常在个人独立思考形成案例分析报告的基础上，应选择若干观点相左或见解互补的学生在课堂做主旨发言。通过抛砖引玉的方式，引导学生在课堂踊跃发表不同见解或补充意见，以此展开案例讨论，效果会更好。为此，专题分析一定要提前布置，让学生有一个充分准备的时间。

（二）综合分析法

综合分析法就是对案例中所有的关键问题进行系统的分析，甚至包括背景材料的引入和同类其他案件的比较分析，列举有力的定性与定量论据，提出重要的解决方案和建议。它的优点是系统、完整、全面，主干分析与辅助分析、正向切入与逆向推导、正面论述与反面印证交叉使用，相辅相成，勾勒出完整的、主体化的管理活动场景和运作程序，有利于学习者把握全貌，将所学的理论知识组装起来，加以综合运用。

但综合分析法也有其缺点，主要是：头绪众多，注意力较分散，什么都说了但可能什么都没说得清楚、透彻。因此，运用综合分析法时要注意分层次、分阶段、分不同侧面，按照预先设计好的逻辑顺序和路径，在课堂上循序渐进地引导学生对整个案例由表及里、逐层深入地进行分析。这样，既有整体效果，也可以细致入微地达到使案例分析深入透彻的教学效果。

（三）讨论分析法

讨论分析法与课堂随机提问不同，这种案例分析方法需要做一定的课前准备，并认真组织案例讨论分析的过程。通常，需要注意以下三个环节：

1. 要做好案例分析的准备工作

（1）精选案例素材。教师要针对公共管理专业课程教学中的难点，精选涉及相关知识点且有讨论价值的典型案例或热点时事问题，作为课堂教学讨论与分析所用的案例素材，以引发学生积极参与讨论的兴趣。

（2）提供案例文本。①教师应将案例讨论材料的打印材料或电子版提前分发或提供给学生；②说明和解释。要对本次案例讨论的意义、目的、主要内容、方式、步骤和时间安排等具体要求做出预先说明和解释；③分发与阅读案例。学生拿到案例材料之后，先按照要求认真阅读案例、单独思考并提前做案例分析的文本准备。

（3）设计讨论预案。案例教学必须在备课时，根据案例分析的教学目的、所选案例的类型及期望达到的教学效果，来预先设计好案例分析的模式和课堂讨论的步骤。如预先完成文字准备还是现场组织讨论？是分组讨论再集中汇报还是全体随机发言？是选择以讨论的方式进行还是以辩论的方式展开？总之，要达到较好的教学效果，教师必须事先有所设计和安排。

2. 要做好案例分析的课堂组织

课堂组织是案例教学体现应有教学效果的关键一环。通常每次案例讨论分析需要安排1~2学时，为保证教学效果，必须做好现场组织工作。以课堂分组讨论为例：首先，应将学生分成5~10人的若干个小组，围绕案例内容及学习目的进行深入讨论，并选出小组长负责主持讨论和记录；然后，由各小组选派一名小组代表报告自己小组汇总的案例分析结果；接下来就是针对不同观点展开充分讨论的阶段。当然，在小组代表汇报的过程中，也应当允许其他小组质疑，鼓励提出不同观点及建设性的意见和建议。

总之，教师就如电视节目主持人，在组织学生围绕案例主题展开课堂讨论时，必须要表现出应有的睿智和灵活变通能力，只有这样才能保证案例分析既不会出现冷场或沉闷，也不会在各执己见的热烈讨论中偏离主题。因此，教师在课堂案例讨论中具有举足轻重的掌控功能和导向作用。

3. 要做好案例分析的教师讲评

在各小组代表报告结束后，任课教师要就各小组的代表发言和课堂讨论情况进行比较系统完善和客观的评价，要对案例讨论中涉及的概念、理论、知识点及实例加以评述，以进一步清晰概念、讲述理论、强化知识点，说明其中的原理和机制，总结相关理论在实践中的具体应用，从而更好地体现案例教学的预期目的和效果。

总之，只要准备充分、组织得当，通过课堂案例讨论分析这种教学形式，就能够较好地达到深入理解理论难点和广泛了解公共管理实践难题的教学目的。

（四）辩论分析法

辩论分析法，主要是针对在现实中概念混淆、界限难划、思路不清、众说纷纭的理论与实践问题，尤其是对部分观点相左、富有争议的问题，以公认的规范或者较为固定的模式，开展正反两方的争辩，在辩论中明辨是非、厘清思路、加深理解、提升认识、转变思维的一种具有一定对抗性的案例讨论分析方法。

1. 辩论分析的案例选择

用于辩论分析的案例选题非常重要。首先，应选择存在对立观点、各执一词、富于争议的话题；其次，案例所涉及问题直接关系公众利益的，也能引起广泛兴趣。

2. 辩论分析的形式选择

通常，在教学中可以参考大专辩论会的模式，按正方、反方的辩论要求，分甲、乙双方两个团队，每团队由一辩、二辩、三辩、四辩等4人组成，各执一种相互对立的观点，并围绕截然不同的观点由浅入深地展开辩论。

3. 辩论分析的主要目的

一是明辨是非，因此选题非常重要，应将一些尚未定论的或者似是而非的问题凝练成辩论题，通过辩论明辨是非；二是锻炼学生的思维反应能力，因而提前做好文案准备必不可少；三是培养学生的语言表达能力，在辩论中可以有效提高参与者的胆量、信心和勇气；四是提高学生的学习兴趣，课外广泛收集资料，提前准备、自己组织、现场发挥的参与式教学方式打破了灌输式常规模式，有利于提高学生的学习兴趣。

（五）模拟分析法

模拟分析法就是虚拟某个公共管理活动情景，让若干参与者扮演当时的情景角色，以案例中的当事人重演当时情景，直观地重现案例素材中所提示的各种问题和矛盾冲突，以及当事人身处困境所面临的疑问，然后让大家围绕相关问题展开分析讨论。因此，案例的模拟分析法通常是在一种较为轻松的氛围中进行的，有参与、有研讨，一般不要求有一个定论，而更注重案例分析的过程。

模拟分析法有其突出的优点和作用。它更能调动参与者的主动性、学习兴趣和参与热情，有利于启发学习者和参与者的思维，把管理学理论知识学活、学透、学深。讨论分析法适合于评述型案例的分析，分析者完全可以站在自己的立场和角度，对一个争议性比较大的公共管理现象或事件作出不同的评判。因此，对于那些无需作出结论或很难给出结论的案例，通常可以采用模拟分析法。

三、案例分析的基本要求

（一）要以案例素材所提供的事实作为分析和研究的出发点

这就要求公共管理案例分析应紧紧围绕案例材料和主题来展开，即必须以案例所提供的材料作为分析与研究的主要事实依据，紧紧围绕着思考题所提示的案例主题展开分析讨论。因此，案例分析要避免离题万里的空话套话，也要切忌脱离案情的主观臆断。为此，教师必须做好案例分析前的案例精选、案例提供、组织动员与具体辅导等项准备工作；而学生则应当在课余时间认真阅读案例、独立思考、查询资料，并认真仔细地分析判断案例中所反映出的管理活动的问题所在，原因何在，有哪些经验教训值得吸取，最终还要认真提出克服弊端、完善管理的设想。这样的案例分析才是有理、有据、有说服力的案例分析研究。

（二）要从就事论事上升到理论高度来分析案例问题

开展案例分析和研究是为了加深对管理学基本原理的理解，提高运用基本理论分析和解决管理实际问题的能力。这就要求我们在开展分析和研究的时候，要引经据典、广征博引，要运用以往所学过的各种管理学基本原理、分析研究方法，从个别到一般，归纳总结并上升到一定的理论高度来认识问题，也就是善于从案例所反映出的纷繁复杂的管理现象中，抽象出某些具有普遍意义的、带有一定规律性的原理和原则，用以更好地指导公共管理实践。

（三）案例分析与讨论过程不强求思路与结论的统一，而要倡导争鸣和充分讨论

公共管理案例分析过程不能强求思路与结论的统一。这主要有两个方面的原因：首先是公共管理事件的复杂性与价值多元性。公共管理事件往往涉及价值判断，由于价值多元，甚至相互冲突，参与主体基于不同立场和观点及不同的价值取向，在案例分析过程中必然会得出不同的分析思路与结论，因而在公共管理案例分析过程中必然存在观点、思路与结论的差异性。其次是案例分析角度与方法的多样性。公共管理是一种问题取向型学科，在学科的发展历史中，已经运用或正在产生着多种不同的分析方法。同时，公共管理事件一般具有多种分析视角，无论是视角的选取，还是分析方法的采用者具有多样性。因此，公共管理案例分析只能是百家争鸣，而不可强求一致。为了达到畅所欲言、充分讨论的教学效果，案例讨论中还需要有意识地设置一些争议性话题展开辩论。

四、案例分析教学的一般步骤

案例的学习和分析是一个完整的过程，一般包括案例的阅读、准备过程和案例分析报告的撰写这样三个步骤。

（一）案例的阅读

案例的阅读是整个案例分析过程的第一个环节。对案例内容的阅读质量和把握程度，将直接关系到对其他环节的学习与分析。案例的具体阅读方法，可以根据个

人的阅读习惯自行选择，但清楚明白地掌握事件的发展脉络与前因后果，并且从中发现可供探究的问题，这是案例阅读要达到的基本要求。而要达到这一要求，需要注意以下三层关系：

1. 案例阅读方式与案例类型之间的关系

依据不同的标准可以将案例划分成不同的类型。因此，案例类型不同，决定其阅读的方式和所需的基本分析技巧要求也会有所不同。案例阅读的首要任务，就是辨认与确定案例是属于哪一类型。

（1）阅读规范型案例。如一个主要涉及具体法律规范的案例就是规范型案例，对这种案例的阅读目标较为明确，阅读的方式也是简单明快，关键是找出案例的问题跟哪一条或哪些法律法规有关，然后对照法律法规作出解答。

（2）阅读评述型案例。如对于评述型案例，在阅读方法和技巧上比较讲究对具体的问题分析，要因人而异。这类案例没有一个客观、统一的结论和建议，学习者完全可以从自身角度作出"独到"的解释。因此，评述型案例的阅读更多的是要结合自己的知识、经验、专业所长来进行。

（3）阅读原理应用型案例。原理应用型案例，要求学习者运用政治学、管理学中某一特定的概念、原则、理论或方法来进行分析，因而这类案例的阅读要求先通读全文，迅速领会其中的大体意思，然后对号入座，运用以往已经学过的理论来分析判断。

（4）阅读问题对策型案例。问题对策型案例是所有案例类型中最为复杂、综合性最强的一种。阅读这种案例，应头脑清醒，思维集中，耐心地多看几遍，深刻体会文字表述中使用的措词，善于发现案情中隐藏着的问题，在深入思考的基础上，找到关键环节和解决问题的对策。总之，认真阅读案例材料是发现问题和分析案例的起点。

2. 案例的阅读步骤

一般而言，案例的阅读应当由粗到细、由表及里，重复多次。其步骤如下：

（1）对整个案例进行浏览式的粗读，把握其概貌。粗读的诀窍是：先看开头或结尾，其中往往交代了案例的背景概括及主要人物所面临的关键问题与机会。了解了背景知识，应快速浏览正文中余下的部分，注意案例的小标题和每段话的头几句。如果案例后面附上图表，还应快速翻阅所附图表，并首先注意是什么类型的图表。

（2）精读案例并究其细节。粗读完案例后，对案例的类型、主要内容就有了大致的了解；接着，就要从头到尾再仔细读一遍或两到三遍，进行更细致、彻底的阅读，找到相关因素，概括出重点，对相关数据做出标记，对关键点的细节做好摘要或笔记。要着重突出案例材料中有较强说服力的证据，以备撰写案例分析报告所用。

（3）寻找撰写案例分析报告时能支持个人观点的证据。证据通常来自以下五个方面：①事实。这是十分准确、决不含糊的资料部分；②推论。为了得到进一步的结论，对案例中的事实要重新安排。这是因为推论往往不会在案例中明确地表述出来，而是来自其他陈述的逻辑推断；③信息。案例中的许多资料来自对象人的陈述，这些陈述似乎较准确地基于事实，但带有个人感情色彩，因而必须对其可靠性进行判断，尽量把它归入相应的"客观"证据行列；④推测。即对案例掌握情况的逻辑推理；⑤假设。当案例分析存在明显的脱节或漏洞时，就必须尽量做出通过描述背景显得合理的假设。如果假设被证实是错的，需要确定它可能产生的结果。

（4）精读的要点。精读案例要注意两点：①边精读边做一些眉批和夹注，点出一些自己的观察结果、发现、心得与体会，包括与下一步分析相关的概念；②要把案例中的事实陈述和观点推导区分开来，哪些段落和话语是纯属对事实的描述，哪个段落的哪句话是最关键的，属于观点或结论，读者要心中有数。

3. 案例阅读的目的与时间安排的关系

我们知道，管理活动的出发点和归宿就在于提高效率，要以尽可能少的人力、物力和时间资源获取更大的产出。案例阅读与分析的道理亦然。阅读案例的目的不仅是为了了解和懂得案例的内容和所提供的情况，而且要以尽可能高的效率做到这点。一方面是因为人们不可能花半天或一天的时间来读一篇案例，而应该以"最短时间"来完成；另一方面节省案例阅读时间，提高案例阅读与分析的效率也有利于训练一个人分析问题和解决问题的扎实基本功。

（二）案例分析的准备

案例的个人阅读结束后，紧接着的一个环节就是要做好案例分析的准备工作。准备工作具体包括两个方面：一是案例的个人分析与准备；二是案例的集体学习与准备。从公共管理案例的个人分析与准备来看，应注意以下三方面问题：

1. 案例分析的切入角度

通常，公共管理案例分析应侧重于从当事者和决策者这两个基本角度切入。

（1）当事者的角度。所谓当事者的角度，是指案例分析虽属"代理式学习"，但不能站在局外旁观者的角度，以"纯客观"的学究式局外人身份去分析与讨论。公共管理案例分析必须进入角色，站在案例中主要角色的立场上去观察与思考，设身处地去体验其中的情景，这样才能有真实感，较好地达到预期的学习目的。

（2）决策者的角度。从决策者的角度切入来分析案例，这主要是对综合性案例，特别是决策型案例而言。这种案例情节复杂、问题较多。显然，此时仅从当事者普通个人的角度切入分析立足点太低，根本无法应对一些全局性的复杂问题。因此，要求分析者必须以决策者的身份自居，把自己设想成问题中的决策者，站在决策者的角度在通盘考虑、综合分析的基础上，对案例中的问题作出自己的分析判断。只有这样才有利于作出一个事关全局的特定决策或宏观决策。

2. 案例分析的基本技巧

正如案例的阅读要讲究方式方法一样，案例的个人分析也要注重一些基本的技巧，这将有助于提高案例分析的质量。简而言之，案例分析技巧包括以下两个互相密切关联的方面：

（1）发现问题，拟订方案。在仔细阅读案例的基础上，关键要找出案例所描述情景中存在的问题，找出问题产生的原因及各种问题间的主次轻重关系，拟定各种针对性的备选行动方案，提供它们各自的支持性论据，进行权衡对比后，从中做出抉择，以供制定最后的决策。

（2）逻辑严密，条理清晰。以严密的逻辑，清晰而有条理的方式，把自己的分析表达出来，是反映案例分析质量和水平的重要技巧。

3. 案例分析的一般过程

案例分析的一般过程主要有四道程序：

（1）确定案例中的关键问题。一般来说，案例材料后面提出的思考题就是案例分析的关键问题，但这并不是绝对的。案例分析者在初次粗略浏览案例时，或者在精读案例前要向自己提出这样的问题：即除了案例中所提的几个问题之外，还有无其他未予布置的关键问题？把面对的问题或情况分解成多个元素（分解），又把这些元素重新组合起来（合成），这是整个分析过程的关键。

（2）选择适合分析此案例的分析方法。前面我们主要介绍了五种基本的案例分析法，即专题分析法、综合分析法、讨论分析法、辩论分析法、模拟分析法。初读案例后要根据案例的实际类型和具体要求，选择合适的方法进行分析。

（3）梳理案例材料所提供信息的逻辑关系。案例提供的信息会存在两方面问题：一是信息过量、过详、过杂；二是案例陈述部分包含着一些隐性问题。这就要求案例分析者在阅读案例材料时必须对案例材料进行适当的归纳与梳理，以便搞清问题的主从性质及隐性问题和问题间的联系，识别案例描述对象活动的关键点，发现潜在的趋势和大致的结果，找出所述的主要症状、问题或影响因素，列举出案例中所提到或暗示的所有可能的理由或解释。

（4）对分析结果作出最后的评价与选择。对方案的评价一般从可行性、可采纳性、凶险性等三个方面加以评价：①方案的可行性，体现了被采纳方案的难易程度，要考虑实施方案的时间、效果、费用和能力；②方案的可采纳性，主要从方案对工作的影响和效果来判断；③方案的凶险性，通常是估计其"最大风险"。

（三）案例分析报告的撰写

1. 字数及格式要求

一份案例分析报告，需要把自己的分析结论及其论证、论据一一体现出来，但又不能显得拖拉冗长，因而其字数一般在 200～2 500 字之间，长一点也不要超过 3 000 字。字数太少会令案例分析报告说服力不够充分，读者很难深入领会分析结论，但字数过长也会使分析报告显得过于拖沓分散，苍白无力。

案例分析报告没有十分固定的格式和规范，它可以因案例的实际需要和撰写者的主观取舍而有所不同。但总的来看，一篇正式的案例分析报告应由标题、正文（结论、论证、论据）和附件（有些案例可以附上图表）等几部分组成。

2. 行文规范及文风

（1）案例分析报告行文要注意准确、严密、简洁。因此，应当尽可能地用简洁的语言来表述，并要用案例中提供的基本素材或生活中的例子来解释说明。

（2）案例分析报告避免使用主观或感情色彩较浓的语句。最好用第三人称或人称代词，而不要用第一人称。比如用"作者发现……"、"笔者认为……"、"这一结果表明"、"这些数据说明"等等，而不用"我认为……"、"我们发现……"等等。

（3）案例分析报告力求客观。应以一种向读者报告的口气撰写，而不要表现出力图说服读者同意某种观点或看法，更不能把自己的观点强加于人。因为读者阅读你的报告时，关心的是你的结果和发现，是你分析得到的客观事实，而不是你个人的纯主观看法。

3. 正文的写作技巧

正文是案例分析报告的核心，主要是向读者展示作者的分析结论及其具体论证过程。案例分析报告一般有三种写作方式：第一种是"开门见山"式，即在报告的开头就把自己的分析结论和观点和盘托出，接着再用充足的论据来具体论证之；第二种是夹叙夹议式，即边叙述边把自己的结论慢慢阐析出来；第三种是"水落石出"式，即先在前面分析事情的来龙去脉，最后结尾时才得出自己的分析结论和基本观点。

上述三种正文的写作方式各有千秋，但相对而言，第一种"开门见山"式是最佳的写作技巧。因为读者看你的案例分析报告，最想了解的是你分析的结论和基本观点，并不想跟你重复一番"曲折艰苦"的思维历程。因此，报告的正文若从分析的终点入手，即采用"开门见山"式的写作技巧，将会是明智的选择。

在开宗明义就交代了自己的分析结论后，正文的其余部分可用来说明三种内容：一是为什么选中这一点来作为主要信息；二是没选中的其他方案是什么，以及未能入选的理由；三是支持你的论点及所建议方案的论据。

总之，案例分析报告的撰写，是一个不断摸索和总结提高的过程。要写好公共管理案例分析报告，一要平时多关注社会，二要善于思考，三要勤学苦练。

实 战 篇

第一章　行政职能

公共行政职能问题是一个与国家现象同样久远和复杂的问题。自有国家以来，行政职能始终是关于政府问题的基本问题之一。现代政府的行政职能问题源起 20 世纪 30 年代西方资本主义世界的经济大危机①。自那时开始，政府职能问题始终是西方经济学、政治学、社会学和公共行政学共同关注的基本问题。

中国当代行政学的主要奠基人夏书章先生认为，行政职能是国家职能的具体执行和体现，它是指行政机关在管理活动中的基本职责和功能作用，主要涉及政府管什么、怎么管、发挥什么作用的问题。行政职能具有执行性、多样性、动态性等特性。我国行政管理的基本职能可概括为政治、经济、文化教育、社会服务等四项职能。本章围绕着公共行政职能选编了 11 个案例，为案例分析和课堂讨论提供素材。

教学目的：深入了解政府行政职能与服务型政府建设的相互关系及存在问题

应用方式：案例分析、课堂讨论、课堂情境角色分析

案例 1：服务型政府建设②

说起某市服务型政府建设的由来，还有一段"一张图"和"一份机密报告"的秘闻。那是 2001 年，市长在一家制药厂调研时，获得一张由该厂绘制的项目审批流程图，这是一个改扩建项目，项目不算大，占地 70 多亩，投资不过几千万元。当时的厂长从 1998 年到 2001 年的主要工作就是跑这个项目的审批手续，跑了两年多，公章才盖下来 83 个。这张图显示，要跑完所有的手续，需要经过政府部门 119 道审核，盖 119 个公章。

于是，市长指示市政府办公厅和市政府法制办公室"解剖麻雀"：调查一下，审批一个项目到底要盖多少章、跑多长路。市政府法制办在作了仔细调查后，形成了一份报告，详列出审批事项、公章名称、审核机构、审核时间。结果是：非政府

———————————

① 张国庆. 公共行政学［M］. 3 版. 北京：北京大学出版社，2007：60.

② 高纪开，张婷婷. 政府革命：把"主仆倒置"翻过来［N］. 成都日报，2005-03-08.

30

投资项目的审批，平均需要 251 个工作日，政府投资项目还要更久。配合调查的企业，因担心今后会遭"卡"吃亏，都要求为其保密。市政府办公厅请示市领导后，在报告的右上角打上了"机密"字样，只印送到市领导范围。

一张图、一份机密报告，深深触动了该市决策层的神经，于是下定决心剑指政府自身：砍掉 2/3 以上审批事项，企业生产经营平均办证数减少 2/3，办结时间缩短 3/4 以上。那些老百姓离不开、惹不起的审批事项被摆在了改革的"手术刀"下，以往在幕后拥权自重，甚至仗权设卡的政府部门一下子被推到了前台。

2002 年 8 月，该市政府决定首先在与老百姓打交道最多的市工商行政管理局、市公安局、市市政公用局开展试点。2003 年下半年，在总结三部门试点工作的基础上，市级各部门全面推进服务型政府建设，各区（市）县也随即跟进。

案例分析提示与思考：

1. 制药企业的一个改扩建项目立项，需要通过政府部门 119 道审核、盖 119 个公章，这种管理方式说明了什么？

2. 试论我国深化行政体制改革、建设服务型政府的必要性。

3. 请分析今后不断推进我国服务型政府建设的主要途径和核心环节。

相关知识链接：

1. 所谓服务型政府，就是在公民本位、社会本位理念指导下，在整个社会民主秩序的框架下，通过法定程序，按照公民意志组建起来的、以为公民服务为宗旨，并承担着服务责任的政府。它具有以下丰富的内涵：①服务型政府是民主政府，即人民当家做主的政府；②服务型政府是有限政府，即政府的权力是有限的；③服务型政府是责任政府，即政府必须对自己的行为负责，对自己所提供的服务负责，对人民的利益负责；④服务型政府是法治政府，即依法行政的政府；⑤服务型政府是绩效政府，即有效率和效益的政府。

2. 我国原有政府职能的配置基本上是在计划经济体制下逐步形成的，存在着严重的"越位"、"错位"和"缺位"现象。随着我国经济体制改革的深入开展，特别是社会主义市场经济体制的建立和发展，市场在资源配置中的基础性作用明显增强，需要对政府职能进行重新定位，切实把政府职能转变到经济调节、市场监管、社会管理和公共服务上来。

案例 2：政府职能要 "三化"①

当前，政府角色向公共服务型转变的速度还落后于市场经济发展的速度。实际上，政府主导与市场经济并不完全对立。比如，一次分配讲效率，要以市场为主导，市场经济更有利于把 "蛋糕" 做大。但在解决效率问题之后，二次分配就要解决公平问题。因为 "蛋糕" 做大了，有一个如何分 "蛋糕" 的问题，分得是否公平、公正，要各方都比较满意，这需要由政府主导解决。政府的主导，就是为了妥善协调好社会各方面的利益关系，完善社会管理，保持良好的经济社会秩序。政府该不该 "强势"，先要看政府是在哪些方面 "强"，才能回答该不该。政府的 "强势"，如果 "强" 在维护社会公平和谐、创造良好的市场环境、让人民群众安居乐业上，这正是应该提倡的。也就是说，在该管的地方，政府一定要管到位。当然，目前我们面临的最大问题是政府职能的转变，即政府角色向公共服务型转变的速度还落后于市场经济发展的速度。

因此，政府职能要注意 "三化"：一是该强化的要强化。目前，一些政府部门在行使社会公共事务的管理职能方面，存在许多薄弱环节。在继续完善经济调节、加强市场监管的同时，更要注重加强社会管理和公共服务，把职能切实转到面向全社会、全行业的管理和服务上来。二是对于企业等微观经济方面的管理职能，政府则要弱化。当前，"企业、市场、社会、政府" 四位一体的改革正在向纵深推进，政府职能转变能否到位，很重要的一条是看行业协会等社会组织的力量能否快点壮大，以发挥应有的作用。三是更重要的在于政府职能的转化，即在调控宏观经济等方面转变职能。创新政府管理方式，寓管理于服务之中，更多地运用经济、法律手段，辅之以必要的行政手段，完善经济调节，已是当务之急。如不进一步减少和规范行政审批，不加强事后监管，提高行政水平和效率不就成一句空话了吗？

案例分析提示与思考：

1. 请具体分析目前我国政府职能那些应强化、那些应弱化、那些应转化？

2. 什么是一次分配、二次分配？为什么一次分配与二次分配必须采取不同的分配原则？政府在其中应当扮演怎样的角色并发挥什么作用？

3. 政府角色和职能对社会公平正义具有怎样的特殊意义和作用？为什么？

相关知识链接：

国民收入初次分配（也叫一次分配），是指按照一定的原则和通过一定的机制把国民收入分解成不同经济主体收入的过程。国民收入的初次分配是在创造它的物质生产领域进行的分配，经过这次分配得到的收入，也称原始收入。初次分配主要

— 32

---

① 曹焕荣，高渊，吴焰. 上海市市长韩正：政府职能转变注意 "三化"［N］. 人民日报，2006－07－04 (10).

由市场机制形成，政府通过税收杠杆和法律法规进行调节和规范，一般不直接干预初次分配。

国民收入的二次分配，是指国民收入在初次分配的基础上，各收入主体之间通过各种渠道实现现金或实物转移的一种收入再次分配过程。通过国民收入的再分配，不直接参与物质生产的社会成员或集团，从参与初次分配的社会成员或集团那里获得收入。再分配主要由政府调控机制起作用，通过国家预算、银行信贷、劳务费用、价格变动等途径来进行。政府进行必要的宏观管理和收入调节，是保持社会稳定、维护社会公正的基本机制。

除了初次分配和二次分配之外，慈善公益事业较为发达的国家，通过多种途径和多种方式的捐助活动，将一些人的财产直接或间接地转移到了另一些人手中，客观上起到国民收入再分配的作用，因而被称为第三次分配。第三次分配是人们自觉自愿的一种捐赠，它带来的影响不仅是经济的，而且还有社会与政治的，发挥了市场调节和政府调节无法替代的作用。

案例 3：从"响水洞"到"小糊涂仙"[①]

资料一：响水洞矿泉水的特殊待遇

2001 年 8 月 22 日，为扶持一家"处于占领市场初期"的企业，某省某市委、市政府办公室联合下发"红头文件"，要求当地各机关、企事业单位一律使用这一企业的产品。

这份文件，全称为"中共某市委办公室、某市政府办公室关于公务用水使用响水洞矿泉水的通知"。文件历数了响水洞矿泉水的诸多好处，称其"品质可与世界名泉媲美"，并指出"今后各单位的公务用水在条件相同的情况下，应首选响水洞矿泉水。"

据了解，文件共印发了 160 份，分别发放到各乡镇党委、政府，市委各部委办，市级各部门，各人民团体，各企事业单位、学校。据该市委办公室副主任介绍，市委、市政府出台这一文件，是为了扶持"处于占领市场初期"的响水洞矿泉水。他说，响水洞矿泉水水质好，又是一个好品牌，但占领市场不仅靠质量和品牌，还要靠强大的宣传攻势，而这个企业目前宣传经费不足，需要政府"帮它一把"。地方党委、政府联合发出文件，目的是推动企业把品牌做大、做强，促进地方经济发展。他还强调说，推广响水洞矿泉水，可以保证机关干部、企业职工卫生健康地饮用水。

该市饮用水市场目前有约 20 多个品牌，其中响水洞矿泉水知名度最高，占有

---

① 从锋. 彭州：为助企业占市场，红头文件来帮忙 [N]. 成都日报，2001-08-19；张先国，沈翀. 糊涂官如此喝"小糊涂仙" [N]. 四川日报，2006-04-08.

全市桶装水近 50％的市场销售份额，一年纳税约 600 万元。随着上述"红头文件"的出台，其销量比去年同期增长了近 50％，比前几个月翻了一番。

然而，文件却令其他饮用水生产企业吃尽了苦头。在当地的六七家矿泉水或纯净水生产企业中，至少有三家企业的产品水质与响水洞不相上下。在另一家较大的水业公司的一个配送站，营业员告诉记者，七八月份本是销售旺季，可配送站的销量却大幅下滑，从原来的每天 60 桶左右，降到现在的不足 30 桶，配送站不得不裁减员工。

资料二："小糊涂仙"的政策倾斜

2006 年 3 月 16 日，某省某市政府办公室下发"红头文件"，给市直机关和各乡镇农场下达喝酒任务，全市各部门全年喝"小糊涂仙"系列酒价值总目标为 200 万元，完成任务的按照 10 ％奖励，完不成的通报批评。

这份"喝酒文件"全名为《关于倡导公务接待使用小糊涂仙系列酒的通知》称：各乡、镇人民政府，各农、养殖场，办事处、开发区，市政府各部门，某酒业有限公司是最早来我市落户的引进企业之一，其生产的"小糊涂仙"酒 2005 年跻身"中国白酒品牌 20 强"。2005 年该企业纳税超过 1 300 万元，是我市纳税过千万元的六家企业之一。但目前该酒在我市的市场份额却很低，为此，我市公务接待倡导使用"小糊涂仙"系列酒。

同时，这份文件还附有《各地各单位使用和促销小糊涂仙系列酒分解表》，并强调："对执行本通知要求，并完成年度使用和促销计划的地方和单位，将按销售额的 10 ％给予奖励。在公务接待中不按规定用酒，完不成年度使用和促销计划的地方和单位，将予以通报批评。"

该市部分干部在接受记者采访时认为，下发该文件是"引商、稳商、亲商、富商"的需要，再说又没有封锁市场，发文的只是公务招待，用的钱是政府自己的钱，怎么喝、喝什么酒政府自己定都是无可厚非的。

该市政府办公室一位领导说，烟、酒都是高税产业，外地烟、外地酒，政府只能收到消费税，本地烟酒除消费税外，地方还能拿到增值税。其实每个地方都有一个不成文的规定，烟要抽地产烟，酒要喝地产酒，我们只是把这个不成文的规定搞成了"红头文件"而已。

市政府办认为规定公务接待用"小糊涂仙"酒是为企业办的大实事。起草这份文件的政府办副主任说："我参加政协会的时候，该酒业的老总反复提意见，让政府支持，示范带动。我也觉得政府不给这样的企业帮忙实在说不过去，又考虑各地都有类似保护本地产品的做法，我们为企业服务的心情也很急迫，干脆以红头文件的形式来促销。"

案例分析提示与思考：

1. 结合材料一、二，试分析我国政府在职能转变中存在的问题。

2. 为避免上述现象的再次出现，你认为应当采取哪些有效措施？

相关知识链接：

我国政府职能转变主要包括职能重心、职能方式和职能关系等三方面的内容。其中，1978 年中共十一届三中全会明确提出了把党和国家的工作重点转移到经济建设上来的方针，各级政府紧紧围绕着经济建设这个中心，才逐步实现了政府职能重心的根本转变，从而开创了我国行政管理的新局面。职能方式的转变主要体现在以下两个方面：一是由运用行政手段为主转变为以运用经济手段为主，经济手段、法律手段和必要的行政手段相结合；二是由微观管理、直接管理为主转向宏观管理、间接管理为主。职能关系是指不同的管理职能该由谁来行使，以及管理主体之间的职责权限如何划分。分清职能、理顺关系、划分不同管理主体之间的职责权限，这是实现政府职能转变的关键环节。在我国，政府的职能关系主要表现为：中央与地方、上级与下级政府之间的职能关系；政府与企业的关系；政府与市场的关系；政府与社会的关系；政府内部各个职能部门之间的关系等五个方面。

案例 4："黑车"为何治理难[①]

2006 年 4 月，央视记者连续报道了北京的黑出租车问题。从黑三轮到黑摩的，从黑公共到黑出租，北京黑车数量逐年上升。虽然，政府有关部门一直在管，但"黑车"依然很多。尤其是夜间和城乡结合部的"黑车"问题更为突出。

资料一："黑车"问题为什么愈演愈烈？

记者在北京西三环西侧六里桥至莲花桥路段看到一个这样的场景：下午六点左右，正值下班高峰，大量"黑车"也开始聚集在公交车站前，一些"黑车"司机在这里高声揽客，还有一些"黑车"与正规出租车为了争抢客源，把车开到了公共汽车道，造成严重的交通拥堵。

公共汽车司机："六里桥北里这儿的车站多，等车的人也多，'黑车'停在这儿的马路上，有时还停在中间这条车道上，影响乘客坐车、等车，我们进站也不好进。"

记者："严重的时候到什么程度？"

公共汽车司机："严重的时候进站得在这条马路上进。"

记者："得到快行道上进？"

公共汽车司机："对，到快行道上。"

"黑车"司机明目张胆地揽客，而就在附近的城管执法人员却束手无策。

---

① 央视国际.［关注北京"黑出租车"］（五）黑车"为何治理难"［EB/OL］.（2006-04-24）http://www.cctv.com/news/society/20060424/101342.shtml.

记者："我看到'黑车'揽活的比较多，怎么都没人管啊？"

城管执法人员："因为这个需要证据，一个需要现场交易，等于是一手交货，这个证据很难采取措施，我们取证很难，因为它停在这，我们管不了他们这车，只能由交通队来管理。"

记者："这块你们和交通队有分工，是吗？"

城管执法人员："对，因为停在马路上的我们就不能管，只能管侵占便道的。"

记者："打击'黑车'是不是主要归咱们交警管？"

公安交警："'黑车'这块不归我们管，我们管不了这个。"

记者："为什么？"

公安交警："这种情况不在咱们管理范围之内，现在运营这块主要归城管负责，咱们交警没有权利去查人家，咱们只管他们占路的情况，违章占路的情况，这个归交通部门来管。"

北京市政协委员、对外经贸大学刘教授："今天出租'黑车'已经泛滥到了七八万辆了，涉及这么多人，已经成为我们北京市的一个非常鲜明的城市管理的疮疤。到了现在这种情况，应该加强管理，严格治理，严格处罚。"

资料二："黑车"方便了市民出行，还便宜

随着北京城市的发展，四环和五环以外兴建了大量的住宅社区，而这些地区的公共交通发展速度相对滞后。一些公交线路不仅车班次少，而且路线不合理。许多新建小区走到主路需要十几分钟，这些地区的人出行就出现了困难。而合法的出租车通常不会在这些地区经营，"黑车"就利用这个空挡，进行非法运营。由于"黑车"运营成本低，价钱相对便宜，而且可以讨价还价，所以竞争就比较有利。

大学生："我觉得还蛮方便，就是到近的地方，又不用打车，然后过去，几步就到了，又不是很贵，但是他们就是在这个地方，可能有点妨碍交通，其他没什么。"

北京市民："出行挺方便的，安全问题挺麻烦的，就是觉得挺不安全的，像摩的之类的都挺不安全的。"

坐"黑车"的人，为的是方便，图的是省钱，而开黑车的为的是赚钱。"黑车"与正规出租车相比，既不用上税，又不用缴纳任何管理费，再加上相关部门缺乏有效的监管，"黑车"泛滥也就成为了必然。

为了进一步了解"黑车"存在的原因，记者对"黑车"司机进行了采访。

"黑车"司机："我们弄一个车吧，拉点活，没人家出租车挣得多，人家收20元我们收10元，还弄得抓我们，这叫黑车吗，就是辛辛苦苦挣点钱，没别的，又不违法，我们真是踏踏实实挣点钱。"

对外经贸大学刘教授："黑车能形成这么大的规模毕竟有一个百姓的认同问题。百姓为什么认同，是因为它有相当大的比例，并不是靠着宰老百姓，而是占公家的便宜。得利的是谁呢，开车的赚了钱了，坐车的也省了钱。'黑车'便宜，这是它能够存在的一个市场。"

据了解，北京市正规运营的出租车，每月每辆车要缴纳80元的运营税，照这样的标准计算，北京市7万辆非法运营的"黑车"每年逃避税收约7 000万元之多。依靠较低的价格和逃避国家营运税收而生存的北京"黑车"，虽然解决了一些地区市民出行的问题，但非法运营终究不是长久之计。

资料三："打黑"专项行动面临难题多

不仅是北京，在上海、深圳等地，如果把城市周边地区的"黑车"算起来，"黑车"数量已超过出租汽车和公交车辆的总和。与此同时，各地有关部门对"黑车"的打击一刻都没停过。在记者调查的北京、武汉、南昌等地，执法部门在"黑车"活动比较猖獗的地区组成了专门打黑队。打黑队夜间活动，常规队员白天巡查，进行24小时的监控。对查处的"黑车"，也按照相关法规处罚，最低1万元，最高2万元。杭州、上海、南昌、北京等地还相继开展了大规模的"打黑"专项行动。然而，一边是执法部门的打击，一边却是黑车队伍的不断"发展壮大"。

为什么会出现"黑车越打越多"的奇怪现象？北京、南昌等城市的一些运管部门负责人告诉记者，他们在查处黑车的过程中有诸多难处。

首先是执法难。运管部门作为查处黑车的主要执法者，除了罚款，他们扣车必须通过交警部门来实施，对一些严重违法或暴力抗法的车主更是难于处理。对"黑车"的处理常常陷于取证——扣车——处罚——放车的循环圈子中，不能从根本上铲除"黑车"。

其次是取证难。一位打黑车的运管大队长无奈地对记者说，在查处"黑车"时，连乘客都会出于各种想法，自觉不自觉地庇护车主。稽查人员常常明知是"黑车"，却苦于没有证据，无法查处。

最后是处罚难。由于运营"黑车"多数是低档车，有些是报废车，不少车主在查处后往往弃车不顾。仅北京市2005年因不接受处罚而丢弃的车辆就有146辆。

从2006年4月26日零时起，为期一个月，以打击机动车非法营运、维护市场秩序为目的的"狂飙行动"在北京市正式启动。为此，北京市不仅成立由市属16个委办局组成的工作协调小组，而且按照北京市发布的《依法查处取缔无照营运行为的通告》，凡是在"狂飙行动"期间查获的"黑车"，全部按照上限50万元的标准予以罚款；如果第二次被查，除被罚款外，车辆将一并被没收。

北京市此次整顿"黑车"，无论组织力度还是处罚力度，都是"空前"的。"力度"既然"空前"，效果自然也立竿见影。据媒体报道，第一场联合执法，就查扣非法营运机动车98辆、摩的113辆、人力三轮车64辆，治安拘留非法营运人员5人。

但此举并不能从根本上解决问题，"狂飙行动"一过，"黑车"又渐渐恢复了运营。更何况一个合法的行业、合法的市场，是否只能靠行政垄断、靠"狂飙行动"才能有市场空间呢？

案例分析提示与思考：

1. 结合案例材料，试分析"黑车"屡禁不止的深层次原因和解决对策。
2. 试论考察政府职能转变与行业管理体制改革的关系
3. 就"黑车"问题进行情境角色分析，探讨解决"黑车"的长效措施。

相关知识链接：

目前，我国大部分城市对出租车管理都实行特许经营制度。所谓政府特许经营，就是许可制，政府将城市的出租车业务授予少数公司经营，这些公司再向司机出售营运资格，后者则向公司缴纳一定金额的管理费用，即"份儿钱"。这样，只有公司才能申请到经营许可权，个人是没有资格得到这一许可权的。没有许可权，就不能运营，如果上路，就是黑车。个人如果要跑出租，能够做到的是，或者自己买车挂靠到公司，或者向公司租车包车，加入到某个公司里面。无论哪种情况，每月都要向公司交纳一笔很重的份子钱。

当前，我国大部分城市出租车运营模式主要有两种：公司化模式与个体化模式。

(1) 公司化模式。包括：实体型公司化模式、承包型公司化模式与挂靠型公司化模式。其中，实体型公司化模式是指按照现代企业制度建立的出租车营运公司，其车辆产权与经营权归公司所有，司机是公司的员工，与公司签订正规合法的劳动合同，属于劳动合同关系，公司按月发放固定工资及其奖励。承包型公司化模式，又称份钱型公司化模式，是指车辆产权与经营权归公司所有，司机不是公司的正式员工，公司与被聘用的司机签订承包经营合同，属于聘用关系，公司按月向司机收取承包费，亦即"份儿钱"。挂靠型公司化模式，又称中介型公司化模式，是指车辆产权与经营权归个人所有，司机只是以某一公司名义从事营运，公司与司机签订服务协议，收取一定的管理费用，公司只负责提供代缴税费等服务，其他费用及事项一律由司机自己负责。在这三类公司中，份钱型公司化模式最多，问题也最突出，以北京、上海为代表。北京、上海模式即出租车公司对出租车拥有产权与直接经营权，出租车司机受雇于公司，司机没有车辆的产权与经营权，每月向公司上交数量不等的"份儿钱"。公司与司机之间没有劳动合同关系，只是一种经济合同关系。

公司化模式的核心是"特许制——公司化——交份钱"，实行"政府——公司——驾驶者"三级管理。公司化模式实行公司权证所有制，经营权归公司所有，出租车由公司购买。但通常情况下，出租车司机在运营之前，要先缴纳数万元的抵押金给公司，个别公司甚至用抵押金去购买出租车，然后给司机使用，很多情况下抵押金都不退还给出租车个人,等于是出租车司机自己购买车辆。所以,公司化模式差不多是一种"空手套白狼"的经营模式。

(2)个体化模式。所谓个体化模式,是指出租车车辆产权与客运经营权均归个人所有,司机或车主是完全意义上的市场主体,以温州、天津为代表。出租车公司实行松散管理,出租车产权被出售给司机,司机则挂靠在某个公司名义下跑活儿,每个月交纳一定的运营证管理费。1998年,温州全面实施出租车经营个体化政策。2007年底,该市出租车志愿服务队又成立了出租车托管服务有限公司。这种托管模式是,由托管服务公司把出租车从不同车主处承包过来,出租车的原隶属关系保持不变,公司只负责聘请、培训、管理驾驶员,并负责承包车辆的日常营运、维护、维修和保洁工作。原先向车辆挂靠单位缴纳的挂靠管理费还是由车辆挂靠单位收取,由挂靠单位代收的税费,按现行政策基本保持不变。

个体化模式核心是"挂公司——交运营证管理费",实行"政府——驾驶者"两级管理。个体化模式实行私人权证所有制,经营权归个人所有,出租车为个人购买,产权与经营权合一。

案例5:该怎样治理散布于大街小巷的"办证"涂鸦?[①]

曾几何时,"办证"涂鸦已成为我国城市环境的一大公害。不仅搞乱了城市的环境卫生,而且到处制售假冒证件,对各种证件的公信力和社会诚信度造成了严峻的挑战,后果相当的严重。目前"办证"广告已由喷涂改为自带胶粘贴,范围也由临街的墙面进一步扩散到地面及大街小巷的各种公共设施,几经严打,屡禁不止,已成为当今城市环境与社会治理的一大顽症。近年来,各地市政府曾多次进行专项治理,发动社会各界,投入了大量人力、物力、警力,也曾通过"呼死你"等方式追查参与"办证"的手机等通讯工具,采取停机、罚款、拘留等各种严厉的打击措施,取得了一定效果。但只要稍一松懈,"办证"涂鸦又起,大有此伏彼起之势,尤其是每年3~8月份大中专毕业生求职高峰期,在大街小巷及人群较为密集的地方,"办证"涂鸦更是泛滥。据悉,此类情况在全国各大城市都很猖獗。

近年来,深圳市采取了多种综合治理的有效措施,使"办证"涂鸦在一定程度上基本得以控制。据了解,以往乱涂写多集中在墙上、电线杆上、车站站牌等处,随着城管部门使用了新材料和加大了清理力度,"办证"广告张贴起来越来越困难,于是,一些不法人员就在地上写起"地书",多是些"办证"、"深户担保"、"私家侦探"之类。城管部门一直在组织人员清理这些"地书",但清理难度大、成本高,以四块地板砖面积的乱涂写为例,要彻底清除它,需要四条毛巾。为解决这一难

---

① 郑柱子. 深圳新招灭涂鸦,写在地上的手机号将被扣钱 [EB/OL]. (2005-11-19) http://news.163.com/05/1119/09/22TLJTKF0001124T.html.

题，深圳主要采取两大措施，即"扣死你"与强力冲洗剂。

所谓"扣死你"，就是通过向乱涂写人员发送提示违规及接受处理的信息，并收取费用，每次1元，直到将其费用扣完为止。深圳市城管部门为此已进行了半年时间的准备，深圳市电信部门也已将相关方案报送至广东省电信部门。届时，那些乱涂写在地上的手机号也将被一一"扣死"。

同时，深圳市城管局从香港地区引进了一种德国产的强力清洗剂和相关设备。实验证明，这种强力冲洗剂能够彻底清除掉乱涂写的痕迹，且成本相对较低。配合全面推广使用这种清洗剂，深圳市城管局道桥维修中心正组织成立专业清洗队，全面加大清洗"随地涂鸦"力度。对个别涉及黄、赌、毒的电话号码，将与公安等部门协调行动，依法予以惩治。

案例分析提示与思考：

1. 请问你对大街小巷的"办证"涂鸦有何感受？你认为问题出在了哪里？
2. 此类问题如此普遍，就现象谈本质，它说明了什么？
3. 假如你是市长，将会对此采取什么措施来有效地解决这一顽症？

相关知识链接：

城管局，即城市管理行政执法局或城市管理综合行政执法局，简称"城管"，是中国内地在城市管理中负责综合行政执法的部门。其前身"城管办"属于国家事业单位。后来，城管部门逐渐纳入各地的行政编制，成为政府行政执法机构。

城管局行使行政处罚权的范围，通常包括市容环境卫生、城市规划管理（无证违法建设处罚）、道路交通秩序（违法占路处罚）、工商行政管理（无照经营处罚）、市政管理、公用事业管理、城市节水管理、停车管理、园林绿化管理、环境保护管理、施工现场管理（含拆迁工地管理）、城市河湖管理、黑车、黑导游等13个方面。

案例6：话说铁路改革①

2005年3月18日，在铁道部一次突如其来的"撤销铁路分局"改革中，郑州铁路局被分割为郑州、武汉、西安三个铁路局。

中国最重要的两条铁路大动脉——京广线和陇海线的交汇，产生了郑州铁路局，甚至可以说产生了郑州这座城市。铁路一直是这座城市的骄傲，能成为郑铁局的职工，几年前还是件很让人自豪的事。但现在，铁路局成片的宿舍区成了郑州市需要重点整治的"贫民区"。在京广路与陇海路交叉口的郑铁大楼上，那句几十年

---

① 田磊. 郑州铁路局命运浮沉：铁路系统自我改革乏力 [EB/OL]. (2006-01-21) http://news.xin-huanet.com/politics/2006-01/21/content_4080497.htm.

未变的标语:"局兴我兴,局荣我荣,郑局在我心中",在日益繁华的都市面前,不禁有些黯然失色。

有些被撤并的站段,"人去楼空,办公室值点钱的东西都给搬走了!"一名郑州铁路局的老干部说,"就像打了败仗撤退时的情景,让人寒心。"有些站段,提前得到风声后,甚至一个月发了9次奖金。

在中国铁路的历次改革中,郑州铁路局起起伏伏,有过辉煌,也有过失落,"这一次,终于跌到了谷底"。这个中国最重要和庞杂的铁路局,几十年的发展和被分拆整合的经历,几乎就是一段中国铁路改革的编年史。

这只是中国铁路管理体制改革的一个缩影。2005年3月18日,铁道部宣布撤销全国41个铁路分局,结束了中国铁路系统长期以来实行的四级管理体制,即"铁道部—铁路局—铁路分局—站段"的管理体制,而代之以"铁道部—铁路局—站段"的三级管理体制。此次改革后,41个分局得以撤销,全路的站点数量减少了约30%,分流员工约2万人,每年将可节约各项成本11亿元。

这次牵筋动骨的改革,重要背景是铁路运能的持续紧张。据铁道部统计,2004年3月春耕时节,全国的运输车皮每天需求量超过28万辆,而铁路能够满足的运力不足10万辆,结果部分农用物资无法按时送达,影响了一些地区的春耕。有数据显示,中国铁路目前在以世界6%的营业里程,完成着占铁路运输总量24%的运输任务。扩大铁路规模迫在眉睫。

在2006年全国铁路工作会议上,铁道部部长指出,"十一五"期间,中国将建设铁路新线19 800千米,其中客运专线9 800千米。2010年全国铁路营业里程达到9.5万千米。届时,发达的铁路网将初具规模,并形成客运专线、城际客运铁路和既有线提速线路相配套的32 000千米的快速客运网络。到2010年,各大区域之间大能力货运通道网络和快速货运网络也将初步形成。

要实现上述目标,必须解决两大问题:一个是铁路建设投资不足问题。目前铁路资金主要来源于国家专项拨款、国债和地方政府投资、银行贷款等,由于铁路建设耗资巨大,故资金供给严重跟不上需求。以目前的投资铁路建设价格计算,新建1千米铁路在一般路段需上千万元人民币,在高等级的客运专线段则高达上亿元人民币。另一个是铁道管理体制问题。铁路就属性而言,具有自然垄断性,国家对它的管制应达到两个目标,其一为实现社会福利最大化,其二为被管制行业能够获得适当的收益。为了在保证安全的"公共事业"与需引入竞争的"垄断行业"间求得平衡,就有必要将铁路建设分为公益性、非公益性两类。目前,铁路部门仍是政企合一,铁路运输企业的主要经营权大体集中于铁道部,铁路运输企业的责权划分不清晰,广泛存在着依赖铁道部的行政手段来增加自己收益的情况。

因此,尽管铁路管理体制在进行着上述诸多改革探索,但其总体给人的感觉是要慢于民航、电信等行业的改革,仍然在起步阶段的泥泞里蹒跚,面临着严峻的考验。

案例分析提示与思考：

1. 结合案例，根据行政职能的原理，分析我国的铁路改革。

2. 若你是铁路改革的决策者，你觉得怎样才能真正地推动我国铁路改革？

相关知识链接：

1. 长期以来，我国铁路系统实行铁道部、铁路局、铁路分局、站段的四级管理体制，管理层次多，尤其是铁路局和铁路分局都是法人，职能交叉，管理重叠，相互掣肘，效率不高，对铁路发展造成了不利影响。铁路提速与机构精简是一根链条，中间环节过多，势必影响整个链条的运行速度。因此，从 2005 年 3 月 18 日开始，全国 15 个铁路局（含青藏铁路公司）中设有分局的 10 个铁路局撤销了铁路分局，铁路系统开始实行铁路局（集团公司）直接管理站段的管理体制。同时，这次改革还新成立了太原、西安、武汉 3 个铁路局，加上现有的 15 个铁路局（公司），全国铁路共设立 18 个铁路局（公司）。各铁路局将成立适应直接管理站段的调度指挥机构，对铁路局管辖范围内的运输工作统一指挥、集中调度，而机车交路、客车担当、乘务制度、列车安全技术检查区段按现状维持不变。

2. 目前，我国铁路行业的改革力度和范围大都停留在浅层次上，尚未触及产权制度，铁路现行管理体制存在的问题仍然十分突出。铁道部仍然维持着以高度集中、大动脉和半军事化为特点的运营管理体制，最重要的问题是政企不分、监管者与经营者混为一体。铁道部既是全国铁路行业的政府主管部门，又是企业的直接出资人，一边行使着国家铁路生产、制定客货运输市场战略的政府职能，一边又担负着铁路国有资产保值、增值的企业职能。铁路运输企业只相当于政府的附属机构和生产车间，难以真正面向市场，自主经营，自负盈亏，自我发展，严重限制了我国铁路的发展。

3. 我国原有的政府职能的配置基本上是在计划经济体制下逐步形成的，政府把过多的社会责任和事务矛盾都集中在自己身上。随着经济体制改革的深入开展，特别是随着社会主义市场经济目标的确立，从计划经济向市场经济的逐步转变，市场在资源配置中的基础性作用明显增强。在这种新的历史条件下，过去的那种政府职能已经到了不改就难以为继的程度。

4. 单纯的自由放任经济不能实现市场经济的均衡运行，过分强调政府干预又会使经济失去效率和活力。市场经济的运行不能没有政府的干预，也不能没有市场的调节。在市场经济体制下，政府与市场相互关系的总原则是：市场机制能够解决的，就让市场解决；政府只管市场做不好和做不了的事；政府引导市场，市场调节企业。

案例 7：乡镇财政困境[①]

为了"切实抓好财政收入"，某省一镇政府竟出台"红头文件"，要求基层干部罚款、收费，每位干部创收指标为 4 000 元。虽然这起"创收"闹剧很快草草收场，但基层政府明知与中央一号文件精神相悖，还硬着头皮发文件搞"创收"，其深层原因引人深思。

2005 年 7 月 22 日，某省一镇政府出台一份"红头文件"，在全镇干部中间引起轩然大波。因为这份政府文件要求他们执行一项特殊的"任务"：到各村组搞罚款创收。这份文件题为《关于切实抓好财政收入的通知》。题头深红的"××县××镇人民政府文件"字样十分醒目。

通知开头说明了这次创收的背景：我镇财政形势十分严峻，已经严重地影响着各项工作的顺利开展和社会事业发展及机关工作正常运转，为克服困难，消化矛盾，经镇政府研究，本着应收尽收和量化考核的原则，切实抓好财政收入工作。同时，提出全镇计划完成 15.2 万元的财政创收任务，按其划分的 4 支工作队将任务分摊，如计划生育工作队的任务是 4 万元。

文件还列举了令人眼花缭乱的创收清收项目，除了计划生育社会抚养费、"三查"违约金、退耕还林禁种处罚、乱砍滥伐罚款等，还有一些"土生土长"的罚款项目，如"非法同居"、"打架斗殴"、"农用车违章拉人"等。

为使工作得到有效贯彻，文件要求这次创收"采取政府组织协调、部门协作，集中时间、集中人员的办法，做到村村过，组组清"。创收任务还与干部工资挂钩，"月进度达到任务总额的 20%，由工作队队长签字后方可发放工资"，并且要求"把财政创收工作列为干部考核的重要内容之一，对完不成任务的年终不得评为合格（称职）干部，不得享受年终一次性奖金"。

由于个别干部及时向有关部门反映，引起了市和县领导的重视，××镇的这一创收"奇招"还未实施就胎死腹中。8 月 10 日，××县委、县政府责令××镇党委、政府立即纠正错误。当天，这份离奇的"红头文件"就被发文废止。8 月 13 日，××县委、县政府对此在全县通报批评。

记者随意走进镇政府一间办公室。听说记者前来采访此事，一些干部围了上来，苦笑着诉说他们的痛苦"创收"经历：这种创收已存在几年了，只不过都是光干不说，领导都是心照不宣。今年出了"红头文件"，形成文字性东西后就显得特别滑稽。全镇除 7 名办公室和后勤人员外，38 名干部都有任务，每人的任务标准是 4 000 元。四个工作队分别由一名镇党委副书记、两名副镇长、武装部长等担任队长，连根本没有任何执法权的扶贫办、文化站、经管站、畜牧站等部门都得抽出干

部参加创收工作队。

背上"创收"任务，干部们十分无奈。"这种通过罚款增加的财政收入叫非税收入，每个干部都有任务，如果定下的任务完成不了，工资就要被扣发。"一些干部因为完不成任务，春节过年的钱都没有。少数干部为了能领上工资，被迫向银行或私人借贷，××镇为此借贷最多的一位干部借了五六千元，直到不久前退休了也没将这笔债还清。

案例分析提示与思考：

1. 乡政府的行政职能是什么？即乡政府究竟该管什么、怎么管？

2. 请分析本案例中政府"红头文件"中存在的问题。

3. 结合案例，提出现阶段乡镇财政摆脱困境的正确途径与对策建议。

相关知识链接：

"红头文件"并非法律用语，是老百姓对"各级政府机关（多指中央一级）下发的带有大红字标题和红色印章的文件"的俗称。从制定机关的权限来看，行政法规的制定机关是国务院，规章的制定机关是31个省、自治区、直辖市人民政府，49个较大的市人民政府，以及国务院各部门、各直属机构和具有行政管理职责的直属事业单位。而一般"红头文件"，有行政管理权的行政机关在行政管理工作需要时就可以制定。可见，"红头文件"实际上有广义与狭义之分。

广义的"红头文件"就是从字面理解的带红头和红色印章的，既包括行政机关直接针对特定公民和组织而制发的文件，也包括行政机关不直接针对特定公民和组织而制发的文件，以及行政机关内部因明确一些工作事项而制发的文件。狭义的"红头文件"是专指行政机关针对不特定的公民和组织而制发的文件，这类文件对公众有约束力、涉及他们的权利和义务，也就是法律用语所称的行政法规、规章以外的其他具有普遍约束力的规范性文件。公众所关心关注的，应该是指狭义上的"红头文件"。

问题的"红头文件"都会有以下共同特点：一是设定公民义务或剥夺公民权利而无法定依据；二是违反国家行政处罚法，擅自设定行政处罚内容或自行规定罚没款的；三是无行政审批设定权的机关，擅自设定行政审批事项或增加行政审批环节和条件；四是规范性文件制定技术上不够规范；五是强调管理相对人义务多，规定管理机关责任和制约措施少等。

案例 8：河道管理①

江风萧瑟，湘江江面上的船只依然来来往往。记者从开福区境内的福安垸出发，顺着浏阳河入湘江口北去，直达望城县境内的白沙洲，再回到天心区的解放垸……一路暗访发现，由于一些业主非法采砂和倾倒垃圾，河道已经伤痕累累。从洪山桥下行至京广铁路桥段，短短数百米的河道两侧，生活垃圾、建筑垃圾堆在枯萎的杂草中，发出恶臭。在天心区解放垸，该段湘江河道两侧砂场林立，有的滥占耕地，面积达 10 多亩；有的占住河滩堆积砂石；有的挖堤掘口架设皮带输送机；有的干脆在河堤上修路下河，将汽车直接开往干涸的河床取砂。记者粗略地数了一下，从大托镇黄鹤村、兴龙村一路过去，大小砂场有近 10 个。

据了解，类似的现象在该市内五区及四县（市）都不同程度地存在。对此，群众早已看在眼里，急在心里。居住陡岭多年的一居民告诉记者，福安垸河道由于成年垃圾成堆，河床因此变窄，河水遭受污染，他们的生活将因此遭殃。在解放垸，兴龙村一位正在修防洪通道的老人有苦难言：我修一年抵不上他们一个早上工夫的破坏。河道两侧虽有禁令，不准随意采砂，但没有人落实，发展至今，也没有人制止。少数单位和个人都为了眼前的一点点利益睁只眼闭着眼。只有洪水来了，大家才想起保命的河道，什么都舍得抛，什么都舍得投。说到此处，老人一声叹息……

据业内有关人士介绍，河道采砂及资源保护与合理开发利用，涉及水上运输、航道安全及防洪安全等。以湘江河道采砂管理工作为例，其中涉及水利局、国土资源局、交通局、公安局、航道管理局、工商局、税务局、物价局等 8 个部门。因为管理部门多，收费名目也多，有的部门因为收不到一分钱河道管理费，由其负责的河道管理与治理任务也相应地到不了位。

按照《中华人民共和国河道管理条例》有关内容，在河道管理范围内进行采砂、取土、弃置砂石或者淤泥等活动必须报河道主管机关批准，涉及其他部门的，由河道主管机关会同有关部门批准。法规明确了各部门的权力和职责。

但实际上，河道采砂管理工作目前基本处于有利的争着管，无利的就不管的状况，有的部门甚至抛开了法律、法规。以湘江望城段为例，该县国土局在 2000 年通过拍卖，将湘江望城段砂石资源开采权卖给了相关部门，开采权期限达 3 年。对此，市水利部门曾多次发出通知要求予以纠正，但至今仍未落实。

案例分析提示与思考：

请运用行政职能原理，分析这一案例存在的问题。

① 苏毅. 湘江：保命的河道伤痕累累［EB/OL］.（2003－11－12）http://news. sohu. com/20/93/news215479320. shtml.

相关知识链接：

1. 根据全国人大、国务院和相关部委出台的法律、法规、规章和规范性文件的规定，我国河道采砂由国土资源主管部门、河道主管部门、航道主管部门按照法定的职责和权限共同管理。从人大及其常委会、国务院和部门等机构颁布的规范性文件来看，国土资源管理部门与河道、航道管理部门之间职权的衔接也并不矛盾。河道中的砂石属于矿产资源，应由国土资源部门管理。《矿产资源法实施细则》所附"矿产资源分类细目"将天然石英砂（玻璃用砂、铸型用砂、建筑用砂、水泥配料用砂、水泥标准砂、砖瓦用砂）列为矿产资源。《矿产资源法》第 3 条第 2 款规定"开采矿产资源，必须依法申请取得采矿权"，第 5 条规定"国家对矿产资源的勘查、开采实行许可证制度。勘查矿产资源，必须依法申请登记，领取勘查许可证，取得探矿权；开采矿产资源，必须依法申请登记，领取采矿许可证，取得采矿权"。根据矿产资源法及其配套法规的有关规定，矿产资源的勘查、开采的监督管理、行政处罚等工作，由国土资源主管部门负责。由于河道采砂不仅是开采河砂等矿产资源，还会影响到河道管理、防洪安全、航道管理等，根据《水法》、《防洪法》、《河道管理条例》等相关法律规定，河道、航道的监督管理，应由河道主管部门和航道主管部门负责。这些部门之间的职权分工与协调的规范性文件主要有：1990 年 5 月、1991 年 3 月全国人大常委会法工委复函，水利主管部门、地质矿产主管部门 2000 年相继发布的进一步贯彻执行全国人大常委会法工委的法律解释，国土资源部《关于加强河道采砂监督管理工作的通知》（2000 年 1 月）等等。从这些文件中可以得出，国土、河道与航道部门之间河道采砂的管理分工为：任何单位和个人在行洪、排涝河道内申请开采砂石、砂金，必须经河道主管部门批准；涉及航道的，经河道主管部门会同航道主管部门批准后，单位和个人凭批准文件和办矿审批文件到采矿登记管理机关办理采矿登记手续。未经河道、航道主管部门批准，采矿登记管理机关不得办理在河道、航道范围内采矿的登记手续，不得颁发采矿许可证。

2. 我国人大、国务院和各部委颁发的法律、法规和规范性文件，对于河道采砂管理的规定非常清楚。但是，某些省（自治区、直辖市）颁发的法规、规章违反上位法的规定，实践中的河道采砂管理在各地一直处于混乱状态，职责不清，各部门互相争权争利，推卸责任。某些省、市、县地方人大及其常委会、地方政府纷纷颁发河道采砂的地方法规、规章和规范性文件，依据宪法、立法法和有关组织法，这些立法行为均属违法。一些地方参照《长江河道采砂管理条例》制定地方河道采砂管理办法，借此特殊管理条例来规范所有河道采砂管理。出台的河道采砂管理法规、规章和规范性文件，违背了人大、国务院颁布的上位法的法律规定，将河道采砂的管理权限变为以水利部门为主管部门。河道采砂规划、许可审批、招标拍卖、征收水资源费或河砂开采权出让费等职能，都主要由水行政主管部门负责，国土资源部门和其他部门成为协商审批单位和协助监督管理部门。从管理实践来看，有些地方国土资源主管部门认为，河道采砂必须经河道主管部门批准或者经河道主管部门会同航道主管部门批准后，国土资源主管部门才能依法颁发采矿许可证。而且由于河道采矿经常造成堤坝溃坝、桥梁不安全等，若河道主管部门颁发了采矿许可证，采砂人就采砂，一旦出现问题也很难管。于是，有些地方放弃河道管理权限，将采砂交由水行政主管部门来发河道采砂许可证，不再发放采矿许可证，一旦出现问题就可以推卸责任。

案例9：依法"打架"①

前不久，位于某市北大街的一个娱乐场所正在进行装修作业。来自该市不同政府部门的工作人员相继赶到现场，一大群人为管理权的归属激烈争执，相互推搡，现场一片混乱。

事实上，这种管理"撞车"的闹剧在该市的一些施工现场每隔一段时间就要上演一次。该市装饰装修行业目前有两个主管部门，一个是市城乡建设委员会下设的"建筑装饰管理办公室"，颁发的是"建筑业企业资质证书"和"建筑工程施工许可证"；另一个是隶属于市经济委员会的"室内装饰业管理办公室"，颁发"室内装饰企业资质等级证书"和"市装饰企业施工证"。两个管理部门各自成立了执法检查队，在城区各个工地进行检查。两家互不承认对方颁发的施工许可证和资质证书，如果没有本部门颁发的手续，就会勒令工程停工甚至进行罚款；如果两家执法人员在工地碰到一起，一场争执就不可避免。

在2005年该市人代会上，25名人大代表联名提出了"关于依法理顺我市装饰装修行业管理体制的议案"。但到目前为止，多头管理的局面仍在延续。"建筑装修市场管理混乱，行业内尽人皆知。"一位不愿透露姓名的建筑公司老总私下告诉记者。

该市建筑装饰行业的多头管理格局可以追溯到20世纪80年代后期。当时各地大规模进行基础设施建设，进口的建筑材料数量激增，出于节省外汇和促进装饰材料国产化的考虑，国家成立了由轻工业部、建设部等几家单位组成的装饰材料管理办公室，负责对装饰材料的管理。此后，轻工部门逐渐介入装饰装修行业，并与建设部门发生了冲突。随着冲突愈演愈烈，1992年国务院办公厅专门下发通知，加以规范：建筑装饰业由建设部门管理，室内装饰业由轻工部门管理。

然而，文件转发到地方之后，该市的建设和轻工部门（轻工部门改革后，职能

---

① 石志勇，黄会清.西安装修业：一块肥肉的12年部门利益之争［EB/OL］.（2005-11-29）http://news. xinhuanet. com/politics/2005-11/29/content_3849829. htm.

并入现在的市经济委员会）都从自己的角度去理解和执法，导致管辖范围出现交叉，多头管理格局开始形成。

随着时间的推移，在全国许多省市都已经将装饰装修行业归口到一个部门管理时，该市的多头管理问题却一直悬而未决。市建委拿出了《中华人民共和国建筑法》、国务院《建设工程质量管理条例》、《省建筑市场管理条例》等一系列法律法规作为依据；而市经委则认为，自己的执法依据来自于《省室内装饰管理规定》和《市室内装饰管理办法》。

争来夺去，根子在钱。据统计，该市每年装饰装修工程量在 60 亿元人民币左右，行业内有数百家企业，从业人员约 7 万人。一位知情人士告诉记者，在装饰装修行业快速发展的情况下，取得管理权的部门就能获得巨大的利益，而这种利益很大程度上是通过收费来实现的。有票据显示，该市室内装饰业管理办公室为业内企业办理施工证收费一般在 5 000 元左右。市建筑装饰管理办公室在管理过程中也会依工程造价按比例收取一定费用。

该市经委办公室负责人说，现在之所以有管理争议，关键还是部门利益在作怪。市装饰装修业近年来发展很快，大家都想取得对它的管理权。

最近，该市一旅游开发区管委会主任杨某又带头向市人大提交了治理装饰装修行业多头管理的议案。他认为："两个管理部门光是收钱，大量劣质建材进入装修市场却无人管理。要改变目前混乱管理局面，最重要的是政府尽快立法，将几家管理部门合并为一家统一管理。"

案例分析提示与思考：

1. 请列举该市做法存在的问题和弊端，并加以说明。

2. 应该如何对这个市的城建职能机构加以改革？

相关知识链接：

1. 任何建筑物、构筑物一般都是由地基基础、主体结构和装饰装修三部分所组成，其室内、室外装饰装修都依附于建筑物、构筑物主体，都是建筑工程不可分割的重要组成部分。自新中国成立以来，我国建设行政主管部门的机构、名称虽作过多次调整，历经建工部、国家建委、城乡建设环境保护部、建设部等几个阶段，但建筑装饰装修（包括室内、室外装饰装修）的行业管理始终都是其基本职能之一。1993 年 12 月经国务院批准的建设部"三定方案"中明确规定，建设部是国务院综合管理全国建设事业（工程建设、城市建设、村镇建设、建筑业、房地产业、市政公用事业）的职能部门，负责研究制订工程建设、城市建设、村镇建设、建筑业、房地产业、市政公用事业的方针、政策、法规以及相关的发展战略、产业政策、改革方案和中长期规划并指导实施，负责制订建筑安装、建筑装修、建筑制品等企业的资质管理办法并监督执行。国家技术监督局 1994 年 8 月发布的中华人民共和国标准《国民经济行业分类与代码》（GB/T4754—94）中，明确规定建筑业包括三大类，即土木工程建筑业，线路、管道和设备安装业，装修装饰业。

2. 目前，全国已有十几个省、自治区、直辖市人大常委会颁布了《建筑市场管理条例》，明确由建设行政主管部门实施统一归口管理。但是，也有部分省、自治区对于建筑装饰装修仍处于多头管理的状态，致使建筑市场的管理陷入混乱。

1996 年 4 月，国务院办公厅批转了建设部、监察部、国家计委、国家工商行政管理局《关于开展建设工程项目执法监察的意见》。各级建设行政主管部门都要严格按照要求，结合《建筑装饰装修管理规定》的贯彻落实，切实加大执法力度，把建筑市场治乱真正落到实处。凡已实施统一管理的地方，要进一步加大工作力度，严格各项管理；尚未理顺管理体制的地方，要积极向政府、人大反映情况，争取尽早理顺关系，决不能搞两套管理机构，不能出现两家批企业资质、两家管理招投标、两家监督工程质量的混乱现象。

案例 10：盐业专营[①]

某省在打击私盐贩运的联合执法中发现，有的盐业执法部门"左手执法，右手贩私"。这暴露出该省盐业管理体制存在着很大弊端，盐业市场管理任重道远。

从 2005 年 5 月份开始，某省工商局会同省盐务管理局、质量技术监督局、公安厅、卫生厅等部门进行联合执法，在全省范围内组织开展整顿和规范盐业市场秩序工作，共查获私盐 52.4 吨。这些私盐地下加工窝点主要集中于城郊结合部，不法分子只需要租一间民房、购买一台粉碎机、封口机和一杆小秤，就可以进行非法的私盐生产。他们将存放工业盐的库房和加工窝点分开，加工多少就到库房取多少，并且经常更换加工窝点，逃避打击。

出乎联合执法组预料的是，有的盐业管理部门也干起了贩运私盐的勾当。联合执法人员在某食品厂查获的工业原盐系用于酱油生产，而这些工业用盐竟来自该县盐业公司。执法人员在对这个县盐业公司仓库进行突击检查时，查获无碘精盐 3 000 公斤、无碘粉洗盐 7 000 公斤、工业原盐 14 000 公斤。该盐业公司的另一块牌子就是某县盐务管理局。他们一手执法一手经营，一方面检查、查扣别人的私盐，而另一方面却公然经营着私盐。

据省盐务管理局负责人介绍，该省盐务管理工作存在很多实际困难和问题。该省盐务管理局是经省政府授权的盐行业的管理部门和执法单位，在各州（地区）、县都设有盐务分局或盐务管理办公室。但只有省盐务管理局实现了政企分开，而其他州（地区）、县的盐务管理部门既承担着执法的职责，又是经营主体，其实是政

[①] 王圣志，文贻炜. 青海：有盐业部门查别人违法自己卖私盐［EB/OL］.（2005－07－01）http://news. xinhuanet. com/newscenter/2005－07／01/content_3163107. htm.

企不分。按照行政处罚法的有关规定，企业不允许执法。但是在该省，80％以上的县盐政都由企业来执法，造成执法主体不明，执法也存在不规范因素。

据了解，目前市场上的工业盐价格每吨要比食盐低 500 元至 700 元，一些不法商贩为了牟取暴利，铤而走险将工业盐充当食盐，导致该省私盐贩运猖獗。来自省地方病预防办公室的统计数据表明，这个省现有碘缺乏症患者近 18 万人，其中地方性甲状腺肿患者 5.5 万人，克汀病患者 2 000 多人，亚克汀病患者 12 万人，缺碘使这些地区儿童的智商水平比不缺碘地区的儿童低 15％。私盐的猖獗贩运，给人民群众的健康带来了严重的威胁。但至今，这种贩运私盐的行为还没有得到有效的监控。

案例分析提示与思考：

1. 结合本案例，分析我国盐业管理中存在的问题和解决的办法。

2. 试论在我国政府职能转变中如何深化垄断行业管理体制的改革。

相关知识链接：

1. 从新中国成立到 1995 年，我国盐业一直实行计划管理体制。1995 年国务院决定放开化工行业两碱生产所用原盐，对食盐则继续实行计划管理。1996 年 5 月 27 日，国务院发布了《食盐专营办法》（国务院令第 197 号），此后开始对食盐实行专营，目的是在我国实现消除碘缺乏病，并取得了明显的成效。据卫生部门统计，到 2002 年，全国碘盐供应量从原来每年的 320 万吨上升到 700 万吨，碘盐覆盖率从 1995 年的 80.2％上升到 95.2％，居民户碘盐合格率从 1995 年的 39.9％上升到 88.8％。全国广大人民群众碘营养水平大大提高，为在我国持续消除碘缺乏病打下了牢固的基础。

2. 近年来，在社会主义市场经济飞速发展的新形势下，盐业却依然困守在计划经济体制下，政企不分、垄断经营。到目前为止，全国大部分地区是盐政管理和经营队伍一套机构、两块牌子的政企不分体制，直接负责食盐计划安排、生产、调运和除两碱工业用盐以外的其他工业用盐的销售。此外，盐政执法（包括执法队伍和执法费用支出）也由各地盐务部门承担。各地盐务局是盐业管理政策的制定者、盐政执法者、生产企业的上级主管，但同时又是盐产品的经营者，既当裁判员，又当运动员。

第二章 行政组织

许多学者根据自己的理解，对行政组织作过各种注释。其中，比较有代表性的大致有三种[1]：

（1）广义与狭义的理解：广义的行政组织，是指为执行一定事务而将从事共同工作的人们通过权责和任务分配结成系统协调的组织机构；而狭义的行政组织，则指为执行国家政务所结成的有系统的组织机构。

（2）静态与动态的理解：从静态看，行政组织是指国家为执行政务而依法组建的行政机关体系；从动态看，行政组织则指行政机关作为管理体系发挥领导和管理国家政务职能而产生的各种组织活动。

（3）阶级属性与社会属性的理解：从阶级属性说，行政组织是据国家政治生活主导地位的阶级推行本阶级意志的组织工具；从社会属性看说，则是国家为实现社会目的而通过一定的法律程序所建立和规定的，有着一定行政目标、人员设置、权责分配、结构形式、财物所有的行政机关体系，其组织行为受国家强制力的保障。

张国庆认为，公共行政学所说的行政组织特指国家行政组织，即狭义的行政组织。本章围绕行政组织中的机构设置、人事制度、体制改革与制度创新，选编了8个相关案例，供展开案例分析讨论所用。

教学目的：考察行政组织、机构设置、人事制度、体制改革与制度创新
应用方式：案例讨论、情境角色分析

案例1："小政府典范"为何走上机构膨胀的老路？[2]

S市是某省的综合改革试验区，建立县级市后的"小政府、大社会"作为全国地方机构改革的模式之一，在20世纪90年代初是该省的一面旗帜。然而仅仅10年的时间，该市的党政机关人数却快速反弹，行政人员由1988年建市初的600人

---

① 张国庆．公共行政学［M］．3版．北京：北京大学出版社，2007：162.
② 王运才，吴亮．"小政府典范"为何走上机构膨胀老路［J］．瞭望（新闻周刊），2000（30）.

增长到 1 300 人，事业单位人员（不含教师）由 400 人增长到 1 200 人。当年的"小政府典范"重新走上了机构膨胀的老路。

1988 年，S 市正式建市。建市以来，经济取得了飞速的发展，1999 年实现国内生产总值 87.6 亿元，工农业总产值 141.2 亿元，财政收入 4.85 亿元，分别是 1988 年的 22 倍、34 倍和 18.5 倍。应该说，随着经济的快速发展，党政机关人员可以有一定程度的增加，一些部门和人员的设置无可厚非。然而 S 市却呈现出"非常规"的机构膨胀，行政机构增加一倍多，行政人员翻了一番多，事业单位（不含教师）人员增加了 2 倍。仅有 29 万人的 S 市，"小政府"已基本无"小"可言。

为何原本"轻装上阵"的党政机构却由小变大？S 市许多部门的负责同志说，"上面"设置的部门，如果"下面"不对口设置，"上面"布置的任务如果没有相应的部门来承担，尽管工作都有人做，但上级部门总是认为我们没有充分重视。在这种"压力"之下，为了同"上面"对口配置，就"生出"了多个部门。1990 年市委设立了组织部和宣传部，1992 年政府又设立了外经委、监察局、计生局、教育局，1994 年税务分设机构……截止 2000 年，S 市直机关已达 35 个。

为了缓解行政机构急速膨胀的压力，S 市采取了增加事业单位和中介组织的做法。如在经济局下设置了交通处、价格事务所、技术监督所等 13 个事业单位，但实际上，这些事业单位和中介组织大多有行政执法权。一个交通处就有近 50 人，和其他县市的交通局没有什么区别。名义上行政机构减少了，但"换汤不换药"，这些事业单位和中介组织行使的还是政府的权力，一些群众干脆形象地称之为"二政府"。

精简后的 S 市还面临着安置多余的行政人员的压力。建市以来，S 市先后组织了 4 次公务员考试，每年还吸收一批大学毕业生和军转干部，年均 100 名以上。由于沿袭原来的用人机制，"小政府"没有一个正常的"出口"，结果人员越来越多。截止 2000 年，该市市委常委多达 15 人，正副市长 9 人；市级党政机关行政人员 365 人，副科级以上干部 150 多人，为了解决这一问题，S 市只好用增加机构的办法来"分流"人员和"领导"。刚建市时，S 市仅设 3 个乡镇，现已增加到 7 个乡镇、2 个办事处，各级单位的临时人员多达上千名。这样的人员配置使得在实际工作中办事效率大大降低。

案例分析提示与思考：

1. S 市的"小政府典范"为何既无法推广也没能坚持？

2. 新中国成立以来，我国曾进行过多次政府机构改革，其结果总是精简—膨胀—再精简—再膨胀，被称为机构改革的怪圈，S 市的改革也未逃脱这一结果。请结合本案例分析 S 市党政机构规模"由小变大"的原因是什么？

3. 根据所学理论，分析说明机构的精简要受制于哪些因素？如何从根本上解决机构精简反弹膨胀这一难题？

相关知识链接：

小政府，大社会："小政府"是指在分解原有体制下政府职能的基础上，把原来政府的大量微观职能——主要是微观经济职能交还给社会，政府集中精力专门办理那些对全社会来说非常重要，而其他社团组织或个人没有能力办的事，成为引导、协调和监督全社会经济运行的中心和枢纽。"大社会"是指在缩小政府职能，调整政府机构，精简政府人员的同时，充分扩大社会组织的自主管理功能。

政府机构改革：改革开放以来，我国政府行政机构先后进行了四次规模较大的改革。1982年政府机构改革方案出台时，中国经济体制改革的重点主要是农村，1983年政府机构改革基本结束，城市经济体制改革才全面展开，这次机构改革超前于经济体制改革；1986年下半年再次酝酿机构改革，当时正值中国着手规划经济体制改革总体方案之时，但因为1986~1988年发生了严重的经济过热、通货膨胀、物价上涨等情况，大部分机构改革措施和方案不得不缓行或做出调整；1993年进行的第三次机构改革，虽然首次明确提出了围绕建立社会主义市场经济体制来改革政府机构，并作了一些有益尝试，取得了一些成效，但仍没有实质性的重大突破；世纪之交的1999年，中国政府开始酝酿第四次机构改革方案，借鉴前三次的经验教训，这次机构改革的宗旨就是要按照构建社会主义市场经济新体制的现实要求，全面理顺政府与市场、政府与企业，以及政府内部条块、上下等各要素之间的关系为目标从新进行方案设计，到2010年之前从中央到地方已经基本调整到位，从而为21世纪国家全面实现经济社会发展与改革的总体目标奠定了体制基础。

案例2：C市着力构筑行政审批快速通道①

C市业主蔡某，想投资7 000万元在该市黄金地段开设一个五星级大酒店。由于经营范围广，从餐饮、客房、茶室、桑拿、健身到停车无所不包，如果一个个部门跑审批，估计最少要6个月才能领到筹建执照。C市实施企业注册登记，并联审批制度后，市行政审批服务中心工商局窗口于2002年9月12日受理了他的申办书。窗口人员作出承诺：执照，他6个工作日就可以领到。

6个月变6天！这是C市着力进行行政审批制度改革后的一个典型事例。

2001年，C市经过第一轮审批制度改革，全市审批总事项从1 494项减少到927项。为了巩固行政审批制度改革的成果，同年11月，C市建立了行政审批服务中心，并且正式对外服务，全市36个部门在此设立窗口，担负496项行政审批事项办理，占审批总事项的54 %。该中心从成立之初起就实行"六公开工作守则"

---

① 新华日报. C市着力构筑行政审批快速通道 [EB/OL]. （2002-11-10）http://news. sina. com. cn/ s/2002-11-10/1253802433. html.

（公开审批内容、办事程序、审批依据、申报材料、承诺时限、收费标准）和六事办理制度（一般事项直接办理、特殊事项承诺办理、重大事项联合办理、上报事项负责办理、核准事项明确答复、收费事项扎口收费）。每个服务窗口对每件审批事项印有《办事须知》，申办人员一目了然。截至 2002 年 8 月底，"中心"共办理审批事项 13.3 万件，按期办结率达 99.8 %。

C 市通过建立行政审批服务中心，主要从四个方面对行政审批制度改革进行了巩固：

（1）改革审批方式。改革前，C 市审批项目中的相当一部分需要经过多个部门的审批。尤其是企业登记注册之前，先须有关部门对企业是否具备前置条件进行审批，少则一二项，多则几十项，申办人要一个个部门串联式地申请。如今，将前置审批事项由串联改为并联，实行"一门受理，抄告相关，同步审批，限时完成"。

（2）创新审批机制。进入"中心"的一些手续较多的重大项目，原来需要回原单位审核或报上级部门审批。现在，"中心"得到市计委、工商局、外经贸局、卫生局等部门的配合，积极推行"一站式"审批。这些部门对窗口充分授权，规定窗口既"受"又"理"，重大项目由窗口审核后，直接拟好批文送委、局领导签署意见，省去了部门处室流转环节。目前，市计委对一般建设项目审批时间一般提前 3 至 5 天，外经贸局对申请进出口经营权 2 天内即可办结，比承诺时限缩短 3 天。

（3）强化服务意识。如大学城是 C 市重大项目，市计委窗口受理后，主动上门与市教育局衔接，并会同委内分管处室，多次到省计委、教育厅汇报，使该项目可行性研究报告及时得到上级批复。另外，公安、房管部门等密切关系群众生活的窗口，普遍做到咨询解释一次清，表格发放一次清，不让群众多跑一趟。卫生局、国土局等窗口在提前办好审批手续后，还做到送证上门。

（4）加强效能监察。"中心"建立窗口负责人值周、值日制度，坚持窗口负责人轮查和督察处日常督查相结合，加强对审批办件情况的检查，把"群众满意不满意"作为考核标准。"中心"每天随机发放 50 份群众评议表，同时进行经常性电话回访，由办事群众和客商对工作人员进行评议，不断改进服务。

案例分析提示与思考：

1. 请结合案例，分析窗口化一站式办公模式对行政审批制度改革的意义。

2. 请结合现实，谈谈进一步推进行政审批制度改革需要注意哪些问题？

相关知识链接：

1. 所谓行政审批，是指行政机关（包括有行政审批权的其他组织）根据自然人、法人或者其他组织提出的申请，经过依法审查，采取"批准"、"同意"、"年检"发放证照等方式，准予其从事特定活动、认可其资格资质、确认特定民事关系或者特定民事权利能力和行为能力的行为。

行政审批是行政审核和行政批准的合称。行政审核又称行政认可，其实质是行政机关对行政相对人行为合法性、真实性进行审查、认可，实践中经常表现为盖公章；行政批准又称行政许可，其实质是行政主体同意特定相对人取得某种法律资格或实施某种行为，实践中表现为许可证的发放。总之，行政审批是根据法律规定的条件，由实际执法部门来审核是否符合条件的行为。

2. 行政审批是政府实施行政管理的一种手段。任何国家都有行政审批制度，无论过去、现在、将来都有其存在的必然性、合理性。对于一个有效的政府来说，必要的行政审批制度将来也不可能彻底取消，但必须进行改革。改革的总体要求是：不符合政企分开和政事分开原则、妨碍市场开放和公平竞争以及实际上难以发挥有效作用的行政审批，予以取消；可以用市场机制代替的行政审批，通过市场机制运作；对于需要保留的行政审批，建立健全监督约束机制，做到审批程序严密、审批程序减少、审批效率明显提高，审批责任追究制得到严格执行。

案例3：职称评定制度①

近十年来，中国科学院在全国科研单位率先进行了体制和机制改革，特别是在人事制度和创新队伍建设方面推出了一系列重要举措。2001年5月，中科院人事工作会议上传出信息，中科院今后不再进行传统意义上的职称评审，而是采取"按需设岗，按岗聘任"的评定制度。竞聘专业技术职务系列的管理岗位，起点资格为大学本科以上学历，并获得学士学位。其中，1991年及其以后参加工作的人员，竞聘正高级专业技术岗位应具有博士学位，竞聘副高级专业技术岗位应具有硕士学位。

这一消息在社会上引起轩然大波，国内某个较为知名的网站对此展开了讨论，主要观点如下：

贵州某事业单位领导认为：职称是一个套子。因为职称与工资、住房及社会地位等等都似乎融入了一体，甚至还与官职构成了互为因果关系，所以职称成了一个套子，而体制内的"知识分子"则成为了"套中人"。不仅如此，甚至评审规则也成了一个套子，把政治倾向、年龄、工作年限、工作态度、品格和道德一股脑地装了进去。而且名额也是有限的，僧多肉少，所以不能浪费机会，因而以次充好者居多，宁缺毋滥者少。一个个的套子使职称远远超出了其作为单纯学术业务能力评价的意义，故而学术界"世风日下"，有了抄袭，有了枪手，有了学术腐败。中科院的评聘分开之举在国外不是什么新鲜事，在国内却成了一项改革。

江苏常州市曹某认为，职称由于包含了全社会公认的评判标准，对人才的流动和使用起了很大作用。一个单位、一个部门的停评对于那些尚未拥有职称的知识分

① 薛冬. 中科院缘何不再评职称 [N]. 光明日报，2001—05—17；职称的困惑 [J]. 教师博览，2001(9).

子有失公平，因此停评职称应三思而后行，最起码要将原先的职称全部废除，使大家站在同一起跑线上，而不是眼下的"双轨制"。

国内某大学行政管理学院教授赵某说，他一直对中科院取消职称评定制度持观望态度，但不表明他对当前的职称评定制度毫无异议。他认为，问题的关键并不在职称评定本身，如果不从根本上改革管理方式，不尽快建立适应市场经济发展的用人机制、评价机制和社会保障机制，单纯关注职称评审方式本身，是无法从根本上解决问题的。

以往的事实也已表明，过去采用的对专业技术人员评定相应职称的做法，曾经在调动专业人员的积极性、主动性等方面发挥了极其重要的作用。同时，现阶段的平均主义大锅饭、终身制、身份制、论资排辈等种种弊端，也使职称评定陷入了非改不可的困境之中。但这并不代表取消职称评定就万事大吉，谁也不能保证采取"按需设岗，按岗设职"的方式就永葆生命力。因为难免有人会将获取某一岗位职务，作为自己的奋斗目标和一切工作的出发点和落脚点，一旦岗位到手，便凭借其岗位垄断地位，遏制、打击同行，自身则安于现状、不思进取。

如果思想观念不完全转变，管理机制不充分健全，任何评聘制度在用人上都是会产生纰漏的。对于中科院率先取消职称评定的做法，我们都乐观其成，但如果认为取消了职称评定，就会有力推动我国专业技术人员的队伍建设，就未免太乐观了！

案例分析提示与思考：

1. 对于中科院取消职称评定制度一举，你如何看待？
2. 分析事业单位职称评聘中存在的问题。
3. 请问，你对目前的职称评定制度改革有何好的建议？

相关知识链接：

1. 职称最初源于职务名称，在理论上是指专业技术人员的专业技术水平、能力，以及成就的等级称号，反映专业技术人员的学术和技术水平、工作能力的工作成就。就学术而言，它具有学衔的性质；就专业技术水平而言，它具有岗位的性质。专业技术人员拥有何种专业技术职称，表明他具有何种学术水平或从事何种工作岗位，象征着一定的身份。在目前中国的现状下，职称主要代表社会地位，有高职称的人享有较高的社会经济和福利待遇，与实际技能未必有直接关联。职称通过申报、评审，由主管部门授予，一般认为决定是否授予职称是由主管部门领导决定，评审主要是形式。

2. 我国职称制度改革经历了三个主要发展过程：①从 1949 年至 1959 年的技术职务任命制度。国家规定统一的技术职务级别，单位根据需要和机构编制确定技术职务，并任命人员，提升职务就可增加工资。主要的技术职务有工程技术人员、高校教师、科研人员、卫生技术人员、新闻出版人员等；职务也分等级，如教授、副教授、讲师、助教等。②从 1977 年至 1983 年的技术职称评定制度。作为尊重知识、尊重人才的一项重要措施，实行了技术职称评定制度。只要评上相应的职称，不需聘任职务，不用履行职责。技术职称实际上成了工作成就、学术水平和业务能力的标志。③从 1986 年开始实行的专业技术职务聘任制度。1986 年，中共中央决定改革职称评定、实行专业技术职务聘任制度。其主要做法是：企事业单位在上级主管部门核定的专业技术职务结构比例范围内，结合本单位专业技术工作需要，设置专业技术岗位；专业技术人员通过评审委员会评审取得专业技术职务任职资格；企事业单位在获得任职资格的人员中聘任。聘任职务有任期，在任期内履行职责，并享受相应的职务工资待遇。

案例 4：电子化政府建设①

材料一：A 市政府网

A 市领导班子为突出政府工作的创新性，通过研究，决定推出 A 市政府网。该网具体分为四个栏目：政府新闻、各部门链接、领导信箱、民意调查。

此网站一经推出，引起了市民的极大注意，纷纷上网点击。A 市市长由于工作原因，在网站推出前一周出差去 B 市封闭式学习了一个月。在此期间，他经常打电话询问网站情况。据主管人员汇报：网站一经推出影响很大，广大市民慕名而至，点击率很高，但两周后市民对于网站建设有诸多不满，点击率回落较大，目前已无太多人关注。

学习完毕后，A 市市长立即组织调查政府网站所存在问题。调查结果显示：市民普遍认为一些部门仅仅把自己的网站当做宣传本部门，在互联网上树立部门形象的工具。本市政府网站仅仅在形象宣传方面下工夫，最注重的是领导讲话、政府新闻这方面的内容建设。

对此，市长组织召开了一个现场讨论会。常务副市长张某认为：我市政府网站以政务信息公开为"第一功能"，虽然这也是我市政府网站的一个功能，但政府网站并不能等同于网络媒体，它应该是电子政务的表现形式，是各业务系统对外办事的统一"窗口"，也是社会接受服务的统一"入口"。也就是说，政务信息公开只是政府网站的基本功能之一，一个鲜活的、吸引点击的政府网站还应该能够为公众服务，以及与公众互动。

副市长吴某认为，我们应该学习一下发达国家有关电子政务的做法，美国、新加坡的政府网站都以服务性内容为主。新加坡人的日常生活已与政府网站紧密结

---

① 刘振东，樊娟. 中国电子政务建设透视：电子无病，政务有恙 [EB/OL]. （2004-07-12）http://www.people.com.cn/GB/it/1065/2633076.html；国信办发布《中国信息化发展报告 2006》[EB/OL]. （2006-03-20）http://news.xinhuanet.com/it/2006-03-20/content_4321260.htm.

合，为汽车上牌照、登记服兵役、查询社会保险账号余额，以及报税都可以通过政府的电子政务网站进行。美国政府网站所提供的服务包括居民服务、企业服务、政府雇员服务和政府服务四个主体部分。美国电子政务的"灵魂"就是为公众服务，让老百姓足不出户，用鼠标就能跟政府打交道。

会后，A市市长对该市政府网站改进作了详细周密的计划。一周后，市长信箱收到这样一条市民来帖："我是市民张某，我所在企业需要更换营业执照，我就到A市政府网站链接到工商局的网站上查询所需要的申报材料，头天把所需材料备齐送审，第二天就领到了执照。可以说，政府网站替我省了不少事。"

目前，A市政府网络依然安全地运行着……

材料二：电子政务的商业炒作

1999年，中国很多政府部门、大型企业都在准备上网，有人称这一年是"政府上网年"。几年后的今天，"电子政务"替代了"政府上网"，2004年于是又被叫做"电子政务年"。但记者在采访中发现，因为缺乏长期、系统的规划，电子政务已经沦为IT厂商炒作的概念和一些部门申请经费的借口。

记者通过搜索引擎找到了4万多个政务网站。在随意抽查的几个中，90％以上的首页可以显示近期的新闻信息。但是，不少数据和信息陈旧不堪，甚至几年没有更新，许多网站仍然只是"首页秀"。

在互动方面，一些政府网站设置了网民信箱或领导信箱，但在投递过程中，要么需要网民填写大量信息，如身份证号码，投诉单位的准确名称，要么要求网民必须正确选择投诉部门，倘若其中一项有错，邮件就无法投递。有的网站根本就没有在线解答、在线回复栏目，在其网页上也找不到领导信箱之类接收邮件的窗口，因此无法投递。另外，一些政府网站虽有互动栏目，但始终打不开。

材料三："八金工程"与跨部门信息共享业务平台

2006年03月17日，国务院信息化工作办公室发布的《中国信息化发展报告2006》，指出2005年我国电子政务建设步伐加快，电子政务建设的效益明显提高，电子政务总体框架初步形成。这主要表现为，政府网站普及率显著提高，公众参与的渠道建设受到普遍重视，成为当前政府网站发展中的一大亮点，网上办事成为热点，在线行政审批和服务功能不断增强；跨部门信息共享和业务协同稳步推进；"金盾"、"金税"、"金审"、"金关"、"金财"等重点业务系统建设成效显著，信息技术手段在增强政府行政监管能力、改善公共服务等方面发挥了重要作用；电子政务信息安全保障工作进一步加强；各地电子政务建设扎实推进，越来越多的电子政务应用系统开始显示出良好的经济和社会效益。

案例分析提示与思考：

1. 结合材料，你认为创建成功的电子化政府应当注意哪些问题？

2. 结合实际，你认为我国应采取哪些措施来进一步推进电子政务建设？

相关知识链接：

1. 所谓电子化政府，是指政府有效利用现代信息和通讯技术，透过不同的信息服务设施（如电话、网络、公用电脑站等），在其更方便的时间、地点及方式下，对政府机关、企业、社会组织和公民提供自动化的信息及其他服务，从而建构一个有回应力、有效率、负责任、具有更高服务品质的政府。它最重要的内涵及精髓是建构一个"虚拟政府"（virtual government），即跨越时间、地点、部门的全天候的政府服务体。

2. 电子化政府强调：①倡导科技领先。政府要有效运用现代信息技术，并将其整合到政府管理中去，从而实现政府管理的目标。②政府信息的公开和可获得性。电子化政府意味着政府信息的公开化，政府有责任与义务以更便利的方式，以更易理解的语言，让民众能够容易地获得政府的信息，从而创造更高的附加值。③政府与民众之间的互动回应机制。电子化政府的目的在于建立起跨越政府机关、企业与民众之间的互动机制，经此互动机制，公民可以获得政府的信息与服务，而政府亦可了解民众的合理需求，从而促使政府更有回应力和责任感。④更有效率。电子化政府的目标之一，在于透过信息化的过程，改变传统的政府组织形式，使行政程序简单化、统一化，政府业务电脑化、网络化，从而提高政府的效率。显然，电子化政府的核心，是通过信息技术改革政府，创建一个开放的、有回应力的、负责任的和有效率的政府。从这个意义上讲，政府信息化或电子化仅仅是一个工具或手段而已。

案例 5：末位淘汰制①

2008 年，G 市某镇为加强镇机关干部队伍建设，提高镇机关干部落实科学发展观的能力，全面准确地评价干部业绩，在镇机关干部中努力形成能进能出的竞争激励机制，制定了机关干部末位淘汰管理办法。

该镇制定的末位淘汰制坚持公开、公平、公正的原则，突出业绩考核的原则，组织考核与民主测评相结合的原则，德、能、勤、绩、廉全面考核的原则，平时考核与年终考核相结合的原则。平时考核由镇党政办具体负责日常收集备案、季度公示和年终汇总。年终民主测评按德、能、勤、绩、廉五项由镇党委组织镇、村干部、组干部代表、部分区、镇人大代表、驻镇企事业单位负责人参加。民主测评中的综合评价项全部为称职的为 100 分。并制定了详细的考评方法，规定机关干部年内因发生违法违纪问题，受到党纪政纪处分或者刑事处分的，考核为零分；所包村

① 何小军. 江西赣州市章贡区沙河镇实行机关干部末位淘汰 [EB/OL]. (2008-05-21) http://cpc. people. com. cn/GB/117092/117094/7275252. html.

社会治安综合治理、计划生育被一票否决的，考核为零分。最后，对年度考核总分进行综合排序，位列最后的1~3名正式干部，按区委文件精神上报区委实行末位淘汰；位列后二位的聘用制干部，作解聘处理；对年度考核总分位列前三位的，年度考核评为优秀。

对此，当地各界人士众说纷纭。一些干部认为，实行末位淘汰制后，各单位的工作作风大大改善，人人都有危机意识，工作积极性也空前高涨，克服了人浮于事的弊端，进而提高工作的效率。并且，末位淘汰提供了一个刚性的淘汰标准，一定程度上增加了党政干部淘汰的容易度，为党政机关部门树立了新的形象。一些群众说："以前进一些单位办事，往往是'脸难看、话难听、事难办'，现在不一样了，干部的铁饭碗成了泥饭碗，工作态度和效率就和以前大不一样了。"

与此同时，质疑之声也从未断绝。有人认为，末位淘汰制只能局限于企业管理，在党政部门中推行不合理。他们认为，末位只是一种排名，而排在末位的未必是不合格的。如果是合格的，仅因为排名在末位就实施淘汰，不合道理。还有人认为党政干部实施末位淘汰不科学，或多或少有主观、轻率之嫌，它往往只顾及末位淘汰操作的便利性，忽视这种操作是否照顾到各部门情况的复杂性，而且末位淘汰操作的"频度"太频繁，每一次操作过程又过于草率；同时，对末位淘汰的评议结果过度信任，一切惟评议结果是听，而事实上很多评议结果是需要再分析的，是需要再检验的。

案例分析提示与思考：

1. 结合案例材料，谈谈你对当前党政机关干部"末位淘汰制"的看法。
2. 请分析末位淘汰制的激励竞争机制与利弊。

相关知识链接：

1. 所谓末位淘汰制，是指工作单位根据本单位的总体目标和具体目标，结合各个岗位的实际情况，设定一定的考核指标体系，以此指标体系为标准对员工进行考核，根据考核的结果对得分靠后的员工进行淘汰的绩效管理制度。第一，"末位淘汰"要有末位，像一句俗语所说的"十个指头有长短"，员工之间表现存在一定的差异。这种差异按不同的维度来排序，排序的结果会不一样，但总存在一个末位。这里需要注意的是，排序的标准不一样时，末位的人员可能有所不同，因而末位与排序标准密切相关，与排序标准或者说排序工具的信度和效度有关。第二，就是淘汰问题。一方面，不管内部淘汰还是外部淘汰，并不是说被淘汰员工天生就不行。如一个纪律性强和有良好服从意识的员工，可能适宜做生产人员，但不宜从事市场开发工作。如果一开始进入企业后，就从事他不擅长的企划工作，必然在竞争中处于劣势。另一方面，淘汰也不是简单地将员工踢出原岗位，企业可以视自己的能力和员工的特点，协助员工发挥其优势，找到新的工作岗位。

2. 末位淘汰制的作用：一方面末位淘汰制有积极的作用，从客观上推动了职工的工作积极性、精简了机构等；另一方面末位淘汰制也有消极的方面，如有损人格尊严、过于残酷等。人们对末位淘汰制的看法莫衷一是：有人认为它的实施大大调动了员工的工作积极性，有力避免了人浮于事、效率低下的不良状态；有人则认为末位淘汰制不符合人本管理的思想，容易造成员工心理负担过重、同事关系紧张等恶性情况。

案例6：医疗卫生体制改革①

××市是某省的人口第一大县级市，从2003年下半年开始，被确定为该省首批新型农村合作医疗试点县、市之一。作为试点市，国家财政给了相当的补助，农民在定点医疗机构看病后，可以报销一定比例的药费。但奇怪的事情发生了：有的参保农民依然不愿到定点医疗机构就医，反而热衷于前往一些私人小诊所，一些定点医疗机构门前的小诊所甚至门庭若市。

对此，该市新上任的卫生局长石某展开了调查，结果让他大吃一惊：虽然定点医疗机构是市人民医院、市中医院，以及各乡镇卫生院等公立优质医疗资源，但不少药品价格远远高于私人诊所。在定点医疗机构就医，即使给农民报销一定比例的药费，总的费用仍远高于私人诊所。这使石某得以探知了形成药品价格虚高的一般"机理"：在药品流通中，药品选择、用量多少都是由医院，甚至是由医生决定的，药品供应商为了推销药品，用高回扣等手段腐蚀医院的药品采购人员和医生，导致医院热衷于采购高价药品，医生热衷于开"大处方"。进药无需"回扣"的私人诊所便因此显出了竞争力。

为了改变药价虚高的现状，从2004年下半年开始，该市卫生系统开始探索"竞价采购，统一配送"的药品流通模式。由市卫生局成立药品配送中心为招标方，对全市32家"官办"医疗机构每年所需常用药品进行"捆绑"招标采购。各医疗机构需要的药品规格及数量通过网络告知市药品配送中心，配送中心告知中标经销商及时配送。经过多轮激烈的竞争，经营药品多年的某医药发展有限公司最终胜出。新采购价与原采购价相比，综合降幅在35%以上，以过去年平均药品收入为5 000万元计，相当于为群众省了近2 000万元药品费。

市人民医院的院长赵某在被问及实行药品新采购模式对他和医院的影响时说："对于个人，我在采购药品的价格上没有了发言权，虽然现在仍然有人来找我推销药品，但我一句话就可以打发他们：我没有进药的权力。另外，在新的运行模式下，虽然2005年医院药品收入仅1 800万元左右，比2003年下降了700多万元，

---

① 李自良，浦琼尤. 群众叫好的医药"隔离墙"，能竖立多久 [EB/OL]. (2006−02−07) http://news. xinhuanet. com/mrdx/2006−02/07/content_4146873. htm.

但全院接待门诊病人增加了 2 万多人，住院病人增加了 1 000 多人，总体医疗收入并没有下降。"

据该市卫生局局长石某透露，"竞价采购，统一配送"模式运行一年多来，承受着多方的压力。首先，医疗系统不少人认为自己的利益受到了损害，而这些人能耐还很大，有从各种渠道"鼓捣"的本事。因此，推进新模式可谓战战兢兢，如履薄冰。其次，按照有关规定，县级单位不能单独组织招标，只能跟上级的标，该市的做法可算是"违规"。最后，在竞标中取得配送业务资格的某医药发展有限公司也受到了较大的压力。一方面，它以超低价格竞标受到了一些供药企业的抵制，一些供药企业干脆明确不再供货，给配送业务增加了难度；另一方面，合同上本来要求该市医疗机构在用药后及时回款，以保证公司业务正常运行，但一些医疗机构暗里采取不合作态度，至今有约 400 万元药款迟迟未予支付。

案例分析提示与思考：

1. 结合案例，试分析造成"药价虚高"的主要原因。

2. 试论政府职能转变与医疗卫生体制改革的关系。

3. 请结合我国目前医疗卫生体制改革的现状，就解决"药价虚高"问题，提出你的合理化建议。

相关知识链接：

1. 关于医疗卫生体制改革，在《中共中央关于构建社会主义和谐社会若干重大问题的决定》中提出："坚持公共医疗卫生的公益性质，深化医疗卫生体制改革，强化政府责任，严格监督管理，建设覆盖城乡居民的基本卫生保健制度，为群众提供安全、有效、方便、价廉的公共卫生和基本医疗服务。"这指明了深化医疗卫生体制改革的原则和方向。

2. 我国现行医疗卫生体制的主要问题：①曾备受国际赞誉的公共卫生萎缩，尤其农村的三级网瓦解；②未享有任何医疗保障的人群比例升高，个人付费比例过高；③社会医疗保险制度设置有误，偿付机制不合理；④公立医院的盈利动机过强，医务人员激励机制导向有误；⑤政府规制和监管缺失，医药费快速增长。

3. 对于深化医改，目前有三种意见：一是建立政府主导下的公共医疗体制；二是建立政府规管下的市场医疗体制；三是建立政府规管下的健康公共服务产业发展体制。三种意见分歧的焦点在于对政府和市场之间关系的不同认识。医改既要政府主导，又要利用市场机制。问题在于为什么利用、在哪些方面利用、如何利用和多大程度上利用市场机制。

4. 关于医改的难度，主要有两种意见：一种认为难在资源配置和财政投入方面。目前最需要的是找准能够用低成本实现高跨越的切入点。另一种认为难在协调。现行医疗体制下政出多门，医疗卫生涉及卫生部、财政部、发改委、商务部、食品药品监督管理局等多个部门，在市场体制下各有各的利益。另外，对于深化医改的切入点也有不同的看法。

案例7：街道管理体制改革[①]

北京市政府自1999年开始，连续每年召开城市管理工作会议，研究城市管理体制改革，并且明确提出改革的突破口是街道管理体制，希望通过街道管理体制改革，转变政府职能。

2002年7月，北京东城区和平里街道办事处选择了组织分化的策略，进行街道管理体制改革。东城区和平里街道办事处将社区服务中心、社区文体中心、社保中心、环卫所、绿化办、敬老院等事业单位从自身分离出来，组建了街道社区服务管理中心。中心《章程》明确规定：中心是非政府、非营利的具有法人地位的事业单位。街道办事处负责制定社区建设与社区服务发展规划，确定"中心"的工作任务和目标，对其实行宏观管理和指导、监督；通过"项目经费"的运作方式，与"中心"建立"委托—代理"关系，给予资金支持。"中心"对办事处和社区居民负责，根据社区居民实际需要，做好社区服务管理和监督。

和平里"社区服务管理中心"的运作模式，具体分为两个方面：

（1）在中心与办事处之间，主要是"委托—代理"的运作模式。社区服务管理中心与街道办事处签订委托责任书，明确自己的责、权、利。本着转变职能、明确职责、理顺关系的原则，街道办事处将环卫所（差额拨款事业单位）、绿化办（差额拨款单位）、社保所（全额拨款事业单位）、敬老院（自收自支单位）、文体中心（自收自支单位）、社区服务中心（自收自支单位）、96156社区服务呼叫系统等七个事业单位，从办事处的职能中剥离出来，并结合七个事业单位近三年实际需要的费用，经过汇总分析，以平均数作为参考依据，确定为年度项目经费，整体移交给街道社区服务管理中心，全权管理运作。

（2）在社区服务管理中心内部，主要实行项目管理，围绕项目经费进行运作。每年，社区服务管理中心接受街道办事处划拨的年度项目总经费，然后划分到社区服务、社区环境卫生、社区文化体育、社区卫生健康、社区福利与社会保障五大项目，并将五大项目作为母项，进行细化分解。具体每个项目的运作，社区服务管理中心采取公开招、投标方式，选定承包对象，并与其签订目标责任书，通过"契约形式"对承包"项目"给予落实。在项目运作中，坚持"费随事转"的原则，社区服务管理中心兴办的经营性服务项目，实行有偿服务；办事处提供经费的公益性服务项目，实行无偿服务。

---

① 李岳峰，宋天平. 中国社区服务模式的创新与探索——访北京市东城区和平里街道社区服务管理中心 [J]. 财经界，2006（10）.

社区服务管理中心的建立，在街道层面建立起了一种新型的街道管理模式：街道党工委领导，人大监督，街道办事处依法行政，社区服务管理中心承办社会服务。这种新型街道管理模式的建立，在街道层面把党务工作、行政工作和社会服务工作区分开来，分别交由街道党工委、街道办事处、社区服务管理中心来执行，建立起三个相互独立又相互关联的工作平台：①街道党建工作平台，以街道党工委为主体；②街道政务工作平台，以街道办事处为主体；③街道社会公共事务服务平台，以社区服务管理中心为主体。

这种新型街道管理模式的建立，同时也区分了四种不同的、独立的工作机制：①社区党建工作机制；②人大和党工委监督机制；③办事处依法行政工作机制；④社区服务管理中心具体实施社会公共事务服务的运行机制。

这样，北京东城区和平里街道办事处的社区服务管理中心就作为具有独立法人资格的非政府、非营利事业单位，承担了从政府剥离出来的事务性工作，受街道办事处委托，在街道辖区范围内向民众提供社会公共服务。

案例分析提示与思考：

1. 请对北京市和平里街道办事处的管理体制改革进行评析。

2. 结合实际，谈谈我国进行街道管理体制改革的必要性。

相关知识链接：

1. 改革开放以来，随着城市大规模的建设和快速发展，"街道办"作为城市区级政府以下的一级管理机构，其辖地面积和人口迅速扩张，有些"街道办"的辖区几乎相当于国外的一个小城市，或国内中小城市的一个区，这使得"街道办"的管理任务日益繁重。原来实行的"两级政府、两级管理"的体制存在一定程度的"条块分割"，处在城市基层管理第一线的"街道办"职权十分有限，对很多城市管理方面的问题往往是"看得见、摸得着、无权管"，而市、区政府的职能机构则"有权管、看不见"，造成了"有能力管的无权管、有权管的无能力管"的局面。于是，城市管理显现"纵向管不到底，横向管不到边"的严重弊端。

同时，伴随着经济转轨和社会转型，城市的经济社会生活发生了巨大变化，城市基层管理上出现了很多新的领域，"街道办"的任务越来越重。例如，"单位人"转变为"社会人"，增加了"街道办"管理和服务对象；中国已经进入老龄化社会，各街区的老龄人口（尤其是离退休人员）显著增多，老年人口的活动空间基本上在家庭所居住的街区，这就增加了"街道办"的工作内容；改革中出现了大量失业下岗人员，需要"街道办"的关心和帮助；随着城乡社会流动加快，城市街区的外来人口越来越多，他们既为街区的发展作出了贡献，也给街区的管理带来了压力。面对这些新情况新问题，原有的"街道办"的职责规定显然难以应付。

2. 不少研究者就"街道办"管理体制的改革发表了意见，争论的焦点是"街道办"是否应当成为一级政权，这些观点大致可分为三种：

第一种主张将"街道办"建成一级政府，其理由是目前"街道办"事实上已经承担了一级政府的工作，不如从法律上明确规定，从而结束现实中"街道办"之行政于法无据的现象。或者是将现有的"街道办"适当合并，减少数量，扩大辖区，然后改为一级政府；同时将现有的区政府改为市政府的派出机关，负责指导、联系、监督"街道政府"。但将"街道办"升格为一级政府需经国家立法机关修改宪法和地方组织法，短期内难以实现。

第二种主张建议取消"街道办"的建制，希望借此减少政府的管理层级，真正实现"二级政府、二级管理"。这种主张的方案之一是把区的管辖范围划小，由区政府直接指导"居民委员会"。它通过适当增加区的数量，缩小区政府的管理范围，将其降为基层政府，面向居民直接管理。这种管理幅度与管理层级的科学化、合理化设置符合现代城市管理高效率的要求。另一种方案是，不改变市区两级政府的设置，直接改革"街道办"，以社区制逐渐取而代之，建立政府管理与社区自治相结合的城市管理新体制。

第三种主张是维持现状、稍加调整，其理由是，将"街道办"改成一级政府，不符合国际上城市管理的规律，而目前全面取消"街道办"建制又不太现实，因此还是维持"街道办"派出机构的性质为好，但也要在职能和管理方式上作一些调整，可以适当扩大"街道办"的权限，适度加强"街道办"的职能，但不应该把"街道办"的权限（职能）加强到"相当于一级政府"的程度；应当克服"全能政府"、"万能政府"的传统观念，突破"在政府上下级之间放权"的思维框架，将视野拓展到政府与社会的关系上，引进"小政府、大社会"的思路；政府在承担必要的职能时，应尽可能地培植社会的自我管理能力，让"街道办"在繁杂的社会事务中解放出来。

案例8：精简—膨胀怪圈[①]

材料一：S市的21世纪新型城市行政体制改革试验

S市是由Q市J县的一个农村集镇直接升格为省辖县级市，应该说没有历史包袱，能够更好地进行行政改革和创新。正是因为这一历史机遇，S市与H省、Z市一起成为国内三级行政体制改革的试验区。在这一试验区里，S市政府可以大胆进行地方政府改革和创新，引进新的组织机构和管理模式，精简政府人员，提高办事效率。因此，1988年S市建市时，所有的举措都体现了这些思想，试图建立21世纪新型城市行政体制，表现在以下几个方面：

---

① 朱永红. 市长由三副变七副，石狮"小政府"16年坐大 ［EB/OL］. （2004-11-10）http://www. people. com. cn/GB/shizheng/14562/2977542. html；张富良. 希冀与隐忧：河南省乡镇机构改革大回放［J］. 中国党政干部论坛，2006 (3).

从机构方面来说，S市党委系列只有市委办、党务工作部两个部门；政府系列只有市政办、经济局等11个工作部门；事业单位有236个。这些指标仅占中央规定县级政府机构编制的37%，相当于一般县的1/3。

从人员方面来说，S市市委书记仅有一正一副，市长仅有一正三副，人大、政协都为交叉任职，政府官员数量仅为100人左右，事业单位数量仅为1 421人。这些指标大大低于同级政府数量。

从职能方面来说，S市政府按照市场经济原理设置政府机构，不搞上下对路，不设专业经济管理部门，实行开放式管理，如组建经济局，统一管理经济事务，对应上面的22个部门。发展各类中介和民间组织，让民间组织进行自我管理。

从公共财政方面来说，S市改革之初，严格控制财政拨款，将一些专业性经济部门组建成公司，参与市场经济；让事业单位自负盈亏，严格控制规模和数量。

应该说，不论机构设置，人员配置，还是职能配置，都是城市行政体制改革的有益创新。从某种程度上来说，已经与西方国家地方行政体制越来越接近和趋同，"小政府，大社会"的雏形似乎正在形成。

不过，这一改革的新生儿并没有能够持久。政府机构经过16年的辗转，又回到了原点。如今，原先精简的机构不见了，取而代之的是部门和人员的不断膨胀。党委系列达到10个，政府系列达到18个，书记和市长的人数也增多，政府官员数量达到400多人，事业单位达到264个，吃财政饭的达到5 747人。此外，事业单位还大量雇佣临时人员。

材料二：河南省A县2005年的政府机构改革

河南省A县2005年底进行了政府机构改革。首先，A乡把乡镇机构合并为5大办公室，把自收自支事业单位改制为企业，然后进行了人员的调整和分流。A乡在机构改革前有乡镇工作人员242人。其中招聘人员13人，自收自支人员98，财政全供人员131人。财政全供人员中，有领导班子成员16人，一般行政人员16人，财政全体事业人员99人。A乡的改革分为两大部分，第一部分是乡领导班子的调整，第二部分是乡镇一般人员的调整。

1. 乡领导班子成员的调整

按照河南省这次机构改革的规定，A乡领导班子成员只能保留9名，需要裁减7人。为此，县委组织部对班子成员组织了民主测评和组织考察。民主测评由全体乡干部、村支书和村主任对领导班子成员按照优秀、称职、不称职3个标准进行打分，测评后当众密封带回组织部。组织考察由组织部与部分村支书、乡镇站所中层干部，以及党委班子成员分别谈话。此外，对于2005年以前3年的年度考核优秀的干部进行加分，年度考核后3名的予以扣分。工龄每5年加1分。

综合以上成绩，A乡的7名领导班子成员落选了，其中包括副乡长、组织委员、宣传委员、人大副主席、综治办主任、乡工会主席和党委秘书等。为了妥善安置这些落选的班子成员，县委制定了 4 条调回县城工作的条件：一是乡镇三把手和四把手落选的；二是担任副乡级干部 8 年以上的；三是年龄超过 45 岁的；四是家庭特别困难的。只要符合这四条的任何一条都可以调回县直部门工作。根据这些标准，全县 23 个乡镇落选的 110 名班子成员中有 35 名回到了县直部门工作。A 乡的一位副乡长调回了县直工作，剩余落选的 6 位班子成员仍然享受副乡级班子成员待遇，但不再担任实际副乡级职务，也不参加班子会。他们后来被安置到新成立的 5 大办公室和 1 个中心，分别担任主任职务。

2. 一般人员的调整

招聘人员 13 人分布在计生办（7 人）、民政所（2 人）、农房所（4 人），按照规定应坚决清退。该乡从确保稳定的角度出发，把这 13 人的名字从乡镇工作人员的名单中划去，他们不参加乡政府的点名，对上级报告说这些招聘人员都已经清退，但他们仍然在原单位上班工作。自收自支单位的工作人员这次暂且不做任何变动，但自收自支单位要逐步转变为企业，通过服务农民和社会来获得报酬。

这次改革任务最艰巨的是财政全供的一般乡干部。其中，财政全供行政人员的改革非常容易做。因为按照规定，该乡应设编 21 人（不包括领导班子成员 9 人和享受领导班子成员的 6 人），但是实际只有 16 人，缺编 5 人。而财政全供事业单位人员则多达 99 人，按照规定设编 43 人，应分流 56 人。实际上，这 99 人中有因为各种原因没有上班的 27 人，只有 72 人参与了竞争。为了确保这 88 人（行政 16 人加上事业 72 人）的竞争公平合理，该县制定了具体的考评措施。

经过考核筛选，最终确定了分流的人员名单，并且直接上报县委组织部。在参与竞争的 88 人中，行政人员没有分流 1 名，而且还从事业编制中挑选出前 5 名补充到行政编制中，使得一般行政编制达到 21 名；事业编制 99 人（参加竞争的 72 人）留下了 48 人（含转移到行政上的 5 名），分流了 51 人（参加竞争中的 24 人）。

名单公布后，榜上有名的皆大欢喜。被分流的人员，乡党委书记都逐个进行谈话，并尽量把他们的工作安排得比较满意。即使这样，民政所的一名女干部被分流后，还是号啕大哭。因为根据规定，被分流的干部必须离岗，而且只发 70% 的工资，要是 3 年内还不能竞争上岗的话，3 年后就可能真的下岗了。

同时，按照规定，乡镇机构应合并为 5 个办公室。该乡对上级报告说已经合并完毕，但这些机构实际上并没有成立，只是把落选的领导班子成员任命为办公室主任而已。

案例分析提示与思考：

1. 结合材料一，应用行政学的相关原理，分析此类现象产生的原因。

2. 结合材料一、二，阐明你对如何切入地方政府机构改革的看法。

相关知识链接：

1. 行政职能是政府机构设置和机构改革的重要依据。只有分清职能和明确职能，才有可能据此对原有机构进行科学的调整和改革。没有承担职能的机构应该撤销，职能交叉的机构应该合并，职能不清的机构应该调整，而承担重要职能的机构则必须增设、扩大和加强。

2. 帕金森定律（Parkinson's Law）是官僚主义或官僚主义现象的一种别称，源于英国学者帕金森所著《帕金森定律》一书的标题，常常被人们转载传诵，用来解释官场的形形色色。1958 年，英国历史学家、政治学家帕金森通过长期调查研究，出版了《帕金森定律》一书。他在书中阐述了机构人员膨胀的原因及后果：一个不称职的官员，可能有三条出路。第一是申请退职，把位子让给能干的人；第二是让一位能干的人来协助自己工作；第三是任用两个水平比自己更低的人当助手。这第一条路是万万走不得的，因为那样会丧失许多权力；第二条路也不能走，因为那个能干的人会成为自己的对手；看来只有第三条路最适宜。于是，两个平庸的助手分担了他的工作，他自己则高高在上发号施令。两个助手既无能，也就上行下效，再为自己找两个无能的助手。如此类推，就形成了一个机构臃肿、人浮于事、相互扯皮、效率低下的领导体系。由此得出结论：在行政管理中，行政机构会像金字塔一样不断增多，行政人员会不断膨胀，每个人都很忙，但组织效率越来越低下。这条定律又被称为"金字塔上升"现象。而且这个定律不仅在官场中出现，在很多组织中都能看到这样的帕金森现象。

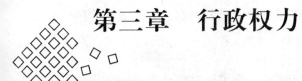

第三章　行政权力

在人类社会生活当中，凡是有组织的地方都存在权力现象。行政权力作为政治权力的一种，它是国家行政机关依靠特定的强制手段，为有效执行国家意志而依据宪法原则对全社会进行管理的一种能力①。一切行政活动都是通过行政权力的运行来实现的。它具有公共性、手段性、自主性、一元性、时效性和膨胀性等特性。本章围绕政府行政权力问题选编了 10 个教学案例，以供本章学习讨论和案例分析所用。

教学目的：了解行政权力的性质、特点及分类；党政主要领导干部自由裁量权的监督状况及主要问题与解决对策

应用方式：案例讨论、课堂情景角色分析

案例 1：市委书记推强势政策被质疑权力边界②

李××，被称为 Z 市"铁腕书记"，一直是当地舆论激流的漩涡中心，公众对其有褒有贬，意见激烈到了针锋相对的地步。他要求公务人员每天工作 16 小时，热衷于亮相和建造宏伟建筑，种种事情让他遭到当地干部的质疑：一个市委书记的权力边界在哪里？

2009 年 5 月 12 日，Z 市人民法院一楼的大厅电梯边的墙上，一份关于计划生育超生的名单贴在那里。一位工作人员一边看文件，一边偷笑。根据 Z 市的一份最新文件规定，家庭年收入超过 25 000 元的超生户，可能面临最高达 30 多万的累计罚款。30 多万，对于年收入大部分在 20 000 元以下的 Z 市人来说，是一个天文数字。

"可以分期付款。"Z 市计生局牛副局长向《时代周报》记者介绍说，"这个主要是针对党员干部的。"在 Z 市论坛，网友们戏称之为"罚款按揭"。

①　张国庆. 公共行政学 [M]. 3 版. 北京：北京大学出版社，2007：88.
②　宋阳标. 一个县委书记的权力边界 [N]. 时代周报，2009－05－21.

计划生育罚款在当地只是众说纷纭的众多事件中的最新一起。人们谈论的焦点，是决定这些大事情的市委书记李××。

一、威权书记

在Z市官员看来，此次计划生育罚款属于正常，李书记对党员干部一向比较狠。一位在税务部门工作的干部说："到大街上问老百姓，说他好话的很多，因为他搞的很多建设，没有从老百姓那里直接拿钱。但是许多公务员对他恨之入骨，每年工资都被扣很多，且不论Z市的公务员工资标准在周围县市偏低。"他说，民间评价李书记是"对党员干部比较狠"。凡是李书记想做到的，下面就一定得做到，做不到就换人，没有二话。

Z市的官员几乎每隔半年就轮换一次，并且所有的人事变动，哪怕是一个事业单位编制人员变动，都必须经过李书记同意。另外一项惊人的要求也是针对政府官员的，他要求Z市官员每天工作16小时。他只要突然想起什么事情，需要开会，马上就通知开会，不管干部们是在吃饭还是睡觉，白天还是夜里。曾有干部向市委反映晚上会议多、时间长。李听后说，"我每天10个小时，你们要工作16个小时。不想干就走。"此后，再也没有人敢提意见。在一位当地人看来，对于Z市人来说，公务员在这里是最辛苦的一个职业，他们没有节假日、公休日，还容易出事。

有一件事Z市人记忆犹新。2006年10月27日，国家创优验收组办公室对Z市创建中国优秀旅游城市进行验收。为营造游人如织的氛围，Z市想出妙招，当天各个机关组织人马前去景区旅游。Z市某局一位老局长被通知到指定地点去参加活动，场地负责人让他扮演郑州财政局局长。这位老局长一听：原来是要我当游托，我不干了！当场扬长而去。后来他发现，漫山遍野的所谓游客，就是各机关的人，那些外国游客是从某高校里租来的。最后，验收申请顺利通过。记者向Z市委宣传部一位干部求证冒充游客一事时，他笑了笑："Z市地处偏僻，如果真的靠外地游客来，根本达不到验收要求的人数，李书记这样做也是迫不得已。"Z市官员在此类活动的组织上颇有心得。2007年李书记参加十七大回来，受到Z市各行业各单位人员数十里"夹道欢迎"，风光无二，一举成为中国最著名的市委书记之一。

二、高调书记

但刚刚从宣传部副部长调至市委办副主任职位上的梁××说："我们李书记是一个实干的人，他现在不愿意被媒体关注，不管是正面还是反面。他希望的就是平静地做好事。"也许正因为此，他通过宣传部数次拒绝了记者的采访请求，也不接听记者打去的电话，连他的秘书手机也处于无人接听状态。宣传部的干部说：他被媒体伤害得很深，他想用行动来表明自己并非是媒体所描绘的那样。

虽然李书记仍是Z市电视台新闻里的主要人物，但相比之前，他所占据的时长明显减少。梁××说："李书记现在是默默地做事，社会上很多流言蜚语，都不能影响李书记继续做下去的决心。"他要做的重要的事，包括几个建筑工程。Z市花了

1 200万元设计费聘请清华大学知名教授对新城区做了总体规划设计，新建的所有建筑都是"楚韵汉风"风格建筑，其中的代表作就是新政府大楼建筑群落。

这个建筑群落内，15座具有汉代风格的总建筑面积达89 000平方米的别墅错落有致地置放在600多亩的土地上，中间还单独挖开了100多亩地的人工湖为政府大院增添景致，这里被当地人称为全中国最漂亮的政府大院。一位带记者参观政府大院的向导说：这些大楼，让很多地方的省政府大楼都自惭形秽。

但一位Z市的官员并不认为建设这样的大楼是所谓的奢侈，而是政府公共形象的需要，"没有梧桐树，哪里引得来金凤凰！"

不过，在当地著名的一只金凤凰如今已被老百姓戏称为"死凤凰"。当初要"做中国最大、世界最大"的金凤凰国际家具城，今天已经荒草萋萋。与此相照应的是Z市西北角艾山风景区的"如意大道"，但是大家更愿意叫它"莲玉大道"，因为它由布满了莲花的汉白玉雕刻而成。这条大道以9 999朵莲花瓣环绕，中间以莲花和如意为主要图饰延伸958米。在该大道的介绍里，称其为世界最长的汉白玉大道。在其边上，石鼓矗立，鼓面上大多以"当朝一品"、"连中三元"等文字作为修饰。这条大道被Z市人称之为新时期十大建筑之一，耗资7 000万元建成。据网友发文介绍，其他被列入十大工程的还有耗资4 000万元建成的"九龙喷泉"、3 000万元建成的"艾山行宫"——九龙山宾馆、仅4个大门就耗资1 500万元的沙沟湖农业示范园、设有激光水幕电影据说喷水高度世界第一高的大型喷泉阵等。喷泉阵长度为1 018米，主喷喷射高度可以超过100米，是国内为数不多的特大型喷泉之一。

三、权力边界之惑

"可以说，没有李书记，就没有我们Z市的今天发展。"宣传部的一位官员说，"他的大手笔建设，可能今天看来是有点超前了，但是今后会被证明是符合实际的。"毋庸置疑的是，近年来Z市的城市面貌，确实在变化，城区面积不断扩大，崭新的建筑群落不断涌现，一条条宽阔的马路四通八达，尽管有很多人认为这是以财政寅吃卯粮为代价而换来的。但也有人认为，落后地区没有李书记这样的强势人物，地方经济根本无法发展。国家行政学院杜教授就市委书记的权责问题说："除了外交、军事、国防这些内容没有，他们拥有的权力几乎跟中央没有区别。"一位Z市的部门主要负责人一直在关注Z市这些年的变化，并作了研究，他认为：Z市的发展典型地表现了当代中国的一个制度困境，即在被人们称为高危人群的市委书记那里，权力与责任该如何平衡。市委书记虽然只是一个小小的七品芝麻官，但是他手中实际的权力甚至比省委书记更直接、更强大。他认为，一个市的政治经济目标完全是由市委书记来主导，政策执行的好坏完全是靠市委书记的个人修为，这是非常危险的，很多犯事的市委书记就是没有把握好自己的权力与责任的平衡。"应该有明确的游戏规则告诉大家，市委书记的权力边界究竟在哪里？"这位负责人不久前才经历过一次换岗，"如果所有的大事都是由一个人定，我认为这很危险。"

一位机关干部在接受记者采访时反问："党员干部、公务员也是普通人，是不是也应该享受8小时工作制？是不是也应该有周末休息？工资是不是应该正常发放？市委书记的权力是不是可以在法律的框架外？他凭什么可以罔顾法律，随意克扣我们的工资？计划生育，人人有责，超生的确实该罚，但是一下罚个十来万，几十万的，这就不是罚款了，这是罚命！市委书记的权力边界究竟在哪？"

案例分析提示与思考：

1. 请分析政治权力与行政权力的异同。

2. 你认为市委书记要求公务人员每天工作16小时是否违反法律？是否属于权力滥用？是否侵犯了公务人员的私权力？

3. 市委书记的公权力边界究竟在哪里？应当如何监督制约？

相关知识链接：

1. 领导者的影响力：领导科学理论认为，领导的实质是影响力。领导者权力的来源主要有五个方面：法定性权力、奖赏性权力、强制性权力、专家性权力、参照性权力。其中，前三个属于权力性影响力，后两个则属于非权力性影响力。提升领导者的影响力，既要从权力因素着手，更要从非权力因素着手；既要注意树立个人领导威权并表现出良好的工作作风，更要注重在个人学识、能力、道德修养与人格魅力等方面的不断增强与全面提升。

2. 公权力边界：现代法治的一项基本原则就是：权力分界清晰，权力按规则行使，权力滥用必须得到有效控制。法律一方面要保护公民权利，另一方面要界定权力的界线。划分权力界线、控制权力滥用的武器就是法律。权力和权利之间，以及公权力和私权力之间都需要划清界限。在现代法治社会，任何机构的公权力的运用，都应当有权力边界，都应当有相应的权力或力量来监督制约。否则，法治就有危险。

案例2：馒头风波

资料一：两个"馒头办"的收费处罚权之争①

郑州人爱吃馒头，所以馒头业比较发达。为了规范市场，加强馒头市场管理，早在1998年，郑州市政府成立了市、区两级"馒头生产销售管理办公室"，简称"馒头办"，规定对所有加工经营馒头的集体和个人，一律采取许可审批制度，每个许可证要交纳1 100元的办证费；不办许可证擅自加工经营的单位和个人，可罚款

---

① 梁鹏. 郑州市、区两级"馒头办"上演"馒头大战"［EB/OL］.（2001-03-13）http://view.news.qq.com/a/20080404/000021.htm.

3 000～20 000 元；并规定加工者每天必须在馒头办指定的面粉经营部门购买至少60 袋面粉（面粉经营部门每袋面粉给馒头办提成 0.5 元。）

2001 年 2 月 28 日，郑州市二七区馒头办以"小包装上没有标明生产日期"为由，禁止国有企业郑荣集团生产的知名品牌"郑荣馒头"在二七区销售，并开出1 000 元的罚单。郑荣集团认为他们首批获得了市馒头办颁发的"馒头定点生产许可证"，按照市馒头办的规定，生产日期应该打在大包装袋里的合格证上，而且"郑荣馒头"是严格按照市馒头办制定的操作规程生产的，为何到了区里就不承认了？但二七区馒头办却称："郑荣馒头"想在二七区里销售，必须打上生产日期和保质期标签。随后，其他区馒头办也表示：为了让老百姓吃上"放心馒头"，其他区没打生产日期的馒头一旦在本区内被发现，将立即予以查处。

一时间，"馒头风波"在郑州闹得沸沸扬扬，馒头厂家人人自危。

实际上，这场风波起因于郑州市馒头办年初的一项新规定：审批、下发馒头生产许可证的权力从区里收回，区馒头办不再办理相关证件。区馒头办既然被迫放弃发放许可证的权力，只得把权力伸向处罚权上，从而引发了一场"馒头风波"。

"馒头风波"并没有因此停止，继续向激化矛盾的方向发展。2002 年 3 月 24 日，两级"馒头办"在郑州市白庙市场公开对垒：市"馒头办"查获了一家没有在"馒头办"办证的所谓"黑馒头"厂，正要对其处罚时，区"馒头办"也同时赶到，坚持要由区"馒头办"罚款，两级"馒头办"为争夺处罚权，当街谩骂，打作一团，一时间引来很多围观群众和多家媒体。围观者看得稀里糊涂，馒头企业也不知所措。

资料二：郑州"馒头风波"续①

"馒头办"之争被曝光之后，郑州市撤销了所有"馒头办"。但随之而来的是"黑馒头"又死灰复燃。为了能使老百姓都能真正吃上放心馒头，当地媒体在深入调查的基础上又连续推出《品牌馒头呼唤"馒头办"》的报道，为规范馒头市场出谋献策，这在社会上又引起了一定的反响。

专家意见一：如何规范市场，光靠市场无形和政府有形这两只手还不够，我们必须呼唤"第三只手"：诚信道德。能不能有一个行业协会自律规范，共同营造一个公平健康的竞争环境，以抵制无证"黑馒头"，更好地规范竞争呢？鉴于馒头的现状，目前对馒头生产企业拟应采取审核制的管理方式，要把行业自律和消费者的监督结合起来。可否在政府有关部门的指导下，成立行业自律组织，形成若干业内规则，在质量、卫生、服务等方面率先向消费者作出公开承诺，在文明生产、公平竞争等方面作出表率。

专家意见二："为什么'黑馒头'能打败品牌馒头，是不是自己还有哪些地方

① 河南报业网：郑州"馒头风波"续：专家支招成立协会让行业自律 ［EB/OL］. （2011－12－24）http://unn. people. cn/GB/channel276/277/895/200112/24/141204. html

做得不够好?"馒头生产企业也要从自身来进行反思,任何一个企业,如果一味地靠政府来保护,自然不可能长久地生存下去。馒头作为一种商品,其最终评价者是消费者。馒头生产企业所做的一切工作都应围绕消费者来进行,应设身处地地从消费者的角度来考虑,生产出质优价廉的馒头。

专家意见三:"馒头办"之所以被撤,是因为用错误的方法办了错误的事,是典型的"政府职能错位"的表现,虽然大家都承认它的成立是出于好心;之所以又会出现今天的怪事,又说明了一个"政府职能缺位"的问题。

专家意见四:我国现已正式加入世界贸易组织,政府机构改革也在逐步深化,将进一步与国际接轨,不少职能将陆续交给中介组织去完成,市场中介组织的作用将越来越突出。如果把对馒头市场的执法监督与馒头行业本身自律行为结合起来,使二者相互补充、相互配合与协调,也是一条可行之路。

专家意见五:整顿好馒头市场,除了执法部门认真负责外,重要的是馒头生产厂家在行业内部也应加强自律,充分进行自我约束、自我提高,要相互监督、公平竞争,这一点国外成立各种行业协会的做法值得我们借鉴。行业协会是社会中介组织,由行业内企业自愿参加,从事的是不同于政府管理的社会管理,它是联系政府与企业的纽带,具有向政府与企业提供服务,以及监督与协调的功能。

案例分析提示与思考:

1. 郑州两级"馒头办"争夺处罚权的问题根源在哪里?

2. 为解决再次出现的"黑馒头"问题,你认为郑州市政府应当怎么办?是否应当恢复"馒头办",以解决再次出现的"馒头风波"?

3. 结合案例,谈谈在市场经济条件下,政府应当如何灵活应用各种行政管理手段来有效解决社会管理中的职能与权限问题?

相关知识链接:

1996 年,联合国粮农组织发表的《世界粮食安全罗马宣言》提出:人人享有获取安全而富有营养食品的权利。食品安全问题对于公众健康、经济发展、社会安宁和国家形象等都有着重要影响,对其进行必要监管是政府职能的重要内容之一。目前,世界主要国家和地区的政府食品安全管理模式,大体可以分为两种类型:一类是单一部门管理的模式,政府设置独立的食品安全管理机构,全权负责食品安全事务,比较典型的有德国、加拿大;另一类是多部门管理的模式,将食品安全管理职能分设在几个政府部门,其中又可分为分类管理和分段管理两种形式,法国的管理体制基本属于分段管理,美国和日本的管理体制大体属于分类管理。

发达国家强化食品安全监管主要表现在四个方面:一是明确的法律法规,有的是在部分综合性法律中做出保障食品安全的规定,如美国的《联邦食品、药品和化妆品法》;有的是在单一性法律中对食品质量安全做出规定,如英国的《动物防疫法》；还有联邦立法和地方立法，如美国加州立法禁止食用活的动物。二是统一权威的技术法规，对涉及食品安全性状及其产地环境的标准，通过政府主管部门发布技术法规、法令和指令来强制执行，如欧盟的食品安全标准由欧盟委员会发布指令，美国的兽药和食品添加剂标准由联邦政府食品药品管理局制定颁布等。三是从农田到餐桌的全程控制，基本方法是：对食品的生产、收获、加工、包装、运输、贮藏和销售等各个环节，以及食品生产过程中所涉及的化肥、农药、饲料、包装材料等，进行有效的安全监管，并在控制中广泛采用良好农业规范、良好生产规范、良好卫生规范、标准卫生操作程序，以及危害分析和关键点控制等方法。通过全程监管，能够预先评估和防范可能出现问题的环节，并以此为基础，实行问题食品的追溯和召回制度。四是严厉的惩罚机制，确保食品安全不能完全依靠市场自律，通过严惩以提高违法成本，被认为是解决食品安全最有力的措施，被许多国家及民众推崇。如英国政府规定：食品加工者若在食品安全上出现问题，通常会被处以5000英镑罚款或3个月以内的监禁；若销售不符合质量标准的食品或提供食品致人健康损害，将被处以最高2万英镑的罚款或6个月监禁；情节和后果十分严重的，违法者将被处以最高无上限罚款或2年监禁。

案例3：路桥违规收费何时了？①

资料一：审计署公布18个省市收费公路运营管理情况审计结果

国家审计署公布2008年《18个省市收费公路建设运营管理情况审计调查结果》。审计结果显示，辽宁、湖北等16个省（市）在100条（段）公路上违规设置收费站158个，至2005年底16个省违规收取通行费149亿元。按地方政府核定收费期限和目前收费水平测算，这些收费站点还将收费195亿元。

这158个收费站主要违规情况是：一是公路项目建设中未使用银行贷款或使用了银行贷款但已归还，仍设有66个收费站；二是在国家明文规定禁止收费的三级公路上违规设置30个收费站；三是采取"一站多点"等办法，违规异地设置41个收费站点；四是公路未建先收或边建边收，违规设置21个收费站点。

资料二：济南黄河大桥还该继续收费吗？

济南黄河大桥是济南首座跨黄河的公路大桥，1982年7月建成通车，政府投资4 000万元建设，总长2 023.44米，大桥是从1985年4月开始征收车辆通行费，1999年，山东高速股份公司的前身山东基建公司，经过国家原交通部的批准，取得了大桥18年的经营收费权，从1999年11月16日开始收费，到2017年11月15日终止收费。济南黄河大桥至今已经收费27个年头。按照2004年颁布的《收费公

---

① 国家审计署：16省市违规设公路收费站收费149亿［EB/OL］.（2008—02—27）http://news. xin-huanet.com/politics/2008—02/27/content_7677635.htm；央视《经济半小时》. 济南黄河大桥上市10年收费超建设成本10倍［EB/OL］.（2012—03—30）http://www.022net.com/2012/3-30/415463402443243.html.

路管理条例》，转让经营性公路收费权，不得延长收费期限，且累计收费期限的总和不得超过 25 年。如果收费到 2017 年，济南黄河大桥收费年头将达到 32 年，届时有可能成为全国范围内收费期限最长的路桥之一。

在很多济南百姓看来，大桥收费给他们带来了许多不便，有市民通过诉诸法律来解决问题，郑某就是其中的一位。郑某是济南市的一位普通市民，从事汽车保险业务，经常要通过黄河大桥往返与两岸，这给他正常的工作增加了不小的成本。2008 年 8 月，郑某一纸诉状，将济南黄河大桥收费站的经营方山东高速股份告上法庭，希望相关方面撤销大桥收费站。此案的代理律师认为，济南黄河大桥当初是由政府投资修建的，不属于贷款修路，更不属于经营性公路，不能收取通行费，而收费年限也存在着问题。

不过，一审法院则称："济南黄河大桥是否属于政府性投资，政府有关部门将大桥作为资产划归被告经营管理并批准其收费是否合理，不属于民事案件的受理范围"；济南中院的终审判决则认定：有政府许可的依据，享有收费的权利，且被上诉人对收费的相关信息在黄河大桥收费站进行了公示，故其民事行为合法有效，应予确认。"郑某一审、二审全部败诉。

与此同时，近几年来，每年的山东省和济南市的两会上，济南黄河大桥收费问题都是一个热点的话题，希望有关部门取消这项收费，加快济南北跨战略实施，促进黄河以北天桥区两个乡镇以及济阳、商河两县的发展，必须解决济南黄河大桥收费问题。因此，人大代表虽多次提交相关提案，但依然没能停止收费。

作为主要的监管部门，山东省交通厅和交通部当时既是相关政策的制定者，又是大桥收费分红的直接受益者。1999 年山东省交通厅提请交通部批复的收费期限为 18 年。即按照交通部的这个批复，黄河大桥确实可以合理合法地收费到 2017 年。不过，按照 2004 年国务院颁布的《收费公路管理条例》，转让经营性公路收费权，不得延长收费期限，且累计收费期限的总和不得超过 25 年。如从 1985 年开始算起，济南黄河大桥至今已经收费 27 个年头，理应马上停止收费。

在清理路桥违规收费中，因为上述原因，尽管济南黄河大桥收费年限总和将达到 32 年，和《收费公路管理条例》中收费总年限不得超过 25 年的规定严重冲突，但是山东省收费公路专项清理工作领导小组却认为济南黄河大桥收费合理，不在清理整顿之列。

济南黄河公路大桥总投资 1.78 亿元，1996 年已全部还清贷款，至今已超期收费 16 年，违规收费近 15 亿元，政协委员取消收费提案呼吁了三年也没有结果。

案例分析提示与思考：

1. 结合案例，分析公路违规收费问题难以解决的核心原因是什么？

2. 国务院《收费公路管理条例》是 2004 年公布实施的，而济南黄河大桥收费是交通部 1999 年批准的，请问究竟要按照那个标准来执行呢？

3. 为应对日益强烈的公众不满，政府应当如何解决公路长期超期收费问题？

相关知识链接：

1.《中华人民共和国公路法》第五十八条规定："国家允许依法设立收费公路，同时对收费公路的数量进行控制。除本法第五十九条规定可以收取车辆通行费的公路外，禁止任何公路收取车辆通行费。"第五十九条规定："符合国务院交通主管部门规定的技术等级和规模的下列公路，可以依法收取车辆通行费：①由县级以上地方人民政府交通主管部门利用贷款或者向企业、个人集资建成的公路；②由国内外经济组织依法受让前项收费公路收费权的公路；③由国内外经济组织依法投资建成的公路。《收费公路管理条例》第三十七条：收费公路的收费期限届满，必须终止收费。政府还贷公路在批准的收费期限届满前已经还清贷款、还清有偿集资款的，必须终止收费。依照本条前两款的规定，收费公路终止收费的，有关省、自治区、直辖市人民政府应当向社会公告，明确规定终止收费的日期，接受社会监督。"

2. 收费公路是中国深化公路融投资管理体制改革的产物。从 20 世纪后期，我国出现了一种名为"四自工程"（即自行贷款、自行建设、自行收费、自行还贷）的道路基础设施建设模式，这种的全新投融资模式最早应用于桥梁、隧道等项目的建设，后来又被较多地应用于高速公路和普通收费公路及桥梁的建设。无可否认，公路收费制度的实施，在很大程度上促进了中国交通事业的快速发展。数据显示，1978 年全国公路通车里程仅 89 万千米，而到 2010 年底中国公路网总里程达到398.4 万千米；1988 年之前中国还没有高速公路，而到 2010 年底中国建成的高速公路已达 7.4 万千米左右，仅次于美国。但在公路网蓬勃发展的同时，其后遗症与异化的危险也日益明显：收费公路模式泛滥为地方政府盈利的手段，而中国人正在承担着世界上最高的交通与物流成本；交通领域的贪腐现象层出不穷，投资盈利模式引发的各方利益纠葛也越来越显现其阻碍交通发展的一面。从全国范围内看，从1984 年至 2000 年，依托收费公路政策，利用各种融资方式，共筹集公路建设资金6 700 亿元，占同期公路建设总投资的 60%。如何将数千亿元的"市场主体"转变为公共产品，将考验各级政府的智慧。

案例 4：某县环卫局职工是否有权上路执法？[①]

2005 年 12 月 4 日凌晨，陕西省某地的司机薛师傅驾驶一辆解放牌大货车经过某县城郊大华路口时，遇到 4 名身穿便衣、未戴任何标志牌的男子拦车。薛师傅停车后，这四名男子要求薛交罚款，薛认为不合理，拒绝缴纳罚款，双方发生冲突，

---

① 郝建国. 陕西大荔环卫职工乱罚款，幕后领导将被开除留用 [EB/OL]. （2005－12－22）http://news. sohu. com/20051222/n241073349. shtml.

其中1名男子持砍刀砍断薛师傅的髌骨。事情发生后，薛马上报案。当晚，县公安局西郊派出所将这4名肇事者抓获，结果发现其中1人是该县环卫管理局正式职工肖某。

但事情不是那么简单就结束了，在民警办理案件的过程中，县环卫局孙副局长来到西郊派出所"交涉"，称肖某上路"罚款"是受单位指派的"执法"行为。此事被报道后，引起了县纪检委、监察局的重视，并迅速展开调查此事。

经县监察局查明：2005年10月的一天，县环卫局孙副局长把肖某叫到自己办公室，声称单位经费较为紧张，让肖某负责对城区乱放车辆、乱倒垃圾进行处罚，并让他雇用社会无业人员协助进行各种罚款，并可以从罚款总额中提出20%，作为雇用车辆、人员的各种费用。

12月20日，该县纪检委根据相关规定，决定给予肖某开除党籍处分。县监察局参照相关规定，建议给予孙某行政开除留用一年处分。同时，还专门向县环卫局发出监察建议书，建议按有关程序开除肖某的公职。

目前，县公安局正在办理此案，对于受害人的赔偿，以及当事人所应该承担的法律责任做进一步的审理。

案例分析提示与思考：

1. 根据案例资料分析县环卫局及其职工是否有权上路收费、罚款？
2. 行政执法人员在执法时在着装等方面有什么具体要求？
3. 针对这类乱收费、乱罚款现象，你认为应该采取什么措施才能有效治理？

相关知识链接：

1. 近几年来，党中央、国务院针对一些地区和部门出现的乱收费、乱罚款和各种摊派（以下简称"三乱"）的情况，曾多次发布文件严加制止。各地区、各部门虽进行了一些清理整顿，但总的来说，效果不明显，问题仍相当严重。不少地区和单位继续违反国家规定，任意增加收费项目，提高收费标准，名目繁多，标准过高；有的随意对企事业单位和群众罚款，甚至乱设关卡，敲诈勒索；有的搞建设、办事业不量力而行，强制集资摊派；有的财务管理混乱，监督检查不严，违法违纪现象经常发生。"三乱"屡禁不止，日趋严重，已成为一个尖锐的社会问题，群众对此反映十分强烈。在当前纠正行业不正之风的同时，必须下大决心对"三乱"进行综合治理，坚决加以制止。

2. "三乱"的出现，有体制改革不配套、经济过热、法制不健全的原因，也有部分执法人员素质不高的原因，但更主要的还在于有些地区和部门的领导缺乏全局观念、群众观念和法制观念，对"三乱"的危害性认识不足，管理不严，清理整顿态度不坚决，措施不得力，致使问题长期得不到解决。坚决制止"三乱"，关键在于各级党政领导要统一思想，充分认识"三乱"的严重性和危害性。必须看到，

"三乱"不仅加重了企事业单位和群众的负担，造成国家财政收入的大量流失和浪费，而且背离了为人民服务的宗旨，助长了不正之风，严重损害了党和政府同人民群众的关系，挫伤了企事业单位和群众的积极性，影响了经济发展和社会稳定。

案例5：个案分析——正义背后的反思①

2009年，在舆论持续关注下，轰动全国的湖南"罗彩霞案"层层迷雾已渐次拨开。连日来，湖南省、市联合调查组就王佳俊与罗彩霞2004年的高考档案、录取过程及户口迁移情况进行了重点调查。5月11日发布了初步结果：王峥嵘涉嫌伪造、变造国家机关公文、证件、印章行为。罗彩霞、王佳俊在邵东一中就读时的班主任张文迪，因涉嫌此案被邵东县纪委"双规"。

短短不到一周时间，这桩隐藏了5年之久的"丑闻"水落石出，不得不感叹现代媒体舆论监督的强大功效。不难预料，在上有公安部和省领导的关注批示、下有舆论穷追不舍的情况下，该案必将依法追究相关责任人。教育部有关负责人日前也表示，这是严重的违法违规行为，对教育系统违纪违规单位和人员将严肃处理。

在舆论监督又一次"凯旋"的背后，仍必须反思：如果东窗事发后王佳俊家人的表现不那么"盛气凌人"，如果罗彩霞当初没有想到寻求媒体的帮助，这一事件最终的处理结果还是否会是这样？缺乏舆论支援的个体权利，能否在公权体系内得到顺畅的伸张？

个案中正义的矫正是相对容易的，但个案折射出来的行业"潜规则"或体制性弊病则往往难以根治。在更广的层面上，"冒名顶替"事件绝不止于影响两位女孩的境遇，其所揭示的"暗箱操作"充分暴露出权力作假的肆意妄为，折射出权力策划下的欺侮隐蔽，也隐含着权利受权力压制后的忍辱负重。要超越个案意义上的审视，除了彻查并严厉追究相关人员的法律责任，更重要的还在于检讨一些地方的权力运作机制，反思权力难受制约与监督的现实原因，寻找公权腐化谋私的曝光出口和公民权利的制度化救济通道。

任何一项公权在被"关进笼子里"之前，都有可能制造出类似的"狸猫换太子"。而站在公民权利的角度远观，无论是司法救济道路上的坎坷，还是舆论监督道路上的幸运，都意味着脆弱的个体权利离不开公民权利的自觉联合。只有弱小的个体权利结合在一起，才能抵制强悍公权的侵扰，才能保障每一份权利的享有。

案例分析提示与思考：

1. 请问，你知道"罗彩霞案"事件吗？其中所反映出的问题属于什么性质？
2. 应当制定怎样的政策措施防范和制止此类权力腐败案件的再次发生？
3. 试论如何将公权力"关进笼子里"？

---

① 傅达林. 罗彩霞案：个案正义背后的反思［N］. 中国青年报，2009-05-14.

相关知识链接：

1. 经济合作与发展组织（OECD）2007 年在有关教育公平的报告中，对教育公平是这样定义的："教育公平有两个含义。第一个含义是公正（fairness），就是要保证性别、社会经济地位和种族等个人和社会因素不妨碍人达到其能力所允许的教育高度。第二个含义是覆盖（inclusion），就是要保证每个人都受到基本的、最低标准的教育，例如每个人都应该能读、写和做简单的算术。"当前，我国教育公平在这两个方面还有较大差距，具体表现在：城乡公平缺失、地区公平缺失、阶层公平缺失、配置公平缺失等。

2. 1964 年，美国詹姆斯·科尔曼教授带领一个研究小组收集了美国各地 4000 所学校 60 万学生的数据，进行了美国教育领域最大规模的调研。在对这些调研材料统计和分析后，1966 年科尔曼向国会递交了《关于教育机会平等的报告》，这就是社会学史和教育史上著名的《科尔曼报告》。科尔曼报告的历史性意义在于，它把教育的平等，放到社会经济平等的背景上。教育的平等受制于社会经济平等，反过来也影响社会经济平等，从而把教育平等问题提高到改造社会的整体目标上。正是科尔曼报告的这一结论，为后来美国普遍实行的"肯定性行动"或称"平权法案"（affirmative action）铺平了道路，美国公共教育事业大幅度地向弱势人群倾斜，实行所谓"为了平等的反向歧视"，如：在中小学强制性黑白合校，大学招生、政府机关雇佣和提升等方面普遍实行倾斜性政策，照顾黑人和其他弱势人群。今天，《科尔曼报告》对我国教育公平特别是"上学难、上学贵"问题仍有重要借鉴意义。教育公平是促进社会阶层合理流动的阶梯，也是维护社会公平、和谐的重要平衡器。

3. 行政权力如果缺乏相应的制约机制和防范措施，必然出现膨胀和滥用。对权力的制约主要有以下几种途径：以权力制衡权力、以权利制约权力、以责任制约权力。

案例 6：先进村级党支部为何会出现腐败大案？[①]

三联，广东省××市××区一个普通的村庄。近十多年来，由于城市经济发展的辐射带动，地处中心城镇郊区的三联村也由从前的一穷二白逐渐变得殷实富裕。这个仅有 913 人的村子，每年的收入均达数百万元。然而，曾带领大家致富的村支部书记刘××，却因侵吞 507 万余元公款，于 2005 年 4 月被区法院以职务侵占罪判处有期徒刑十四年，并处没收个人全部财产。

---

① 陈慧瑜. 广东三联村支书自封"土皇帝"出现腐败大案 [EB/OL]. (2005-10-11) http://business. sohu. com/20051011/n240519978. shtml.

经过重新选举，三联村新一届村委会和支委会产生了。为保证今后农村"两委会"的工作健康发展，区纪委以刘××案为例，专门召开村级"两委"干部纪律教育会议，让900多名农村基层干部接受警示教育。刘××出事的消息震动了该区各级党政部门。为什么一个曾被授予先进荣誉的村级党支部会出现这么大的腐败案？刘××腐败案的发生，沉重地拷问着基层党组织的执政能力。

据三联村的干部群众反映，刘××担任村（管理区）支书和主任的前十几年确实敢闯肯干，为三联村的经济发展作出过积极的贡献。因此，在1999年的首次村委会直选中，他在原管理区主任的位置上顺利当选为村委会主任，身兼党政两职。刘××的蜕变原因和经历，个中教训，值得人们深刻反思。

在当地，刘××有一句流传甚广的"名言"："在三联，我就是皇帝。"而他在现实生活中也确实时时彰显着自己的"土皇帝"本色。

刘××认为三联村有今天的富裕全是他一人带来的，三联村就是他自己的"地头"。遇有重大事情，他基本上不与其他党支委和村委商量，而是自己说了算。因此，很多事情只有他和直接经办人才知道。即使有商量，也是先由他提出想法。若谁有不同意见，他就黑着脸甩出一句"你这么厉害，你来做啦"，使其他人不敢提出异议。镇委镇政府开会，他起初是想去才去，到后来干脆不去了。平时，除了回村开会或领工资，他很少回村里上班，不仅群众难以找他反映问题和办事，就连上级领导都很难联络到他。

刘××还把村集体的财产当成自己的，花起公款来大手大脚，酒楼饭店成了他谈工作的"办公室"。随着与外界交往的增多，特别是在工程发包等过程中与一帮包工头混熟后，他开始迷上了赌博，并一发不可收拾。起初只是在业余时间赌、用自己的钱赌，后来发展到出境赌、上班时间赌、用公款赌。有一次，他竟公然招集一帮人在村委会赌博，对前来办事的村民不理不睬，办事人一气之下把村委会的大门锁上并报警。2003年，刘××办了5个通行证，先后58次前往澳门赌博。

在刘××做"一把手"期间，三联村党支部和村委会办事缺乏透明度，财务管理非常混乱，账外资金体外运营严重。即使是搞村务公开，也多限于公开行政账，且公开得含含糊糊。在征地等工程项目上，刘××更是刻意不让上级主管部门和群众知道整个项目的运作情况。征地款收回后，在"两委会"的默许下，没有按规定设立专账进行管理，而是直接转入由刘××担任法人代表，但实际上并没有开展业务的村办公司，之后也没如实或详细公布征地款的使用情况和去向，这笔钱最终成了刘××一手操控的账外资金。加上没有"两委会"的集体审议和财会人员的审核把关，近年来，刘××多次假冒支付工程款的名义，套取村里的征地款。有一次，他一天内就伪造了3张假单，共提款100多万元。

照理说，对刘××这样的党员干部，当地的党委政府是有一套比较完善的监督管理制度的：上有党政主管部门的组织管理、审计监督，中有党支部内的互相监督和村级财务监督小组的监督，下有人民群众和社会舆论的民主监督。但遗憾的是，这些监督手段在刘××身上基本失效。

由于刘××担任三联村"一把手"近20年，逐渐形成了一股势力，他俨然一个"黑社会大佬"，村里的治安队员成了追随他左右的打手。在刘××屡屡出现违法违纪行为时，上级主管部门也曾想撤换他的党内职务，但一怕没人敢接替他的位置，二怕他暗地里闹事影响稳定，三怕影响作为上级领导和主管部门的政绩，故对他的种种越轨行径一再"宽容"。这在客观上助长了刘××的嚣张气焰。

其他村干部见上级都管不了刘××，也就更不敢行使正当的监督权了。村财务监督小组的成员由于不懂农村财务管理的知识，很难发现问题。即使发现了问题，刘××请吃的几顿饭、组织的几次外出旅游，就把他们的嘴堵了个严严实实。

其实，刘××案反映出的问题并不是他一个人和三联村一个村独有的。2000年以来，该区纪检监察机关共立案查处镇村级党员干部违纪违法案件135起。仅2005年上半年，全区查办的16起违纪案件中，就有15起涉及村级干部，从中反映出的问题有着惊人的相似。大量惨痛的事实证明：如果各级党政部门再不注意从中吸取教训，还会有更多的刘××出现。

案例分析提示与思考：

1. 什么是行政权力监督？结合本案例，谈谈行政权力监督的必要性？

2. 分析行政监督缺失的主要表现及问题产生的根源。

3. 运用权力监督理论分析本案例先进村党支部出现腐败大案的必然性？

相关知识链接：

要搞好行政监督工作，必须遵守和贯彻以下几项基本原则。

1. 民主性原则。行政监督应当具有广泛的民主性，这是使监督切实有效的重要保证。要广泛通过群众组织、社会团体，或新闻舆论工具，使广大人民群众充分行使监督国家行政机关及其工作人员的权力，以实现人民真正当家做主，参与管理社会主义国家的目的。这充分体现了党的群众路线的精神和要求，是做好行政监督工作的基本保证。

2. 合法性原则。行政监督必须依法实施，无论采取什么形式的监督活动，都应当以宪法、相关的法律法规为依据，在法律规定的范围内进行监督。要坚持以事实为依据，以法律、法规、政纪为准绳，妥善处理问题，做到依法监督。

3. 公开性原则。行政监督活动的公开性越大越富有成效。它可以让一切不合理的行政行为及非法行为置于广大群众的监督之下，使群众知道一切、评论一切，不仅能增强国家行政机关活动的透明度，有利于克服官僚主义，提高公民对国家行政机关的信任度，而且还会大大加强行政监督的效力，更好地发挥行政监督的作用。

4. 客观性原则。行政监督应当保证公正、客观，防止出现主观和偏见。它要求监督主体对监督对象不能出于同情或个人的私利而偏袒任何一方，必须公正廉明、铁面无私。在具体的监督活动中，只有依据确切的事实，才能得出正确的结论。

5. 经常性原则。行政管理活动是一个持续不断的过程，行政监督也不能是一种临时性的措施，必须贯穿于国家行政机关决策、组织和执行的各个环节。只有经常监督，才能发现国家行政机关所有管理环节上的缺陷和公务员的违法失职行为，并迅速查明问题的原因、消除隐患，保证行政目标的顺利达成。

案例 7：大打折扣的国家权力①

据《人民日报》2004 年 2 月 23 日报道，目前我国 26 个省、自治区、直辖市已建成高尔夫球场 176 座。按照国家征地审批权限，用地超过 70 公顷以上的项目须报国务院审批。但这 176 座高尔夫球场虽占地无一不超过 70 公顷，却只有 1 座报经了国家有关部门审批。

这是一则让人十分吃惊的新闻。国务院是国家的最高权力机关的执行机关，所以"用地超过 70 公顷以上的项目须报国务院审批"这句话绝不是戏谈。但 176 个高尔夫项目竟然只有 1 个经审批过，这 176：1 的数字，一定程度上反映了国家权力被"折扣"的可能比例！

高尔夫球场不是"藏着掖着"就能建成的项目。每个高尔夫球场不仅占地甚广，会让很多农民失去谋生之本，而且耗资巨大，并往往也会造成水资源等的极大浪费。可以说，每一个高尔夫球场项目，都会引起当地自然、政治及经济"生态"的连串反应。粗略计算一下，这 175 座未经审批的高尔夫球场，按最低占地标准每个 1 000 亩，就已经占去土地近 200 000 亩；按每座最低投资 2.5 亿，便已经耗资近 400 亿元。面对如此巨大的资源占用，人们不禁要问：是谁如此大胆？对此应怎样处置？

案例分析提示与思考：

1. 各级政府对土地资源行政审批权限的纵向划分数量标准说明了什么？

2. 各地大建高尔夫球场的投资热情为什么如此高涨？

3. 你认为对 175 家违规建设高尔夫球场的问题应当怎样处理？

4. 在高尔夫球场建设中为什么会存在令行禁不止的情况？这说明了什么？

---

① 郭之纯. 76 比 1：国家权力的"折扣率"？［EB/OL］.（2004－02－24）http://news. sina. com. cn/o/2004－02－24/01591877517s. shtml.

相关知识链接：

据悉，很多高尔夫球场的项目是打着"招商引资"的旗号建起的，一些地方政府对建设高尔夫球场大开绿灯，实际上是把高尔夫球场作为"形象工程"来对待。在一些地方政府看来，高尔夫球场就是投资环境的象征。所以，虽然耗费了如此巨大的资源，但并不认真讲求效益。"业内人士对记者说，目前，国内高尔夫球场大多处于亏损状态。一位高尔夫球场总经理甚至对记者说，高尔夫球场没有不亏的。"花费如此巨资，竟然只是用来"装门面"的！

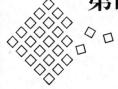

第四章　行政领导

　　古今中外，领导从来就是任何组织存续和发展的关键性因素之一。政府行政组织亦如此。领导者的理念、品格、性格特征、思想能力、行为能力及领导方式和人生价值观，直接关系到领导行为的社会后果。本章将围绕行政领导的名利观、荣辱观、道德观、行政伦理、工作职责、品德修养、工作能力、职业精神，聘任制、工作考核等方面选编了 12 个案例，以供案例教学双方分析讨论问题。

　　教学目的：了解对党政主要领导干部监督的实际状况、主要问题与解决对策；考察公共管理中的行政监督、行政文化、行政领导、行政伦理

　　应用方式：案例讨论、情境角色分析

案例 1：中央首次对领导干部生活作风提出要求①

　　中共中央总书记胡锦涛在 2007 年 1 月 9 日的中央纪律检查委员会第七次全体会议上发表重要讲话，他强调在工作中，要在各级领导干部中大力倡导八个方面的良好风气，其中，最后一个方面的良好风气就是："生活正派、情趣健康，讲操守，重品行，注重培养健康的生活情趣，保持高尚的精神追求。"这是中共中央首次对干部生活作风提出如此特别的要求。

　　案例分析提示与思考：

　　1. 请问胡锦涛总书记提出的要在各级领导干部中大力倡导的八个方面的良好风气的具体内容是什么？

　　2. 为什么领导干部必须"生活正派、情趣健康，讲操守，重品行，注重培养健康的生活情趣，保持高尚的精神追求"？

　　3. 从生活作风与干部腐败的相关性分析，论证端正生活作风对抵御腐败的意义与特殊作用。

---

　　① 胡锦涛在中央纪委第七次全体会议上发表重要讲话［EB/OL］.（2007－01－09）http://news. xin-huanet. com/politics/2007－01/09/content_5585119. htm.

相关知识链接：

生活作风：一般指个人在日常生活中（主要是指在饮食、衣着、居住、娱乐、情趣、婚恋、家庭生活、作息方式和私人交往等方方面面）的经常性表现或习惯性的行为方式。它反映了一个人的生活态度、人生追求、价值观和道德观。

案例2："问责"风暴的背后①

材料一：高官"问责制"法制化、制度化建设

2004年，重庆、北京和吉林先后发生的井喷、踩踏、火灾等三起特大恶性事故，共造成334人死亡。调查发现，这三起事故主要是由于安全措施不落实、管理不够严格造成的，有关领导干部负有领导责任。随后，中国石油天然气集团公司原主要领导的引咎辞职，对北京市密云县"2.5"特大伤亡事故、吉林市中百商厦"2.15"特大火灾事故中负有责任官员也受到了处分。

2005年5月11日，国务院总理温家宝主持召开国务院常务会议，严肃处理辽宁阜新矿业集团孙家湾煤矿"2.14"特大瓦斯事故相关责任人，决定对负有领导责任的辽宁省副省长刘国强给予行政记大过处分，责成辽宁省人民政府向国务院做出书面检查。经过调查，这是一起重大责任事故，辽宁省已对阜新矿业集团公司董事长、总经理梁金发给予行政撤职、撤销党内职务处分，并按照程序免去其董事长职务；其余31名事故责任人有4人移交司法机关处理、27人分别给予行政处分。

这无疑在我国刮起了一股问责"风暴"，说明了高官"问责制"已经成为中国法制化、制度化建设的一项重要内容。问责制是现代政府强化和明确责任，改善政府管理的一种有效制度。

材料二：解振华因松花江环境污染事件引咎请辞

国家环境保护总局局长解振华因松花江环境污染事件引咎请辞，业经中共中央、国务院批准。国务院于2005年12月2日免去解的局长职务，并任命原林业局局长周生贤为新的国家环保总局局长。

官员引咎辞职本不是新闻，但这次解振华引咎辞职则显得不一样。首先，他是中国因环境污染事件被解职的最高级官员。其次，松花江重大水环境污染事件尚未终结，解振华便被批准引咎辞职，速度之快可谓前所未有。再次，这次引咎辞职一反常态，是自上而下问责的结果。它充分显示了中央高层高度重视环境保护工作，建立和谐社会的坚定决心。这是解振华引咎辞职传递的第一个强力信号。

解振华因松花江发生重大污染事件引咎辞职，还表明中国官员问责制逐渐成为

---

① 2004重大问责事故回顾，"庸官问责"走向制度化［EB/OL］．（2004－12－17）http://news. qq. com/a/20041217/000330. htm；陈庆贵. 解振华引咎辞职传递的强力信号［EB/OL］．（2005－12－04）http:// news. xinhuanet. com/comments/2005－12/04/content_3874051. htm.

常态。官员问责起于 2003 年"非典"暴发期间,一批要员因失职而丢官,包括当时卫生部部长张文康和北京市市长孟学农两名省部级高官在内的上千名官员。"非典"过后,问责逐步走向制度化。2004 年 2 月,在北京市密云踩踏事故和吉林市中百商厦特大火灾中,又有一批官员因失职而丢官。同年 4 月,中石油总经理马富才因川东钻探公司特大井喷事故引咎辞职。联想昔日官员,基本上是有上无下、雷打不动的终身制,即便受到处分也多缘于贪污、腐化等个人问题,因工作失误而受处分者寥寥无几,在环保领域更是如此。这清楚表明如今官员问责制已是家常便饭、真刀真枪。不管官有多大,有权必有责、权责必统一、违法必被究。这是解振华引咎辞职传递的第二个强力信号。

长期以来,环境保护在少数官员眼中是发展中的次要问题,属于投入大、产出小、战线长、看不见的政绩。为了所谓"形象政绩",一些地方不惜以牺牲环境为代价,盲目追求国内生产总值增长数字,造成环境日趋恶化,人民健康每况愈下,国家可持续发展受到威胁。统计数据表明,中国目前近 1/3 的国土被酸雨污染,流经城市的 90% 以上的河流遭受严重污染,3 亿多农村人口喝不到干净的水;大气污染最严重的世界 10 大城市中,中国占 3 座城市,1 亿多城市居民呼吸不到清洁空气,1 500 万人因此得上支气管疾病和呼吸道癌症。在松花江污染事件发生不久,国务院就免去了环保部门最高官员的职务,此举不啻给了那些焚琴煮鹤、饮鸩止渴、只顾眼前利益不顾将来发展的官员当头一棒。对地方官员而言,以牺牲环境利益,换取一时"政绩"将得不偿失。这是解振华引咎辞职传递的第三个强力信号。

材料三:党政领导干部问责制度建设

2004 年 2 月,《中国共产党党内监督条例(试行)》公布,这个全面、系统地推行自我约束与促进自我发展的党内制度规范,明确写入了"询问和质询"、"罢免或撤换要求及处理"等内容。

3 月 5 日,温家宝在向全国人大作《政府工作报告》时强调指出:"政府的一切权力都是人民赋予的","只有人民监督政府,政府才不会懈怠"。他要求所有的行政机关都必须做到"有权必有责、用权受监督、侵权要赔偿"。

4 月,中共中央批准和实施的《党政领导干部辞职暂行规定》,对官员因涉及"工作严重失误、失职造成重大损失或恶劣影响、对重大事故负有重要领导责任"等应引咎辞职的相关情况作出了专门规定,将引咎辞职明确引入问责制度,使刚刚起步的引咎辞职有章可循。

2004 年 5 月重庆市政府常务会议通过了《重庆市政府部门行政首长问责暂行办法》,这是我国第一部法定化的政府官员问责制度。这一办法通过 18 种问责情形和 7 种追究责任,对政府行政部门"一把手"追究其不履行,或不正确履行法定职责的责任,小至诫勉、批评,大至停职反省、劝其辞职。

2004 年 12 月浙江出台《浙江省影响机关工作效能行为责任追究办法(试行)》,

首创问责庸官办法，凡发现各级机关及其工作人员对于法定事务拖延不办；利用职务便利假公济私，以及吃、拿、卡、要；不认真履行岗位职责，推诿扯皮；故意制造、纵容、庇护不正当经济竞争，造成不良影响；违反规定收费、罚款、摊派等方面情况，均可拨打全省机关效能监察投诉电话，投诉处理。

2005年4月27日，十届全国人大常务委员会第十五次会议通过，并于2006年1月1日起施行的《中华人民共和国公务员法》第82条明确规定：领导干部"因工作严重失误、失职造成重大损失或者恶劣社会影响的，或者对重大事故负有领导责任的，应当引咎辞去领导职务。""应当引咎辞职或者因其他原因不再适合担任现任领导职务，本人不提出辞职的，应当责令其辞去领导职务。"这进一步使引咎辞职制度有法可依。随后，全国许多地方都将这一制度进行了细化，使干部"问责"制度更加落于实处。

2009年7月12日，中共中央办公厅、国务院办公厅共同颁布实施《关于实行党政领导干部问责的暂行规定》。

案例分析提示与思考：

1. 谈谈你对领导干部引咎辞职含义的理解。

2. 什么是"干部问责风暴"？大力推行领导干部问责制的积极意义何在？

3. 从解振华引咎辞职传递的第三个强力信号，谈谈领导干部应树立怎样的发展观？

相关知识链接：

引咎辞职，是指党政领导干部因工作严重失误、失职造成重大损失或者恶劣影响，或者对重大事故负有重要领导责任，不宜再担任现职，本人应当引咎辞去现任领导职务。根据2004年4月8日中共中央办公厅颁布的《党政领导干部辞职暂行规定》第十五条的规定，党政领导干部有下列情形之一的，应当引咎辞职：①因工作失职，引发严重的群体性事件，或者对群体性、突发性事件处置失当，造成严重后果或者恶劣影响，负主要领导责任的；②决策严重失误，造成巨大经济损失或者恶劣影响，负主要领导责任的；③在抗灾救灾、防治疫情等方面严重失职，造成重大损失或者恶劣影响，负主要领导责任的；④在安全工作方面严重失职，连续或者多次发生重大责任事故，或者发生特大责任事故，负主要领导责任的；连续或者多次发生特大责任事故，或者发生特别重大责任事故，负主要领导责任、重要领导责任的；⑤在市场监管、环境保护、社会管理等方面管理、监督严重失职，连续或者多次发生重大事故、重大案件，造成巨大损失或者恶劣影响，负主要领导责任的；⑥执行《党政领导干部选拔任用工作条例》不力，造成用人严重失察、失误，影响恶劣，负主要领导责任的；⑦疏于管理监督，致使班子成员或者下属连续或多次出现严重违纪违法行为，造成恶劣影响，负主要领导责任的；⑧对配偶、子女、身边工作人员严重违纪违法知情不管，造成恶劣影响的；⑨有其他应当引咎辞职情形的。

案例3：竞争上岗与公开选拔①

材料一：党政机关官员竞争上岗制度

据国家人事部提供的信息，自1998年中共中央组织部和国家人事部《关于党政机关推行竞争上岗的意见》制定以来，越来越多的党政机关把竞争上岗作为官员晋升的主要方式。2002年，全国政府机关通过竞争上岗晋升的官员约为18万人，已占同年晋升人数的59.8%。据悉，从1999年以来，已有35.3万名政府官员通过竞争上岗。

竞争上岗的主要做法是：公开竞争职位与条件，公开报名，经考试、民主测评、组织考察，产生任职人选，然后按规定程序和干部管理权限择优任用干部。

几年来，竞争上岗已由地、市两级政府机关向上延伸到中央国家机关，向下延伸到乡镇街道机关。目前，已有32个国务院所属部门采取了竞争上岗方式选拔处级和司局级干部。民政部、人事部、国家发展和改革委员会、交通部、水利部等20多个部门的239个司局级职位由竞争上岗产生。黑龙江、广东、内蒙古、湖北、陕西等省区对部分厅局级职位实行了竞争上岗。

国家人事部官员表示，竞争上岗制度还不完善，中央机关的一些部门还从未开展过竞争上岗，地方各省区市的发展也不平衡。目前，中组部和人事部正在起草《党政机关竞争上岗工作暂行规定》，把竞争上岗作为经常性的干部人事工作组织实施。

材料二：培养选拔年轻干部的部署要求

2011年6月20日，为了贯彻落实中央和省委关于培养选拔年轻干部的部署要求，进一步做好市县乡换届工作，并为干部队伍长远建设打好基础，甘肃省决定在全省范围内公开选拔100名年轻干部。其中：选拔35岁以下县（市、区）党政领导班子正职后备人选10名；选拔30岁以下县（市、区）党政领导班子副职后备人选20名；遴选28岁以下乡镇党政领导班子正职后备人选70名。公选中，对女干部、少数民族干部给予适当倾斜。

此次公开选拔采取报名与资格审查、党委（党组）推荐、经历与业绩评价、笔试面试、差额考察、确定人选及公示等程序进行。报名时间从6月20日开始，6月25日截止。报名工作由各市州党委组织部、省直部门（单位）、中央在甘和省属企事业单位组织人事部门负责，并进行资格审查，在《报名登记表》相关栏目中签注

① 叶紫. 国家人事部：竞争上岗成为党政官员晋升的主流［EB/OL］.（2003-08-12）http://news.xinhuanet.com/newscenter/2003-08/12/content_1021544.htm；甘肃省公开选拔100名年轻干部公告［N］. 甘肃日报，2011-06-20.

意见，加盖组织人事部门公章。7月上旬由省委组织部公开选拔办公室统一组织笔试和面试。

笔试内容以《全国公开选拔党政领导干部考试大纲》为准。笔试结束后，根据应试者的经历与业绩得分、笔试成绩之和，按面试人数与公开选拔数量 4∶1 的比例，从高到低确定面试人选。面试结束后，依据应试者的经历与业绩评价得分（占30％）、笔试（占30％）、面试（占40％）三项合计得分，在征求推荐单位党委（党组）意见的基础上，按照考察人数与公开选拔数量 2∶1 的比例，从高到低确定考察人选。省委组织部公开选拔办公室统一组织考察。考察采取民主测评、个别谈话、发放征求意见表、同考察对象面谈等方式进行。根据考察情况，按照初步人选数与公开选拔数量 1.5∶1 的比例，提出初步人选名单。

为了增强公开选拔工作的公开度、透明度，省纪委、省委组织部监督部门进行全程监督，接受社会公众的监督、举报。

案例分析提示与思考：

1. 结合材料，说明"竞争上岗，公开选拔"的积极意义。

2. 谈谈你对如何完善选人用人制度的建议。

相关知识链接：

近年来，竞争上岗和公开选拔日益成为我国党政领导干部选拔任用和公务员晋升的主要形式。其中：

（1）竞争上岗，主要适用于选拔任用中央、国家机关内设的司局级、处级机构领导成员，县级以上地方各级党委、人大常委会、政府、政协、纪委、人民法院、人民检察院机关或者工作部门的内设机构领导成员。从职务层次看，竞争上岗适用于司局级正职以下领导职务。竞争上岗在本单位或者本系统进行。涉及重要机密和国家安全的职位，按照法律、法规不宜公开竞争的职位，不列入竞争上岗的范围。

（2）公开选拔，适用于地方党委、政府、政协、纪委工作部门或者工作机构的领导成员，以及其他适用于公开选拔的领导成员；副调研员以上及其他相当职务层次的非领导职务出现空缺，也可以公开选拔。

案例 4：江苏 13 个省辖市党政 "一把手" 全部异地任职①

2006 年是我国各级党委与政府的换届之年。在这一年里，江苏省 13 个省辖市在换届中总共选出了 149 名新一届市委、市府领导班子成员。换届后，13 个市的党政正职及纪委书记、组织部长，全部实现了异地任职。

---

① 黄勇. 江苏13省辖市党政"一把手"全部实现异地任职 [EB/OL]. (2006-10-08) http://news. xinhuanet. com/lianzheng/2006-10/08/content_5175244. htm.

换届后，江苏省 13 个市 26 名党政正职平均年龄 49.9 岁，具有研究生学历的 13 人，博士学位 3 人，硕士学位 5 人。在 13 个市的新一届市委班子成员中，具有大学学历的 57 人，研究生学历 67 人，大学以上学历约占 83.2%；具有博士学位的 8 人。这些干部大都熟悉经济工作或党务、政法等工作，专业知识结构更为优化。具有研究生学历的更是占到了 45%，高出上届近 36 个百分点。在新任的纪委书记、组织部长中，既有来自纪委、组织系统的，也有来自宣传、人事、群团等系统的；既有来自省级机关的，也有来自市县的。统计资料显示，换届后，组织部长任满 5 年和在同一岗位任职满 10 年的党政班子成员全部进行了换岗交流。新提拔进省辖市委领导班子的干部中，异地任职的更是占到了三分之二，干部交流的形式既有回避交流，也有任期交流；既有区域交流，也有上下交流；既有提拔交流，也有平职交流，并且平职交流成为主体。全省干部使用"一盘棋"，形成了活水长流的良好势头。把最能抓发展的干部选配到发展最需要的地方，这凸现了江苏干部交流的杠杆作用。关键岗位异地、异部门任职，则打破了干部任用长期以来本地化、部门化的格局，让干部的视野更加开阔、能力培养更加多样，对干部的监督管理也更加强化，有利于激活干部加快发展的热情和创造力。同时，异地任职也有利于这批中青年干部摆脱人际关系的羁绊。

案例分析提示与思考：

1. 江苏省辖市换届后新一任领导班子成员的构成特点是什么？

2. 你对这种异地任职有何评价？请分析干部异地任职的优劣之处。

3. 干部异地任职是否值得推广？是否可以形成一种干部制度？为什么？

相关知识链接：

1. 公务回避在中国古代法律体系中就有着重要地位。据史料记载，东汉时期对地方官吏的任用就增加了籍贯限制，《后汉书·蔡邕传》记载："初，朝议以州郡为党，人情比周，乃制婚姻之家及两州人士不得对互相监临，至是复有三互法，禁忌转密，选用艰难。幽冀二州，久缺不补。"魏晋南北朝时期，任职回避制度有一定的发展，规定凡血亲和五服范围内亲属，不得相互监临；凡有姻亲关系者不得相互监临。隋朝回避制度主要是"地方官用外地人，回避本郡"，唐朝有关回避的规定更为严密，规定地方官员不仅须加避本籍，而且非本籍而有地产之地亦须回避。

2. 我国《公务员法》中确立了公务回避、任职回避和地域回避三种不同回避制度。其中地域回避是指担任一定职务的公务员，为了公正履行职务，不得在亲属比较集中的原籍地、出生地、成长地任职。需要实行地域回避的公务员，包括乡级机关、县级机关及其有关部门主要领导职务的人员。根据《党政领导干部选拔任用工作条例》的规定，"有关部门"包括纪委、组织部、法院、检察院和公安局。《党政干部回避工作条例》进一步规定，除上列部门以外，新任的监察局、人事局、财政局和审计局的主要领导也要实行地域回避。

3. 公务员地域回避制度是依据中国传统文化而做的一项制度安排，公务员人事管理的实践运行表明，这项制度既有积极作用，也有一些弊端。今后在行政回避制度中，应该强化任职回避制度和公务回避制度，完善行政程序建设，从而弱化地域回避制度。一些法学专家认为，随着民主法治的发展，尤其是基层民主政治建设的不断深入，地域回避制度将在若干年后逐步失去存在的必要。

案例5：H县公安局配备16名领导遭质疑[①]

"一个县级公安局，领导班子成员有16人，比公安部的还多"，这是H县群众对当地领导干部超编的讥笑。然而，该县公安局领导干部超编现象，只暴露出冰山一角。据记者调查，H县违反政府机构改革"三定"方案，严重超职数配备领导干部，不少县直机关单位领导班子成员达到一正五副或六副，其中县政府办公室仅副主任就有9人。前不久，一本仅供内部使用的电话号码簿，揭开了该县严重超职数配备干部的内幕。

一、一个县级公安局竟然有十几个领导 领导班子超编成风

日前，有人向记者提供了一本由H县委办公室编印、仅供内部使用的电话号码簿。这本编印于2007年6月、收录有H县四个班子领导、各乡镇（办事处）、县委各部门、县直机关各单位副科级以上领导干部及办公室负责人联系方式的电话号码簿显示，该县县直机关单位领导干部超职数配备现象严重。

按经上级有关部门批准的机构改革"三定"（定职能、定职数、定编制）方案，H县直大的局委领导班子一般应配一正三副（不包括纪检组长和非领导职务人员，下同），小的局委则为一正两副。然而，该电话号码簿显示，H县不少县直机关单位的领导班子都是一正四副或五副。副职达到六人或以上的单位就有县公安局、县委办公室、县政府办公室、县委宣传部、县民政局、县农机局、县交通局、县农业开发办公室等至少8个。据该号码簿显示并经有关部门证实，领导干部职数最多的县公安局，除了局长、政委、纪委书记各一人外，还配有5名副局长、4名副政委、4名专职党委委员，领导班子成员全部加在一起，多达16人，群众笑称该局"领导班子成员比公安部的还多"，堪称"最豪华阵容"。

天天在县领导"眼皮子底下工作"的县委办公室，除了配有7名副主任外，还有6名主任科员、3名副主任科员；而县政府办公室则有1名主任、9名副主任、8名主任科员、3名副主任科员，从"一把手"一直排到"二十一把手"。

二、领导太多：有人没事干，有事没人干

由于各单位领导班子成员太多，导致部分领导班子内部矛盾重重，甚至明争暗

[①] 李钧德. 电话号码簿惊现领导班子超编内幕 [J]. 半月谈，2009 (8).

斗，影响正常工作开展。据当地知情人士告诉记者，县直某单位有领导班子成员10余人，开会时因主席台位置有限，领导的座位牌没有全部摆上，结果引起某领导不满，当场拂袖而去，会议不欢而散。县公安局则因为领导班子成员实在太多，无法进行正常分工，有的领导班子成员只好兼任派出所长或看守所长。

还有的单位因领导太多，有的称病长期不上班，有的干脆只在单位挂个名，自己私下做生意；有的单位则由于领导班子成员太多，从事具体工作的人员太少，不得不从外单位临时借调人员帮忙工作。据知情人士透露，拥有6名副局长的县农机局，有3名副局长因病或因事长期不上班。而县政府办公室某副主任，自从跟着县委一位领导从外地调来后，一直以"H县驻京办副主任"名义常驻北京，连很多县政府办公室的工作人员都没有见过他。

县委在县直机关单位超职数配备领导干部，不仅严重违反了国家有关机构改革的精神，而且引起下属单位效仿。据知情人士透露，小小一个城关镇一中，领导班子成员居然达到了一正九副。而县第二高中，除了有1名校长、1名书记和5名副校长外，居然还配有3名副校级领导干部。采访时，一位不愿透露姓名的老师对记者说，他大学学的是历史，毕业后又从事历史教学，中国历史、世界历史都教过，从来没有听说过哪朝哪代有"副校级领导干部"这一官位。该县教体局负责人对此解释说，近两年局里为一些学校配了副校级领导干部，当时这样做的目的有三个：一是方便级段管理；二是形成人才培养梯次，让这些教师提前接受训练，将来走上领导岗位后，能早日进入管理状态；三是为了提高教师的工作积极性。"其实这些副校级干部的待遇和普通老师都一样，主要是名称好听些，至于科学不科学，还有待实践检验。"

三、县委组织部解释：领导干部"超配"是为了方便工作

针对领导干部"超配"现象，H县委组织部邓副部长代表县委接受了《半月谈》记者采访。他承认，县直机关领导班子确有超职数配备现象，除了军转安置、招商引资奖励等因素外，主要原因是2005年全省干部人事制度改革时，从乡镇切下来一百多名副科级以上干部无法消化，一部分安排在了县直局委。对县政府办公室、县公安局等单位的领导干部超配现象，他说，县政府办公室虽然有9个副主任，但真正在政府办上班的只有三四个，其他几个都是挂个号，戴个帽，并不参与日常管理工作。"像县烟叶办公室主任，如果不挂个政府办副主任的头衔，到乡镇去没人理他，无法推动工作。""县委这样做，主要是为了调动大家积极性，便于开展工作。"随后，H县委有关负责人对记者表示，H县将严格按照中央及省市有关规定，尽快解决县直各机关单位超职数配备领导干部问题。

案例分析提示与思考：

1. 行政编制对政府人事管理是否具有法律约束力？
2. 你认为案例中所列行政编制严重超编问题的根源是什么？

3. 群众笑称 H 县公安局领导配置"比公安部的还多"，县委组织部解释：领导干部"超配"是为了方便工作。这说明了什么？

4. 请根据政府人事行政编制管理的基本原则，提出科学合理的解决方案。

相关知识链接：

1. 1958 年，英国历史学家西里尔·诺斯古德·帕金森（Cyril Northcote Parkinson）通过长期调查研究，出版了《帕金森定律》（Parkinson's Law）一书。这本小册子以讽刺的笔调、小品文的方式对官僚组织的弊端进行了有价值的剖析，他在书中阐述了机构人员膨胀的原因及后果，揭示了行政权力扩张引发的人浮于事、效率低下的"官场传染病"，其中一个重要定律是"冗员增加定律"：官员数量增加与工作量并无关系，而是由两个源动因造成的：第一，每一个官员都希望增加部属而不是对手；第二，官员们彼此为对方制造工作。通俗说即官僚主义者喜欢"无事忙"，他们总是通过扩大下属机构抬高自己的身份，因而行政机构总是呈金字塔形，并按一定速度增长。帕金森对当时英国社会政治制度的无情嘲弄，使得"帕金森定律"在世界上广为流传，许多人把它当作官僚主义的代名词。如何解决帕金森定律的顽症，至今仍是行政组织改革面临的重要任务。

2. 当前，我国一些地方行政部门副职设置过多，官多兵少，行政成本高，工作效率低，这一问题由来已久，特别是在以"官本位"为基本标志的干部制度下，这个"小"问题牵涉面大，影响深。从历次政府机构改革来看，副职的职数虽也大都有了一定的压缩，但"一正多副"仍是常例。在中国，副职不仅多，而且功能很特殊，他们以分管若干相近领域业务的形式来辅佐正职，并承担着制约、平衡等重要功能。实际上，中国的副职已经成为一个介于本级正职和下一级正职之间的中间层次。

有效整治"副科病"，一要进一步改革干部人事制度体系，切实解决并落实干部"能上能下"的问题，要在干部考核、任免制度、工作效率、监督体系等制度措施方面有所改进和突破，如在实施领导干部的聘任制度时，就要首先解决干部职务和待遇上的"能上能下"问题，任期内领导干部可享受相应的工作待遇（但不是特权），聘任到期则解除所享受的相应待遇，享受正常福利待遇；二要严格规定审批程序。各级政府的"定职能、定机构、定编制"之"三定"在行政实践中有些地方并没有严格遵守，对此应当强化执行。凡编制内的副职按照干部规定程序审批，凡超过编制的副职，则应报请更高一级的党组织审批。各级组织人事部门要严格把关，定期检查副职设置的情况，对未经上级组织部门的允许擅自增加的副职，要坚决改正。

案例6：成功的领导者与有效的领导者①

材料一：美国学者的调查

根据一些美国学者对450名管理人员的调查，领导者一般都卷入四类管理活动，但不同的领导者花费在这四种活动上的时间和精力相差甚远，见表4—1：

表4—1

领导者一般的管理活动	一般的时间分配	成功者	有效者
传统的管理：决策、计划、控制	32％	13％	19％
沟通活动：交换信息，并处理资料	29％	28％	44％
人力资源管理：激励、培训、安置	20％	11％	26％
网络活动：社交、政治活动与外部交往	19％	48％	11％

从这个调查资料，我们可以看到，成功的领导者和有效的领导者所关注的工作重点是大不相同的。对成功者来说，社交联络的贡献最大，人力资源管理的贡献最小；对有效者来说，沟通活动的贡献最大，社交联络的贡献最小。这一结论对于晋升是以绩效为基础的传统观点提出了挑战。

材料二：中央党校对地厅级干部的调查报告

1998年10月，中央党校以随机抽样的方式，以"影响我国干部职务升迁的主要因素有哪些？"为题目，对在中央党校学习的部分地（厅）级领导干部作了问卷调查，看看他们对这一问题的看法。应当说，这些职务较高的干部（他们又往往又是干部的选拔者、考察者）对这一问题的回答具有一定的权威性，又由于问卷调查以不记名的方式进行，其真实性也是相当大的。本次调查发放问卷125份，回收有效问卷121份，有效回收率达96.8％。

问卷中列举了8个影响职务升迁的具体因素，请他们按重要性依次选两项，详细情况见表4—2：

表4—2　　　　　　　　　　**影响干部职务升迁的主要因素**　　　　　　　　单位：％

影 响 因 素	排 序	
	第一位	第二位
政　绩	52.1	11.6
学　历	1.7	5.8
机　遇	21.5	33.9
关　系	18.2	20.7

---

① 朱立言. 领导科学与领导艺术 [M]. 北京：中国人事出版社，2008：101—102.

表4-2(续)

影 响 因 素	排 序	
	第一位	第二位
年　　龄	—	9.1
专　　业	—	0.8
经济实力	2.5	1.7
为人处世的方式	3.3	9.1
其他	0.8	7.4

统计结果显示，在第一位的选择中，"政绩"、"机遇"与"关系"位列首选因素的前三位，分别为52.1%、21.5%、18.2%。其他依次是："为人处世的方式"（3.3%）、"经济实力"（2.5%）、"学历"（1.7%）；没有人认为"年龄"和"专业"是影响干部职务升迁的最主要因素，"年龄"一项可能与这次调查的对象都是中青年干部有关，而"专业"一项则需作进一步的调查和分析，究竟是我们在干部的选拔任用中解决了这一问题，使这一问题已不成其为问题，还是在选拔过程中不太考虑这一因素，或还有别的什么原因。

在第二位的选择中，排在前三位的与第一选择相同，但顺序发生了变化，"机遇"排在了最前面，为33.9%。其次是"关系"（20.7%），再其次是"政绩"（11.6%），"年龄"在这里同"为人处世的方式"一样被排在了第四位，回答者的比例占9.1%。

案例分析提示与思考：

1. 根据材料二，试剖析我国领导干部选拔任用工作的现状和问题。
2. 结合材料一、二，阐述成功的领导者与有效的领导者的辩证关系。

相关知识链接：

人们往往把成功的领导者与有效的领导者说成一回事，认为成功的领导者必然是有效的领导者，有效的领导者也就是成功的领导者。但事实上，这两者是有区别的。

从概念上看，所谓成功的领导者，是根据他们在组织内部的晋升速度来衡量的，晋升速度快的，就属于成功的领导者。所谓有效的领导者，则是根据他们绩效的数量和质量，以及其下属的满意程度和承诺程度来界定的，是针对领导效益而言的。

这样一来，成功的领导者和有效的领导者就有区别了：成功的领导者有时并不一定就是有效的领导者，有效的领导者有时不一定就是成功的领导者。或者说，那些晋升最快的领导者不一定都是工作最出色的领导者。

案例7：激励机制建设①

材料一：公务员薪酬制度

2006年1月1日正式实施的《中华人民共和国公务员法》规定：公务员工资包括基本工资、津贴、补贴和奖金4部分，工资结构有了改变。同时，还规定："公务员实行国家统一的职务与级别相结合的工资制度"，"国家建立公务员工资的正常增长机制"，"国家建立公务员保险制度"等，强调公务员的工资应当按时足额发放，公务员按照国家规定享受福利待遇，任何机关不得扣减或者拖欠公务员的工资等。

在公务员法中，对公务员的管理坚持监督约束与激励保障并重的原则，对保障公务员合法权益作了许多规定。比如，公务员法规定了公务员的8项权利、不得辞退公务员的4种情形，还规定了公务员的申诉控告制度、人事争议仲裁制度和工资福利保险等。公务员对上级错误决定和命令，可以提出改正或者撤销该决定或者命令的意见。机关因错误的具体人事处理对公务员造成名誉损害的，应当赔礼道歉、恢复名誉、消除影响；造成经济损失的，应当依法给予赔偿等等。这些都充分体现了以人为本的精神，有利于保障公务员的权利和尊严，实现权利和义务的平衡，塑造民主平等的政府组织文化。

材料二：行政行为考核激励公务员干事创业

2004年4月，山东省政府出台的《关于加强行政行为考核激励公务员干事创业的意见》（以下简称《意见》），通过完善对公务员行政行为的考核内容和办法，进一步加大了对公务员激励约束和奖惩的力度，较好地解决了公务员不作为、乱作为，办事效率低、服务质量差，以及干与不干一个样、干多干少一个样、干好干坏一个样等问题。

在考核内容上，《意见》明确提出了公务员应该做到的5条要求，同时对公务员发生不良行政行为的8种情况作出了处理规定；在考核结果使用上，进一步加大了奖励和惩罚的力度。

《意见》规定，对行政行为良好，群众满意度高的公务员，及时给予奖励；特别是对评为优秀等次的，可优先提供培训、学习、疗养的机会；连续两年优秀的，可提前具有晋升职务的资格。

对发生不良行政行为的公务员，根据情节轻重，分别对个人和单位所在部门作出处罚，具体内容为：

（1）因不熟悉业务，不懂相关政策，不认真履行职责，延误工作，造成不良影

---

① 杨姝. 山东省政府出台加强公务员行政行为激励考核意见 [EB/OL]. (2004-05-13) http://news.sina.com.cn/c/2004-05-13/08342517334s.shtml.

响和不应有损失，受到投诉的，责令其待岗培训，待岗期为3～6个月，待岗期间只发基本工资，待岗期满经考核合格后，重新安排工作；年度考核定为基本称职，不发年终奖金。

（2）因服务态度恶劣，作风蛮横粗暴，导致群众意见较大的，给予通报批评，年度考核定为基本称职，不发年终奖金；情节严重，造成恶劣影响的，年度考核定为不称职，予以降职。

（3）因推诿扯皮，办事拖拉，在服务承诺期内不能按时办结承办事项的，发生一次者，实行诫勉谈话，年度考核定为基本称职，不发年终奖金；一年内发生两次者，调离工作岗位，年度考核定为不称职，予以降职。

（4）因工作责任心不强，严重损害发展环境，被投诉一次并查实的，年度考核定为基本称职，不发年终奖金；一年内被投诉两次并查实的，年度考核定为不称职，予以降职。

（5）因行政不作为，致使本单位成为被告并败诉的，其直接责任人年度考核定为不称职，予以降职；情节严重的，予以辞退。

（6）在执行公务中吃、拿、卡、要、报，接受影响执行公务的宴请或因对方未满足本人私欲有刁难、报复行为的，被举报一次并查实的，年度考核定为基本称职，不发年终奖金；一年内被举报两次并查实的，年度考核定为不称职，予以降职；情节严重的，予以辞退。

（7）在行政执法、办理行政审批事项或履行其他公务过程中，以权谋私，索贿受贿，被举报一次并查实的，年度考核定为不称职，予以降职；一年内被举报两次并查实的，予以辞退。构成犯罪的，依法追究刑事责任。

（8）无正当理由迟到、早退，经批评教育仍不改正，旷工或无正当理由逾期不归连续超过5个工作日或一年内累计超过10个工作日的，年度考核定为不称职，予以降职；旷工或无正当理由逾期不归连续超过15天或一年内累计超过30天的，予以辞退。

《意见》还对发生不良行政行为公务员所在部门作出处罚：①被举报、投诉1人次并查实的，该部门工作人员本年度考核优秀等次比例不得高于10%。②被举报、投诉2人次以上并查实的，该部门工作人员本年度考核优秀等次比例不得高于8%；其所在部门当年不能评为先进。

案例分析提示与思考：
1. 在公务员管理系统中，有关激励的方式有哪些？
2. 运用赫兹伯格的双因素理论，分析公务员各项激励的性质。
3. 谈谈你对完善党政机关公务员激励机制的建议。

相关知识链接:

所谓激励机制（enthusiasm mechanism），是指管理者依据法律法规、价值取向和文化环境等，对管理对象之行为从物质、精神等方面进行激发和鼓励以使其行为继续发展的机制。它包含以下几个方面的内容：

（1）诱导因素集合。诱导因素就是用于调动员工积极性的各种奖酬资源。对诱导因素的提取，必须建立在队员个人需要进行调查、分析和预测的基础上，然后根据组织所拥有的奖酬资源的时期情况设计各种奖酬形式，包括各种外在性奖酬和内在性奖酬（通过工作设计来达到）。需要理论可用于指导对诱导因素的提取。

（2）行为导向制度。它是组织对其成员所期望的努力方向、行为方式和应遵循的价值观的规定。在组织中，由诱导因素诱发的个体行为可能会朝向各个方向，即不一定都是指向组织目标的。同时，个人的价值观也不一定与组织的价值观相一致，这就要求组织在员工中间培养统驭性的主导价值观。行为导向一般强调全局观念、长远观念和集体观念，这些观念都是为实现组织的各种目标服务的。

（3）行为幅度制度。它是指对由诱导因素所激发的行为在强度方面的控制规则。根据弗鲁姆的期望理论公式（$M = V * E$），对个人行为幅度的控制是通过改变一定的奖酬与一定的绩效之间的关联性，以及奖酬本身的价值来实现的。根据斯金纳的强化理论，按固定的比率和变化的比率来确定奖酬与绩效之间的关联性，会对员工行为带来不同的影响。前者会带来迅速的、非常高而且稳定的绩效，并呈现中等速度的行为消退趋势；后者将带来非常高的绩效，并呈现非常慢的行为消退趋势。通过行为幅度制度，可以将个人的努力水平调整在一定范围之内，以防止一定奖酬对员工的激励效率的快速下降。

（4）行为时空制度。它是指奖酬制度在时间和空间方面的规定。这方面的规定包括特定的外在性奖酬和特定的绩效相关联的时间限制，员工与一定的工作相结合的时间限制，以及有效行为的空间范围。这样的规定可以防止员工的短期行为和地理无限性，从而使所期望的行为具有一定的持续性，并在一定的时期和空间范围内发生。

（5）行为归化制度。行为归化是指对成员进行组织同化和对违反行为规范或达不到要求的处罚和教育。组织同化是指把新成员带入组织的一个系统的过程，它包括对新成员在人生观、价值观、工作态度、合乎规范的行为方式、工作关系、特定的工作机能等方面的教育，使他们成为符合组织风格和习惯的成员，从而具有一个合格的成员身份。关于各种处罚制度，要在事前向员工交待清楚，即对他们进行负强化。若违反行为规范和达不到要求的行为实际发生了，在给予适当的处罚的同时，还要加强教育，教育的目的是提高当事人对行为规范的认识和行为能力，即再一次的组织同化。所以，组织同化实质上是组织成员不断学习的过程，对组织具有十分重要的意义。

以上五个方面的制度和规定都是激励机制的构成要素，激励机制是五个方面构成要素的总和。其中，诱导因素起到发动行为的作用，后四者起导向、规范和制约行为的作用。一个健全的激励机制应是完整的包括以上五个方面、两种性质的制度。只有这样，才能进入良性的运行状态。

案例 8：危机决策与管理①

材料一：吉林中石油吉化公司化工厂（双苯）胺苯车间发生剧烈爆炸

2005 年 11 月 13 日，吉林中石油吉化公司化工厂（双苯）胺苯车间发生剧烈爆炸，共造成 5 人死亡、1 人失踪，近 70 人受伤。爆炸发生后，约 100 吨苯类物质（苯、硝基苯等）流入松花江，造成了江水严重污染，沿岸数百万居民的生活受到影响。

根据哈尔滨市环保部门监测后，预测近期会受到上游来水的污染影响，市政府决定供水管网临时停止供水。11 月 21 日，哈尔滨市政府向社会发布公告，称全市停水 4 天，原因是"要对市政供水管网进行检修"，具体恢复用水时间另行通知。同时，从本月 22 日起，一些单位开始放假，放假时间也为 4 天，理由是生产用水断停。此后，市民怀疑停水与水污染有关，开始出现抢购。11 月 22 日，哈尔滨市政府连续发布 2 个公告，证实上游化工厂爆炸导致了松花江水污染，动员居民储水，并紧急启动全市所有地下水井，向有关单位及部门提供用水。

材料二：北京东三环路京广桥东南角辅路污水管线漏水事故

2006 年 1 月 3 日凌晨 2 时许，北京东三环路京广桥东南角辅路污水管线发生漏水事故，导致三环路南向北方向部分主辅路塌陷，形成一个面积达 200 平方米、深约 22 米的深坑。同时，污水灌入正下方的地铁 10 号线施工现场，正在施工的 40 名工人及时疏散，未造成人员伤亡。事故发生后，北京市政府启动重大事故应急预案，京广桥附近采取交通临时管制，31 条公交线路绕行。同时，北京市市政抢险人员加紧了对北京东三环京广桥路面塌陷区域的抢修。

事故发生后，北京市委、市政府主要领导高度重视，立即启动事故应急预案，北京市相关领导赶赴现场指挥抢险，立即采取措施：封闭现场，撤离人员，截流污水，疏导交通。很快，以三环路京广桥事故现场及影响区域为中心，三环路主辅路和朝阳路主辅路双向交通已断行，事故地点辅路东侧一居民楼的居民撤离到附近旅馆。同时，事故现场水流已基本得到控制，城市道路和管线等各抢修部门均已到现

---

① 从吉化双苯厂事故到哈尔滨停水事件 [EB/OL]．（2005－12－01）http：//news. sina. com. cn/o/2005－12－01/17397593894s. shtml；新华社．北京东三环京广桥附近路面塌陷 [EB/OL]．（2006－01－03）http：//news. xinhuanet. com/photo/2006－01/03/content_4003129. htm；陈国华．中国市长接受培训，提高应对突发事件和危机能力 [EB/OL]．（2004－11－30）http：//news. sohu. com/20041130/n223245341. shtml；张婷婷．危机管理要重视公众力量 [EB/OL]．（2005－05－21）http：//news. sina. com. cn/o/2005－05－21/07555947308s. shtml.

场，实施抢修恢复。此外，北京市公安交管局已制定交通管制和疏导方案，并将根据抢险指挥部通知，适时调整、随时公布。

材料三："应对突发事件和危机处理"的培训

2004年11月，中国三十多个城市的市长及相关部门官员四十余人齐聚广州，接受"应对突发事件和危机处理"的培训，以提升其在处理公共事务中的能力。目前，中国政府管理体制改革不断深入，"首长问责制"也已实施，这对各级地方政府应对突发事件和危机的能力提出了越来越高的要求。这次培训，就是为帮助各级地方官员提高危机应对能力，通过较短时间的学习与训练，掌握在突发事件出现时如何变"危"为"机"，将危机产生的危害降到最低水平，同时通过媒体实现与社会公众的有效沟通。

据介绍，当一个国家人均国内生产总值达到1 000~4 000美元时，重大突发及危机事件发生最频繁。欧美发达国家走过的道路是最好的佐证。目前，中国正处于这样一个时期，政府官员首当其冲需具备"应机"能力。

材料四：四川省级干部和省级部门领导干部第三场专题报告会

2005年，四川省级干部和省级部门领导干部第三场专题报告会在蓉举行。清华大学公共管理学院常务副院长薛澜教授，向到场的省委、省人大、省政府、省政协各级部门厅局级领导，及省委党校、省委机关党校学员等800多人，作了"公共危机管理"专题报告。

薛澜表示，正确的决策是处理公共危机的关键。目前，我国的危机事件已进入高发期，呈现出频次增加、规模变大、暴力性加强、波动方式多元化、国际化程度提高等特点。同时，我国目前的危机管理还存在应对有力、防范不够；"指挥部"模式为主，缺乏常设机构；部门地方各自为战、综合协调不够；政治动员能力强、社会动员能力不够；缺乏非特定紧急状态下政府和公民行为的法律框架；缺乏社会学习机制、总结经验教训不够等诸多不足。因此，领导干部危机管理的能力亟待提高。

案例分析提示与思考：

1. 结合材料一、二，分析领导者应该怎样对突发危机事件进行决策与管理？
2. 结合材料三、四，分析领导者必须具备哪些危机决策与管理的能力？

相关知识链接：

1. 政府危机管理是政府以突发性危机事件为目标指向，对突发性危机事件及其关联事物的管理活动，目的是通过提高政府危机发生前的预见能力、危机发生时的反应能力与控制能力、危机发生后的救治能力，及时、有效地处理危机，恢复社会正常秩序。一方面，政府作为公共事务的管理者，有义务承担控制由突发事件引起的连锁反应的责任；另一个方面，在社会原有秩序遭到破坏，社会处于失衡与混乱状态之时，也只有政府才具备危机管理的合法性与能力。

2. 政府危机管理的意义。自从 20 世纪 90 代以来，战争危机、外交危机、金融危机、社会危机等各种类型的危机如滔滔巨浪，扑面而来。危机不仅对国家的经济发展和社会的稳定带来威胁，而且对政府的管理体制和管理能力提出挑战。危机凸现政府加强危机管理的必要性，尤其是处于转型期的中国社会，已进入危机频发期，对危机管理重要性的认识更有待于提高。

(1) 提高政府危机防御和保持能力的必需。当代危机冲突理论认为，没有一个社会系统是整合得十分完美的，包括群体性突发事件在内的社会系统中的冲突是普遍存在的，它随时存在，随时发生。因此，将危机管理理念融入政府管理过程，制订有效的危机管理战略，不仅可以提高政府阻止危机发生、发展和降低危机不良影响的防御能力，避免危机给社会带来的巨大经济损失和政治危害，而且可以使基于危机意识的政府在今天瞬息万变的社会中持续有效地维持政府在公众中的公信力和影响。

(2) 提升政府处理危机事件能力的必需。危机管理包容了政府在顺境、逆境中和发展过程各阶段的管理内容，包容了一整套预防、察觉和化解危机事件的管理机制，是一种具有较强操作性的管理思想和管理模式。危机事件处理是任何一国政府不可避免而需要正视的，历史和现实已经证明政府危机处理能力直接体现了政府管理水平，影响到国家政治经济的发展，关系到政府的形象。

(3) 关系到社会的稳定和国家政权的生死存亡。随着社会经济的发展，尤其是在经济全球化、信息网络化的今天，我国的政治经济改革已进入攻坚战，在这样的变革过程中，社会结构的分化导致权力和利益的重新分配转移，酝酿着许多不稳定的因素，存在形成不同危机的可能，但我们的危机意识比较薄弱，还没有从社会稳定和国家政权生死存亡的高度关注危机，缺乏能够预防、察觉、化解危机事件的内在机制，这就需要我们从理论上对我国现阶段社会矛盾、冲突、成因、影响、预防、控制、消除等方面进行探索和研究，建立适合我国国情的危机应对机制，解决这一关系到中国社会的长治久安和国家政权生存与发展的大问题。

案例 9：现代领导与电子政务[①]

材料一：中国电子政务的兴起

2006 年 1 月 1 日零时，中国"中央政府门户网站"（www. gov. cn）正式开通。中央政府门户网站是中国各级政府在互联网上发布政务信息和提供在线服务的综合平台，网站设置了政务信息区、办事服务区、互动交流区和应用功能区等 4 个

---

① 孟娜，李惠子. 中央人民政府门户网站 2006 年 1 月 1 日正式开通［EB/OL］.（2006－01－01）http://news. xinhuanet. com/politics/2006－01/01/content_3999334. htm.

区域。

其中，政务信息区公布政府重大决策部署、行政法规、规范性公文以及工作动态；办事服务区整合了各地区、各部门网上办事服务项目，面向公民、企业和外籍人士提供网上办事服务；互动交流区建立了方便的政府与公众交流渠道，方便公众建言献策，便于政府直接了解社情民意；应用功能区包括检索、导航等网站辅助功能。

网站中文版开设了"今日中国、中国概况、国家机构、政府机构、法律法规、政务公开、政务互动、工作动态、政府建设、人事任免、新闻发布、网上服务"等12个一级栏目。英文版开设了"今日中国、中国概况、外籍人士服务、商务中国、政府出版物、法律法规、专题专栏"等7个栏目，详尽介绍了中国政治体制结构，在介绍各省、自治区、直辖市时还配备了清晰的地图和详细的资料，方便外国友人了解中国。

"网上服务"栏目链接了48个政府部门，整合了各大政府部门网站的信息资源，为网站"导航"，打开栏目首页时犹如站在各大政府部门的入口处，网民可以找到每个部门的地址、电话、网址，并即刻办理部分"网上业务"。

首页右上角的醒目位置是"应急管理"栏目，包括突发事件、典型事故案例、应急预案和应急演练等子栏目。"信访之窗"栏目也位于首页主要位置，包括"信访法规"、"信访指南"及国家信访局的链接，公民可以清晰地看到信访人拥有哪些具体权利。

在"政务互动"栏目中，"政策解读"、"权威访谈"、"建言议政"、"意见征集"四个子栏目配合国家政策的颁布，利用政府网站的政府文件、公报首发优势，当重大决策、国务院公报和政府白皮书出台时，立即与其他媒体合作，及时发布解读性报道。

首页上的"主题服务"栏目中，公民可以享受生育、户籍、教育、就业、婚姻咨询等各种便民服务。不论办理护照还是新生儿登记，只要登录中央政府门户网站，按照服务主题，点击三四次就能找到办事指南或在线服务"站点"。市民若办理婚姻登记，只要按提示，点击三次就能找到户籍所在地婚姻登记处介绍，包括办公时间、地点、联系电话、监督电话等。商人办企业、搞投资、外国人在华生活、旅游都可以在此网站上寻求咨询。

中国政府网自2005年10月1日试开通以来，社会各界反响热烈，并提出了很多有价值的意见和建议。网站认真研究了这些建议和意见，进一步完善了网站的功能设计，优化了技术平台，调整和改进了栏目内容，围绕国务院重点工作推出了若干重大专题信息。网站正式开通后，将继续坚持以服务公众为中心，以社会需求为导向，及时、准确地发布政务信息；继续梳理和整合政府公共服务事项，不断增加网上服务；稳步开展政府与公众的互动交流，便于公众更多地参与。

材料二：湖南省"三库一网一平台"信息高速公路建成

2005年12月28日，湖南省电子政务外网平台、省信用信息系统开通，这标志着湖南省直"三库一网一平台"快捷方便的信息高速公路建成。湖南省"数字政府"部署工作进入新阶段。未来5年，湖南全省将实现90％以上的各级政府部门联网，80％以上的政府职能上网，为公众提供透明、方便、快捷的政务服务。

据悉，为给企业提供高效率、全透明、全天候在线交互服务，提高行政管理办事效率，山东省烟台经济技术开发区决定大力推进电子政务建设，引进网上行政审批系统。通过引进行政审批系统，烟台经济技术开发区将建立起一个面向社会公众的快速在线服务平台，实现内部行政办公的自动化。

另据介绍，浙江省萧山经济技术开发区电子政务平台也已开通，该平台由一个网站系统、一个协同办公系统、8个业务管理系统组成。开发区电子政务平台的开通增加了企业的行政透明度，实现了政府政务公开。通过使用协同"远程办公"系统，工作人员登陆网上电子政务，即可更加方便、快捷地处理日常事务。

案例分析提示与思考：

1. 结合材料，试分析电子政务对传统领导方式的挑战。

2. 结合实际，谈谈领导干部应如何应对电子政务的挑战？

相关知识链接：

所谓电子政务，是指运用计算机、网络和通信等现代信息技术手段，实现政府组织结构和工作流程的优化重组，超越时间、空间和部门分隔的限制，建成一个精简、高效、廉洁、公平的政府运作模式，以便全方位地向社会提供优质、规范、透明、符合国际水准的管理与服务。相对于传统行政方式，电子政务的最大特点就在于其行政方式的电子化，即行政方式的无纸化、信息传递的网络化、行政法律关系的虚拟化等。

在现代计算机、网络通信等技术支撑下，政府机构日常办公、信息收集与发布、公共管理等事务在数字化、网络化的环境下进行的国家行政管理形式。它包含多方面的内容，如政府办公自动化、政府部门间的信息共建共享、政府实时信息发布、各级政府间的远程视频会议、公民网上查询政府信息、电子化民意调查和社会经济统计等。

在政府内部，各级领导可以在网上及时了解、指导和监督各部门的工作，并向各部门做出各项指示。这将带来办公模式与行政观念上的一次革命。在政府内部，各部门之间可以通过网络实现信息资源的共建共享联系，既提高办事效率、质量和标准，又节省政府开支、起到反腐倡廉作用。

政府作为国家管理部门，其本身上网开展电子政务，有助于政府管理的现代化，实现政府办公电子化、自动化、网络化。通过互联网这种快捷、廉价的通信手段，政府可以让公众迅速了解政府机构的组成、职能和办事章程，以及各项政策法规，增加办事执法的透明度，并自觉接受公众的监督。

在电子政务中，政府机关的各种数据、文件、档案、社会经济数据都以数字形式存贮于网络服务器中，可通过计算机检索机制快速查询、即用即调。

案例10：领导干部综合考核评价体系①

材料一：党政干部考核制度建立完善

从 1979 年《关于实行干部考核制度的意见》正式提出对党政干部进行定期考核，到 1988 年制定《县（市、区）党政领导干部年度考核方案》和《地方政府工作部门领导干部年度考核方案》；从 1989 年出台《中央国家机关司处级领导干部年度工作考核方案》，到 1995 年下发《关于加强和完善县（市）党委、政府领导班子工作实绩考核的通知》，再到 1998 年颁布《党政领导干部考核工作暂行规定》，对干部考核的方式、内容、程序等进行规范……坚持继承与创新相结合，积极推进干部考核评价工作的科学化、民主化和制度化，始终是贯穿党的干部工作的一根红线。

2000 年 8 月，中共中央批准下发《深化干部人事制度改革纲要》，明确提出要建立健全党政领导干部定期考核制度，研究制定以工作实绩为主要内容的考核指标体系。2002 年 7 月，中共中央印发《党政领导干部选拔任用工作条例》，规定了党政领导干部应当具备的六项基本条件，以及干部考察的内容、范围、方法、程序、参与人员等，对建立健全科学的干部选拔任用机制和监督管理机制，发挥了重要作用。

当前，各级领导干部的工作作风、思想观念、精神状态总体是好的，在改革开放和现代化建设中付出了极大的努力，做出了显著成绩。但也应当看到，一个时期以来，一些地方片面强调经济数据和经济指标，一些干部热衷于上项目、铺摊子，搞华而不实、劳民伤财的"形象工程"、"政绩工程"，给地方发展造成了长期的包袱和隐患，侵害了群众利益，影响了党群、干群关系。因此，建立科学的干部考核评价体系，形成正确的用人导向，引导各级干部树立正确的权力观、政绩观，刻不容缓。2004 年，党的十六届四中全会从提高党的执政能力建设的高度，对深化干部人事制度改革进一步作出部署，明确提出要"抓紧制定体现科学发展观和正确政绩观要求的干部实绩考核评价标准"。

材料二：党政干部综合考核评价办法的出台

根据中央的统一部署，中央组织部从 2004 年开始，就建立体现科学发展观要

① 央视国际. 探索建立体现科学发展要求的干部考核评价体系 [EB/OL]. (2006—01—26) http://www.cctv.com/news/china/20060126/100032.shtml.

求的干部综合考核评价办法，进行了一系列调研。上半年，在国家统计局的参与下，结合省部级后备干部考察工作，就地市党政领导班子工作实绩考核评价办法进行研究，并选择 7 个省区、27 个市州进行试点；10 月，成立干部政绩考核评价工作协调小组及专题调研组。随后举办有 15 个省区市党委组织部门、12 个中央国家机关负责人和部分专家学者参加的专题研究班，就干部政绩考核评价体系进行了深入探讨。

2005 年，构建科学的干部综合考核评价体系步伐进一步加快。专题组在组织人员赴国外调研的同时，邀请专家学者讲课，广泛听取意见。5 月至 7 月，选择内蒙古、浙江、四川三省区的 28 个县（市、区）进行试点。8 月至 9 月，又在三省区的 8 个地级市进行试点。试点中，共考核地方党政领导班子 51 个，党政领导干部 504 名，其中党政正职 71 名；先后有 4 886 人参加个别谈话，8 223 人参加民主测评，12 117 人参加民意调查。

试点选择的地区，既有东部的，也有中西部的；既有发达地区的，也有欠发达地区的；既有情况相对简单的，也有情况较为复杂的。专题组有关负责人对试点安排作出这样的解释："在我国特定的国情条件下，新的考核评价办法必须能够经受不同情况的检验，并根据反馈的意见不断完善。"

与现行的干部考核评价方式相比，试点地区推行的干部综合考核评价办法到底有哪些新的发展？

据中央组织部有关负责人介绍，试点采取的综合考评办法，坚持以德才素质评价为中心，立足选准用好干部，包括了民主测评、民意调查、实绩分析、个别谈话和综合评价五个基本环节。试点中，各地在继承传统的基础上进行了大胆创新，并在实践中逐步得到规范：

——民主测评。通过分类设计和规范测评内容，提前发放评价要点和民主测评表，运用计算机技术对测评结果进行数据分析，并形成简洁直观的线性分析图等方式，进一步提高了民主测评的效果，保证了测评结果的有效利用。

——民意调查。让广大群众参与到领导干部选拔任用和考核过程中，对县级以上地方党政领导班子和领导干部进行民意调查。参与范围以来自基层党代会代表、人大代表、政协委员等为主，就领导班子的工作状态与工作成效和领导干部的作风形象进行调查。

——实绩分析。在内容设计上，坚持树立和落实科学发展观，紧扣物质文明建设、政治文明建设、精神文明建设、和谐社会建设和党的建设几个方面，提炼出核心指标；在实绩分析操作方法上，将有关职能部门能够提供、可以量化的指标，由统计部门归口综合统计分析；将难以量化的有关内容，整合到民意调查中进行，通过群众满意度来检验；在实绩分析结果运用上，既重统计数据，又重群众评价，既重纵向比较，又适当进行横向比较。

——个别谈话。增强这种传统考评方式的针对性和深入程度，进一步提高个别谈话质量。

——综合评价。充分运用各个考察环节成果，在全面掌握考评信息的基础上，采取类型分析、数据分析、比较分析、历史分析、环境分析等方法，通过考察组集体研究，客观公正地对领导班子和领导干部作出评价。

这五个环节环环相扣，相辅相成，每个环节都注重以科学发展观和正确政绩观为指导，使科学发展观成为贯穿干部综合考核评价全过程的思想红线，得到了试点地区干部群众的充分肯定。

材料三：

一次次的征求意见，一轮轮的试点探索，一次次的反复讨论，一遍遍的充实完善——体现科学发展观要求的干部综合考核评价体系在实践中趋于成熟……

2006年2月21日下午，中共中央政治局进行第二十九次集体学习时，对建立健全有利于加快转变经济增长方式的干部政绩考核体系，综合考核投入和产出、速度和效益、经济和社会、发展和环境等方面的指标，进一步提出明确要求。经过先行试点，反复征求意见、反复讨论、反复修改完善，《体现科学发展观要求的地方党政领导班子和领导干部综合考核评价试行办法》终于形成。

目前，建立科学的干部综合考核评价体系的步伐，正在进一步加快，结合地方党政领导班子换届的进行，试点的范围也将进一步扩大。一个体现科学发展观要求的地方领导班子和领导干部综合考核评价体系，正在不断成熟、逐步完善；一个坚持科学发展、努力实现科学发展的氛围，正在中华大地蔚然而兴。

案例分析提示与思考：

1. 阐述建立体现科学发展观要求的领导干部综合考评体系的重要意义。

2. 结合材料，点评这一新的领导干部综合考核评价体系。

相关知识链接：

2009年10月，中共中央办公厅印发了《关于建立促进科学发展的党政领导班子和领导干部考核评价机制的意见》（以下简称《意见》）。同时，经中央批准，中央组织部制定了《地方党政领导班子和领导干部综合考核评价办法（试行）》、《党政工作部门领导班子和领导干部综合考核评价办法（试行）》、《党政领导班子和领导干部年度考核办法（试行）》，与《意见》一起形成了促进科学发展的党政领导班子和领导干部考核评价机制，涵盖了党政领导班子和领导干部考核评价的方方面面，共同构成了新形势下党政领导班子和领导干部考核评价的一整套制度体系。

中央组织部制定的"三个办法"和中央《意见》的亮点主要体现在以下三个方面：首先，凸显了考核内容的全面性与科学性。"三个办法"和《意见》充分体现了科学发展观和正确政绩观的要求，体现了把政治标准放在首位的要求，体现了不同区域、不同层次、不同类型的特点。其次，强化了考核过程的民主性与公开性。"三个办法"和《意见》以扩大考核民主、强化党内外干部群众的参与和监督为重要原则，强调了考核内容、考核程序、考核方法和考核结果工作的透明，特别是探索实绩"公开、公示、公议"等做法，扩大了考核主体，透明了考核过程，不仅加大了群众认可度在干部考核评价中的分量，也更有利于上级坚持民主与集中相结合，既尊重民主，又不简单地以票取人。第三，体现了考核方式与考核内容的统一性和可操作性。原有的考核制度不是说太少，而是有些规定和要求不系统、不具体，缺乏针对性和可操作性。"三个办法"和《意见》要求，坚持以平时考核、年度考核为基础，以换届（任期）考察、任职考察为重点，合理安排，相互印证。这就有利于全面加强对党政领导班子和领导干部的考核工作，形成有利于科学发展的用人导向。

第五章　人事行政

人事行政是指政府对其所任用的工作人员的管理活动，即政府通过一定的人事机关及相应的法规、制度、方法和手段，对其所任用的国家工作人员进行选拔、任用、培训、奖惩、考核、调配、工资福利、退职退休等方面的管理活动。这是国家行政管理的重要内容之一。人事行政的好坏，直接关系到政府工作的成败，以及国家命运的兴衰。古人云："人存政举、人亡政息"，可见选官、用官对于国家和民族的兴衰是何等重要。为此，本章共选编了 11 个与人事管理相关的公共管理案例，以便配合教学进行深入分析和讨论。

教学目的：考察行政领导的权力来源；了解领导干部任期制及其完善机制；考察突发性危机事件，分析行政领导应对危机管理中的能力

应用方式：案例讨论、课堂情境角色分析

案例 1：北大人事改革[①]

2003 年的夏季，北京大学又率先迈出了改革的步子，这场改革直指教师队伍。改革思路借鉴的是美国大学普遍实行的"tenure－track"制度，也被称做"up－or－out"（不升即离）制度，以吸引人才而淘汰庸才。由于改革直接涉及的是副教授以下的年轻教师，记者采访了北大几位 40 岁以下的副教授。听听他们的声音，或许能使北大的改革方案更加完善。

李先生：你能为我提供什么？中国人与美国人搞地质，头脑都是一样的，但是我们拥有的实验条件不一样。比如我与一个美国同行同时从野外拿回样本，人家年底就能出结果，而我两年也拿不出来。因为我没有相应的实验条件。人家实验室的人员都是由教授聘任的，我们不是。也不是我们没有先进的实验设备，"985 计划"国家给的钱建的一个重点实验室，一年的费用两三千万，迄今一直不能正常运转。

① 徐玲玲. 北大变革：关键因素是什么［N］. 科技日报，2003－07－16.

不能把板子都打在教师的屁股上。建一流大学，你要看到制约教师发挥的因素。当许多东西都不配套的时候，你怎么去引进一流人才？

吴先生：改革只涉及北大员工的20％。去香港大学，印象最深的是人家整个物理系只有三个行政职员。但是我们呢？一个综合办公室就是三个人以上，此外有党政、财务、科研、教研，一系列的行政人员，一排过去都是办公室。有一次我办一个手续，去盖章的时候，印象最深的是看到许多年轻的办事员坐在那里聊天。这么庞大的行政、后勤队伍，占去了多少资源？

陈先生：2001年北大校部专任教师只占全部人员的33.65％，也就是说，北大财政要养活的人绝大多数是非教职人员。这次改革方案涉及的是副教授以下的教职人员，只占北大全部人员的20％左右，只针对部分人的竞争机制能起到人们期望它起的作用吗？

陆先生：首先要有公正的评价体系。"tenure－track"确实是美国高校通行的制度，也是值得借鉴的制度，但是借鉴应该整体的借鉴，而很难通过取其一点而获得成功。美国的"tenure－track"，是整套体制，也是一种文化。实行"不升即离"，就要保证这个晋升过程的通畅。我到了教授的水平，你就要公平地给我教授的职衔。但是我们却没有这样一个通畅的渠道，现在北大的教授评定因为僧多粥少已经争得不亦乐乎，找关系、做工作成了评职称的必修课。在这种情况下，增加竞争的激烈度是否就能起到优胜劣汰的效果呢？再如评价体系，你要保证人才在竞争中脱颖而出，你首先要有公正的评价体系。但事实上呢？如我校理科，许多研究课题是很细的，必须要小同行才能明了它的学术价值，但我们现在没有这样公正而完备的评价机制，而且行政领导的权限很大。在体制不能保证公正的情况下，我如果想在竞争中保住我的位置，我可能连原来静心做学问的心境都不再有，因为我必须要张罗人际关系。

郑先生：突破"官本位"是根本。现在许多年轻教师都有一个心得：要想快一些出成果，就要同国外合作。在学校待半年，然后出去做半年，出去主要图的是人家的实验条件和宽松的环境。在学校的时候，这个会，那个表，杂事挺多，你不是在做学问，你必须随着官员那些个指标的指挥棒转。北大的行政和管理人员总体水平怎样，这对创建世界一流大学同样是重要的。

中南财经政法大学乔教授：从目前披露出来的信息来看，反对北大改革的理由主要是认为北大改革次序颠倒，教师仅占北大员工34％，而后勤与行政人员却占北大员工66％。主管部门不拿后勤行政开刀，却拿最基层的教师开刀，有点"捏软柿子"的味道。这话虽有一定的道理，但仔细想来并不妥当。作为一项改革方案，自然要先易后难，北大校方认为教师改革难度较小，当然可以选择教师改革作为突破口。从改革设计者的说明来看，也是认为教师改革比较容易推行，所以才优先推出教师改革方案。熟悉大学情况的人都知道，大学的后勤管理人员大多与教师有密切联系，对于行政管理人员来说，许多都是教师出身，他们之所以能够担任行政官员，与他们在学术领域的成绩分不开。在后勤人员中，有许多是教师的亲属，他们是在计划经济时代为照顾教师而留在大学工作的。与其让一无所长的后勤人员下岗，不如先从教师身上开刀，因为教师毕竟还有到其他单位谋生的技能和条件。北大的改革实际上是很有中国特色的。

显然，北大的改革初衷是好的，但越俎代庖，搞吃力不讨好的教师改革，明显选错了改革的主攻方向和侧重点。借鉴国外大学管理模式，真正正确的改革应该是认真解决大学的行政化问题，如何下放校级行政管理权利，让学院成为教授实行自治的组织，在学院内部建立公平、公正、公开的学术评审机构，由这些机构根据本学科和本学院的实际情况决定教师的命运。而作为校方，应该把主要精力放在精减行政、搞好后勤服务和协调学院关系方面。

案例分析提示与思考：

1. 你认为造成目前高校行政管理低效率的原因何在？

2. 你认为北大应先改革行政管理体制，还是先改革教师队伍？

3. 谈谈你所了解的世界知名大学及其管理模式。

相关知识链接：

1. 按校方权威解释，北大改革方案提出的新的教师人事管理体制的基本特征可以概括为：①教员实行聘任制和分级流动制；②学科实行"末尾淘汰制"；③招聘和晋升中引入外部竞争机制；④原则上不直接从本院系应届毕业生中招聘新教员；⑤对教员实行分类管理，教师岗位分为教学科研岗位和专任教学岗位两类；⑥招聘和晋升中引入"教授会评议制"。

所谓"聘任制和分级流动制"，是指在讲师和副教授岗位的教员都有定期合同，在合同期内最多只能有两次申请晋升的机会，不能晋升的将不再续约；副教授一旦晋升为正教授，则将获得长期教职（类似国外的终身教职）。

所谓"学科实行'末尾淘汰制'"，是指教学和科研业绩长期表现不佳的教学科研单位，学校将对其采取限期整改、重组或解散的措施；而在被解散单位工作的教员，无论有无长期教职，都得中断合约，但有些教员可能被重新聘任。这里，"业绩长期表现不佳"的标准是该单位在国内大学的相对地位，如某学科教研室长期排名在国内 10 名之后，将可能被解散。解散后，学校可能建立新的教研室，在此情况下，原来的一些教员有重新被聘任的机会，但不保证一定被聘任。

以上两条结合起来，基本上就是美国大学普遍实行的"tenure-track"制度。这种制度也被称为"up-or-out"（不升即离）合同。

2. 美国的大学管理体制与中国有所不同。从师资的结构上看，美国大学的师资有五个主要组成部分：教授（Professor）、副教授（Associate Professor）、助理教授（Assistant Pro—fessor）、研究生助教（Graduate Teaching Assistant）、讲师（Instructor）。教授这个职位也就是我们通常所说的"终身教授"。"终身"这个概念是从英文"Tenure"翻译来的。到了教授这一级，职位就算比较稳定了。当然，这个"稳定"也是相对的。一个A校的教授如果打算调到B校去工作，B校是否会给他"教授"职称要视条件而言。

美国大学普遍实行"tenure—track"制度，也被称做"up—or—out"（不升即离）制度，以吸引人才而淘汰庸才。如果空缺的职位不是Tenure track，雇用合同就会将年限规定清楚。一般不会超过两年。

广义上说：美国的最高研究职位为终身研究员职位，称为"tenure"，其下面的职位称为"tenure track"。需经过激烈竞争方能进入的"tenure track"人员，才有资格参与终身研究员（tenure）的竞争。

案例2："官民比"之争的背后①

材料一：中国目前的"官民比"应该是1：197.69

2005年4月27日，国家人事部副部长在北京人民大会堂举行的新闻发布会上，针对中国官民比是1：26的报道辟谣说，中国目前所谓的"官民比"应该是1：197.69。他指出：

截止2003年底，中国公务员的总数是636.9万人。其中，中央机关有475 000人，包括中央机关在地方的派出机构和垂直管理的机构；省级机关535 500人，地市一级1 446 000人，县市级2 852 000人，乡一级1 061 000人。

前一阶段官民比是1：26的报道，可能是概念弄错了，可能是把党政机关工作人员、企事业单位管理人员和其他人员都放在一起，还有机关的工勤人员都算在里面。中国目前的"官民比"应该是1：197.69。

实际上，事业单位是提供公共服务的，这不能算到官民比例中去。而且，社会发展越发达的国家，财政供养人和人口比就越低。美国财政供养人口与人口数是1：15，法国是1：11.5，德国是1：15.77。产业越多，服务也越多，吸收就业的人员也越多。

与此同时，由人事部主管的《中国人事报》也刊发了一篇题为《对"官民比"的思考》的文章，称从大家对"官"的普遍认识来讲，进行"官"民比应以党政机关干部数和人口数来算，这样算来中国的"官民比"应是1：197.69。这篇署名"任宣"的文章进一步分析道，现代政府和古代封建社会的政府不可比。在封建社

---

① 人事部：中国"官民比"目前是1：197而非1：26 [EB/OL]．（2005—04—27）http://news. xin-huanet. com/newscenter/2005—04/27/content_2886234. htm；傅洋．同等数量GDP产出下中国公务员比发达国家多20倍 [EB/OL]．（2006—02—09）http://news. china. com/zh_cn/news100/11038989/20060209/13083011. html．

会，官是代表封建朝廷"治"民的，在当时自然经济的条件下，官吏是完全靠农民养活的。而现代社会则要求政府提供越来越多的公共服务，包括维护社会治安，发展教育、文化、卫生、社会保险等公共服务事业。国家越发展越富有，提供给公众的社会公共服务事业就越发达，在公共服务领域就职服务的人员数量也就越多，这已成为现代发达国家的一个发展趋势。

材料二：零点研究咨询集团的《中国居民评价政府及政府公共服务报告》

2006 年 2 月，零点研究咨询集团在哈佛大学肯尼迪学院亚洲部的指导下，最新完成的《中国居民评价政府及政府公共服务报告》显示，近七成的民众认为目前政府公务员的总量应该减少。

该项调查使用多阶段随机抽样方式对北京、上海、广州、武汉等 8 个城市、7 个小城镇及其周边地区的 4 128 名调查居民进行调查后显示：67％的居民认为政府公务人员的总量应该减少，认为应该增多和保持现有规模不变的只有 10％和 5.9％。其中，城市和小城镇居民认为公务员数量应该减少的感觉较农村更强烈，比例分别达到 87.1％和 88％。

本次调查显示，从一年内接触过政府部门的居民来看，居民对政府部门反映不满意的原因当中，"办事拖拉"排在第一位（36.6％）。对于如何减少公务员的数量，近一半（43.3％）的居民认为政府各部门的公务员数量都应减少。另外，也有近两成（19.4％）的居民认为只有一些部门应该减少，而另一些部门应该增加或者不变。

官民按照数量比例是否合理？英国公共经济专家吉麦尔曾在著作中指出，政府就业占总就业的比重，是常用的衡量公务员比例的指标之一，但并不是最好的。他认为，以政府雇员数量测量政府的规模必须十分谨慎，因为"政府雇员数量的变化可能是由于工作效率的改进或恶化、投入的替代或人员素质的变化引起的"。目前，测量政府规模得到承认最多的指标是财政支出，即政府支出占国内生产总值的比重。在市场经济条件下，公务员规模是否适度不仅需要考虑"官民比"，而且要考虑公务员在促进经济发展中的作用和公务员的行政效率。

因此，判定公务员适度规模的经济指标，应该是公务员人数与本国国内生产总值的比例。公务员在经济发展中发挥了多大的作用，需要以单位国内生产总值的公务员人数来衡量。虽然我国财政供养人员占总人口的"官民比例"只有 1 比 26，低于世界平均水平，但从经济视角考察，财政供养人员与国内生产总值之比看，我国为 39 人/百万美元，美国为 2.31 人/百万美元，日本为 1.38 人/百万美元。我国公务员大大高于发达国家，"超标"近 20 倍。

案例分析提示与思考：

1. 结合材料，你认为"官民比"之争背后究竟争论的是什么问题？

2. 结合实际，谈一谈如何才能有效化解"官民比"之争？

3. 一个国家为什么要严格控制"官民比例"？哪些国家有专门的法律规范？

4. 中国这样一个人口大国应当怎样合理有效地控制"官民比例"？

相关知识链接：

"官"，也称"官员"，是我们国家的习惯称呼，指经过任命、具备一定等级的政府工作人员。在古代中国，是指有官品的政府人员；那些没有品级的政府人员称作吏；合起来，就是"官吏"。此外，官和吏的另一个重要区别是官有固定的俸禄，而吏则在大多情况下没有。

在今天的中国，与"官"、"官员"相近的称谓还有"干部"一词。这是一个外来谐音词，最先源于法国，法文为 cadre，意为框架、军官、高级管理人员等。后来，它作为军队官员、社会团体和企事业首脑等含义，逐步为许多国家所通用，但其概念的外延和内涵在各国并不一致。

而中国使用的"干部"一词，则是源于日本。1922 年 7 月，中国共产党第二次全国人民代表大会制定的党章中，首次使用了"干部"一词。此后，在使用"干部"这个概念时，逐渐有了狭义和广义之分。其狭义是指党的骨干和指挥人员；广义则指为党从事政治、文化、经济活动等方面的工作人员和军队排以上的军政人员。

自 1949 年新中国成立以后，我们继续沿用、强化和扩大了这一历史概念，干部的范围越来越广，最终是把党和国家机关的工作人员，工会、共青团、妇联等群众团体的工作人员，企业事业单位的管理人员，各类专业技术人员比如科技教育界的知识分子、文艺界的演职人员、卫生界的医护人员，甚至宗教界的一些人士等等，一律统称为"国家干部"，即所有具有干部身份的人，包括了党政干部、机关干部、事业单位干部、企业厂矿干部、农村干部、党外干部等等。

1993 年，随着公务员制度在国家行政机关的推行，我们一般不再使用"国家干部"这个概念；2006 年《公务员法》生效以后，又把中国共产党、人大、政府、政协、法院、检察院、民主党派等七大类机关的公职人员统统纳入了"公务员"的序列。但同时，我们仍然在广泛的领域使用"干部"这个概念。具体来说：

首先，"干部"是指从事领导和管理工作的国家公职人员，包括党政机关、事业单位、社会团体、群众组织中的各类领导人员、管理人员、公职人员，以及某些保留干部编制的企业领导人员和管理人员等。其次，"党政干部"，指党政机关中专门从事党务工作和行政管理工作的人。这类干部掌握和行使着公共权力，担负着公共管理的职能，也就是我们通常称的"官"、"官员"。再次，以同时符合下面三个条件来界定干部：第一，纳入干部编制；第二，在干部岗位工作，领取干部工资；第三，从事党务、政务及其他公共管理职能的人员。

案例 3：如何看待人事档案造假？[①]

材料一：人事档案造假的严重性与普遍性

如今，造假成了一大公害，假货、假钞、假名牌，甚至神圣的人事档案也在劫难逃。一些在校学生、待业青年通过改动人事档案，竟一夜之间成为复转军人；一位文盲老工人，通过关系往人事档案里塞进了大学毕业证书，退休时竟成了国家干部；一位年近花甲的老干部，三番五次改变档案，最后竟在出生前一年就参加了革命……

某市爆出一起国内外绝无仅有的假兵案：许多抬头不见低头见的大集体工人、个体户、在校学生、待业青年摇身一变，纷纷以复员退伍军人的身份，带着合法而完备的手续，来到效益好的国有大中型企业，转为全民所有制的职工。参与制造这起震惊全国的假兵案的国家工作人员有三十余人，职工群众四百余人，还有一百八十多名军队干部，其假兵总数达三百五十人，超过一个建制营的兵力。他们之所以在一夜之间就变成了所谓"复退军人"，就是他们都有一套能够证明自己身份的人事档案。

材料二：工商行政管理系统体制改革

1999 年，工商行政管理系统进行体制改革，实行省以下垂直管理，人们称为"上划"。"上划"前后，国家三令五申要求冻结各级工商部门人事关系。可 2003 年初，记者却接到了一份反映某省某县工商局违规突击调进 70 多人的名单，已退休的原工商局办公室主任证实，冻结人事关系时，根本没有这些人。

一、工商局造假档案假考核表

在该县工商局，从一份叫李某的人的人事档案上看，她是 1980 年出生的，17 岁调到工商局工作。可几份工资表显示，她从 1995 年，也就是 15 岁时就开始在工商局领工资了。那么她的实际年龄是多大？与李某同一个工商所的同志告诉记者，在 2002 年 12 月份的年度考核表上，她填的是 18 岁。按照李某实际年龄和工商局工资表对比看，原来李某从 12 岁，也就是说从 1995 年就进了工商局，还在上小学时就开始白领工资了。

当年已经 50 多岁的原供销社的工人张某在调入过程中，也很蹊跷。她的档案表上调入时间是 1995 年 3 月，可据该县供销社的人介绍，1999 年，张某的工作关系还在供销社。

纪某的档案显示，他是 1995 年进入工商局的。据他工作过的村子村委会主任介绍，纪某在七几年到城关镇，是一般乡务员，由乡务员转成一般干部。由于村上缺少支书，1998 年 5 月，城关镇党委决定下派他到下万村任村临时党支部书记。1998 年还在村里工作的纪某，在 1995 年就成了工商管理人员。

---

① 中央电视台《焦点访谈》. 彬县 12 岁女娃竟领工资 [N]. 华商报，2003-02-13.

从这些人的各种档案报表上看，该县工商局不仅给许多人造出了假的工作经历，就连子虚乌有的年度考绩也写得条条是道。

二、"照顾了六七个股长、所长子女"

从记者抽取的 9 份档案上看，该县工商局在"上划"冻结人事关系期间，违规进人的时间基本上都是 1995 年。而根据有关文件，凡是 1995 年 12 月 31 日前正式进入工商行政管理部门和所属事业单位的在册在职人员才在"上划"之列。

人员调入时间上的造假奥秘原来在此。那么该县工商局在"上划"期间，违规突击进人的规模有多大呢？面对记者调查的事实，工商局的一位肖副局长不得不承认存在违规进人问题。他说，主要是股长、所长子女，照顾了六七个人。为摸清这个数字，记者又对该县工商局"上划"前后的人员总数进行了调查。从 1999 年该县工商局的"上划"文件上看，人员总数为 251 名。

记者意外地获得了一份工商局"上划"前的 1998 年的工资调整表，表上显示，整个"上划"前人员总数为 173 人。对比"上划"后的 251 人，原来在"上划"期间该县工商局违规突击进人 78 名。

三、举报者遭到打击报复

究竟是什么人操作了这起严重违反国家和省里的规定，大肆违规突击进人的呢？当时在该县工商局任局长的张某，现已调到了其他县任工商局长。

按照国家规定，对弄虚作假的要严格追究责任，违规进人的人员也要全部清退。可几年时间里，该县工商局的一些同志几次联名上告，问题没解决，还遭到了离岗分流的厄运。一些老同志说："多次给市里提意见，没有结果。市工商局某局长还在大会上大骂，说某县工商局光爱告人，有一部分人越级上访，向上告状，告违规进人，这是一群害群之马，是过街老鼠，人人喊打。"

出于正义举报的人，在当地被打击得抬不起头来，而一手制造这一荒唐事件的人在当地却得不到应有的处理。在这场突击进人提干的背后，究竟还有什么名堂，我们现在还不得而知，但从某县工商局在这一期间的所作所为来看，这件事情远非我们表面上看到的这么简单。

案例分析提示与思考：

1. 请问，你是怎么看待人事档案造假这一问题？

2. 请结合材料，分析人事造假档案盛行的原因。

3. 请运用有关公共部门人力资源信息管理知识，谈谈你的对策和建议。

相关知识链接：

1. 信息是事物的存在状态和运动属性的表现形式。"事物"泛指人类社会、思维活动和自然界一切可能的对象。"存在方式"指事物的内部结构和外部联系。"运动"泛指一切意义上的变化，包括机械的、物理的、化学的、生物的、思维的和社

2. 就公务员的薪酬待遇问题，谈谈你的看法。

3. 你认为公务员工资水平的确定应该考虑哪些因素？

相关知识链接：

2006年7月，为贯彻落实公务员法的要求，建立科学完善的公务员工资制度，努力解决当前公务员收入分配领域存在的突出矛盾，逐步缩小地区间收入差距，促进公务员队伍建设，促进党风廉政建设，从1993年10月起施行的公务员工资制度进行了较大改革，以进一步理顺收入分配关系，充分发挥广大公务员的积极性、主动性和创造性，构建科学合理、公正公平的公务员收入分配体系。

本次工资制度改革的原则是：①贯彻按劳分配原则，进一步理顺工资关系，合理拉开不同职务、级别之间的工资差距；②坚持职务与级别相结合，增强级别的激励功能，实行级别与工资等待遇适当挂钩；③健全公务员工资水平正常增长机制，建立工资调查制度，定期调整工资标准，使公务员的工资水平与经济社会发展水平相适应；④加强工资管理，严格监督检查，有效调控地区工资差距，逐步将地区工资差距控制在合理的范围。

案例6：公务员回避制度①

任职回避制度是我国历史上一项行之有效的官吏管理制度。20世纪80年代以来，随着干部人事制度改革的不断深化，中央陆续出台一些党政领导干部任职回避的规定，逐步使党政领导干部任职回避制度走向制度化、规范化。2004年召开的中共十六届四中全会提出了"加大干部交流力度，进一步落实和完善干部任职回避制度"的要求，为完善这项制度指明了方向。

下面，是某地围绕公务员任职回避制度展开的一次调研活动所形成的调研报告，重点对任职回避制度的主要内容和实行任职回避制度的配套措施进行了初步的探讨。

——亲属回避。按照《干部任用条例》规定，在需要回避的亲属关系中，第一类是夫妻关系，如果他们在一起工作，对于那些与他们有利害关系或与他们的亲属有利害关系的人或事的处理，就很难做到秉公执法，即使严格按国家规定作出了处理，也难以逃脱涉嫌。第二类是直系血亲关系，指具有直接血缘关系的亲属，如生育自己和自己所生育的上下各代亲属。第三类是三代以内的旁系血亲，他们虽然没有直接的血缘关系，却是出于一个祖先的亲属。第四类是近姻亲关系，即以婚姻关系为中介而产生的亲属关系。

---

① 青岛市委组织部课题组. 完善党政领导任职回避制度研究 [EB/OL]. (2005-12-16) http://www.wddj.net/2006/showxx.asp? id=6557.

务员制度的实施，实行了职级工资制。职级工资由职务工资、级别工资、基础工资和工龄工资四个部分组成。改革后的高低工资差别为 6.1 倍（不包括工龄工资）。

第四次工资调整于 1997 年 7 月，将基础工资标准由原每人每月 90 元提高到 110 元。调整后的高低工资差别仍为 6.1 倍（不包括工龄工资）。

第五次工资调整于 1999 年 7 月，将基础工资标准由每人每月 110 元提高到 180 元，级别工资标准由十五级至一级每月 55 元至 470 元提高到 85 元至 720 元。通过这次调整，机关干部的高低工资差别为 5.6 倍（不包括工龄工资）。

第六次工资调整于 2001 年 1 月 1 日，将基础工资标准由每人每月 180 元提高到 230 元，级别工资标准由十五级至一级每人每月 85 元至 720 元，提高到 115 元至 1 166 元。调整后的公务员高低工资差别为 5.7 倍（不包括工龄工资）。

第七次工资调整于 2001 年 10 月，将职务工资由原来的 50 元至 480 元提高到 100 元至 850 元。调整后的公务员高低工资差别为 6.4 倍（不包括工龄工资）。

第八次工资调整于 2003 年 7 月，将职务工资由原来的 100 元至 850 元提高到 130 元至 1 150 元。调整后的公务员高低工资差别为 6.6 倍（不包括工龄工资）。

八次加薪，一次一个台阶，中国公务员已成为令人羡慕的职业。

材料二：我国公务员工资制度存在的主要问题

目前，我国公务员工资制度存在的问题主要有两个：一个是作为公务员工资补充形式的津贴、奖金已经超过了公务员的基本工资，有的地方、部门甚至是基本工资的数倍，出现了工资结构的本末倒置，从而使国家对公务员工资的调控作用减弱。而从国外的经验来看，公务员的薪酬结构一般是以工资收入为主，发放津贴为辅，工资收入一般占总收入的 70% ～ 80%，津贴约占 20% ～ 30%。

另一个是同一地区、同一级别的公务员收入的严重分化。因为所处部门的不同，各种名目的补贴、奖金、福利及其他隐性收入的差距，使他们的实际收入大相径庭，形成了公务员收入的两极分化现象。低的部门职工年人均福利补贴 2 000 ～ 3 000 元，高的部门 8 万元 ～ 10 万元。

材料三：公务员工资分配的科学化、规范化和法制化

随着 2006 年 1 月 1 日《公务员法》的正式实施，公务员工资制度进行了新的改革，实行国家统一的职务与级别相结合的公务员工资制度；完善机关工人工资制度；形成科学合理的工资水平决定机制和正常增长机制，公务员的工资水平应当与国民经济发展相协调、与社会进步相适应；实行工资调查制度，定期进行公务员和企业相当人员工资水平的调查比较，并将工资调查比较结果作为调整公务员工资水平的依据，以建立适应经济体制和干部管理体制要求的工资管理体制，实现工资分配的科学化、规范化和法制化。

案例分析提示与思考：

1. 请问，你了解我国公务员工资及薪酬待遇的构成情况吗？

相关知识链接：

我国录用公务员，坚持公开、平等、竞争、择优的原则，按照德才兼备的标准，采取考试与考察相结合的方法进行。具体包括：

（1）公开原则。主要是指录用公务员必须面向社会，公开招考，即公务员录用的标准、条件、方法、程序和结果，通过多种形式和渠道向社会公开，使报考者具有知情权。公开的形式多种多样，比如：利用网络、报纸、电台、电视台等媒体公开发布招考公告，举办新闻发布会，介绍机关的工作性质和特点，宣传招考的有关政策，解答有关招考的询问等。

（2）平等原则。是指公民报考公务员的法律地位平等，即凡中华人民共和国公民，只要符合法定的报考条件，不论性别、民族、职业、家庭出身等，均不得受到歧视或享有特权，具有平等报名考试的参与权，具有通过法律规定的程序被选拔录用担任公务员的平等政治权利。当公民受到不平等待遇时，有权要求法律保护，维护其合法权益。

（3）竞争原则。是指公务员录用在全社会范围内公开进行，公开竞争。严格按照考试成绩排名进行录用，并考察本人政治思想和道德品质，按照报考者的素质条件甄选。按照考试录用工作的每个环节，层层筛选，层层淘汰，以保证录用的公务员具有较高的政治素质和较强的工作能力。

（4）择优原则。是指报考者能否被录用，完全取决于本人的政治、业务素质。机关确定录用人员，必须依据报考者的成绩和考察结果的优劣。通过各轮筛选，将真正优秀的人才录用到机关中来。做到公开、平等、竞争，是择优的重要保证。

案例5：公务员工资调整[①]

材料一：机关和事业单位工作人员的工资制度调整及改革

改革开放后，尤其是1985年以后，国家曾对机关和事业单位工作人员的工资制度进行过八次调整及改革。

第一次工资制度改革和调整始于1985年6月，建立了以职务工资为主的结构工资制。结构工资分为基础工资、职务工资、工龄工资和奖励工资四个部分。改革后的高低工资差别为10.2倍（不包括工龄工资和奖励工资）。

第二次工资调整于1989年，将国家机关和事业单位工作人员的工资普调一级。改革后的高低工资差别仍为10.2倍（不包括工龄工资）。

第三次工资调整（包括工资制度改革）于1993年10月。这次工资改革配合公

---

① 国际金融报．公务员改革开放后的8次工资调整及改革［EB/OL］．（2010－05－27）http://edu.hebei. com. cn/system/2010/02/07/001154292. shtml.

在身体特征歧视的岗位有 33 个，占当地职位总数的 1.77%；广西壮族自治区的公务员招聘条件中没有发现直接的关于身体特征的要求。

五、性别歧视

性别歧视在中央机关公务员招聘歧视中所占的比重排名第五位，占中央机关公务员招聘总职位数的 12.96%；占中央机关公务员招聘歧视总量的 5.01%。中央党群机关和司法机关中没有对性别的明确要求，但是中央国家行政机关和国务院参照公务员管理的事业单位总部，以及中央国家行政机关直属机构和派出机构、国务院参照公务员管理的事业单位在地方的分支机构、其他单位中都存在性别歧视，分别占本类职位数的 0.84% 和 14.40%。

地方公务员招聘中的性别歧视比中央机关公务员严重，在地方机关公务员招聘歧视中所占的比重排名第四位，占地方公务员总职位数的 16.56%；占地方机关公务员招聘歧视总量的 5.57%。

六、社会身份歧视

社会身份歧视在中央机关公务员招聘歧视中所占的比重排名第六位，占中央机关公务员招聘总职位数的 10.29%；占中央机关公务员招聘歧视总量的 3.97%。中央机关四类单位均存在社会身份歧视。

地方机关公务员招聘中的社会身份歧视远比中央机关要严重，成为仅仅次于年龄歧视和健康歧视的第三大歧视类型，占地方公务员总职位数的 72.46%；占地方机关公务员招聘歧视总量的 24.39%。地方机关公务员招聘中的社会身份歧视比例之所以这么高，主要是因为浙江省、北京市和广西壮族自治区在公务员招录中对应聘者户籍、生源加以限制，或者给当地户籍、生源的应聘者以优惠对待。

七、民族歧视

本次调查中，没有发现公务员招聘条件中有排除、限制少数民族的要求，而对少数民族提供优惠是国际通行的纠偏机制，不能认定为歧视。因此，本次调查，中央机关公务员和北京、黑龙江、广西四个省市自治区的公务员招考条件中都没有发现民族歧视问题。

八、残疾歧视

本次调查中，没有发现公务员的招聘条件中有明确排除残疾人的要求，公务员体检录用标准中有对视力和听力的要求，但是没有有关肢体残疾的规定。在实践中，公务员中基本没有残疾人，这可能是在招聘的实际操作中排除了残疾人。同时由于公务员招聘广告中没有有关残疾的限制，也就没有认定残疾歧视。

案例分析提示与思考：

1. 请结合以上材料，就公务员招考中的歧视现象谈谈你的看法。

2. 请就如何保护公民平等参加公务员考试提出你的对策建议。

在任职回避的对象中，上述四个方面包括了应回避的主要亲属关系。从目前我国的国情看，将亲属关系扩大到三代以上没有实际意义，而将亲属关系缩小为二代以下，则会使一大批本应回避的领导干部逃脱回避。

在调研过程中，有观点认为可扩大回避的面，将可能影响领导干部的同学、战友、同乡、老同事也纳入回避范围。但是，多数人不同意这一建议，主要理由有：一是同学、战友、同乡、老同事的外延难以界定；二是扩大回避对象后，需要回避的人数将大幅度增加，管理的难度加大，管理的成本提高，而回避取得的效果却不一定明显；三是对因同学、战友、同乡、老同事等关系，可能影响公正执行公务的，可以用公务回避的方式取代，对因公务回避影响工作正常开展的特殊情况，用人机关可以进行回避，但这只是特殊的情况，不应当作一般性的规定。

当然，在实践中，不管是《公务员法》，还是《干部任用条例》规定的亲属回避的标准，对大多数单位和领导干部来讲都是可行的，亲属回避的实施效果也是好的。但对于一些基层单位或工作性质特殊的行业，由于工作条件的限制，有亲属关系而在同一单位的情形大量存在。若严格按照亲属回避的要求，势必影响工作的开展。如监狱等工作性质特殊的机关，由于远离城镇，周围几乎没有其他单位，有亲属关系在同一单位工作的情况较为普遍，实行任职回避又没有单位可去。考虑到这一实际情况，对执行任职回避确有困难的一些特殊行业，应给予政策上的放宽。

——地域回避。所谓地域回避，是指党政领导干部，为了公正履行职务，不得在亲属比较集中的地域任职。

地域回避是回避制度中管理成本较高的一项措施。如何科学、合理地确定回避对象，是地域回避制度中的核心问题。在规定地域回避对象方面，《干部任用条例》规定："担任县（市）委书记、县（市）长职务以及县（市）纪检机关、组织部门、人民法院、人民检察院和公安部门主要领导职务的，一般不得在本人成长地任职。"从有利于廉政建设的角度，地域回避对象的范围应适当扩大。但从降低管理成本、提高工作效率的角度，地域回避对象的范围应适当缩小。尽管我们实施了公务员制度，但在实施地域回避方面，都是由各级党委统一对包括公务员在内的党政干部实行地域回避，县以下的党委、纪检机关、人民法院、人民检察院的主要领导职务实际上也列入了回避对象。

案例分析提示与思考：
1. 结合材料，谈谈你对公务员回避制度重要性的认识。
2. 分析公务员回避制度与勤政廉政建设的关系。
3. 结合实际，你认为实行公务员回避制度应该防止与克服哪些障碍？

相关知识链接：

回避，从字面上解释，就是因为避嫌而不参与某事的意思。作为一项人事管理制度，它是为了防止公务员因为某种亲情关系而不能秉公执行公务，甚至徇私枉法，而对其任职和执行公务加以限制的制度。这是因为公务员是依法行使国家行政权力、执行公务的人员。他们的这种身份要求他们必须秉公执法，把国家利益放在高于一切的地位，全心全意为人民服务。但在实际生活中，由于每个公务员都不可避免地处在由亲属关系、朋友关系、同事关系、同乡关系等种种复杂关系构成的社会关系网之中，这些关系在许多情况下，可能对公务员正确执行公务造成影响。为了避免出现这种情况，实行回避制度不仅是十分必要的，而且是必须的。

从历史上看，回避制度最早产生于中国，从东汉到清朝，一直是我国封建官僚制度的一个重要组成部分，历经 1 800 年而不衰。但新中国成立 40 多年来，我们在干部人事管理方面，始终没有建立起一套完备的严格的回避制度，而且一些干部管理法规、政策还与回避的原则相违背，比如"内招顶替"、"内部消化"等等，导致了许多单位亲属聚集严重的问题。许多干部长期在一个地方、一个单位工作，"近亲繁殖"、"夫妻店"、"父子兵"、"亲家网"的情况日趋严重，出现了许多的"世家"，从而导致党政机关中的亲缘化倾向，造成了许多弊端，使干部陷于各种社会关系之中，经常受到各种人情亲属关系的干扰，妨碍公正执行公务，甚至徇私枉法。这必然会破坏政风，损害党和国家机关的声誉，挫伤广大干部群众的积极性，败坏社会风气。要解决这些问题，仅仅靠个人的觉悟、思想教育是不行的，必须从制度上着手，建立起一套完备而严格的回避制度，才能有效地克服和防止这些弊端的出现。因此，建立公务员的回避制度，具有十分重要的意义。

《公务员法》明确规定：公务员担任乡级机关、县级机关及其有关部门主要领导职务的，应当实行地域回避。考虑到民族区域的特殊情况，又补充了一点："法律另有规定的除外"。在实践中发现，确定县级及县级以下的地区进行地域回避是符合实际的。因为在县级及县级以下的地区，亲属相对集中，在执行公务过程中遇到亲属关系较多。若不进行地域回避，只实行公务回避，则会影响正常的工作。但在地市及地市以上的地区，则没有必要实行地域回避。因为地市及地市以上的层次相对较高，尽管亲属相对集中，但在执行公务过程中遇到涉及亲属关系的公务比例很低，完全可以通过公务回避代替。因此，在地域回避范围方面，可以确定为县级及县级以下的地区。关于县级及县级以下领导干部进行地域回避应确定的具体对象，也存在不同的意见。第一种观点，凡是担任县级及内设部门领导职务的领导干部都要进行地域回避，因为这些领导干部都具有很大的权力，都可以利用自己手中的权力为亲属谋利益。第二种观点，凡是担任县、乡级领导职务的领导干部都要进行地域回避，担任内设部门领导职务的领导干部没有必要进行回避，因为县级部门的权力主要集中在县级领导的手中，没有必要扩大回避的范围。第三种观点是，凡是担任县、乡级主要领导职务以及负责人、财、物等重要权力的内设部门主要领导职务的领导干部，都要实行地域回避，因为他们掌握的权力最集中，影响公正执行公务的可能性最大，因此进行回避的针对性更强，达到的管理效益也最高。经过综合分析，该调研报告认为第三种方案比较合适，它全面考虑了地域回避的效果和管理成本两方面的因素，是切实可行的方案。

案例7：公务员培训[①]

材料一：山西百名优秀"村官"进京"充电"

为了深入学习贯彻中央《2001—2005年全国干部培训规划》有关文件要求，进一步开阔干部视野，推动观念转变，培养发展、创新意识，山西省孝义市2004年11月组织100名优秀农村基层干部参加了由中央党校和东中西区域发展和改革研究院合办的"山西省孝义市基层领导干部中央党校培训班"，邀请中央党校、东中西区域发展和改革研究院12位专家、学者专题讲解了"三个代表"重要思想、优势产业发展战略、科学发展观、行政许可法、领导决策与人才管理等内容。培训期间，参加培训人员自觉遵守中央党校培训纪律，认真听讲，积极讨论，表现出了严格的组织纪律观念，展示了孝义市农村基层干部良好的素质。

孝义市党委组织这次理论层次高的培训，让参训人员接受了一次新观点、新观念的教育，强化了发展、创新意识，澄清了一些模糊认识，看到了差距，拓宽了工作思路，认识上有了新的提高，必将对进一步加强农村基层党组织建设、发展农村经济、增加农民收入产生积极的推动作用。

材料二：四川选派中青年干部赴国外培训

四川省选派30多名优秀的中青年干部赴加拿大和美国接受中长期培训，其中6名市厅级领导干部和拟提拔进班子的市厅级后备干部还将在美国地方政府部门接受为期两个月的顶岗培训。

2005年4月至6月，四川省派约30名省级机关后备干部和优秀中青年干部，前往加拿大约克大学培训60天，主要学习加拿大政府管理、经济发展战略、公共管理、人力资源开发、贸易政策、可持续发展战略等。7~12月，又选派6名市厅级领导干部和拟提拔进班子的市厅级后备干部前往美国明尼苏达大学、乔治亚大学及明尼苏达州、乔治亚州政府相关部门或地方政府，先在上述两所大学进行4个月

① 干教. 山西孝义市百名优秀"村官"进京"充电"［EB/OL］.（2004－11－19）http://news.sohu.com/20041119/n223080653.shtml；向朝阳. 四川将派官员赴美国和加拿大接受中长期培训［EB/OL］.（2005－02－15）http://news.sina.com.cn/c/2005－02－15/04375107745s.shtml；季明. 上海：新录用公务员必须下基层锻炼一年［EB/OL］.（2005－08－25）http://news.sina.com.cn/c/2005－08－25/20436782262s.shtml；盛若蔚. 东西部公务员对口培训五年回眸［N］. 人民日报，2004－11－12（10）.

强化培训，之后派往相关政府部门和地方政府进行两个月的顶岗培训。

材料三：上海推行新录用公务员基层实习锻炼制度

2005 年 8 月 25 日，上海 1 700 多名年新录用公务员正式进入全市 61 家单位的 359 个实习基地，开始为期一年的实习锻炼。这是上海首次在全市范围内推行新录用公务员基层实习锻炼制度。今后，凡是没有两年以上基层工作经历的上海新录用公务员，都必须到上海的乡镇、街道、居委会、村委会以及企事业单位等基层实习基地的社区党建、社区服务、信访接待、住房动迁、注册登记、执法检查、劳动生产、教学科研等一线工作岗位上，实习锻炼一年。

近年来，上海党政机关每年招录近 2 000 名公务员，其中三分之二以上为高校应届毕业生。这些从家门到校门、再直接考入机关门的"三门干部"，虽然经过百里挑一的激烈竞争和遴选，显示出良好的综合素质和潜能，但因普遍缺乏扎实的社会实践和艰苦环境的磨炼等导致的"先天不足"，使其实际工作能力显得"低能"。

上海组织人事部门希望通过一年的实习锻炼，补上"三门干部"在了解社情民意和解决实际问题方面的弱项。在一年的实习期内，新录用公务员需要记好一本工作笔记，完成一篇调研报告，撰写一个工作案例，提出一个合理化建议，参与一项实事工作，帮助群众解决一个实际困难。

上海市组织人事部门还规定，新录用人员无故不参加基层实习锻炼的，不予任职；经过基层实习锻炼考核不合格的，取消公务员录用资格。

材料四：东西部公务员对口培训

西部大开发实施近 5 年来，于 2000 年启动的东西部公务员对口培训取得明显成效，西部地区的 4 700 余名骨干公务员先后到东部接受培训，取回"真经"。对口培训共开设农业产业开发、经济管理、人力资源开发等 16 个培训专题，覆盖面广，针对性强，基本满足了西部需求。

同时，针对西部地区公务员的特点，对口培训创新了培训课题、内容、方法、模式及管理方式等，专题讲座、典型经验介绍和实地考察相结合，充分调动了学员的学习积极性、主动性，受到学员的普遍欢迎。教学评估结果显示，98％的学员认为培训内容新颖、形式灵活。

通过对口培训，西部学员更新了观念，学到了经验，提高了驾驭市场经济能力和行政管理水平。参加在山东举办的农业开发培训班的学员普遍认为，通过培训，对农业标准化、农业产业化、农业国际化以及农村城市化的科学内涵有了更深入的理解，把握了新一轮农业结构调整的特征、原则和方法。在培训中，内蒙古等四省区学员学习和借鉴了大连在城市建设和环境保护方面的成功经验；新疆、贵州、青海三省区学员认真学习了浙江在旅游开发、民营经济发展等方面的先进经验。

对口培训还架起了东西部合作的桥梁，达到了双赢的目的。江苏所办培训班的部分学员回去后专门派人来江苏联系合作项目，邀请有关专家、教授到西部地区传经送宝。福建省特意把对口培训班次安排在一年一度的"中国投资贸易洽谈会（厦门）"和"福州招商会"，把参观考察洽谈会和招商会列入培训计划，学员们充分利用两会信息平台，寻找合作伙伴，至今已经签订了六个合作项目。

案例分析提示与思考：

1. 案例材料所介绍的公务员培训情况，对你有什么启发？

2. 结合实际情况，你认为公务员培训应当坚持哪些原则？

相关知识链接：

公务员培训属于成人教育范畴，在整个国民教育体系中，它与其他常规教育，特别是学校教育有着很大的区别，主要特点是：

（1）全员。公务员的培训，既是公务员享有的权利，也是公务员必须履行的一项义务。凡是在职的公务员，无论是担任一般职务的公务员，还是担任领导职务的公务员，也无论是资历很深的老公务员，还是刚刚加入公务员队伍的新人，一律都要按照要求参加各种形式的培训。比如：新录用的公务员要参加初任培训、岗前培训；晋升领导职务的公务员要参加任职培训；根据某个专项工作的需要，一些公务员还要参加专门业务培训；随着经济、社会发展的需要，所有公务员都必须参加更新知识的培训。

（2）规范。党政机关对于每种培训都有明确的规定和计划。通过针对性强、层次分明、由浅入深、前后衔接的培训，使公务员在整个工作期间的各个不同阶段都能得到不同形式的培训，使他们能够不断提高思想水平、工作水平，不断地更新知识和技能。同时，公务员在培训期间的学习成绩和鉴定，要作为他任职、定级和晋升职务的重要依据。培训不合格，不能任职、定级和晋升职务。这样，就将公务员的培训与其他管理环节紧密结合起来，从而保证了公务员培训的规范化。

（3）分类分级。要按照职位的要求对公务员进行分类分级培训，注重培训的针对性和实用性，学用一致，干什么，学什么；缺什么，补什么。这样，既能保证培训的科学性，又能达到统一标准，统一要求的目的。

（4）形式多样。根据不同类型、不同层次公务员职位的要求，采用灵活多变的形式，以保证效果和质量为原则，搞好培训工作，既有定期培训，又有短期培训；既有脱产培训，又有在职培训。

总之，我国的公务员培训，是一种在一定文化知识和学历基础上对公务员进行的、目的明确、对象确定、分类实施、内容丰富、形式多样、讲求实效的规范化、科学化、制度化的培训教育。

案例8：公务员聘任制①

材料一：北京法院砸碎公务员"铁饭碗"

北京法院砸碎公务员"铁饭碗"，三年未过司考将被炒。2005年3月31日，北京市高级人民法院颁布《聘任制公务员管理办法》（以下简称《办法》）。据此，北京市各级法院对所招的应届毕业生实行聘任制和合同管理。

《办法》的悄然登场，成为北京法院探索建立完善聘任制公务员管理制度的一项重要举措，走在了全国法院公务员管理变革的先列。目前，经过激烈角逐被法院录用的近百名应届毕业生，将是这项制度的"尝试"者。

《办法》规定：聘任合同的期限一般为三年，合同期满可以续聘。审判业务部门的聘任制公务员选任为法官，其他部门的聘任制公务员晋升到上一个职务级别后，不再实行聘任制。如果三年内没有通过国家统一司法考试，并且不能适应法院工作的将被解聘。聘任合同解除或者终止后，法院与受聘人即解除聘任关系，受聘人不再具有国家机关工作人员身份。而按照原有制度，迈进法院大门就拥有了"铁饭碗"，一些工作人员难免懈怠。

据北京市高级人民法院政治部负责人介绍："该《办法》目前只针对应届毕业生。聘任制公务员必须取得北京市公务员资格证书，他们享受法院占有中央政法专项编制人员的一切工资、保险福利待遇。"

这一《办法》也利于吸纳优秀本科毕业生。参加司法考试者必须持有本科以上毕业证书，应届本科毕业生在找工作阶段无缘司法考试，因此许多法院招纳对象仅限研究生。但事实上，很多本科生非常优秀，这项举措把门槛定在进入法院后，扩大了人才选择范围。

材料二：各地陆续开始探索试行公务员聘任制

2006年1月1日施行的《中华人民共和国公务员法》第九十五条规定："机关根据工作需要，经省级以上公务员主管部门批准，可以对专业性较强的职位和辅助性职位实行聘任制。"

此后，全国各地陆续开始探索试行公务员聘任制。目前，实施范围较大的是对法院系统聘任制书记员的录用，重庆、上海、山西、江苏等省市已经在公务员考试中招录聘任制书记员。2009年公务员招考中，最高人民法院也明确列出了"聘任制书记员"的岗位。

特别是深圳从2007年1月开始试行聘任制公务员招考，目前已基本建立了聘任制公务员管理制度体系，并招聘了两批聘任制公务员。2010年1月，深圳市政府常务会议又通过了《深圳市行政机关公务员分类管理改革实施方案》，将深圳市公

---

① 杜文娟. 北京各级法院公务员改革，应届毕业生实行聘任制 [EB/OL]. (2005-04-04) http://edu.sina. com. cn/ex/2005-04-04/109472. html.

务员队伍分为综合管理类、行政执法类和专业技术类三个类别，并对今后新进的行政执法类和专业技术类职位的公务员全部实行聘任制。这些岗位将占到公务员总数的将近70%，以淡化"官本位"、打破"铁饭碗"，让深圳行政机关公务员队伍更专业、更高效、更廉洁。

案例分析提示与思考：

1. 你认为公务员聘任制与委任制公务员有何异同？

2. 实行公务员聘任制有什么积极意义？

3. 深圳率先试行新入职公务员聘任制有何经验教训可供借鉴？

相关知识链接：

与选任制公务员、委任制公务员一样，聘任制公务员依法承担国家和社会公共事务管理的工作，纳入国家行政编制，由国家财政负担工资福利。但在权力来源、产生方式、任职期限等方面存在明显不同：一是从权力来源看，选任制公务员的职权直接来自于选举人的授予，直接体现人民意志；而委任制公务员和聘任制公务员都是公务员机关任命的，其职权来自于公务员机关的授予，间接地反映人民意志。二是从产生方式上看，选任制公务员经选举产生；委任制公务员通过录用、调入、公开选拔产生；聘任制公务员通过公开招聘或者直接选聘产生。三是从任职形式上看，选任制公务员在选举结果出来后，发布任职公告；委任制公务员任免公务员机关印发任职决定或任职通知任命；聘任制公务员通过签订聘任合同任命职务。四是从任职时间上看，选任制公务员在选举结果生效时即任当选职务；委任制公务员自任职决定或命令通过之日起任职；聘任制公务员自聘任合同签订之日起任职。五是从任职期限上看，选任制公务员的任期都有法律、章程的明确规定，一般与代表会议的任期一致；委任制公务员一般没有任期，非因法定事由，非经法定程序，可以一直工作到退休；聘任制公务员的任期，公务员法规定是一至五年，在合同中约定。六是从管理依据上看，选任制公务员和委任制公务员依据法律、法规的规定进行管理；聘任制公务员依据《公务员法》与有关法规和聘任合同进行管理。

案例9：公务员退出机制[①]

材料一：浙江苍南——离岗退养

浙江苍南县的公务员编制在机构改革后，人数由原来的800多人削减到600多，但还是严重超编。不少年纪大的人占着编制不来上班，干事情的年轻人又没有编制，造成了中层干部的空缺。针对存在的弊端，2005年苍南县推出退出机制，

---

① 北京青年报. 我国公务员退出机制的几种尝试 [EB/OL]. (2005—01—20) http://news. 163. com/05/0120/08/1AHB84ID0001120T. html；组织人事报. 福建省惠安：干部"多向流动" [EB/OL]. (2006—03—14) http://www. xfc. gov. cn/Html/gddt/2006—3/14/16_56_55_486. html.

出台了《关于加强县直机关和乡镇在编不在岗国家公务员管理的若干意见》。作为省干部人事制度综合改革试点县，省里有关部门给予了优惠政策。

该意见特别对退出政策作了规定：凡科（局）级及以下公务员男年满 57 周岁，女年满 52 周岁的，给予办理离岗退养手续。离岗退养期间，工资福利等享受本单位在职人员同等待遇，并按规定调整工资，待达到法定退休年龄时再办理退休手续；符合提前退休条件的公务员，由本人提出申请，及时给予办理提前退休手续。

材料二：湖北枝江——能级改革

干了 29 年没有升职的湖北枝江一位普通的公务员，在一场改革后，他的级别居然与局长一样。这位 47 岁的公务员在枝江国税局工作了 29 年，先后有 10 年被评为市级先进工作者，两次获得市级"十佳"税务工作者称号。2004 年 4 月，湖北省国税局能级管理改革在枝江市国税局开始试点。10 月，经过严格的考核和 7 天的公示，他因工龄 29 年、大专学历、在岗位上表现突出，与局长和几个副局长一样，被评为能级三级，成为枝江国税系统能级级别最高的职工之一。

有专家评价："枝江的试点改革拓宽了公务员的职业发展空间，也冲击了'官本位'思想。"

材料三：辽宁、山西——"带薪下海"

2004 年 8 月，辽宁为有志"下海"的机关干部系上"安全带"，即辞职领办或创办企业的机关干部，在离开机关 5 年内如果本人申请，可在单位同意且有编制的情况下，继续回原单位工作。山西省则出台规定：机关公务员和财政全额拨款事业单位职工，可以离职带薪到民营企业就业。规定中明确说明，机关和全额事业单位的在职人员经批准自愿离职到非公有制企业工作，三年内原单位发给基本工资。三年期满后，如果要求回原单位工作，将由原单位安排工作。高等院校、科研院所的科技人员和管理人员离职创办科技企业或从事科技成果转化工作的，保留人事关系 5 年。这个规定，实际上是让公务员"带薪下海"，是政府给公务员系了一条"安全带"。

有人认为鼓励干部"带薪下海"，一可以精简冗员，完善人才流动机制；二能让官员直接参与市场实践，掌握更多市场经济知识，推动民营经济发展，是好事。也有人认为，如此"下海"违背了市场经济游戏规则，会制造出新的"官商"。

材料四：福建惠安——干部"多向流动"

近年来，福建省惠安县委认真贯彻执行《干部任用条例》，着力在干部能上能下方面下功夫，逐步形成了"能者上、平者让、庸者下"的干部选拔任用工作格局。他们针对不胜任现职干部的不同情况，区别对待，采取了 5 种不同的调整方式，具体包括：①待岗。对因工作不努力而不能胜任现职，或在班子中闹不团结的，予以停职待岗，限期改正，并安排参加学习培训和参与临时性工作。②改任。对由于领导才能较差，或健康原因难以胜任的，改任同一级别非领导职务；对有专业技术特长，但不适应党政领导岗位的，改任同一级别非领导职务，或专业技术部门领导职务。③降职。对不胜任现职，但具备担任下一级职务领导才能的，降职安排担任下一级职务。④辞职。允许不胜任现职干部自愿辞去领导职务，并对有重大工作失误、造成不良影响的领导干部，依据规定责令引咎辞职。⑤免职。对思想政治素质差、工作能力水平低、群众意见大，不宜继续担任领导职务的，直接予以免职。

2000年以来，该县先后有41名科级干部因不胜任现职被调整"下"。

案例分析提示与思考：

1. 你认为上述各地几种不同的公务员退出机制的尝试有何利弊？

2. 谈一谈你对公务员退出机制与激励机制之间关系的看法。

3. 如何在实践中不断完善公务员退出机制？

相关知识链接：

公务员的出口，指的是由公务员变为非公务员的通道、途径。在这个环节，公务员制度的基本要求是要保证"出口畅通"。为此，就必须建立起合理的人才流动机制、优胜劣汰的竞争机制和正常的新陈代谢机制，来保证公务员"出口"的畅通。

目前，我国公务员的"出口"主要有以下六种途径：第一，辞职。是指根据公务员本人的申请，经有关领导和部门批准，辞去公务员职务，解除他和所在单位职务关系的行为或事实。这是公务员享有的一项权利。第二，辞退。这是指党政机关依照法律规定，通过一定的法定程序，在法定的管理权限内，作出解除公务员全部职务关系的行为或事实。这是行政机关的一项权利。第三，开除。是指党政机关对有性质恶劣、情节严重、危害较大行为的公务员开除出行政机关。这是对违纪公务员的一种最严厉的行政处分。第四，退休。是指公务员达到一定的年龄和工龄，符合退休条件，根据国家规定，办理手续，离开工作岗位，并享受一定数额的退休金和其他退休待遇。第五，调出。是指公务员离开行政机关，到非国家行政机关任职，不再保留公务员的身份。第六，解聘。是指聘任机关或聘任制公务员解除聘约的行为。

在以上六种途径中，辞职、调出和解聘属于人才流动机制的表现形式，辞退和开除属于优胜劣汰的竞争机制，退休则是正常的新陈代谢机制的体现。通过这些途径，来保证公务员"出口"的畅通，最终实现公务员队伍的优化、精干和高效。

案例 10：国家环保总局局长引咎辞职①

2005 年 11 月 13 日中石油吉林石化公司双苯厂发生了爆炸事故，约 100 吨苯类物质流入松花江，造成了江水严重污染。2005 年 12 月 2 日，中共中央办公厅、国务院办公厅发布了一份特殊通报：松花江重大水污染事件发生后，国家环保总局作为国家环境保护主管部门，对事件重视不够，对可能产生的严重后果估计不足，对这起事件造成的损失负有领导责任。环保总局局长解振华为此请辞，并获得中共中央、国务院批准。

解振华是中国因环境污染事件被解职的最高级官员。听到这个消息，有公众替解振华喊冤：干了一辈子环保，累得半死，明明是人家惹的祸，却要自己代人受过。

也有人认为：石油吉林石化公司双苯厂发生了爆炸事故，约 100 吨苯类物质流入松花江，造成了江水严重污染，沿岸千百万居民的生活受到影响。虽然污染事故不是由解振华直接造成的，但作为全国环保部门的最高首长，对这一污染事件负有一定的领导责任，不管别人怎么做，解振华主动请辞是理性的选择。

还有人认为：解振华作为中国主管环境保护的最高行政官员，因松花江重大污染事件而辞职，这充分体现了一个官员应有的职业伦理，这是一个好的开头。

"引咎辞职"一词这两年已为国人逐渐熟知。"非典"、重庆井喷、密云踩踏、洛阳火灾等事件中，均有责任官员引咎辞职。对于"高官问责"，中国人民大学教授毛寿龙有过这样的分析——"高官承担责任有四个层面：一是承担道义上的责任，向受害者和公众负责；二是承担政治上的责任，也就是向执政党和政府负责；三是承担民主的责任，向选举自己的人民代表和选民负责；四是承担法律的责任，要向相关法律规定负责，看是否有渎职的情形存在。"由此可见，官员即使在并未直接犯有过失和存在渎职违法的情况下，还必须为与其行政职务相联系的道义、行政和政治等方面的一定风险承担责任。

2005 年 4 月 27 日通过的《中华人民共和国公务员法》从 2006 年 1 月 1 日起正式施行，法律明确规定：领导成员因工作严重失误、失职造成重大损失或者恶劣社会影响的，或者对重大事故负有领导责任的，应当引咎辞去领导职务。领导成员应当引咎辞职或者因其他原因不再适合担任现任领导职务，本人不提出辞职的，应当责令其辞去领导职务。只要官员确实该负责任，想不引咎辞职都不行，因为引咎辞职是失职官员的法定义务。

案例分析提示与思考：

1. 请问引咎辞职是失职官员的法定义务吗？它与因违法乱纪、贪污受贿官的

---

① 引咎辞职是失职官员的法定义务 [EB/OL]. (2005-12-06) http://news.sina.com.cn/c/2005-12-06/09187633628s.shtml.

处罚有何不同？

2. 什么是责任政府？责任政府的责任具体体现在哪些方面？

3. 请问引咎辞职与责令辞职有什么异同？两者在具体执行中各具有怎样的适用范围、形式、规定程序、监督管理规范？

4. 从近年来的"高官问责"，谈谈我国政治民主化进程的成败得失。

相关知识链接：

引咎辞职：在现代汉语中，"咎"指过失（因疏忽大意而犯的错误），引咎是指把过失归在自己身上，目的在于自责。因此，引咎辞职一般是指领导人因工作失误、失职等自身过失而给工作造成了重大损失或者恶劣影响，或者对重大事故负有领导责任，不宜再担任现职，由本人主动辞去现任领导职务的行为。因此，引咎辞职是领导人自我追究过失责任的一种形式。2002 年中央重新修订并颁布实施的《党政领导干部选拔任用工作条例》中规定："咎"不是一般的"过失"，而是"因工作严重失误、失职造成重大损失或者恶劣影响，或者对重大事故负有重要领导责任"，在这种"咎"未达到违法程度或虽违法但依法不追究法律责任时，领导干部应该引咎辞职。

引咎辞职制度的适用范围：2002 年中共中央重新修订并颁布实施了《党政领导干部选拔任用工作条例》第十五条规定：党政领导干部有下列情形之一的，应当引咎辞职：（一）因工作失职，引发严重的群体性事件，或者对群体性、突发性事件处置失当，造成严重后果或者恶劣影响，负主要领导责任的；（二）决策严重失误，造成巨大经济损失或者恶劣影响，负主要领导责任的；（三）在抗灾救灾、防治疫情等方面严重失职，造成重大损失或者恶劣影响，负主要领导责任的；（四）在安全工作方面严重失职，连续或者多次发生重大责任事故，或者发生特大责任事故，负主要领导责任的；连续或者多次发生特大责任事故，或者发生特别重大责任事故，负主要领导责任、重要领导责任的；（五）在市场监管、环境保护、社会管理等方面管理、监督严重失职，连续或者多次发生重大事故、重大案件，造成巨大损失或者恶劣影响，负主要领导责任的；（六）执行《党政领导干部选拔任用工作条例》不力，造成用人严重失察、失误，影响恶劣，负主要领导责任的；（七）疏于管理监督，致使班子成员或者下属连续或多次出现严重违纪违法行为，造成恶劣影响，负主要领导责任的；（八）对配偶、子女、身边工作人员严重违纪违法知情不管，造成恶劣影响的；（九）有其他应当引咎辞职情形的。

引咎辞职的形式和程序：党政领导干部主动引咎辞职的，本人必须写出书面申请报告，报任免机关审批。任免机关应当自接到申请起 30 天内，对有关问题进行调查核定，作出接受与否的决定。确认应当引咎辞职的，在提请党委常委会集体讨论决定后，由任免机关按规定程序办理辞职手续。属于党委或者政府委任的，应当分别由党委组织部门或政府人事部门按规定程序办理辞职手续；属于人大常委会委任或者人民代表大会选任的，则应当在经过人大常委会依法通过后，由人大常委会的有关部门办理辞职手续，并向人民代表大会报告。

引咎辞职的监督管理：引咎辞职者在辞职审批期间，不得擅自离职。对擅自离职的，应当予以免职，并给予纪律处分。经任免机关同意其引咎辞职的领导干部，应当自批准之日起的半个月内，办理公务交接手续和辞职手续；同时，要按照有关规定，接受离任经济责任审计。拒不办理公务交接手续或不接受离任审计的，应给予必要的纪律处分。对于引咎辞职的领导干部，经离任审计和组织审查，确认其无违法违纪行为的，可以根据其实际情况，降一级安排适当工作，同时确定其相应的政治、生活待遇，但不宜改任同级非领导职务或保留其原有职级等。

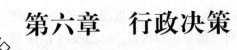

第六章 行政决策

　　行政决策是现代行政管理的一个重要环节。在行政管理学中，有关行政决策的研究主要集中在行政决策的类型与特点、行政决策的组织体制、以及决策的科学化、民主化过程或程序等方面[①]。本章围绕以上主题，选编了 10 个相关的公共管理案例，以供学习者随教学进程进行分析讨论。

　　教学目的：了解发达国家决策咨询系统的地位与作用；分析我国公共决策中存在的问题和失误；考察决策评价机制和责任追究制度

　　应用方式：案例讨论、情境角色分析

案例 1：决策智囊团[②]

材料一：美国兰德公司

　　美国兰德公司被誉为世界智囊团的开创者，是美国规模最大的咨询研究机构之一。它研究的课题是军事、政治、外交、经济、文化、教育和科学技术各个领域中最迫切需要解决的重大问题，研究目的是寻找解决这些问题的途径和措施，为各种重大决策服务。在对外政策方面，兰德公司特别注意与国家安全有关的地区研究，主要对象是苏联和中国，也重视对欧、亚、拉丁美洲的研究。兰德公司的研究力量相当雄厚，这个优秀人才的集体也是一个以智慧、创造力和富有生气为特征的"社会有机体"。

　　在这个集体里，每个人都不得不勤奋工作，努力钻研，不断有所创新，有所建树。他们打破 8 小时工作制的常规，夜间或周末常常继续工作，有的人甚至很少回

---

　　① 张国庆. 公共行政学 ［M］. 3 版. 北京：北京大学出版社，2007：232.

　　② 黄达强，许文慧. 中外行政管理案例选 ［M］. 北京：中国人民大学出版社，1988：81；魏武，赵晓辉. "中国政府第一参"首次公开亮相 ［EB/OL］. （2004−04−08）http://www.dzwww.com/xinwen/jhs-dxw/200404081037.htm；余继军. 全国首家民间政策研究组织在厦门成立 ［N］. 人民日报，2004−11−25（10）.

家。兰德公司给美国政府和大企业创造了难以计数的效益。20世纪60年代，时任美国国防部长的麦克纳马拉曾说："美国空军对兰德公司的投资，已经收回了10倍以上的价值，它分担了五角大楼的将军们和白宫官员们在国防计划方面的一大部分责任。"

同时，美国政府对兰德公司等咨询研究机构提出的报告，在认识上也有过不少的教训。兰德公司研究苏联公开发表的空间技术文献之后，于1949年就写报告给政府，预言苏联将于1957年发射人造地球卫星，提出政府当年的战略措施应是加速研制人造卫星。但是，美国政府首脑对此不屑一顾。结果，1957年10月4日苏联人造卫星真的上天了，大出美国政府意外。而查对五角大楼的档案，果然早已被兰德公司所推算，并且苏联人造卫星上天与兰德公司的预言之间的误差竟不超过一周。

20世纪70年代中期，美国研制成功中子弹后很是得意。兰德公司却指出：我们在1958年就打报告给国防部，提出应当立即搞中子弹，政府听不进去，以致延误了10年之久。美国政府一查，果然如此。

材料二：中国政府智囊机构——国务院参事室

2004年4月8日，在中国政府内部及在中国智囊机构中久享"高参"美誉，却一直鲜为社会知晓的国务院参事室首次举行新闻发布会，撩开神秘面纱，向社会全面介绍其性质及工作情况。

政府参事室为政府内具有统战性和咨询性的直属机构，它与其他智囊机构的不同之处在于，参事是政府工作人员，以个人身份参政建言，他们提出的意见式建议，以"直通车"的方式直接报送政府领导。

参事建议是参事向政府反映情况的主要渠道，由参事们围绕党和政府的中心工作，针对各自熟悉的领域中社会关注的热点、难点问题选定课题，在深入调研和客观分析的基础上形成。参事建议具有前瞻性和可操作性强的特点，并及时呈报给国务院和省市政府领导。这一以贴近民情和高速直达为特色的参政建言方式为参事室赢得了"中国政府第一参"的美誉。

参事们主要是从非中共人士中遴选出的有代表性、有影响和有较强参政议政能力的专家学者或社会上名望较高的人士，他们不代表任何党派。国务院参事由总理聘任，地方政府参事则由省长、自治区主席、直辖市或省辖市市长聘任，每一任参事任期为5年，首聘年龄在60岁左右。如因工作需要，年龄可上下浮动5岁左右。与一般政府工作人员不同的是，参事任职期间原则上不办理退休手续。

根据参事遴选规定，中共党员不得超过参事总数的10%。这样更利于团结党外知名人士，调动他们参政咨询的积极性。由于脱离了原来的工作岗位并以参事工作为本职，参事们的身份比较超脱，他们提出的建议也因而较少受到部门利益影响，更为客观全面。

参事建议涉及中国政治、经济和社会生活的方方面面。远自改革开放初期的农村联产承包责任制，近至温家宝在十届全国人大二次会议上的《政府工作报告》，以及正在困扰中国的艾滋病和粮食安全问题，都凝聚有中国政府参事们的智慧。

据了解，自1978年以来，各参事室共报送建议和调研报告5 000余件。其中国务院参事室报送200余件，并参与了300多件法律法规草案的修改修订工作。参事们大都与海内外有着广泛的联系，随着中国的不断发展强大和改革开放的深入，政府参事会发挥越来越大的作用。

目前，中国共有41个政府参事室，参事一千多人，其中国务院参事有35位。全国28个省、自治区、直辖市政府和11个省辖市设有政府参事室。自中国政府1949年10月23日聘任首批32名政府参事以来，中央和地方政府先后任命了4 000余位参事。

材料三：全国首家民间政策研究组织——思明发展研究院

2004年11月24日，由厦门市思明区政府和厦门大学公共事务学院携手组建的全国首家民间政策研究组织——思明发展研究院日前成立。

研究院由知名专家学者、企业家、律师及社会知名人士组成，院长由厦门大学公共事务学院院长陈振明教授担任。研究院将按照研究、咨询与培训相结合的思路，围绕改革与发展的重大理论和实践问题进行课题研究和咨询活动，提供研究报告和政策建议，开展学术交流，进行人员培训，为改革与发展输送管理人才。

思明区郑区长说，组建思明发展研究院是要充分发挥高校和研究机构的专家学者、社会知名人士的智力优势，形成强大的决策参谋咨询后盾，改善公共决策系统及其运行，提高公共政策制定与执行的质量，促进思明区经济和社会发展。

案例分析提示与思考：

1. 结合材料，归纳官方咨询机构和非官方咨询机构各自的特点和优缺点。

2. 谈谈你对加强参谋咨询系统建设，完善专家咨询论证机制的看法。

相关知识链接：

智囊，是现时流行的说法，历史上曾有过多种叫法，如门客、军师、谋士、参谋、顾问等等，在古代军事及其他政治活动中起着十分重要的作用。如史书、兵书中有记载的孙武为吴王阖闾献谋、吴起为魏文侯献谋、孙膑为齐威王献谋，这里孙武、吴起、孙膑都是谋士，他们为各自的国君在治邦立业中作出了不可磨灭的贡献。

在现代管理中，随着科学技术的迅猛发展和全球化的巨大挑战，世界范围内的竞争愈演愈烈，智囊就更为人们所重视了，并形成了智囊组织、智囊系统，作为一个群体的组织来为企业、为社会服务，这也就是所谓的智囊团问题。"三个臭皮匠——顶个诸葛亮"，由此可见，"智囊团"的力量不可忽视。

在现代社会，"智囊团"又称咨询参谋系统、智库、思想库、智囊机构、顾问班子，是一种特殊生产知识和思想的组织，是由政策研究组织和各种专家学者组成的为决策中枢系统出谋划策的智力辅助机构的总称。它具有辅助性、独立性、科学性的特点，是现代行政决策体制不可缺少的重要组成部分。主要任务是辅助决策中枢系统发现问题、确定目标，拟定并论证各种决策方案，为决策领导者评估选优、确定方案提供科学依据；同时，还辅助决策领导者发现、纠正决策中的偏差，提供修正意见和追踪决策方案。由于现代行政决策任务的复杂性、艰巨性和咨询系统自身具有的特性，咨询参谋系统在现代行政决策体制中显示了越来越重要的作用，是行政决策科学化、民主化的一个重要条件。

案例 2：曾培炎领衔成立中国高级智库——国经中心[①]

从国务院副总理的职位上引退一年后，71 岁的曾培炎再度"出山"。这次，他有了一个新身份——中国国际经济交流中心（以下简称国经中心）理事长。这是新近在北京成立的一家高级智库，在 2009 年 3 月 20 日召开的第一届理事会上，曾当选为理事长。他的前副总理身份，以及国经中心领导层不寻常的"豪华"阵容，使得新智库备受海内外瞩目，一时有"中国最高级别智库"之称。新智库成立之际，百年一遇的金融危机方兴未艾，不明朗的形势和前景使国家宏观决策面临严峻挑战。而国内现有的高层决策咨询体系，则似乎难以有效地帮助决策层应对眼下的复杂局面。就在曾培炎"履新"的 3 月份，从全国"两会"到官方媒体，针对经济学家和智库机构对经济形势判断失误的批评不绝于耳。国经中心成立前一天出版的《瞭望》杂志抨击一些智囊专家只会"揣摩上意"。在此背景下出世的国经中心，因而被寄予期望。"这是在探索建立中国特色的半官半民的新型高级智库的一次质的飞跃。"国经中心研究人员之一，原国家开发银行副行长刘克崮评价说，中国智库体系的变革刚刚开始。

一、"超级智库"

3 月 20 日，在北京中国大饭店这家"白金级酒店"里，中国国际经济交流中心正式成立。这个新智库的领导层，摆出的是一个"超豪华阵容"——理事长曾培炎，原国务院副总理。执行副理事长 8 人：中央财经领导小组办公室原主任王春正、经济学家厉以宁、香港中文大学校长刘遵义、国家发改委副主任张晓强、国家开发银行董事长陈元、清华大学经济管理学院院长钱颖一、中石油集团总经理蒋洁敏、国家行政学院副院长魏礼群。常务副理事长郑新立，中央政策研究室副主任。副理事长 10 人：香港国际商会主席冯国经、广东省原省长卢瑞华、中央外事办原

---

① 王一剑. 71 岁曾培炎再度出山领衔成立中国超级智库 [EB/OL]. (2009-04-03) http://finance.sina.com.cn/china/hgjj/20090403/01556060179.shtml.

主任刘华秋、国务院发展研究中心主任张玉台、国家发改委副主任兼国家能源局局长张国宝、国务院国资委主任李荣融、全国人大教科文卫委副主任委员徐荣凯、中投公司董事长楼继伟、中央政策研究室原主任滕文生、全国社保基金理事会理事长戴相龙。秘书长魏建国，商务部原副部长。常务理事中包括中钢股份董事长黄天文、中海集团总裁李绍德、国家开发投资公司总裁王会生等大型央企负责人。这样的人事架构，被另一家京城智库——中国现代国际关系研究院的江涌评价为"阵容庞大，规格很高"，"几乎任何一位都是当下媒体所追逐的关键人物"。

二、新智库的引人瞩目

"这个新智库是温家宝总理亲自批示成立的，整合了原来国家发改委下属的国际合作中心和对外开放咨询中心两大智库。"参与国经中心筹建的一位知情人士透露说，温总理早在 2008 年 11 月就表示，在当前经济形势复杂多变的情况下，仅靠经验，靠少数人的智慧是很难作出正确决策的，必须广泛听取各方面的意见，加强决策的科学化、民主化。这事实上为新智库成立后的工作指明了方向。"（我们）将着眼于国际经济方面的重大热点焦点问题，开展战略性、宏观性、前瞻性研究，不断形成一批针对性强，可操作性强的研究成果。"曾培炎在 3 月 20 日的成立仪式上说。国经中心甫一成立，便列出了 2009 年要重点研究的 19 个课题，包括金融危机第二次冲击波的可能性、构建国际金融新秩序、中美战略经济合作、中日战略互惠关系、中俄中亚能源资源合作研究、各国政府决策机制及智库在政府经济决策中的作用等，"都是当下的重点、难点、热点问题。"刘克崮说，新智库成立后的首次重大活动，是计划于 6 月下旬在北京举办"全球智库峰会"。这次大会将邀请200～300 家全球知名智库和全球 500 强企业领袖，为摆脱金融危机和中国经济平稳增长出谋划策。所有这一切，都使外界对这个"中国最高级别智库"在未来高层决策中的角色充满联想。

三、专家们的低谷

在曾培炎看来，眼下越来越复杂的国际环境，"是对各国智库谋划能力的考验。"这是近 10 年来对决策者最具挑战性的年代，国际国内经济形势急转直下，宏观调控政策快速调整，使得各级官员和企业界一度手足无措。"我们最希望获得对未来经济形势、对宏观调控政策的一个相对准确的预期，但过去一年的频繁变化，让我们很迷惑。"在浙江做纺织品生意的叶运堂说。与此相伴随的，是一些经济学者和智囊专家的种种预言一再沦为笑谈。2007 年底，中国社科院一位著名经济学家还在强调"4％是中国通胀承受的极限"、"宏观经济不会大起大落"，两个月后，消费物价指数达到月度 8.7％，半年后，跌到 2008 年 12 月的 1.2％。2007 年下半年次贷危机初起时，不少主流学者纷纷给出"危机是暂时的"的判断，强调"对中国影响不大"。2008 年 7 月，当国际油价冲击 147 美元/桶，国内的能源研究机构众口一词地预测"国际油价即将冲上 200 美元/桶"，5 个月后，他们被 35 美元/桶的新价位刻薄地嘲弄了一把。"误判频繁发生，除了专业功力不足的原因外，还在于国内现有的一些智库越来越多地囿于利益集团的束缚。"江涌说。江涌曾就"部门利益"问题做过专题研究，他发现，一些部委下属的智库机构越来越注重于本部门的利益诉求。由于受到观点必须与所在单位一致的"内部纪律"约束，研究者们大多采用有利于本部门的论点和论据，否则就会被领导批评。接受海外机构和跨国公司的资助，也成为国内不少智库的谋生手段。2008 年 3 月 20 日，美国福特基金会在北京举办了一个招待会，"邀请了 400 多人，全是来自中国各重要的行政、科研、教学和政策咨询部门的知名学者，他们过去都接受过福特基金会各种形式的资助。"一位当时到场的研究所负责人回忆说。有实力的民间商人也介入到对智库的资助。据江涌所知，山西几位煤老板在北京购置办公室，组织了一个智库，资助一部分专家进行研究，以便"专业地表达符合他们利益的观点"。在江涌看来，智库机构不受规范地接受外部资助，结果便是"吃人嘴软"，沦为特殊利益集团的代言者，难以为国家宏观决策提供具有独立性、客观性和科学性的咨询服务。"经济社会运行的复杂形势对目前的智库体系形成严峻挑战。社会转型必然要求中国智库体系的转型。"刘克崮认为，智库系统变革的方向，就是建立高层次、综合性、半官办民的新型智库。

四、"半官半民"的体制

国经中心的组建，被认为是这种转型的探索之一。高层次、超部门，是对新型智库的第一个期待。有前国务院副总理挂帅领军，国经中心的高级别不言而喻。作为非营利性社团组织，国经中心目前常设的研究人员有上百人，其中部分为事业编制，而它的开放式研究平台可实际调动的人力则远超这一规模。"针对金融危机这样复杂经济现象的研究，一定是跨部门、跨地区、跨学科的。"刘克崮介绍说，因此，国经中心的成员分别来自国家行政部门、各社会团体、大型企业、港澳商会、金融机构和高等院校，形成了超越单一部门和社会集团的人事布局。

新型智库的另一个重要标志，是"半官方半民间"的身份。刘克崮走访了布鲁金斯学会、兰德公司等 7 家国际高级智库，他的结论是，中国的智库体系中，最欠缺的是半官办民的智库，"官方智库受到体制内的各种因素影响，民间智库又离决策层比较远，对高层的意图和需求也不清楚。"相比之下，美国高级智库的"官民结合"就做得很好。基辛格、布热津斯基在进入白宫前，都曾在洛克菲勒兄弟基金会、兰德公司等智库任职，离开白宫后又重回智库。"智库精英既接近民间又熟悉政府运作，知道决策层要什么"。因此，作为对半官半民的探索，国经中心吸收了许多像曾培炎这样的"退下来的老同志"，他们既能以退休者的身份接近民间，又能因原来的职业经历而将社会意见快速反馈至高层。

不过，国经中心吸纳了许多大型国企为理事单位的做法也引来质疑。鉴于企业单位可能会为中心提供研究经费，有舆论对新智库能否保持独立性表示担心。江涌也主张，体制内的智库研究应全部由政府出资。而刘克崮对此则并不格外担心，"任何智库的资金来源都是多元的，以社会来源为主，政府经费为辅，只是要避免单一地接受来自某一企业或行业的资助。要以课题费和研究成果为有偿使用为主。"他举例说，兰德公司65％的收入来源于美国联邦政府，35％的收入来自州政府、外国政府、私营公司、基金会等不同的客户。由于实行规范的项目合作制，兰德得以成为美国政府名副其实的"外脑"，保持独立思考。

案例分析提示与思考：

1. 试论决策咨询在公共政策制定中的地位和作用。

2. 作为半官方参与者，曾培炎领衔的国经中心的主要职责和任务是什么？这一新型高级智库将对我国国民经济重大决策产生怎样的作用？

3. 温家宝总理批准新成立的国经中心与我国其他政府经济研究机构有什么不同？

4. 我国智库系统目前存在的问题及变革的方向是什么？为什么？

5. 请问国经中心能否成为象兰德公司那样享誉世界的新型高级智库？

6. 国经中心吸纳许多大型国企为理事单位的做法为什么会引来众多质疑？

相关知识链接：

智库：即智囊机构，也称"思想库"或"智慧库"，英文称呼"think tank"。是指由专家组成、多学科的、为决策者在处理社会、经济、科技、军事、外交等各方面问题出谋划策，提供最佳理论、策略、方法、思想等的公共研究机构，是影响政府决策和推动社会发展的一支重要力量。严格意义上的智库是一种相对稳定的、独立于政府决策机制的政策研究和咨询机构。

智库的职能：主要包括提出思想、教育公众和汇集人才。智库首先通过研究和分析形成新的政策主张，再通过出版书刊、举办各类交流活动、利用媒体宣传等方式，力图使这些主张获得公众的支持和决策者的青睐。

西方发达回家智库十分重视研究人员的培养，智库成员出入政界已成为美国政治的一大特色，一方面智库将精英输送到政府机构任职，由研究者变为决策参与者；另一方面也为在政府换届中的下台官员提供容身之所。智库在西方发达国家有很强的话语权，每逢重大政策的决断，一般是智库先提建议，然后媒体讨论、国会听证，最后由政府采纳。

案例 3：谁为公共决策的失误埋单？①

决策，是政府性质使然，但决策是否正确，效果就大不一样。那些出于私利，为了"政绩"产生的决策，就很难收到好效果。但摆在眼前的问题是，谁在为决策失误埋单？谁又要为这些失误埋单？

一、决策失误损失触目惊心

某市的市委书记说了一件烦心事：他的前任没有考虑本地的经济发展水平，好大喜功地建设了一座设计豪华的市政府办公楼。工程过半，当地财政就不堪重负，不得不停下来。这一停就是 7 年。现在群众意见很大，许多被拖欠工程款的老板经常到政府来讨债，有些老板还采取了一些过激的行为。前任领导已获升迁，留下令新任领导班子为难的事，不知如何处理是好。当地许多群众义愤填膺：一届政府领导为了自已的门面，盲目决策造成了几千万元的损失，而责任人竟没有受到惩罚，反而得到了升迁。

类似该市这样因为决策失误而造成重大损失，并非个别现象。据国家审计署的审计数字表明，2002 年 1 月到 11 月，全国共查出违法违规问题金额超过 2 000 亿元。其中，决策失误造成国有资产损失严重，仅由于违规担保、投资和借款等，给国家造成的损失就达 72.3 亿元。许多人士普遍认为，这一组数字已相当保守了，实际上由于决策失误造成的损失远不止这个数字。

二、谁让决策失误频繁

一项重大的决策本应该经过千锤百炼、千证万考，为什么还会出现如此多的失误呢？透过许多重大决策，我们能很清楚地看到"首长工程"、"长官意志"的影子。由于历史原因，我们相当一部分的经济决策权仍然掌握在各级党委政府手中，而一部分领导人不懂经济，只是凭自已的经验与好恶来决策。某省乙烯工程就是典型的长官意志、批条经济的产物。它投资 80 亿元，试产三个月后，由于项目产量只有 11.5 万吨，无法形成市场规模，被迫停产。现在，每年须还贷 7.2 亿，设备维修费 8 400 万元。

近年来的决策失误，除了少数违规操作外，有相当一部分则是在"加快发展"、"战略眼光"的名目下产生的。不切实际地上"大项目"，这种"政绩工程"、"面子工程"在各地非常普遍。公开场合说是"为了发展"，实则是为了给个别领导脸面上贴金，借以平步青云。比如河南省某县的"形象工程"和"县长工程"就是典型的例子。投资 430 万元，占地 296 亩的高效农业示范园区建于 1998 年秋，大部分资金是由县政府贷款解决的。这个项目在上级领导"不换思想就换人"的训斥中匆匆上马，由于缺乏科学论证，示范区在当年就赔了 20 多万元。近两年来，不但没有起到任何示范作用，反而白白扔了 70 余万元。

———————————

① 孟金霞．谁为决策失误埋单［J］．时代潮，2003（18）.

如果说决策者由于受到局部利益驱动，盲目决策，那么政府部门官僚主义作风也是造成决策失误的一个根源。许多项目审查部门在重大决策面前本应该认真审查，严格把关，尽可能避免错误决策一路绿灯，但现实中许多审查部门形同虚设，惟领导意志是从。比如：位于汉阳长江江滩，距长江大桥 200 米，可容纳业主 451 户的武汉外滩花园小区，利用江滩长达 1 000 米，占地 80 亩，整个投资约 1.6 亿元。当业主刚刚或正准备入住时候，这个高档小区却因"有碍防洪"面临着被炸毁的命运。为什么这个项目在上马过程中顺利地办理了各项手续与证书？显然，政府有关部门在审查这个项目时，没有很好地执行国家的法律，致使这个错误的决策一路绿灯。

三、决策失误背后是决策犯罪

许多本不该上马的项目工程，不仅是某些领导的形象工程，也有许多决策者"损公肥私的主观故意"。在决策失误的背后，经常掩盖着经济犯罪和其他腐败问题。

1999 年 5 月，我国《刑法修正案》明确规定国有公司、企业、事业单位的工作人员，由于严重不负责任或滥用职权，造成本单位严重损害或重大利益损失的，要给予加重处罚，可判拘役至有期徒刑七年。据监察部官员介绍说，我国的《刑法》中"破坏社会主义市场经济秩序罪"，就是针对企业领导人盲目决策和决策失误所造成严重后果的；"渎职罪"专门对国家机关工作人员滥用职权或者玩忽职守，致使公共财产、国家和人民利益遭受重大损失的行为作了规定。

然而在现实中，某些政府官员对决策失误几乎不承担任何责任，听得最多的就是"这是改革中付出的学费"。某市一个副县级干部在与外商打交道中，私交甚佳，结果使 200 万元"打了水漂"，事发后，这位干部仅写了一份不足 500 字的检查，就被平调到另一个地方，照样当官。谁敢保证他以后不继续"交学费"？

四、决策失误不能一笑而过

在这种"决策失误"中充当"冤大头"、付"学费"的实际是纳税人。在一些由政府官员拍板的项目中，纳税人无权过问自己的钱用在何处，更不要说这些投出去的钱的风险究竟有多大，以及赔了钱该由谁承担责任。正是由于决策者和纳税人权利义务的脱节，才使得某些决策者敢于盲目拍板。

为此，一些人大代表建议：一方面必须进一步深化政府管理体制改革，加强政府研究咨询工作，尤其是重大工程项目，必须经过深入的调查研究和充分论证，避免决策的盲目性。另一方面，必须重视政府决策制度的建设，尽快出台"行政程序法"，规范政府决策行为。更重要的是，要建立决策失误责任追究制度，真正实行"谁决策，谁负责"。决策失误后，属于工作水平问题的，要进行行政处理；属于违法程序的，要依法处理；造成重大经济损失，或有以权谋私等现象的，要从严处理，直至追究刑事责任。

据悉，已有一些地方开始向决策失误开刀了。湖北某市为防止领导干部的乱拍板，通过在全市各行业推行领导干部决策失误赔偿制度，向那些不负责任的干部亮起了红灯。深圳市政府也开始了深化人事制度改革，领导干部因个人决策失误或工作过错造成重大损失的，应引咎辞职。

公众期盼政府重大决策能早日走向科学化、民主化，少交一点学费。

案例分析提示与思考：

1. 一项重大决策本应该经过千锤百炼，千证万考，为什么还会出现如此多的失误呢？

2. 如何才能避免行政决策失误？

相关知识链接：

行政决策原则是行政决策过程固有的客观规律的反映和概括，是决策工作中表现遵循的准则，主要包括以下八个：

（1）目标原则。决策的首要条件是要有合理的决策目标。没有目标或目标不合理的决策是盲目的决策，它所造成的危害比不作任何决策更大。因此，在进行行政决策时，首先要确定一个合理的目标。坚持目标性原则，可使决策避免舍本求末的现象，使整个决策过程明白主次，抓住中心。

（2）信息原则。信息是决策的基础，决策的每一步骤和环节都离不开信息。无论是目标的确定，还是备选方案的拟定和优选，以及方案实施过程的补充、修正，都必须建立在全面、准确的信息资料的基础上。因此，在进行行政决策时，掌握最新、最全面、最准确的信息，是行政决策正确、避免失误的重要条件。

（3）预测原则。预测是决策的必要前提。因为任何行政决策都是对未来行动所作的一种设想，是在事情发生之前的一种预先分析和抉择。凡事预则立，不预则废。现代科技和经济的高速发展，社会生活各方面的急剧变化和激烈竞争，更要求运用科学预测，高瞻远瞩，了解行政决策对象的发展趋势、时空和条件、影响后果等，从定性、定时、概率各要素作综合预测，才可能减少和避免决策失误。

（4）客观原则。行政决策备选按事物发展的客观规律和人们思维活动规律来进行。决策者一定要坚持实事求是的思想路线，深入调查研究，摸清决策对象的特点和环境情况，使决策符合国情、省情、县情和经济与社会发展的客观规律。如果主观随意行事，必将导致决策的失败，给国家和人民造成损失。

（5）系统原则。行政决策对象本身具有系统性特点，因而在制定与实施行政决策时，应当注意决策对象所处的整个系统及相关系统和构成各系统的相关环节，要对整体与局部、内部条件与外部环境、当前利益与长远利益、主要目标与次要目标及其相互关系、相互作用加以分析，才能正确决策。

（6）可行原则。决策是为了实施，要实施就必须具备人力、物力、财力等条件。只有各方面的主客观条件都具备了，决策才具有可行性。决策者应从政治和经济效益、现实与未来、有利于不利、成功的几率与失败的风险等多方面加以权衡比较，作出可行性论证，才能最后决定。

（7）择优原则。决策优化是决策者追求的目标。一般说来，决策总是在几个方案中进行选择。如果只有一个方案，没有比较和选择，就无从优化。不追求优化，就难以作出最好的决策。因此，至少应有两个以上的决策方案供决策者权衡比较，择优汰劣，从中选出最优的满意方案。

（8）动态原则。行政决策对象是在不断的发展变化的。而一项决策的制定、执行、修正又是一个较长的动态过程。为此，决策者在决策时要富有远见、留有余地，准备应变性措施，以适应变化了的形势。一旦发现决策同客观情况不相适应，要及时调整，修正决策。

案例 4：我国地方政府债务知多少？[①]

据世界银行估计，"七五"至"九五"期间，由一人或几人决策的所谓"政绩工程"和"面子工程"，使中国政府的投资失误率高达 30%，资金浪费大约在 4 000 亿～5 000 亿元，远远高于发达国家平均 5% 的水平。据资料显示，截止 2005 年底，全国地方政府债务至少在 1 万亿元以上，各级地方政府投资的建设项目拖欠工程款达 700 亿元。因此，大大小小的政策性浪费已经成为行政质量不高和延缓我国经济社会发展的主要障碍，所以，需要对公共政策制定过程进行改革。

经历了 2008 年以来的全球金融危机，中国地方政府的债务负担直线上升。2011 年 6 月国家审计署审计长刘家义向十一届全国人大常委会第二十一次会议作关于 2010 年度审计工作报告。截至 2010 年底，除 54 个县级政府没有政府性债务外，全国省、市、县三级地方政府性债务余额共计 107 174.91 亿元。这表明，2006 年以来，中国政府的债务负担已从 1 万亿元增至 10 万亿元，净增了 9 万亿元。

因此，有人疾呼这是改革倒退，建议在政府决策过程中引入外部机制，发挥人大、政协、社会团体、社会中介组织、学术和新闻舆论的作用，坚决杜绝由一个人或几个人闭门决策，规范政府决策的公开透明机制和社会监督机制，使政府决策行为在阳光下进行。特别应该指出的是，在决策过程中，如何"限制一把手的权力"是当务之急，一把手在用人、决策和政府预算上的权力过大仍然是解决公共问题过程中必须首先解决的重大问题。为此，应认真研究建立"具有中国特色的社会主义民主管理体制"问题，切实做到政府管理的民主化。这对提高政府效率、降低政府成本、限制政府权力、减少腐败、树立政府威信、增强社会凝聚力、扩大社会民

---

① 蒋彦鑫. 10 万亿! 地方政府债务首次摸清 [EB/OL]. (2011－06－28) http://money. 163. com/11/0628/03/77JUN2ON00253B0H. html.

主、构建和谐社会都有好处，具有较强的现实性和紧迫性。

案例分析提示与思考：

1. 为什么减少政府负债、降低投资失误需对公共政策制定过程进行改革？在公共决策中规范政府决策的公开透明机制和社会监督机制有何作用？

2. 你是否同意改革倒退的说法？为什么？

3. 请问 10 万亿地方政府债务是否超过政府债务承受能力？为什么？

4. 我国地方政府债务有风险吗？是否应通过法律途径设立相关警戒线？

相关知识链接：

地方政府债务：地方政府债务是指在某个时点上，地方政府作为债务人，由于以往支出大于收入所形成的赤字总和，是一个存量概念，包括建立在某一法律或合同基础之上的显性负债和政府道义上偿付责任的隐性负债。通常由银行贷款、向上级政府公共财政资金借款、发行地方政府市政债券和其它借款等不同来源的资金负债构成。

"十大产业振兴计划"：2008 年全球金融危机爆发之后，中国政府以积极的姿态采取了一系列应对措施。自 2008 年底，出台了 4 万亿投资拉动内需计划之后，2009 年初又针对在我国国民经济中具有举足轻重地位的钢铁、汽车、纺织、装备制造、船舶、电子信息、轻工、石化、有色金属、物流业的发展困境出台了十大产业调整振兴计划。这既是在中国经济面临全球金融危机大背景下的自救之策，也是在新经济环境下寻求新发展的战略转变之举。因此，十大产业振兴计划成为 2009 年中国经济复苏进程中的最大看点。

案例 5：社情民意反映机制①

材料一：青岛市问政于民、听证于民、议政于民三大新机制

2004 年，青岛市采取多种措施，努力构建问政于民、听证于民、议政于民三大新机制。

首先是问政于民，建立民主施政社会机制。具体举措有：一是搭建问政于民的开放平台，开展"我为青岛发展献计策"市民月活动；二是通过市民议事厅、电视对话、网上对话、专题座谈等形式，让各级党政领导与市民开展互动式对话又流；三是通过建立市长公开电话、效能投诉电话、网上市民建议专页等形式，构建起体察民情、了解民意的长效机制；四是建立市民建议办理反馈机制，要求每条建议意见都要答复。

---

① 青岛构建问政于民、听证于民、议政于民三大新机制 [M]. 领导决策信息，2004（46）；王科. 咸阳市民旁听政府会议可发言，陕西将全省推行 [N]. 人民日报，2005−08−11；重大行政决策须征求民意 [N]. 成都日报，2004−05−22.

其次是听政于民，建立民主施政公信机制。一是出台《社会公共事项决策听证实行办法》，明确规定对涉及政府重大决策和与市民密切相关的公共事项，必须提前向社会公告，组织市民听证，听取群众意见；二是全面推行政务公开和服务承诺，如所有具有审批职能的部门都实行首问负责、限时办结、服务承诺等制度；三是建立基层民主听证制度，扩大基层民主自治。目前，青岛全市95％以上的村庄较好地实行了村务公开、民主管理制度。

　　再次是议政于民，建立民主决策与监督机制。一是建立重大决策专家咨询与市民参与讨论制度，建立了包括国内一些著名专家在内的近百人规模的专家智囊库，成立了高级专家协会，实施了社科专家"双百调研工程"等；二是建立群众对党政机关作风监督评议制度。如青岛市建立了以人大代表、政协委员、专家学者和市民代表为主组成的行风评议员队伍，对全市104个部门和行业，9 000多个基层单位进行经常性的政风行风检查与评议。

　　材料二：陕西省咸阳市《公民旁听市政府常务会议实施细则》

　　2004年5月，陕西省咸阳市制定了《公民旁听市政府常务会议实施细则》，规定会议召开前三日，要在报纸、电视台和政府网站发布公告，公布会议时间、地点、议题、旁听报名办法等。凡年满18周岁并具有完全民事行为能力的公民，均可按照公告持本人身份证申请登记，不再设置其他报名前置条件。会场专设旁听席，还向旁听市民发放会议材料，允许他们当场发言。

　　同时，市政府还建立了旁听公民意见建议收集、督办和反馈机制。旁听公民对会议议题乃至政府工作的意见建议，除可当场提出外，也可会后口头或书面反映。他们的意见建议由专人收集、整理呈政府领导审阅后转相关部门、单位办理，市政府督查室会定期检查办理、反馈情况。这些意见建议中可以采纳的，要补充到常务会议决议或会议纪要中，暂时未能采纳的，分别由各职能部门负责向提出人解释清楚。

　　这项制度一年来，不仅促进了政府决策质量的提高，也促进了政府决策的顺利落实，收到了"提高政府决策的质量和效率、架起公民联系政府的桥梁、促进政府决策的顺利落实"等三大效果。它既解决了政府有效管理的问题，又解决了民情民意上达的问题，也是提高市民民主参与程度的一种有效途径。

　　2005年8月，陕西省政府已发文，要求全省各级政府都要邀请人民群众旁听政府常务会议、专题会议。

　　材料三：重庆市行政决策听证、政务信息公开制度

　　2004年5月21日，重庆市人民政府常务会议通过了《重庆市行政决策听证暂行办法》、《重庆市政务信息公开暂行办法》，规定政府机关在做出重大行政决策时必须进行听证，征求民意；20类政务信息必须主动公开，保障群众知情权，增加政府透明度。

必须听证的事项包括：编制城市规划、土地利用总体规划经公示有较大异议的；拟定或修改城市房屋拆迁、农村土地征用的补偿安置方式和标准；设定或调整水、电、气、路桥、教育、卫生、公交、垃圾和污水处理等公用事业的收费项目及标准；开挖、改造城市主干道；可能对生态环境、城市功能造成重大影响的政府投资项目的立项审批或核准；重大建设项目的环境影响评价；财政预算追加；与公共安全直接有关、人民群众普遍关注的重大行政措施；直接和广泛涉及群众利益的重大立法项目；低保、最低工资和失业保险的标准；行政机关认为应当听证的其他事项。

必须公开的信息包括五个方面 20 类：一是管理规范和发展计划方面，包括政府规章和规范性文件、城市和土地规划、经济社会发展计划；二是与公民、法人和其他社会组织切身利益密切相关的重大事项，包括土地征用、房屋拆迁的批文、补偿标准和安置方案，以及行政事业性收费项目等；三是公共资金使用和监督方面，包括政府投资建设项目的招标、建设和使用情况，以及政府集中采购项目情况等；四是政府机构设置及公务员的选拔任用情况，包括政府机构的设置及职能，领导成员的履历、工作分工和调整情况，以及公务员录用程序和结果等；五是法律、法规、规章规定的应当公开的其他政务信息。

案例分析提示与思考：

1. 请问，为什么政府公共管理必须高度重视社情民意？

2. 结合材料，试分析以上建立健全社情民意反映制度的主要方式和作用。

3. 结合实际，谈谈你对加强决策信息系统建设，健全社情民意反映机制的看法。

相关知识链接：

决策信息系统是由从事行政信息处理的机构、人员及信息通道、信息工具所形成的有机整体。现代行政决策的信息系统是由信息处理专门工作人员、电子计算机，以及其他传输工具组成的人—机系统，一般由信息收集、信息加工、信息传递、信息储存、信息输出、信息反馈等环节组成，每个环节都很重要，缺一不可。它的主要任务是把来自各种信息源的行政信息集中起来，进行科学的加工和处理，然后传输给咨询参谋系统和决策中枢系统，为它们的决策工作服务。

因此，信息系统必须保证进入行政决策过程的信息的真实性、及时性、准确性、系统性和适用性。这就要求信息系统在信息处理的各个环节做到：信息收集制度化、信息传递规范化、信息内容系统化、信息形式标准化、信息工作程序化、信息人员专业化、信息技术现代化，从而建立起一个健全、灵敏、高效的信息系统，来保证行政信息通道的畅通。

案例6：两会代表十分满意之后①

某年的2月18日中午，正在参加北京两会的A代表愉快地在一份建议答复报告上签下了自己的名字。在她当面提出给矿产社区落实"星光计划"，实施为老人服务工程的建议后，市民政局主管领导当场拍板，拨给矿山社区40万元。不到三天，A代表就拿到了肯定的答复，令她十分满意。

据报道，A所在的矿山社区的老人福利服务设施十分落后，她曾经为此多方呼吁奔走。看起来，这种状况的存在并不是一天两天，而是颇有时日了。

该报把这则消息放在了头版，配上了"民政局当场拍板 40万元矿区敬老"的标题和大幅照片，上面民政局人士与A彼此笑容可掬地握着手，并在有关两会报道的其他版面里对此进行了详细的过程叙述。可以看出这是当作正面新闻，而且是两会可以重点宣传的内容来做的。

A所在的矿山社区老人们可以为此高兴了，毕竟这么快就得到了市民政局的肯定性答复。不过看了这样的消息却让人感觉，也许并不值得如此兴高采烈。

案例分析提示与思考：

1. 为什么说"看了这样的消息却让人感觉，也许并不值得如此兴高采烈"？
2. 本案例中提到的当场拍板的决策方式存在什么样的问题？
3. 规范的行政决策应当采取怎样的方式？基本程序起码应当有哪些环节？

相关知识链接：

行政决策的方式主要有：

（1）全体一致规则。这是指行政决策方案的通过需要参与行政决策的全体投票者都对该方案投赞成票的决策方式。只要其中任一投票人反对，其他人的一致选择结果就无效。它的优点是使每个人都能通过自己的投票行为获益，至少没有人因而受损，并使每个决策者都在形式上享有平等的决策权；缺点是决策往往要经历一个反复的"讨价还价"过程，导致成本高昂、效率低下，经常要远远超过决策者从中获得的收益，因而其适用范围有限，主要是一些小范围的投票活动，几乎无法适用于大规模的投票决策活动。

（2）多数规则。这是指获得投票人支持最多的决策方案获胜的决策方式。在这种规则下，代表多数人利益或反映多数人偏好的决策方案获胜，但这一多数可能是绝对多数，也可能是相对多数。与全体一致规则相比，多数规则可以大大降低决策成本，不需要进行无休止的"讨价还价"。但在投票人偏好差异的影响下，极有可能形成多数只是一种相对多数而实际上是"少数"的局面。因此，在实践运用中，人们往往都对多数规则的比例有详细的规定，如1/3、2/3等。

---

① 何必. 两会代表十分满意之后 [N]. 北京青年报，2006-02-19.

实战篇 第六章 行政决策

（3）过半数规则。这是指至少有 1/2 以上的投票人支持的决策方案才算有效的决策方式。它的特点是在决策过程中无需人人都投赞成票，只要有超过半数的赞成票，决策方案就获得通过；方案对全体参与者都具有强制性，少数反对者要服从多数支持者做出的决策，即"少数服从多数"。因此，过半数规则相对于全体一致规则来说，更能节省决策成本；相对于多数规则来说，更能保护多数人的利益，是目前应用范围最广泛的规则。

（4）民主集中制。这是指在民主基础上的集中和集中指导下的民主的有机结合的决策方式。它要求在决策过程中应在集体充分讨论的基础上，按照少数服从多数、个人服从集体、局部服从整体和地方服从中央的原则做出决策，既具有现代民主决策方式的各种优点，又可以有效地避免议而不决、长期讨价还价耗费巨大成本的一般决策规则的局限性。

案例7："个性化"车牌的夭折①

一、中国人用"个性化"车牌，展示个性追求

从 2002 年 8 月 12 日开始，中国首次推行"个性化车牌"，并首先选择了北京、天津、杭州和深圳南北 4 个城市作为试点。所谓个性化牌照，就是车主可以自行选取英文字母和数字进行排列组合。只要是无人使用的组合，便可注册成功。一旦注册成功，就像居民身份证，可以终身不变。

根据规定，中国目前的个性化车牌号码的编排规则共有 3 种：3 位英文字母加 3 位数字、3 位数字加 3 位英文字母、3 位数字加 3 位数字。因此，每个城市都可以排列出 3 000 多万个号码资源，给车主的自由发挥提供了充分的空间。

以前，中国的汽车牌照千篇一律，一般是城市的代码加上一连串数字。而且，在几年前汽车大部分是"公家"的财产，因此车牌也并不需要体现什么特殊的含义。如今，对于许多中国人来说，私人拥有汽车并不是一个遥不可及的梦想，而很多人不仅仅把汽车当作代步的工具，更是作为一种展示自我、追求时尚的载体。于是，在车牌注册中体现个性化，也成为大势所趋。

因此，从 8 月 12 日的早晨 5 点多开始，四个城市的车辆管理所大厅内就开始有人排队，希望抢先注册到自己心仪的号牌。在头两天的车牌注册中，中国人似乎更加看重那种既反映个性又体现生活哲理或亲情的车牌。妻子、孩子的生日和结婚纪念日是镌刻在车牌上的频率最高的数字。

中国人如今也毫不掩饰自己追求财富的欲望。中国人一直认为和"发"谐音的数字"8"是吉祥数字，代表财运。因此 168（一路发）、518（我要发）都走上了中

① 柴骥程，章苒. 中国人用"个性化"车牌展示个性追求 [EB/OL]. (2002—08—14) http://news.xinhuanet.com/auto/2002—08/14/content_523246.htm；卢国强. 北京个性车牌突然停发 车主心情各异众人分析原因 [EB/OL]. (2002—08—23) http://news.sohu.com/62/16/news202791662.shtml.

国人的个性化汽车牌照。

另外，四个城市的车主还充分展示了他们的想像力和幽默感。杭州韩先生对自己注册的"win100"的解释是"百分百赢"。而诸如"FBI001"、"UFO001"等也都出现在了中国人的车牌号中。主管部门说，只要还在容忍范围内，他们就会尊重市民的选择。

在8月12日的当天，北京地区有2 300多名车主申请到了新车牌。而杭州在一周之内，共发放新车牌1 444块。深圳大约有5 000辆新车上了新车牌，天津市则办理了2 000多副个性化车牌。

社会学家认为，随着中国人水平的不断提高，一系列消费性文化正成为中国一些大城市的时尚，服饰文化早已深入人心，而中国的汽车文化则正在起步。

二、个性车牌突然停发，车主心情各异

但是，好景不长，十天之后，即8月22日，北京、天津、杭州、深圳4个试点城市暂停发放可以让车主个性选号的"2002式"新车牌，重新发放原来的"92式"车牌。北京市车辆管理所在《关于暂停"2002式"机动车号牌试点工作的公告》中称，暂停发放新车牌是"由于技术问题"，至于具体原因及何时恢复发放"2002式"新车牌，车管所工作人员称："无可奉告。"

对此，车主各持己见。一些人对停发新车牌表示不满，渴望恢复；已经拿到个性车牌的则喜出望外；也有些车主不觉得车牌对自己有多大影响，认为它不过是符号。

三、停发新车牌引起广泛关注，众人分析原因

虽然京津杭深四城市车辆管理所贴出的通知称此次暂停新车牌发放是因为"技术原因"或"系统原因"，但由于没有具体解释，社会各界对此依然纷纷猜测、众说纷纭。

说法一：涉嫌侵权或超出社会规范。

这是流传最广的一种说法，因为自8月12日个性车牌开始发放以来，一些如"TWD-168"、"BMW-002"、"BTV-001"、"IBM-001"等千奇百怪的车牌号引起社会各界对个性化车牌是否侵权、是否超出社会规范的争论。

对于新号牌中"BMW、BTV、TCL、IBM"等缩写字母会不会对它代表的企业造成侵权的问题，海淀区人民法院知识产权庭宋庭长在接受本报记者采访时表示，车牌上这些知名企业的缩写对企业声誉肯定会造成一定损害，类似普通车挂上"BMW"车牌的现象在一定程度上会造成误导。她认为这样的做法实际上属于不正当竞争行为，在相关行业内会产生不好的影响。

北京北方律师事务所庞律师则认为，注册车牌上的英文缩写不会对企业的商标权造成侵害，理由是这些缩写并没有被应用于商品和经营目的。他说，按照现行法律规定，主要是以满足盈利目的或造成一定侵害后果认定法律意义上的侵权，而个

性化车牌并不满足这些条件，"应该说是道德范畴的侵权"。

他认为，一些号牌使用的缩写可能会造成不好的社会影响，但法律上还没有相关的禁止性规定，与"USA"等国名缩写一样，主要还是要依靠行政手段的规定加以管理。

宝马汽车公司北京代表处的马先生认为，有一些车主注册BMW车牌号，表明他们对宝马轿车的喜爱。至于这样的车牌是否会对宝马公司形象造成影响，公司正在密切关注。

说法二：距离远了看不清楚。

据天津媒体报道，天津暂停核发新式车牌后，记者以申请牌照的名义拨通了天津市车管所的电话。一位工作人员告诉记者，天津在使用新式车牌时存在距离远了看不清车牌的问题。这也可能是暂停办理新式车牌的原因之一。

说法三：新车牌设计不大合理。

据一些车主反映，新车牌比原牌照短1/4，放进汽车预留牌照的位置不仅显得有些小气，而且造成有些车型无法安装，安装人员只好在新车牌上打孔，破坏了新车牌的美观。此外，一些车主对新车牌的颜色也不大满意。还有一些专家提出，新车牌的汽车分类标准也有值得商榷的地方。

总之，一些市民认为，此次暂停新车牌发放可能与有关部门想进一步改进车牌设计有关，毕竟现在还仅仅是在试点。但是，这一暂停就一直停到现在，实际上是夭折了。对此，有关部门没有给予任何说明。

案例分析提示与思考：

请运用行政决策的相关知识，分析这一案例存在的主要问题。

相关知识链接：

行政决策，是指国家行政机关及其工作人员在履行国家行政管理职能的过程中，根据掌握的行政信息，依法确定行政目标、选择行动方案并付诸实施的过程。它是行政管理的核心内容，是国家行政机关在履行国家行政管理职能过程中一项最重要的工作，主要包括以下六个阶段：

（1）界定问题。任何行政决策的目的都是为了解决行政管理领域中发生的各种政治、经济、文化和社会问题，从而实现行政管理目标。因此，发现问题是决策的开始。决策者必须广泛收集信息，并进行科学的加工处理，以弄清问题的性质、特点、内容、范围、价值和影响，以及问题产生的原因和环境制约条件，从而找出解决问题的依据。

（2）确立目标。发现问题之后，就要确定解决问题要达到的目标。目标是在一定时期内主体必须达到或期望达到的指标，规定了决策活动的方向，是行政管理活动的出发点和归宿。它既为决策者判断备选方案优劣提供评判标准，又是检验决策实施结果的基本尺度。

（3）设计方案。方案设计是行政决策中最重要的一环，是指在明确决策目标的基础上，经过调查研究，运用适当的技术与方法，设计或者规划出各种实现决策目标的备选方案的行为或过程。其中，备选方案的质量常常在很大程度上影响到最后决策的质量，因而在设计方案应当注意它的目的性、可行性、周全性和差异性。

（4）预测后果。后果预测是为了对方案进行评估和完善而对决策方案实施的客观条件的变化和方案在各种可能的客观条件预期效果的预测。它在行政决策中的地位由行政决策本身面向未来的特征所决定，是方案评估和选优的前提。今天，决策的成功越来越依赖于对未来的周密规划和长远思考，对决策后果的科学预测在决策中的地位就显得越来越重要。

（5）抉择方案。方案抉择是指行政决策中枢系统中享有行政决策权的行政领导者依据其权力、经验和科学知识在对各种备选方案进行比较权衡的基础上，按照全面性、长远性、效益性、适应性等原则进行优选，从中选择或综合出一个最优或满意的决策方案。这是行政决策过程中最核心、最关键的一环。方案一经抉择和批准，即成为行政人员和行政对象的行动准则。

（6）追踪决策。任何决策都要付诸实施，才能使决策方案变为现实。决策的实施过程，既是对决策设计方案的全面检验，又是根据主客观变化了的条件，不断调整，乃至作出必要的追踪决策的过程。这就要求对决策方案的实施要加以严密的监控，随时观察其发展的趋向是否和方案相一致，如果发现方案在实施过程中出现了可能危及决策目标实现的异常情况时，就应当对方案进行及时的调整、修正，直至重新决策。

案例8：决策评价和责任追究制度[①]

材料一：河北省政府建立健全科学民主决策机制的两大主张

2004年11月，河北省人民政府在《建立健全科学民主决策机制的意见》的基本框架中，提出了两大主张：

一是建立成本核算和效益分析制度。加强决策的成本核算，对于决策所需的人力、物力、财力以及政策投入，都要做好客观细致准确的核算，对于成本过高，超越政府、社会和群众的承受能力的决策要坚决否决或者另行拟订决策意向。除了经济效益外，还要将环境评价、文化发展评价、社会公正度和公信度评价、可持续发展的潜力评价等要素纳入决策效益评估体系，保证决策效益的最大化。

二是决策评价制度。为了系统地、持续地确保行政决策的合法性、民主性和科

① 河北省人民政府建立健全科学民主决策机制的意见 [EB/OL]. (2004-11-16) fzb. hebei. gov. cn/in-dex. jsp/2004-11-17；兰州大学中国地方政府绩效评价中心课题组. 兰州实验：第三方政府绩效评价新探索 [J]. 城市管理，2005 (3)：22-25；昆明火车站拆除云南最大音乐喷泉凸现尴尬 [N]. 生活新报，2005-03-10.

学性，建立相应的行政决策评价机制。政府及各部门应当确定机构和人员，定期对决策的执行情况进行跟踪与反馈，并适时调整和完善有关决策。规章、规章性文件施行后，制定机关、实施机关应当定期对实施情况进行评估。

材料二："兰州试验"的第三方政府绩效评价活动

被称为"兰州试验"的第三方政府绩效评价活动，则开创了我国政府绩效外部评价的先河。从 2004 年起，甘肃省政府将全省 14 个市、州政府及省政府 39 个职能部门的绩效评价工作，委托给兰州大学中国地方政府绩效评价中心具体负责组织实施。其主要做法为：

一是围绕树立科学发展观和提高地方政府行政能力这个主题，对该省 14 个市、州政府及省政府所属的 39 个职能部门的工作绩效进行评价。在整个评价过程中，兰州大学中国地方政府绩效评价中心遵循了公开透明、系统评价与典型剖析相结合、定量测度与定性分析相结合的原则。在定量评价的基础上，对调查问卷中的主观性提问部分进行归纳总结和定性分析，并得出深层次的评价信息。

二是评价主体以各地有代表性的非公有制企业为主，并结合了由兰州大学中国地方政府绩效评价中心聘任组成的省政府评议组和评价工作专家委员会的评价意见。

三是评价指标体系按市州政府和省政府所属职能部门两类评价对象分别设置。市州政府绩效评价指标体系由职能履行、依法行政、管理效率、廉政勤政、政府创新 5 个一级指标，经济运行等 14 个二级指标，40 个三级指标构成。省政府所属职能部门绩效评价指标体系由职能发挥与政策水平、依法行政、政风与公务员素质、服务质量等 4 个一级指标，职能发挥等 9 个二级指标，31 个三级指标构成。三级指标按非公有制企业、省政府评议组和评价工作专家委员会三类评议主体分别设置。其中，非公有制企业评价采用调查问卷与绩效计分表相结合的形式，省政府评价组和评价工作专家委员会采用绩效评分表形式。

四是市州政府和省政府职能部门绩效用综合绩效指数来衡量；对甘肃省政府 2004 年确定的"首问责任制"等重点工作落实情况的评价用非公有制企业的满意率来衡量。同时，将五件事八项工作根据甘肃省政府职能部门和市州政府职能特点按评价主体可理解的语境进行了细化和分解，省直部门设置了八项指标、市州政府设置了十项指标进行评价。每项指标用"非常满意"、"满意"、"一般"、"不满意"、"很不满意"五个等级来测度，非公有制企业的满意率由"非常满意"和"满意"2 个测度因子测算得出。

材料三：火车站站前广场的小桥流水花园式建筑建成 70 天就被拆除

据媒体报道：2005 年 3 月，某省省会的火车站站前广场中的小桥流水花园式建筑投入使用不到 70 天就被拆除了。有关方面透露，拆除并改建相关设施的主要原因是：现有的"小桥流水"既不方便旅客过往，又存在一定的安全隐患。

这个站前广场耗资 7 900 多万元，位于广场中央入口的音乐喷泉面积有 1 300 多平方米，喷头达 1 000 多个，中央水柱高达近 30 米，不仅是该省内最大的音乐喷泉，同时也是国内第一个设置在火车站的音乐喷泉。从"最大"、"第一"等字眼我们不难想象，因这一决策失误而造成的损失有多大。

　　材料四：海南省政府依法承担投资者重大损失赔偿、补偿责任

　　2005 年 6 月，海南省提出，要实行科学、民主决策，避免因政府决策失误给投资者造成损失。从现在开始，由于海南地方政府自身的原因给行政管理相对人，特别是投资者造成重大损失的，将由当地政府依法承担赔偿、补偿责任。这就在决策问责机制的基础上，建立起政府决策失误赔偿（补偿）机制，可以说是一大进步，应当成为各级各地政府建设服务型政府的一个基本准则和普遍做法。

　　案例分析提示与思考：

　　1. 结合材料，分析传统的政府决策内部评价制度的优缺点。

　　2. 结合材料，列举"兰州试验"这一外部政府绩效评价制度的创新点。

　　3. 结合实际，谈谈你对强化监控反馈子系统，建立决策评价和责任追究制度的看法。

相关知识链接：

　　1. 监督反馈系统，是指对决策的制定与执行过程进行检查、监督，并把其具体情况反馈回决策中枢系统所构成的组织体系。它的主要任务是根据决策中枢系统的指令，对执行实施系统进行监督，并把决策方案实施过程中的具体信息、资料、数据，以及发现的问题迅速传递给决策中枢系统，使决策者能够及时地对原方案运行的内容、程序、步骤、方法进行修正、补充、完善或者是重新决策，以实现决策的优化控制。如果没有监督反馈系统，或者减弱这个系统的功能，就不可能有决策的科学化、现代化。

　　2. 加强决策监督系统建设，关键是强化其功能，发挥其在决策全过程中的有效监督作用。而决策评价监督机制的好坏，对决策正确与否有着很大影响。好的决策评价监督机制可以对决策行为产生好的导向，并促进正确的决策观念、良好的决策习惯形成，从而有利于正确地决策；反之，则会影响决策的科学进行，甚至导致这样那样的决策失误。

　　3. 在当代中国，立法机构与司法机构直接通过立法审查与司法审查的方式实行对行政决策的否决权；党直接通过党内政策审议，或间接通过立法机构审查的方式来行使监控；非政府组织通过介入决策咨询、决策听证等方式来行使自己的监督权，行政决策过程的公平与透明是这类监督组织发挥作用的重要条件；广大公民借有关部门广泛征求群众意见之机，发挥自己的监控作用。因此，要通过制定法规和制度，进一步明确监督的主体、内容、对象、程序和方式，将监督贯穿于决策的全

过程和各个方面，整合权力监督（党的监督、人大监督、行政监督）、法律监督、政协监督、社会监督（人民监督、舆论监督）、经济监督（审计监督、价格监督、财政监督、金融监督）等各种监督主体的力量，构建起一个全方位的决策监督系统。

案例9：行政决策听证制度[①]

材料一：广东省物价局就春运公路价格举行听证会

2001年12月，广东省物价局就春运公路价格举行听证会，包括6位农民工在内的33位代表在听证会上充分阐述了自己的意见，引起全社会广泛关注。这是中国第一次公开的行政决策听证会。

2002年1月，原国家计委召开"铁路部分旅客列车票价实行政府指导价方案"听证会。这是我国历史上第一个全国性的行政决策听证会。消费者代表、经营者代表、专家学者代表，平等地坐在一起，共同参与制定政府的价格决策。

"让利益相关人参与决策，并接受全社会的监督，有利于促进政府价格决策的民主化和规范化。价格听证会最重要的价值，在于让人民群众知情参政。"原国家计委有关负责人如此评价这次听证会。

随后，从民航价格、居民电价、水价，到中小学"一费制"，政府在决策过程中，越来越多地听取消费者和经营者等各方面的意见。"和我的利益相关我就有发言权"，这个观念已经深入人心。

材料二：政务听证三大缺陷

听证的兴起，是中国政务的进步，但打了折扣的听证、预设结果的听证、逢"听"必涨的听证……这些正一点点腐蚀着公众对这一朝阳制度的信任。

第一大缺陷：该听证的，不听证。

2004年7月，因不满市政府新出台的两个规定，宁夏银川市出租车司机集体停运4天。按新规定，城市客运出租汽车经营权实行有偿使用，使用年限为5年。这将导致一些司机连本钱都收不回来。国务院规定，涉及人民群众切身利益的，一般应通过听证会等形式听取意见和建议。而这两个规定却从未向社会公示，也没有召开听证会。事后，市政府对这两个政府规章停止执行。这说明，听证制度在范围设计上存在"盲点"。

目前，听证制度的适用范围主要有四类：一是行政处罚法规定，行政机关在作出责令停产停业、吊销许可证和执照、数额较大的罚款时，应当听证；二是价格法规定，在制定关系群众切身利益的公用事业价格、公益性服务价格、自然垄断经营

---

① 听证不是"形象工程"［EB/OL］.（2005－07－13）http://news. xinhuanet. com/newscenter/2005－07/13/content_3213310_1. htm.

的商品价格等政府指导价、政府定价时，应当听证；三是立法法规定，在起草法律和行政法规草案时，可采取听证会等形式；四是行政许可法也明确规定，法律、法规、规章规定实施行政许可应当听证的事项，其他涉及公共利益的重大行政许可事项，以及直接涉及申请人与他人之间重大利益关系的行政许可事项，应当举行听证。

但在实际中，范围虽有规定，问题依然存在，主要有两个方面：一是听证范围较窄，需要扩大；二是程序规定过于原则，操作中易有漏洞，需要进一步明确。比如行政机关重大决策可举行听证，什么是重大决策，却没有规定。

第二大缺陷：会场内外，声音不同。

2004年9月10日，河南省某市物价局举行了城市供水价格调整听证会。27位分属经营单位、经济学界和居民三类人群的听证代表，就物价局的调价方案发出同一种声音：同意调整供水价格。但当地一家媒体就水价上涨做了专项调查，80%的市民不同意自来水涨价。在物价局提供给记者的资料中，没有代表们的资料，工作人员称"要保护代表的隐私"。

由什么人当听证代表，是听证至关重要的一环。听证代表的选取，专家们常用一个词——遴选，即通过严格的程序、科学的标准来选择。每一个代表的身份、职业等个人资料应该公开；代表的听证意见应当公开；听证代表的意见，不能只代表个人，而应当是通过广泛调查后取得的所代表群体的声音。

这关键的一环，在实践中却常常沦为摆设，以至于众多的听证会似乎变成了"一边倒"，听不到各方利益的声音。在价格听证会中，往往是会场内"涨"声一片，会场外反对如潮。

在遴选听证代表时，一些地方通过公众自愿报名与随机抽选来体现公平性。这种做法过于简单机械。听证代表，重要的是其意见的代表性。比如：在铁路、民航的价格听证会中，乘客应当有很强的声音；在规划听证会中，环境及历史文化保护者也应当有声音。同时，听证机关应当尽早将相关信息告知听证代表，让其有足够的时间准备。

"花瓶"式的听证会，迟早会遭到公众抛弃。在南方某市举行的管道煤气调价听证会便是明证。2004年7月，该听证会对外征集20名市民听证代表。征集期内，却只有3名市民报名，旁听代表无人报名。

第三大缺陷：听证会"只开花，不结果"。

2004年9月9日，某市物价局召开了一次供热调价听证会。按照市政府供热办提出的方案，居民供热价格由现行的每平方米15.4元（建筑面积）上调到22.5元。

据媒体报道，这场听证会存在多处瑕疵：听证会尚未召开，由市物价局提供的"多数代表认为可以适当提高供热价格"的新闻通稿已出炉；在给听证代表的邀请函上明确规定："听证会举行前，请不要对外透露申请方案中有关内容……违反听证会纪律的将被取消代表资格"；申请听证的企业本应提供 3 年经营状况等资料，但并未提交……

同年 10 月 12 日，该市一位居民代表把一封公开信送到市物价局有关部门，建议重新召开供热价格听证会，还广大用户的知情权和参与权，但并无下文。此后，该市物价局最终将供热价格确定为 20 元/平方米。

听证会的结束，本来应该是听证制度大显身手的开始。听证的意义，只有通过对行政决策的影响而最终显现。然而，现实的听证会常常是"只开花，不结果"。一些地方的听证会，即使绝大多数代表都反对涨价，原定涨价方案仍可以顺利过关。

听证结果，是否必须为行政机关所接受？目前，法律规定得过于原则。比如：《政府价格决策听证办法》规定，听证会代表多数不同意定价方案或者对定价方案有较大分歧时，价格决策部门应当协调申请人调整方案，必要时由政府价格主管部门再次组织听证。但如果价格决策部门未再次听证而是直接做出价格调整方案又如何？谁来承担什么样的法律责任？该办法未做规定。

在行政许可法中，有了一定的进步，明确规定"行政机关应当根据听证笔录，作出行政许可决定。"但是，如何具体操作，法律没有规定；如果违反此规定，行政机关该承担什么样的法律责任，法律也没有规定。

案例分析提示与思考：

1. 结合材料一，阐述听证制度对行政决策科学化、民主化的意义。
2. 结合材料二，谈谈你对完善行政决策听证制度的看法。
3. 价格听证会的基本议程和人员构成有什么特殊要求？意义何在？
4. 结合大学学习和生活实际，按照操作规范组织一次模拟价格听证会。

相关知识链接：

听证，是民主进程的产物，其基本精神是无论行政决定的内容是否公正，首先必须在行政决定的程序上实现公正。而听取利益相关人的意见，正是程序公正的最低要求。

作为一项制度，听证是指听取利害关系人意见的法律程序。广义的听证包括立法听证、司法听证和行政听证。以公众参与的方式和程度不同，听证又可分为正式听证和非正式听证。

听证制度起源于 18 世纪的英国，最早应用于司法领域。后来，这种制度从英国传到美国，美国又把它移植到立法和行政中，作为增加立法和行政民主化、有关当局获取信息的主要方法。第二次世界大战以后，立法听证会制度又传到日本和拉丁美洲一些受美国影响较大的国家。1946 年，美国制定联邦行政程序法，第一次规定听证程序为行政程序的核心。它的基本精神是：以程序的公正，保证结果的公正。

案例 10：不可行性论证[①]

材料一：北京市试行"不可行性论证"工作机制

近年来，各地盲目投资、低水平重复建设、政绩工程、大量圈地滥建开发区等已成为大量浪费国家和地方财力的一大顽症。其主要原因之一，就是立项时审查部门只看到一份申请立项部门的可行性报告书，而没有机会看到不可行性论证。可见，在当前的情况下，开展项目的不可行性研究尤其重要。

2005 年 5 月，北京市政协委员提交提案，建议北京市试行"不可行性论证"工作机制，以进一步规范决策程序，有效地减少决策的失误，促进政府决策的科学化、民主化。只有明白了决策为什么不可行，才有利于决策的科学可行，防止盲目决策和决策失误。经过这样的程序之后，能够有效地减少决策的失误，有效地实现决策的科学化和民主化。

北京市市政府研究室在对委员提案的答复中认为，委员所提出的反向论证的建议，对于探索和完善政府决策机制是一个富有启发和指导性的意见，并表示市政府研究室将在今后的课题成果论证工作中，根据课题的性质和需要，积极引入不可行性论证这一逆向思维的研究方法。总的设想是，在今后其承接的市领导交办的直接涉及市政府重大决策或方案制定的研究工作中，引入不可行性论证，对其中的思路、对策试行反向论证。同时，不断总结取得的经验，并适时在有关行政管理体制改革的研究工作成果中，向市领导提出建立不可行性论证工作机制的具体建议。

不过，研究室也认为，决策机制的形成需要一个过程。现阶段，从细微之处入手，脚踏实地做好基础性工作，是推动决策水平迈上更高台阶的关键性因素。比如，当前比较重要的一个问题是，论证制度、听政制度的法制基础有待加强。其中，既有保证论证和听证工作规范化、制度化的有关规定亟待建立健全的问题，也有对论证、听政工作的程序标准和实施手段还没有完全认识到位的问题。

材料二：苏州机场项目的论证典型实例

在运用不可行研究方面，一个典型的例子是苏州机场项目的论证。在上海国际机场"东移"后，苏州市众多通过上海空港周转货物的企业，都遭遇到生产原料不能及时到位的难题。尽管硕放机场的开航为苏州货物及客流多辟了一条通道，但硕

① 袁祖君. 北京：重大决策将进行不可行性研究 [EB/OL]. (2005-05-22) http://news. xinhuanet. com/newscenter/2005-05/22/content_2985404. htm；李晔. 苏州承诺，不建国际机场 [EB/OL]. (2004-05-01) http://old. jfdaily. com/gb/node2/node172/node13617/node13618/userobject1ai857102. html；廖小军. 关于重点工程项目不可行性研究问题探讨 [J]. 中共福建省委党校学报, 2005 (3)；丁冬阳. 以"三门峡水库"为镜鉴 [EB/OL]. (2003-11-13) http://news. sina. com. cn/c/2003-11-13/17442130930. shtml.

放机场由军用机场改建，每天也仅有 10 多个航班的承运能力，且很快将达到其设计能力。基于增加客流、物流进出的重要通道，提高城市地位的考虑，苏州市建设苏南的国际机场的愿望非常强烈。

但是，该市并没有武断决策，而是在进行可行性研究的同时，进行了充分的不可行性研究。通过不可行性研究发现，从地理位置上看，除了可借助上海虹桥机场、浦东国际机场、无锡硕放机场外，随着苏嘉杭高速公路的贯通，苏州到杭州萧山国际机场的时间也仅为一个半小时，由此看来，苏州自建机场颇显多余。另外，建造一个新机场光投资就得数十亿元，从效益来看，至少要亏 20 年。苏州市最终正式放弃了建设国际机场的计划，从而避免了重复建设和资源浪费。

而福州长乐国际机场是另一个的典型。工程上马前论证显示的前景十分美好：台湾海峡两岸可能实现"三通"，福州将被选为"直航定点机场"，对台民航业务量会迅猛增长。根据福州义序机场 1981—1991 年运营规模增长等数据预测，2005 年长乐机场旅客吞吐量可达 650 万人次，货邮吞吐量可达 18 万吨。他们没有考虑到，1981—1991 年是民航起步高速发展阶段，数据样本区间没有代表性；福州旅游资源并不丰富，机场选址又距福州市区过远，周边经济增长缓慢；同时福建省内其他机场陆续建成，公路、铁路发展也分流了旅客。在一份过于乐观的"可行性研究报告"引导下，这个国家投资近 30 亿元的大型工程建设规模过度超前，实际业务量远低于同期预测值，只达到设计规模的三分之一，设施大量闲置，运营 5 年累计亏损 11 亿元。

材料三："万里黄河第一坝"——三门峡水库后患

号称"万里黄河第一坝"的三门峡水库，是新中国成立后治黄规划中确定的第一期重点项目。水库建成后，虽然给黄河下游防洪安全和灌溉、发电等方面带来了巨大效益，但在建造的当时没有对反对意见进行科学论证，没有考虑水库建成后水位上升的影响，没有考虑排沙问题，致使水库建成后，泥沙淤积问题日益突显。据水电部的历史资料，1960 年工程蓄水，到 1962 年 2 月，水库就淤积了 15 亿吨泥沙；到 1964 年 11 月，总计淤积泥沙 50 亿吨。黄河回水大有逼近西安之势。

尽管后来一系列改良举措经过专家的论证，理论上能使渭河的病情不致恶化，但由于水库的先天设计缺陷，加之蓄水常年不按标准等利益驱动因素掺杂其中，致使渭河河床依然不断抬升，库区生态环境逐步恶化，洪灾威胁非常严峻，严重危及陕西关中东部，乃至陕西省的经济发展和社会稳定。

到目前为止，尽管我们还不能肯定三门峡工程是保持现状，是开闸泄洪、放弃发电，还是日后将大坝还给自然，但从 40 年来三门峡水库之患的从未进行公开切实讨论，到水利部官员公开承认 2003 年渭河"洪灾主要责任在于三门峡"，再到著名水利专家张光斗先生在耄耋之年挺身而出坦言三门峡是个"错误"，这个过程不能不说是一个巨大的进步。而怎样让决策更科学，怎样建立一个容纳多种意见甚至是反对意见的科学的论证制度，怎样崇尚一种实事求是的科学精神及战略观念，我们希望三门峡水库能给我们留下活生生的镜鉴。

案例分析提示与思考：

1. 结合材料，试归纳不可行性研究的重要性应遵循的基本原则。

2. 你认为我国当前行政决策中的不可行性研究应着重解决哪些重要问题？

3. 请分析将不可行研究纳入政府重大决策程序并使之规范化、制度化的主要阻力和最大障碍是什么？

4. 请对身边正在进行的某个公益性大型项目做些初步不可行性分析研究。

5. 为了保证不可行性研究的科学合理，你认为在我国当前行政决策中推动不可行性研究还需要有怎样的法定程序和配套制度来做保证？

相关知识链接：

"不可行性论证"，即逆向思维论证，是科学决策程序的重要环节。当政府的一项新政策、新规定，或者重点项目、重大项目出台前，在有关部门的可行性计划提出的同时，组织另外一批人员，进行该项目的反向论证，即不可行性论证，给政府提供双向而且集中群体智慧的有价值的参考，对不可预测的情况提前采取预案和防范措施。

不可行性研究在国外已经不是什么新鲜事物，美国开发的 DIS（Dialectriallnquiring System）咨询系统就侧重于不可行性分析。但在国内，由于传统认识的障碍和习惯势力的阻挠，这个工作的推广与普及一直相对落后。近年来，我国政策和学术界开始对此加以关注，建议党政部门试行"不可行性论证"工作机制，以进一步规范决策程序，有效地减少决策的失误，促进政府决策的科学化、民主化。只有明白了决策为什么不可行，才有利于决策的科学可行，防止盲目决策和决策失误。

第七章 行政执行

行政执行，特指以国家行政机关为主体的多元社会组织，为了落实和实施国家意志、国家目标，依法贯彻法律、法规、公共政策等诸多公共管理活动的总称。行政执行以国家行政机关为主体，具有目的性、现实性、灵活性、经常性、手段多样性和相对独立性等特点，是公共行政过程中不可替代的重要环节。行政执行能力和有效性是公共行政学研究的永恒主题①。本章围绕以上内容涉及的相关问题，选编了9个教学案例，供学习者有针对性地展开讨论和分析。

教学目的：考察行政执行与行政职能的关系；了解行政执行的方式方法；把握行政执行的基本原则

应用方式：案例讨论、情境角色分析

案例1：失效的禁挖令②

2004年，时值2001年青海省禁挖令颁布后三年，又有近10万外来人员来到三江源保护区狂挖虫草，直接被破坏的草皮面积达25万平方米。挖虫草的人，一般所用的工具是镢头和小铲。当他们发现虫草后，为不破坏虫体，会将虫体周围的草皮连土一起挖出，将草皮和土抖落后，取出虫草，极少有人会将草皮和土回填。这样一来，挖一根虫草最少会破坏30平方厘米左右的草皮。曾有人简单地进行过计算：每年大约10万外来人员进入三江源保护区挖虫草，每人每天平均挖虫草6~10根，挖掘期为50天左右，那么每年破坏的草皮面积为8万平方米至10.8万平方米，而被践踏、车碾的面积，更是这一数字的几倍。所以，每年被破坏的草原在数十万平方米以上。采挖过后，涵养黄河、长江和澜沧江源头的草原，斑驳陆离、千疮百孔。

---

① 张国庆. 公共行政学 [M]. 北京：北京大学出版社，2007：261—268.
② 钱荣，顾玲. 青海虫草禁挖令缘何难堵挖草大军？[EB/OL]. （2005—06—25）http://env. people. com. cn/GB/1074/3496625. html.

草场的退化直接威胁着生态平衡。2003 年 12 月，黄河源头出现历史上的首次断流。为此，政府部门采取了相应的管理措施。2003 年，玉树、果洛两州所属的约 15 万平方千米区域被确立为国家级自然保护区，而两州政府和所属各县政府早在三年前就开始实施限挖和禁挖虫草的各种政府措施，严禁外地人员入境挖掘虫草，以保护三江源脆弱的生态环境。2004 年 11 月，青海省又专门出台了《青海省冬虫夏草采集管理暂行办法》（以下简称《暂行办法》），宣布实施"虫草采集证"制度，禁止无证或在禁采区采挖虫草，还要求从 2005 年 1 月 1 日起青海省各地各部门要科学、合理地确定虫草采集区域、面积、人员数量、期限以及禁采区域，并作出虫草采集年度计划，向社会公布。但这些措施并没有堵住采挖大军。

尽管每年冬天当地政府都要组织人员到草山灭鼠、拉铁栏、植树等工作，但工作的成绩总是难以弥补本地牧民与外来者破坏植被、践踏草场和堆积废物的损失。最终形成了这样一种困境：年年"禁挖"，却年年失效。这不禁叫人直问：一项意义重大的"禁挖"工作真的无法在现实中予以有效执行吗？

工作能不能做好，关键在于态度。青海各地"禁挖"工作的态度不同，产生的效果各异。有的县完全禁挖虫草，并组织公安和民兵清山，"禁挖"工作效果良好；有的县则存在给钱就挖的现象。某县农牧局的一名官员说："牧区产业结构单一，基本上就没有工业和农业，虫草收入是牧民的主要经济来源之一，如果严格禁挖肯定会大大影响他们的收入。而且现在政府对于牧区草原的管理是将各个草山划片，包干到各村各牧民家庭，由他们来对自己所分到的草山进行使用和维护。牧民在自己承包的草场里挖虫草或收钱让别人来挖，政府很难干涉。此外，就是地方太大，而我们人太少，根本管不了。"

青海省农牧厅草原监理站韩站长认为，一些地方交钱就能"挖"，这正是造成"禁挖令"失效的主要原因。他说："考虑到采挖虫草是当地老百姓的重要经济来源，《暂行办法》提出持证采挖，但现在我们无法掌握各地采集证的真实发放情况，以及确切的采挖人数。虫草采集地是否完全按照《暂行办法》实行，我们也不得而知。从目前的情况来看，虫草的管理问题远比我们想像的要复杂得多，究竟怎样管理现在的确是没有好的办法，现在只能是摸着石头过河。"

案例分析提示与思考：
1. 请从行政执行的角度，分析本案例从禁挖令失效中所反映出的问题？
2. 导致禁挖令失效的主要原因是什么？
3. 若作为当地政府主要领导，你将如何解决这一问题？

相关知识链接：

行政执行的基本原则主要包括：

1. 忠实决策。这是行政执行的根本原则。行政执行的过程就是将行政决策付诸实施的过程，行政执行的每一个阶段、每一个环节都与行政决策有关。因此，行政执行者必须不折不扣地依照决策本身所规定的对象、范围，保质保量地实施行政决策，而不能有偏离决策目标的行为。要忠于决策目标，坚持决策标准，而不能擅自修改决策目标、降低决策标准。如果对决策有异议，也只能向决策机构反映情况、提出建议，但同时不能影响决策的执行。

2. 开拓创新。行政执行既要求忠实于决策，使贯彻执行不走样，又要求从实际情况出发，创造性地贯彻执行。行政执行是一个具体、丰富的过程，它要求在遵循决策原则性的前提下，根据行政执行所处的具体环境，根据条件变化后出现的新情况，创造出灵活有效的执行方式和方法，保证行政执行的顺利和决策目标的实现。如果行政执行者只是机械地理解和执行上级的决策，毫无创新精神，也会导致行政效率低下，甚至事与愿违。

3. 坚决有力。行政执行的意义就在于以最快的速度、在最短的时间内圆满地实现决策目标。因此，正确的决策作出之后，贯彻执行越坚决果断、迅速有力，效果就越好。如果在行政执行活动中犹豫不决、软弱无能、拖拉疲沓，就会错过时机，贻误大事。当然，行政执行也决不可操之过急，简单图快。否则，往往会事倍功半，导致不能准确、圆满地实现决策目标。

4. 跟踪检查。这是为了防止和纠正行政执行过程中偏离决策目标的行为，提高工作质量和效率。一般来说，行政执行是一个较长的过程，会牵扯到方方面面的诸多因素，稍有疏忽，就会出现偏差，造成失误。因此，行政领导者要对各项执行工作随时进行检查、指导，执行过程结束后还要进行全面的验收和总结。通过检查和监督，可以促进和推动工作的进程，督促工作人员依法办事，防止违法违纪行为，及时发现执行中的意外事件，纠正失误和偏差，从而保证在行政执行的全过程中始终与决策标准保持一致。

5. 方法合法。行政执行是政府的行政行为，是以强制力为后盾的。政府为了达成决策目标，必然使用各种行政方法和手段，包括强制手段。这是法律所允许的。但是，这些方法和手段不能违背宪法和有关法律，不能违背党的政策，更不能损害公民和法人的基本权利，尤其是侵犯人权。没有触犯法律就不能抓人，更不能私设公堂，进行严刑拷打、非法逼供。这是社会主义法制所不容许的。

案例2：治理"文山会海"①

材料一：省政府提高会议效率的几点举措

2005年，在某省政府第五次全体会议暨廉政工作会议上，省长把与高效行政取向不符的"文山会海"问题狠批了一回："谈到转变政府工作作风，会议多、文件多的问题就不能不说。有时候，会议的确需要开，文件也要发，但一定要精简、精炼。"

据该省政府办公厅的统计，2004年，省政府办公厅下发通知（包括省委办公厅、省政府办公厅联合发文）召开的全省性会议111次。这意味着平均2.1个工作日要召开一次全省性会议。其中：要求市政府或市、县（市、区）政府领导和省级有关单位负责人集中起来参加的会议60次，平均会期1.6天。文件也有这样的问题。

"不仅会议多，开会时候发言的套话也不少。"对此，省长更是信手拈来，"比如这次会议，刚才几个部门的发言稿基本上都是5~6页，我粗略数了一下，套话可能就有3~4页。讲的时候，套话不要讲。你们说的那些重要性，省委省政府早就知道了，也都强调过了。你们关键要讲打算怎么做，应该怎么落实。而且发言时间都超过了10分钟。"听到这里，在场的各市政府或市、县（市、区）政府领导以及省级有关单位负责人都不约而同地发出了"尴尬"的笑声。

花在开会、学习文件上的时间多了，留给决定、落实的时间就少了，继而导致工作"抓而不紧、抓而不力、抓而不实"。省长最后语重心长地告诫在场的官员们：不是说会不要开，文件不要发，但是要一年要比一年好。要把重点放在会议和文件的质量上，提高全省性会议的质量和效率。要从严控制会议规模规格。由省直部门和单位召开的全省性会议，原则上每年只安排1次。全省性会议，会期一般不超过1天半；切实提高会议效率。会议安排交流发言的，每位交流发言的时间一般控制在10分钟左右。

材料二：乡镇干部在忙什么？

某省某县通过调查发现，2003年全县召开涉及乡镇的会议达到375次，平均下来，至少一天就有一次乡镇干部参加的会议。

据该省省委政研室的同志告诉记者，他们最近在某县调查"乡镇干部忙什么"的问题时，县里有关部门提供了一份"关于对2003年全县召开涉及乡镇的会议和评比检查活动的调查报告"。

报告中谈到，2003年召开的会议在比2002年有所减少的情况下，仍达375次。

① 浙江省长狠批文山会海，痛斥发言稿使用大量套话［EB/OL］．（2005−03−26）http://news.cn.yahoo.com/050326/346/2aa2e.html；四川彭山县乡镇干部一年开会三百七十五次［EB/OL］．（2004−08−02）http://news.cn.yahoo.com/040802/67/24nro.html；鞠靖．江苏省吴江市出台新规：领导开会不准讲废话［EB/OL］．（2005−07−28）http://news.163.com/05/0728/13/1POJC3AT0001124L.html．

其中县委全委（扩大）会、人代会、政协全委会等全县性会议 16 次，由县委、县政府召开的专题会议 95 次，以县委办、政府办名义召开的部门会议 147 次，县级各部门自行召开的会议 117 次。不仅会多，各乡镇接受各类检查、考核、评比也多，全年累计达 379 次。乡镇干部对此普遍反感，认为会议过多过滥，既无助于实际问题的解决，又易滋生飘浮的工作作风。

省委政研室的同志依据县上调查数据推算出，一年 365 天，扣除 114 个法定节假日，在 251 个工作日里，各乡镇平均下来大约有 6％的工作日在接受检查，有 12％左右的工作日有接待任务，乡镇两个一把手大约有 20％的工作日有会议，那么真正深入基层调查研究，与老百姓直接打交道的时间最多只有 60％。

据悉，该县已将精简会议和控制检查作为改变工作作风、提高行政水平的突破口。

材料三：江苏省某市治理"文山会海"的自律措施

2005 年 5 月，江苏省某市静悄悄地出台了一个文件，却在当地官场引起了不小的震动。它针对的还是机关的老毛病——文山会海。不过这次不同的是，解决的矛头对准了领导，明确规定："印发讲话一般不超过 5 000 字，文件一般不超过 3 000 字，简报一般不超过 1 500 字。"同时还要求，以部门名义召开的全市性工作会议每年只准开一次、会议工作人员一般应控制在正式与会人员的 10％、无特殊需要每次会议只安排 1 位领导作主题讲话、讲话一般不超过 40 分钟、大会发言控制在 10 分钟以内等等。

自从这一新规实施，会议现在少了 1/3，有时甚至一个星期也没会。领导的讲话也短了，无论书记还是市长，一般都即席讲话，除非大型会议，为体现庄重，才会要秘书准备讲话稿。文印室纸用少了，会议开支也省了，和中央建设节约型社会的精神也吻合了。

尽管已经出现了一些变化，但解决问题远非一朝一夕之功。一切贵在坚持，贵在持久。

案例分析提示与思考：

1. 结合材料，你认为造成"文山会海"的根本原因是什么？有何危害？

2. 结合实际，谈谈你对有效解决"文山会海"现象的看法。

相关知识链接：

1. 行政执行的方法和手段主要有以下四种：

（1）行政手段。指依靠行政机关内部层级节制的机制，通过命令、指挥、控制、规定、指令等实施政策执行的方法。行政手段的优点在于它具有强制性，并且能够依托行政体制内的各种行政资源，迅速有力地推动行政执行的实施。

（2）法律手段。指行政机关通过制定行政法律、法规、法令，对行政执行的实施过程进行规范的方法。法律手段是行政执行中的外在约束因素，对行政执行的内外部关系均具有强制性、权威性和普遍性的规范作用。

（3）经济手段。指行政机关运用包括税收、罚款、政府开支、政府合同、利息在内的各种经济杠杆，在尊重经济规律的前提下，通过调节经济变量的关系，达到行政执行的目的。

（4）教育手段。指行政机关通过宣传、动员、感化、鼓舞等沟通方式，将政策理念输入到人们脑海之中，使之理解政策的内容和意义，自觉地为行政执行服务。

2. 行政执行的方法所要解决的核心问题是行政机关的效率问题，主要表现在行政机关及其工作人员在行政管理的过程中如何简化办事手续、减少办事时间、降低行政成本、实现工作目标。具体来说，可以通过以下途径降低我国的行政成本：

（1）在广大行政机关树立行政成本意识。现代政府与企业一样都需要对自身的成本收益进行统计、核算，以判断组织活动的绩效，进而改进行政组织的运作机制，提高行政效率。因此，必须首先在行政机关里树立起强烈的行政成本意识，促使工作人员从组织绩效和政府形象的高度认识行政成本的重要意义，从而约束其浪费行为，提高行政机关的效率。

（2）建立健全行政成本监控机制。光有行政成本意识还远远不够。良好的理念必须有制度作为坚强的保障。为此，应该在行政机关里建立起一套针对行政行为特点设计的成本监控、审核、评价机制，以利用刚性的制度约束限制各种不良行政成本的产生。

（3）深化行政体制改革，降低行政成本。行政成本的降低还与行政体制的改革相联系。只有实现相关行政体制改革领域的突破，才能较为彻底地消除导致行政成本增加的诱因。这些体制改革包括：机关用人体制的改革、政府绩效评估体制的改革、政府采购制度的改革、机关编制管理的改革等。

案例3：阜阳假奶粉事件的查处①

这些年来，安徽阜阳总是能见到有对上级抗命不遵的事情发生。阳奉阴违者有之，假办真不办者有之，顶着不办者亦有之。大事小事，不请出中央领导的尚方宝剑，就推不动。阜阳假奶粉事件的查处就是一例。

2004年4月24日，国务院调查组在阜阳市太和县现场查获一批劣质奶粉。当晚，太和县工商局决定撤销城东工商所所长纪登攀、副所长武海职务，市场管理员陈春生、宋影予以辞退。这一处理结果第二天被上报国务院调查组。但记者不久采访发现，这几人一直在正常上班、领工资。

---

① 中国新闻周刊. 阜阳劣质奶粉案假撤职的真相 ［EB/OL］. （2004-07-01）http://news.sina.com.cn/c/2004-07-01/18023579873.shtml.

据太和县工商所"被撤职"的所长纪登攀介绍，太和县工商局领导口头宣布了对他们四人的处理决定，但至今没有给工商所下发正式文件，也没有向阜阳市工商局上报，处理决定只印一份交给太和县市场整治办公室，通过这个渠道上报给国务院调查组。"其他三人也在正常工作，我们没脱一天岗，工资等待遇也没任何变化"。

纪登攀告诉记者，县局领导在宣布处理决定时曾向他们四人解释，处理他们"是为了应付上级"、"不这样处理你们，县领导就会被处分"，并承诺处理决定不上传、不下达，"你们正常上你们的班、执你们的法"。

太和县工商局徐局长说，只上报不执行是因为这份处理决定"本身就是错误的"。他的理由是：对勿忘我糖果厂经营劣质奶粉，县工商局公平交易局1月3日已立案调查，4月19日移交到公安部门了；工商部门负责市场监管，生产环节由技监部门负责，这批劣质奶粉是在糖果厂二楼发现的，工商部门无权检查；对这几个人的处理程序不符合有关规定，对于开除公务员，县工商局根本就没有此项职权。

所谓的处理只是给上面看的消息，甚至纵然有中央领导人的批示，到了"有关部门"那里，照样可以找各种借口顶着不办。即使在中央直接派人干预下办了的，那些违规违法遭到处理的当事人，只要没有丢了脑袋、被抓进监狱，风头一过，还不是官照当，事照做，一样威风八面。

案例分析提示与思考：

1. 你知道安徽阜阳假奶粉事件吗？请上网搜索相关文献，以全面了解案情。
2. 看过以上案例材料你有何感受？你认为太和县工商局的做法是什么行为？
3. 结合案例材料，试深入分析行政执行难的主要障碍及其根源。
4. 结合案例实际，你认为政府部门应该如何有效杜绝此类现象的发生？

相关知识链接：

目前，在行政执行的有效性方面，我国的一些地方和党政部门还存在着不少的问题，主要表现在以下两个方面：

（1）从动态来看，呈现出"压力行政"或"风头行政"。所谓"压力行政"，即一级管一级，以行政压力促进任务的完成，动辄以官员的乌纱帽相威胁。而压力通常来源于官场上常说的"风"。压力的效用不仅在风头风尾的时间上有不同，在空间上也有区别。在与地方上利害关系不大的时候，压力容易奏效；反之，利害关系很大，则会不了了之。所以，与其说我们的行政是"压力行政"，不如说是"风头行政"更为确切。

（2）从静态来看，呈现出"诸侯行政"。凡是国家的法律法规、中央的方针政策，有利则卖力执行，无利或者有害则束之高阁，甚至釜底抽薪，改头换面，只有在压力特别大的时候，才会做一点"违心"的行政操作。这种违规违法行为，在一些地方和部门，已经成为一种普遍现象。而因为违规违法撞上风头被逮住了，倒成了某种偶然。唯一的忌惮只剩下了程度的限制和对偶然性的防范。而对偶然性的防范，除了应付上级的检查，就是信息的控制（防火、防盗、防记者、制止上访）。如果实在防不了，还可以拖、抗、顶、磨。

案例 4：西坑事件①

"甘坑别墅群是西坑村的示范点，建成后立即成为当地政府大力宣传的明星小康村"、"隔三差五就有当官的、拍照的来参观"、"最多的时候，这里一天停过 30 多辆参观车，来了上千人"……某省西坑村过去是闻名遐迩的模范"小康村"，"家家住别墅、人人盖新楼"的山乡新景曾引得众口称赞。

西坑村位于距县城 20 多千米的山区内，乍一看，40 多幢黄白相间的小别墅排列整齐，大理石柱、绿化草地、停车场、升旗台……在阳光的映衬下，别墅群格外醒目，胜似一个旅游胜地。

但是，1997 年西坑村的人均收入只有 7 000 多元，村民的家庭经济还比较困难，用于修建这些别墅的资金并不是村民们自己的钱，而是村民们向当地信用社贷的款。事实上，村民们并不想建这么好的房子，但当地干部们挨家挨户动员，做工作，不说通就不走。最后，大部分村民都贷了 3 万元至 5 万元的款，不少村民还向亲戚朋友借了钱。负债别墅建好后，有些村民欠债住进了别墅，但更多的别墅却被闲置起来。为了子女上学、医疗等费用，村民们还要另花钱租房，沉重的负债压得村民们喘不过气来，不堪重负。村民赖某说："我们当时也不是非要建房，政府把旧房拆了，我们没地方住，只好贷款建房。现在欠账越积越多，政府又撒手不管，老百姓怎么办？这个债我们背得窝囊！"

农村信用社贷出去的款，本金都收不回，也很冤枉。最近，由于村民们向信用社申请的贷款已到期，举债修建别墅的村民无力归还贷款，当地信用社已决定向法院起诉这些村民。当地农村信用社一位负责人说，当时给西坑村放贷也有顾虑，但县、镇两级干部号召信用社给村民们放贷，并要求到村里现场办公。为了符合放贷要求，当时村民填写的贷款用途为种果树生产费用。这几年信用社催款催得都不好意思了，但村民们就是不认账，信用社认为建房是干部要求的，自己是"奉命贷款"。几年来，信用社贷给西坑村 43 户村民修建别墅的 80 多万元贷款，本息一分未还，现在只能去法院起诉这些村民了。

案例分析提示与思考：

1. 请分析试评价西坑村事件中的政府行为。

---

① 梅永存，涂洪长. 举债建别墅村民闹心 漳州西坑村新村建设遇尴尬［EB/OL］.（2006-02-14）http://politics.people.com.cn/GB/1026/4102863.html.

2. 请结合本案例，谈谈这一事件给你的启示。

相关知识链接：

1. 所谓公共政策，是指一定的政治实体在特定的环境中，为达到预期目标而制定的行动方案和行动准则，是一系列谋略、法令、措施、办法、方法、条例等的总称。政府进行公共管理主要是应用公共政策的实践过程，也就是通过对公共政策的制定、执行、评估等过程进行的管理。

2. 公共政策的制定，可以理解为公共政策形成的过程，即从问题的界定到方案的选择及合法化的过程。制定政策是因为有问题需要解决，因而发现问题是制定政策的关键，但不是所有问题都可以成为政策问题。一般来讲，政策问题可以归为三类：一是社会普遍存在的大问题；二是急需解决的新问题；三是复杂的社会问题。为制定正确的政策，决策者必须善于分析问题，分析、诊断问题的症结所在，判明问题产生的原因和问题的性质、影响范围、程度，搞清问题的界限，从而有效、正确地制定政策，主要程序为：确定目标方案、拟定政策方案、评估政策方案和择优政策方案。

3. 公共政策的执行，是指执行主体通过特定的组织形式，采取相应的手段和措施实现政策目标的过程。公共政策执行的理论模式主要有：自上而下和自下而上的两种模式。前一种从传统的行政理论出发，强调行政组织的集权和有层级，认为上级负责制定政策，下级负责执行政策。而后一种则认为政策执行机关应有一定的自主空间，重视政策执行过程中各级组织的互惠和沟通。

4. 公共政策的评估，是指政策评估专业人员依据一定的价值标准，运用科学的评估技术和方法，对政策方案的内容、执行情况、执行结果的估计与评价。其功能是：有利于提高政策方案的科学性和可行性；有利于促进政策的实施进程；有利于检测政策实施的效果。政策评估的一般标准是事实标准和价值标准。其主要障碍是：政策目标的不确定性；政策效果的多样性；政策资源的阻滞性和政策问题的复杂性。

案例5：引进外资项目

2004年7月，某市A区在与某台商多次谈判引进一家台商投资企业，合同利用外资8 000万美元。台商以3 000万美金的总投资额在A区的高科技园区成立一家研发、生产高科技产品的企业，但前提条件是以低于市价的价格租用区高科技园区的土地，用于修建厂房及配套建筑，并要求于2005年6月以前完成该地块所有的拆迁和报建工作。此时这块地的使用权还归属于当地的村委会，市规划局也还未对该地块进行批建，仍有一百多户村民在此居住，A区的高科技园区无权将该地块低价租给台商，引进项目的土地使用问题解决起来有相当难度。

为了引进这一项目，促进当地利用外资的水平和地方经济发展，A区的区级主要领导毅然同意了台商的条件，并于2004年8月参加了这一项目的合约签字仪式。仪式结束后，区领导将该项目列为区级督办项目，立即召开了项目协调促进会，责成区规划局、区国土局、高科技园区管委会、区招商局等相关部门负责人落实项目的土地使用等问题，使这一项目尽快顺利在高科技园区落户。

针对台商项目的具体情况，各部门各施其职，立刻开展了工作。区国土局负责人多次到上级主管部门协调工作，落实土地的使用政策；规划局负责人也多次到市规划局了解情况，积极协调；高科技园区管委会和招商局作了大量的项目服务工作。

2005年初，离合约规定的时限只有5个月了，该项目的土地问题仍然没有实质性进展。在一次区领导召开的项目协调会上，各部门的负责人诉说了自己的苦衷。国土局说："我们跑上级主管部门十几次了，可是人家说，土地的使用要看到相应的规划许可才可以申请征用该地块。"规划局说："不是我们没有尽力向市局协调，主要是这块地的规划申请材料迟迟未向我局申报，我们也无法向上级机关申报。"话音未落，招商局的同志也按捺不住："规划局要求的资料实在太苛刻，在短期内无法解决到位，能不能请区领导出面，申请特事特办，简化一下这一项目规划许可的申报材料，以争取时间。"……就这样，球又踢回到了区领导的脚下，协调未果。

一个月后，区领导向市领导汇报了项目的情况，请求市领导出面协调，经过积极协商，各项工作总算有了进展。2005年6月，土地问题总算得到了解决，但是拆迁工作还未展开，台商要求6月交付的土地被迫延期一个月。为了得到台商的理解，区领导带领相关部门的负责人亲自登门向台商道歉。谁知台商不但不责怪，反而连连夸赞A区的办事效率高："我原本还以为土地最快也要到年底才能交给我们，没想到贵区的办事效率就是高啊，才延误了一个月就可以交付了，这在其他地方是不可能做到的，我们公司在B市的项目就因为类似的问题被拖延了一年多，现在都还没动工呢，贵区真是协商得力，办事有方啊……"

案例分析提示与思考：

1. 请对A区的这次招商引资工作存在的问题进行简要评析。

2. 请就如何做好协调、沟通工作谈谈你的看法。

相关知识链接：

1. 行政执行是一项复杂的管理活动，为了有效地做好执行工作，就必须制定行政执行的工作程序，并做到各个环节之间的有效协调。行政执行的一般过程大体上可以分为三个阶段，即准备阶段、实施阶段和总结阶段。其中，行政执行的实施阶段是整个行政执行过程的关键，直接关系到行政执行能否获得理想的成果，关系到行政决策的目标能否实现。在行政执行的实施阶段，行政管理的主要任务是要做好指挥、沟通、协调、控制等方面的工作。它们构成了行政执行过程中的主要环节。

2. 所谓行政沟通，是指行政组织、行政人员之间相互交流信息，谋求共识与合作的行政行为。它是行政执行得以正常进行的必要环节。通过加强行政沟通，就可以交换意见，交流思想和感情，取得共识，达成谅解，加强团结，改善各方面的关系，使政令畅通，执行有力。所谓行政协调，是指引导行政组织之间、行政人员之间建立起良好的互相协作、互相配合的关系，以共同实现行政目标的行政行为。它的实质是一种把相关的组织和个人力量进行凝聚、集合，从而形成共同行动的技巧，也是行政执行活动的重要环节。只有加强协调，使每个部门明确各自的职责，使每个工作人员尽职尽责，才能使行政执行沿着决策目标和方向有序地进行，才能完成行政执行任务。

3. 行政协调与行政沟通是密切联系在一起的。其中，行政沟通是行政协调的前提和基础，主要是求得思想上达成共识；而行政协调是行政沟通的结果，主要是谋求行动上保持一致。只有参与行政执行的各个方面首先在思想上统一了，才有可能达到行动上的一致。所以，行政沟通与行政协调是相互联系、相互促进的，共同推动行政执行工作的顺利进行。

案例 6：政府对"非典"危机的处理①

一、"非典"概念及疫情的突发

尽管一场灾难的阴霾已烟消云散，但若将记忆的镜头定格在 2003 年的中华大地，人们谈起来势凶猛的"非典"，仍然心有余悸。这种英文简称为 SARS 的致命性病毒，全称是严重急性呼吸道综合征。由于临床主要表现为肺炎，所以又称传染性非典型肺炎（或非典）。

广东是我国最早发现非典型肺炎病例的地区。2002 年 11 月 2 日，广州发现第一例非典病人。随后，在深圳、北京、上海等地也产生了第一例非典病人。新加坡、加拿大、美国、俄罗斯等几十个国家也同样出现了非典疫情。据卫生部新闻办公室报告，截止 2003 年 7 月 11 日，全球累计报告病例为 8 437 人，中国内地为 5 327 人。8 月 16 日，中国内地最后一批非典合并症患者结束在北京地坛医院的治疗，康复出院回归社会。这意味着肆虐全球半年多的"非典"，经过人们的努力斗争得到了有效控制，但胜利来自不易。

---

① 文钊. 抗非备忘录：中央政府非常磨合 70 天 [N]. 中华工商时报，2003－05－29；段功伟. 广东省委省政府指挥抗非斗争纪实 [EB/OL]. (2003－06－17) http://news. sina. com. cn/c/2003－06－17/1549228619s. shtml.

二、中央指示与人事变动

国务院总理温家宝 2003 年 4 月 2 日主持召开国务院常务会议，研究非典型肺炎防治工作。会议认为：①要把控制疫情作为当前卫生工作的重中之重。以卫生部部长为组长的非典型肺炎防治工作领导小组，负责指导非典型肺炎防治工作；由国务院副秘书长牵头的部际联席会议，协调解决有关问题。②及时向世界卫生组织通报疫情。近日由卫生部举行中外记者招待会，向社会公布疫情和预防控制措施。③进一步与世界卫生组织开展有效合作。④抓紧建立国家应对突发公共卫生事件的应急处理机制。会议要求各有关部门要密切协作，进一步加强监测，全面掌握疫情动态，千方百计控制疫情扩散蔓延，切实维护人民群众的健康。

2003 年 4 月 3 日下午，张文康作为卫生部长出席了国务院新闻办举行的记者招待会。他说："在座的各位，戴口罩、不戴口罩，我相信都是安全的。"那时，张文康做梦也没想到，大概半个月后，他会被自己曾经藐视的病毒拉下马。4 月 26 日，刚刚继任卫生部部长 1 个月的张文康被免职。国务院副总理吴仪担任国务院防治非典指挥部总指挥，并兼任卫生部部长。

三、相关法律、法规与条例

2003 年 4 月 8 日，经国务院批准，卫生部下发了《卫生部关于将传染性非典型肺炎（严重急性呼吸道综合征）列入法定管理传染病的通知》。4 月下旬，我国政府宣布将非典列入《传染病防治法》，作为法定传染病进行管理。5 月 12 日，新华社发布消息，经国务院总理温家宝签署国务院第 376 号令，公布施行《突发公共卫生事件应急条例》。从提议到国务院常务会议审议通过，只用了二十几天，这是新中国成立以来出台速度最快的一部法规。5 月 14 日，最高人民法院、最高人民检察院联合发布了《关于办理妨害预防、控制突发传染病疫情等灾害的刑事案件具体应用法律若干问题的解释》。

随着法律宣传的广泛深入，人们渐渐明白了，诸如隔离等措施，都是非常时期依照《传染病防治法》等法律法规进行操作的，其目的是为了切断传染源，保护大家，从而由无奈转变为思想上的理解和行动上的积极配合。

四、重灾区：广东

2003 年 2 月 6 日，广东发病人数一下子激增到 45 例，创下单日发病纪录。病因不明，医生感染，一时间，人们对这种神秘的"夺命怪病"猜测纷纷。2 月 7 日晚，中共中央政治局委员、省委书记张德江接到一个紧急电话，省委常委、常务副省长李鸿忠向他报告紧急疫情。张德江听完后，以其特有的敏锐性，立即意识到此病非同寻常。他斩钉截铁，作出口头指示：第一救人，第二抓防疫，第三维护正常的生产生活秩序，第四向卫生部报告。几乎同一时间，省委副书记、省长黄华华也指示卫生厅，立刻组织调集全省卫生力量，全力救治患者，着手查找病因和病源，确保病情不再扩散，对参加救治的医护人员，要做好防护措施。2 月 9 日，广东省的书面报告送达中央。同一天，国家卫生部副部长马晓伟就率专家组抵达广东省。

张德江特别指出："既然是天灾，就要发挥主流媒体的作用，把真实情况告诉群众，最大限度地减少社会恐慌。"紧接着，广州市政府新闻办公室召开新闻发布会，省政府新闻办公室和省卫生厅召开记者见面会，向社会详细公布非典疫情和预防知识。这是 1989 年《传染病防治法》颁布以来，首次由政府正式发布此类新闻，并且罕见地邀请了外国驻穗领事馆官员参加。政府发布的准确信息，迅速传遍海内外。广大人民群众了解到了真实的情况，都吃了一颗定心丸。

一波方平，一波又起。受伊拉克局势和境外传媒影响，2 月 12 日傍晚，广州及周边地区又刮起了抢购大米、食盐、食油等物品的风潮。省委常委、宣传部长钟阳胜得到新闻单位的紧急报告后，立刻向省委、省政府主要领导汇报。这时，张德江正在佛山考察民营企业。他当即作出部署，要求新闻媒体进行正面宣传，做好思想工作，有关部门确保药品和粮油食品充足供应，打击不法商贩趁机囤积居奇哄抬物价，维护社会稳定。

广东抗击非典的各项工作更加紧凑有序地开展起来。4 月 14 日，省政府成立由黄华华任组长，钟阳胜、李鸿忠、梁国聚、雷于蓝任副组长的省疫情处理工作领导小组，统一指挥全省非典等重大疫情的处理工作。20 日，张德江主持召开省委常委扩大会议，进一步研究落实防治非典工作领导责任制，决定从 21 日起每天在新闻媒体上通报疫情。22 日，省政府决定派出 5 个工作组，分赴全省各地开展非典防治督导工作。23 日，黄华华主持召开省府常务会议，决定建立防治非典专项基金。

广州市政府在领导医疗卫生部门不断努力打赢非典战役的同时，通过媒体不断指导市民如何预防非典。政府还出台切实的政策支持餐饮、娱乐行业的正常开业——如防疫部门加强对餐饮娱乐行业检查指导，加强餐饮、娱乐行业的卫生管理，防护管理，并出台一系列税收减免政策，扶持餐饮娱乐和商业的正常运转。广州的市场还是一片繁忙的景象，广州的餐饮、娱乐依然保持了相当高的上座率。

案例分析提示与思考：

1. 在非典危机爆发中，中央的决策哪些有利于非典危机的实际处理？
2. 重灾区广东省委、省政府在执行中央政府决策中有哪些可取之处？
3. 应对突发公共事件，各级政府的应急反应能力和机制还存在什么问题？
4. 回顾 2003 年，非典带给我们怎样的启示和教训？

相关知识链接：

行政执行活动是一个非常复杂和充满各种困难的过程，要受到外部各种条件的制约和内部各种因素的影响。要真正发挥行政执行的作用，顺利完成行政执行的任务，就必须认真研究影响行政执行的相关因素和条件。

1. 内部相关因素

（1）行政决策是否正确、合法、优秀。决策是执行的前提，行政决策如果不正确、不合法，那么行政执行就必须坚决抵制，否则行政执行将导致失败或者属于违法活动。此外，行政决策总体上正确，但如果方案不完善、办法不先进，也就是说决策质量不高，那么行政执行也难以达到好的社会效益。

（2）行政执行主体的条件是否具备。行政执行主体的状况如何，直接关系到行政执行能否顺利进行并达到预期的效果。影响行政执行主体状况的要素包括：行政执行机构的设置和运作是否相适应；行政领导是否得力；人员的配备和素质是否优秀；技术力量、财力物力是否充足，等等。如果行政执行主体上述这些状况不符合要求，那么行政执行也难以完成各项任务，保证决策目标的实现。

2. 外部相关环境

任何行政执行都要受所处外部环境因素的影响和制约，十分复杂，包括：人民群众对决策、目标的理解、认同和支持程度；社会的经济水平、文明程度；社会的政治状况；周边国家环境的影响；国际政治、经济形势的发展趋势，等等。这些都会给行政执行带来直接或间接的影响，都要给予充分的重视。同时，每一项行政任务所面临的外部环境都不可能完全一致，在行政执行过程中就必然会出现差异，必须具体问题具体分析。

案例 7：宁波市中级法院裁定政府组织强制拆迁违法[①]

2006 年底，宁波市中级人民法院作出终审判决，判处宁波余姚市人民政府组织强制拆除违章建筑的行为被确认违法。于是，又一例民告官的民事案以民胜官败而告结了。

事情的经过是这样的：2005 年 8 月 2 日，宁波余姚市规划局作出一处罚决定，认定市民朱利峰未经审批，在自己住宅四周建造了违法建筑 200 平方米，责令于同年 8 月 5 日前自行拆除。处罚决定还告知朱利峰，若对此行政处罚决定不服的，可以在接到处罚通知之日起 15 日内，申请行政复议或者提起行政诉讼，但复议、诉讼期间不停止执行。朱利峰不服处罚决定，向宁波余姚市人民法院提起诉讼，一、二审都认定余姚市规划局处罚决定合法。期间，余姚市人民政府依照上述处罚决定，组织力量强行拆除了朱利峰的违章建筑。

2006 年 2 月 14 日，朱利峰向宁波余姚市人民法院提起诉讼，要求确认宁波余姚市人民政府组织强制拆除行为违法。宁波余姚市人民政府答辩称，根据《宁波市违反城市规划建设处理办法》第十六条和第二十一条规定，宁波余姚市人民政府有权组织强制拆除，作为下级政府应该执行上级政府的规章。在诉讼请求被宁波余姚市人民法院判决驳回之后，朱利峰上诉到宁波市中级人民法院。该市中级人民法院

---

① 应曲川. 宁波中院判决余姚市政府"组织强制拆违"违法［EB/OL］.（2007—01—06）http://news.xinhuanet.com/legal/2007—01/06/content_5573221.htm.

经过公开开庭审理后，于近日作出判决：认为《城市规划法》第四十五条规定，在当事人逾期不申请复议、也不向人民法院起诉、又不履行处罚决定的，由作出处罚决定的机关申请人民法院强制执行。在法律对执行程序和执行主体有明确规定、且未授权地方政府规章可予变更的前提下，《宁波市违反城市规划建设处理办法》第十六条和第二十一条不能作为余姚市人民政府证明实施强制执行行为合法性的依据，因此确认余姚市人民政府强制执行行为违法。法院同时撤消了余姚市人民法院的一审判决。

案例分析提示与思考：

1. 请问什么是强制执行？强制执行的基本要件是什么？
2. 政府在城市管理中对违章建筑的强制拆除需要经过怎样的法定程序？
3. 你对宁波中级法院的判决结果持怎样的看法？为什么？
4. 近年来，各地连续上演强制拆迁与暴力反击的悲剧，你认为责任在谁？

相关知识链接：

强制拆迁：指被拆迁人或者房屋承租人在裁决规定的搬迁期限内未搬迁的，由市人民政府责成有关部门实施强制拆迁，或者由房屋拆迁主管部门依法申请人民法院强制拆迁。实施强制拆迁之前，拆迁人应当就被拆除房屋的有关事项，向公证机关办理证据保全。

随着经济的迅速增长和城市建设步伐的不断加快，拆迁已成为当今社会无法回避的一个话题。由此引发的矛盾不断升级，其中最重要的一环就是强制拆迁。根据《中华人民共和国土地管理法》第八十三条，《中华人民共和国土地管理法实施条例》第四十五条之规定，土地征用房屋强制拆迁应由有关单位申请人民法院执行，即只有司法强制拆迁才算合法，最高人民法院通知，各地法院不得以各种理由参与拆迁，法律并未授予行政机关强制拆迁的权利，因此行政诸机关对他人房屋的强制拆迁行为是没有任何法律依据、是非法行政的。

2011年1月19日，国务院通过《国有土地上房屋征收与补偿条例（草案）》。新拆迁条例规定取消行政强制拆迁，被征收人超过规定期限不搬迁的，由政府向法院申请强制执行。拆迁补偿价格不低于市场价；征收补偿方案需开听证会征求公众意见。条例草案规定：一是对被征收人的补偿包括被征收房屋价值的补偿、搬迁与临时安置补偿、停产停业损失补偿和补助、奖励。对被征收房屋价值的补偿不得低于类似房地产的市场价格。对符合住房保障条件的被征收人除给予补偿外，政府还要优先给予住房保障。二是征收范围。确需征收房屋的各项建设活动应当符合国民经济和社会发展规划、土地利用总体规划、城乡规划和专项规划，保障性安居工程建设和旧城区改建还应当纳入市、县级国民经济和社会发展年度计划。三是征收程序。扩大公众参与程度，征收补偿方案要征求公众意见，因旧城区改建需要征收房屋，多数被征收人认为征收补偿方案不符合本条例规定的，还要组织听证会并修改方案。政府作出房屋征收决定前，应当进行社会稳定风险评估。四是政府是房屋征收与补偿的主体。禁止建设单位参与搬迁，承担房屋征收与补偿具体工作的单位不得以营利为目的。五是取消行政强制拆迁。被征收人超过规定期限不搬迁的，由政府依法申请人民法院强制执行。

案例8：执行力[①]

材料一：政府执行力问题的提出与明确

"执行力"，一个在西方管理界频繁使用的词汇，2006年首次出现在政府工作报告中。3月5日，国务院总理温家宝在十届全国人大四次会议上所作的《政府工作报告》中，提出："建立健全行政问责制，提高政府执行力和公信力。"这标志着政府"执行力"建设被正式纳入国家治理范畴。

事实上，2006年1月份以来，中央机关及国务院所属各部委局出台的一系列政策措施均明确无误地发出了强化政府"执行力"的信号。意味着中国发力解决政府"执行力"问题，决非口头说说、做做样子而已。

分析人士认为，"执行力"在中国经济高速发展的今天被强调，实是时势使然。2006年是"十一·五"规划时期的开局之年，中央明确提出，经济社会发展转入科学发展的轨道"务必迈出实质性步伐"，中央的各项部署能否在地方切实得以认真对待和有效落实，各级政府的"执行力"是关键。

此外，当前一些地方政府对中央政策的"执行力"出现弱化倾向，凸显强化政府"执行力"的紧迫性。近几年，一些地方干部滥用权力、重复建设之风、违法征地行为、牺牲环境追求经济发展的现象屡禁不止，反映出国家法律法规和中央的政策在一些地方被"执行走样"。

从已公布的一系列政策措施取向看，新时期中国强化政府"执行力"凸显七大新亮点。

——公众监督被高度重视。长期以来被忽视的公众参与不足、社会监督缺乏的状况将被改变。中纪委将社会力量参与反腐败，视为反腐败新的动力源。2005年12月28日中纪委、监察部首次公布中纪委信访室、监察部举报中心举报网站的网址，开通官方反腐败举报网站。最高人民检察院从2006年1月1日起开通全国行贿档案查询系统，并实现全国联网。

——国家环保总局最近发布《环境影响评价公众参与暂行办法》，第一次以部门规章的形式，将公众参与引入环境评价工作中。国土资源部出台的《国土资源管

① 李克杰. "执行力"首进政府报告 高调倡导保中央政令畅通［EB/OL］.（2006－03－09）http://www.china.com.cn/zhuanti2005/txt/2006－03/09/content_6148839.htm；四川11条标准量化干部状态，执行力不强不提拔［EB/OL］.（2004－07－25）http://news.sohu.com/20040725/n221183105.shtml.

理系统全面推进依法行政规划》明确规定，2006 年县级以上国土资源管理部门全部设立举报电话和举报信箱，并向社会公布；对中央媒体曝光的重大国土资源违法案件调查率要达到 100％。建设部新修订的《城市规划编制办法》2006 年 4 月 1 日起施行，该办法也规定编制城市规划要采取有效措施，充分征求社会公众的意见。

——树立新的科学的政绩风向标。以往单纯侧重国内生产总值的政绩评价标准被改变。国家安全生产监督管理总局明确提出 2006 年将重点把安全生产行政首长负责制落实到位，将安全指标作为国家考核各级领导干部的一项重要内容。国务院发布的《国务院关于落实科学发展观加强环境保护的决定》也提出，要把环境保护纳入领导班子和领导干部考核的重要内容，并将考核情况作为干部选拔任用和奖惩的依据之一。此外，2006 年 11 月，国务院下发的《关于进一步加强就业再就业工作的通知》已明确将"失业调控"首次纳入政绩考核指标；12 月，国家发展和改革委员会、国家能源办和国家统计局联合下发通知，表示从 2006 年开始实施国内生产总值能耗指标公报制度，意味着进入 2006 年，节约能源情况将成为各地各级领导干部考核的重要内容之一。

——政策目标取向侧重量化指标。以往"应有显著提高"、"需大力发展"之类缺乏硬约束的"虚语化"政策表述情形被改变。新年伊始，国务院安全生产委员会即向各省区政府下达了全国安全生产控制考核"硬指标"。来自国家安全生产监督管理总局的消息称，亿元国内生产总值生产事故死亡率、工矿商贸十万从业人员事故死亡率、道路交通万车死亡率、煤矿百万吨死亡率，这安全生产四大控制指标将成为今年国家考核各级领导干部的重要内容。

——制度监督机制趋向定型。中国首部《中华人民共和国公务员法》，从 2006 年 1 月 1 日起开始生效实施。其中直接涉及如何将干部晋升制度化和法律化，通过强化法治来净化干部晋升竞争环境，也就是要以新的制度设计，根本改变"跑官要官"等选人用人陋习。在 2006 年 1 月 6 日的中央纪委第六次全体会议上，中共中央强调要把学习党章、遵守党章、贯彻党章、维护党章作为执政党的一项重大任务。这一次对"党的根本大法"的突出强调，表明中央要以党章为核心的党规党法体系建设来进行制度监督、用制度管权、制度管人、制度管事的思路越来越定型。

——严肃问责失职行为。2006 年 2 月 20 日，监察部和国家环保总局联合宣布，《环境保护违法违纪行为处分暂行规定》公布施行，意味着今后环保问责直接对"人"，以往在环境污染案件处罚中，往往只对有关单位进行罚款、很少处罚责任人的状况将被改变。国务院最近公布的《艾滋病防治条例》也明确规定，地方各级人民政府未依照本条例规定履行组织、领导、保障艾滋病防治工作职责，造成艾滋病传播、流行或者其他严重后果的，对负有责任的主管人员依法给予行政处分；构成犯罪的，依法追究刑事责任。

——通报震慑严肃组织人事纪律。2006 年 1 月 23 日，中央纪委和中央组织部以少有的联合新闻发布会方式，通报六起各级纪检监察机关查处的典型"跑官要官"和"买官卖官"案件。这是中国共产党首次召开新闻发布会通报违反组织人事纪律的案件，表明中央严肃组织人事纪律，绝不只是喊喊嗓子，而是要在干部选拔任用上动真格，让更多可担当责任的好干部走上恰当岗位。

——建立国家执行威慑机制。长期以来部门间信息封闭给地方保护主义以可乘之机的状况将被改变。比如，中央政法委最近发出《关于切实解决人民法院执行难问题的通知》，要求最高人民法院正在建立的人民法院执行案件信息管理系统，要与人民银行、工商行政管理、房地产管理、工程招投标管理、出入境管理、车辆管理等部门信息管理系统链接，实现信息共享，建立国家执行威慑机制，通过限制或禁止被执行人融资、置产、出境、日常高消费等手段，促使被执行人自动履行义务。最高人民法院也决定于 2006 年 1 月至 6 月，在全国法院范围内开展集中清理执行积案活动，主攻受地方和部门保护主义干扰未能执行的案件等五类案件。

材料二：衡量党政领导干部执行力的定量指标

如何衡量党政领导干部执行力不强？怎样处理这类"不在状态"的官员？2004年 7 月，某省首次出台的具有 11 条定性和定量标准的《对执行力不强的党政领导干部处理办法》，对上述问题作出了明确回答。

11 条定性标准包括：搞"上有政策下有对策"，致使政令不通，影响全局工作或造成不良影响的；班子成员不团结，影响正常工作的；不深入实际而虚报浮夸，致使群众反映的问题长期得不到解决的；无正当理由对交办任务不能按时、保质完成的；在急、难、险、重工作面前和事关人民生命财产安危时畏缩不前，临阵脱逃的；个人重大问题未按规定如实上报的；经济责任审计结果有问题，应承担直接领导责任的；利用职权和职务之便贪图享受，讲排场和铺张浪费的等。

11 条定量标准包括：区县党委、市级部门党组（党委）未按规定每年书面或口头向市委汇报工作 2 次以上的；区县和市级部门主要领导在任期间的年度绩效考核连续多年排在末位的；在党风廉政建设责任制考核测评中，群众不满意度超过30％，经组织认定应承担责任的；部门或单位连续 2 年均有干部受到党纪、政纪处分的；3 年内受到诫勉谈话累计 2 次以上的；旷工或无正当理由逾期不归连续超过15 天或 1 年内累计超过 30 天的等。

处理：凡出现了上述情形的党政领导干部，根据情节轻重予以通报批评、改任、降职或免职等组织处理；构成违法违纪的，分别由司法机关、纪检监察机关按法律规定和有关纪律处分条例处理。被降职、免职的干部，自处理决定下发之日起，一年内不准提拔使用。

案例分析提示与思考：

1. "执行力"写进了政府工作报告，说明了什么？

2. 结合材料，谈谈你对增强执行力的看法。

相关知识链接：

所谓执行力，是指贯彻战略意图，完成预定目标的操作能力。它包含完成任务的意愿、完成任务的能力、完成任务的程度等三大要素。

政府执行力在不同学科中具有不同的含义：从法学角度看，政府执行力代表政府依法行政的能力；从经济学角度看，政府执行力代表政府行政效率的大小和效益的多少；从社会学角度看，政府执行力代表政府处理社会事务、解决社会矛盾、化解社会纠纷的能力；从行政管理学角度看，政府执行力有广义和狭义两种理解：广义是指政府为达到既定目标，通过贯彻实施党的路线方针政策、法律法规、决策、战略计划等行为，对各种资源进行使用、调度和控制，有效处理政府日常事务所表现出来的政府内在的能力和效力；狭义是指各级政府决策、执行决策、监督决策执行所表现出来的行动、操作和实现能力及效力。

案例9：如果你是市长……[①]

新疆乌鲁木齐的冬季几乎占到全年时间的一半，破冰铲雪成了冬季市政管理的艰巨任务。市政府规定：下雪就是命令，任何时候只要雪一停，政府就会实施约3个小时的城区交通管制，这已经形成惯例。因此，要求乌市所有单位和个体商户在雪停之后必须马上清除门前三包范围内的积雪，以保证冬季城区行人安全和道路车辆畅通。而有一家商厦却没有认真履行承诺，雪停之后没有按市政府的要求及时清除商厦外面三包范围应当清除的冰雪，于是，行政执法部门把车停在了商厦门口，堵住大门不让顾客进出，双方为此发生了冲突。执法部门认为这家商厦是"刁民"，开出了重罚单。而这家商厦不服处罚，找到市长要求批评教育简单粗暴的执法人员，并给他们一个说法。

案例分析提示与思考：

1. 请问你是否清楚地知道乌市政府关于冬季扫雪的具体规定？请查阅。
2. 如果你是市长，你会怎样处理案例中出现的问题？
3. 关于冬季扫雪你有什么更有效且可行的方案吗？如何实施？

相关知识链接：

门前三包：作为我国城市管理发展过程中的一项重要措施和制度，最早可追溯到20世纪70年代。"门前三包"是指临路（街）所有的单位、门店、住户要担负起一定范围的市容环境责任和城市管理任务。因其具有广泛的群众性和自觉性，至

---

① 白马啸西风. 一位南方人的见解：假如我是乌鲁木齐市长 [EB/OL]. (2006—11—09) http://www. tianshannet.com.cn/pn/content/2006—11/09/content_1335367.htm.

今门前三包以其不可替代的优越性，在我国相当一部分城市中仍发挥着独特的作用。

通常，"门前三包"的主要任务是：一包门前市容整洁，无乱设摊点、乱搭建、乱张贴、乱涂写、乱刻画、乱吊挂、乱堆放等行为；二包门前环境卫生整洁，无裸露垃圾、粪便、污水，无污迹，无渣土，无蚊蝇孳生地；三包门前责任区内的设施、设备和绿地整洁等。

第八章 法制行政

法制行政与不法行政相对立，是公共行政现象的最基本的内容之一，也是行政原则和行政原理最重要的范畴之一。它是现代国家法律制度的重要组成部分，也是现代行政精神的精髓所在。法制行政的基本内涵主要集中在两个相互联系、互为条件的方面：其一，法制监督，即基于法律和行政法规的规定，接受外部监督和进行内部监督；其二，依法行政，即根据宪法和法律的精神、原则和条款、程序，实施公共行政管理①。本章围绕以上内容，选编了 10 个教学案例，供学习者在教学中有针对性地进行深入分析讨论。

教学目的：考察行政执法的主要方式及其相关程序；懂得依法行政的重要意义；剖析强拆事件的内在根源；了解国家赔偿法的实施及其修改；掌握行政立法的内涵、意义与改革创新

应用方式：案例讨论、情境角色分析

案例 1：十一年后得昭雪，国家怎么赔偿？②

材料一：佘祥林故意杀人案冤情

2005 年 3 月 28 日中午，湖北省京山县雁门口镇一名 11 年前被丈夫"杀害"的女子突然回到了娘家，这名女子的"死而复活"让所有的人目瞪口呆，同时还牵出了 11 年前的一桩冤案。

该女子名叫张在玉，现年 43 岁，1994 年，她一气之下离家出走。不久，人们在当地发现一具女尸，女尸的年龄、体征、死亡日期与张在玉吻合。因此，张的丈

① 张国庆. 公共行政学 [M]. 北京：北京大学出版社，2007：417.
② 高秉喜. 考问京山大冤案 京山"警察"丈夫杀妻冤案解析 [EB/OL]. (2005—04—12) http://www. hb. chinanews. com/news/2005/2005—04—12/42772. html；湖北佘祥林杀妻案终结，佘祥林累计获赔 70 余万 [EB/OL]. (2005—10—28) http://news. eastday. com/eastday/node81741/node81762/node95609/userobject1ai1585362. html.

夫佘祥林被公安机关当作重点犯罪嫌疑人抓获。几经审理后，1998 年，佘祥林以故意杀人罪被法院判处有期徒刑 15 年。

佘祥林，1966 年 3 月 7 日出生，京山县雁门口镇何场村九组人，被捕前是京山县公安局原马店派出所治安巡逻员。1994 年 1 月 20 日，佘祥林的妻子张在玉失踪后，张的亲属马上就怀疑张是被佘所杀害。同年 4 月 11 日，在雁门口镇吕冲村的一个水塘发现一具女尸，经张在玉的亲属辨认，死者与张在玉特征相符，公安机关立案侦查。1994 年 4 月 12 日，佘祥林因涉嫌故意杀人罪被京山县公安局监视居住，同年 4 月 22 日被刑事拘留，4 月 28 日经京山县人民检察院批准逮捕。1994 年 10 月 13 日，原荆州地区中级人民法院一审判处佘祥林死刑，佘提出上诉。湖北省高级人民法院 1995 年 1 月 6 日作出裁定，以事实不清、证据不足发回重审。1995 年 5 月 15 日，原荆州地区检察分院将此案退回补充侦查。1996 年 2 月 7 日，京山县人民检察院补充侦查后，将此案送荆州地区检察分院起诉，后被再次退查。1997 年因行政区划变更，京山县检察院于 1997 年 11 月 23 日将此案呈送荆门市人民检察院起诉。同年 12 月 15 日，荆门市人民检察院审查后认为佘祥林的行为不足以对其判处无期徒刑以上刑罚，将该案移交京山县人民检察院起诉。1998 年 3 月 31 日，京山县人民检察院将此案起诉至京山县人民法院。1998 年 6 月 15 日，京山县人民法院以故意杀人罪，判处佘祥林有期徒刑 15 年，附加剥夺政治权利 5 年。佘不服提出上诉，同年 9 月 22 日，荆门市中级人民法院裁定驳回上诉，维持原判。之后，佘祥林被投入沙洋监狱服刑。

张在玉的出现，引起有关部门的重视。2005 年 3 月 29 日，荆门市中级人民法院召开审判委员会，对佘祥林故意杀人案进行了研究，决定撤销京山县人民法院 [1998] 京刑初字第 046 号判决和荆门市中级人民法院 [1998] 荆刑终字第 082 号刑事裁定，发回京山县人民法院重新审判。

2005 年 4 月 1 日清晨 6 时许，佘祥林在众多媒体记者的等待之下，走出服刑的沙洋县苗子湖监狱（被取保候审）。

2005 年 4 月 13 日，佘祥林在京山法院被当庭宣判无罪。这一判决在 4 月 24 日生效。

佘祥林服刑期间，杨五香，佘的母亲，本来身体健康，在其子出事后因上访被关九个月，出看守所后三个月死亡；佘华容，佘的女儿，自小成绩优异，初一时被迫辍学，14 岁出外打工，现在东莞一家电子厂打工；佘锁林，佘的大哥，原是何场村九组治保主任，中共预备党员，出事后不断上访被关 41 天，治保主任、预备党员被撤，现在为雁门口镇邮政局征订、投递员，月收入千元左右；佘贵林，佘的二哥，不堪忍受流言，后举家在深圳打工；倪乐平，原为姚岭村村委副书记，现在为退体乡村干部，为做证一事欠下高利贷。

佘祥林出狱后，即提出国家赔偿申请，包括精神抚慰金在内，向荆门市中级人民法院提出总计达 437 万元的国家赔偿申请，其申请赔偿内容总共包括七个方面：一是要求侵权司法机关向他赔礼道歉，并在省级以上媒体消除影响，恢复名誉；二是承担精神损害的抚慰金每年 35 万元，11 年共计 385 万元；三是限制人身自由 4 009 天，按国家法律的有关规定，计赔偿金 25 万余元；四是身体受到伤残，造成本人生命健康权受到伤害，因医治而减少的误工收入 8 万余元；五是造成本人身体伤残而丧失劳动能力的残疾赔偿金 10 年共计 16 万余元；六是佘祥林女儿佘华蓉生活费和父亲佘树生的生活费 2 万余元；七是一审庭审的律师费用、安葬无名女尸费用计 4 000 元。

2005 年 10 月 28 日，在湖北京山县雁门口镇，京山县公安局有关负责人与佘祥林签订协议：该局赔偿佘祥林及佘母、佘的哥哥累计 45 万元。协议列出的赔偿明细包括：佘祥林丧失劳动力补偿 16 万元；佘在关押期间腿部和眼睛受伤，后期治疗费赔偿 6.6 万元；佘母关押后死亡，公安机关按 60％的责任支付死亡补偿金 22 万元；佘的哥哥被关押的赔偿金为 4 000 元。加上荆门市中院已赔付的国家赔偿 255 894.47 元，因"杀妻"罪名蒙冤下狱 11 年的佘祥林及其家人，累计获得 70 余万元国家赔偿。至此，佘祥林申请国家赔偿案结束。此前，雁门口镇政府还向他发放了 20 万元生活困难补助款。

材料二：

1995 年 1 月 1 日实施的《中华人民共和国国家赔偿法》（以下称《赔偿法》），从 2008 年开始修订工作，历经四次审议，终于在 2010 年 4 月 29 日，由全国人民代表大会常务委员会第十四次会议通过《赔偿法》修改决定，并自 2010 年 12 月 1 日起施行。此次国家赔偿法在以下几个方面有所改动和完善：

第一，在完善赔偿程序方面，有两点重大的修改：一是对于确认程序的修改，在刑事赔偿范围中，赔偿请求人向赔偿义务机关先行提出赔偿请求，赔偿义务机关应当在两个月内作出赔偿决定。如果没有按照法定期限作出赔偿决定，或者当事人对作出的赔偿决定有异议的，可以向上一级国家机关提出复议。如果对复议结果不服，还可以向人民法院的赔偿委员会提出赔偿请求。这从程序上保障了赔偿请求人的救济权利。二是对赔偿程序方面的一些操作程序进行了完善。

第二，明确了赔偿请求人和赔偿义务机关的举证责任。在赔偿案件中，有的时候双方各持一词的情况下，不明确举证责任的话，法院最后难以认定。尤其是规定了受害人在被关押期间死亡或者丧失行为能力的，规定赔偿义务机关要对损害和行为之间是否存在因果关系，应当举证，规定了这样一个加重赔偿义务机关举证责任的规定。

第三，国家赔偿法的修改对精神损害赔偿作出了明确规定。在民事赔偿中，我国已经建立了精神损害赔偿制度。在不久前通过的《侵权责任法》对精神损害赔偿也作出了明确的规定。在国家赔偿过程中，受害人也同样受到这种精神损害。这次修改规定，对于侵犯人身自由的情况，致人精神损害的，赔偿义务机关应该消除影响、恢复名誉、赔礼道歉，对造成严重后果的，应当支付精神损害抚慰金。

第四，对于保障国家赔偿费用的支付方面，也作了进一步完善。这次修改规定了国家赔偿的费用要列入各级财政预算，对于支付的环节也规定得比较明确。赔偿请求人可以拿着相应的法律文书，如赔偿决定书、调解书直接向赔偿义务机关申请支付赔偿金，赔偿义务机关一定要在七日内向财政部门提出支付的申请，财政部门要在十五日内支付赔偿金，这就使得赔偿费用的管理和支付更加完善。

案例分析提示与思考：

1. 你认为向佘祥林及其家人赔偿 70 余万元是否合理？为什么？
2. 修改后的《国家赔偿法》有何重要意义？

相关知识链接：

《国家赔偿法》修改后的新旧对比：

变化一：踢走门槛，个人申请国家赔偿更便捷

【旧法】赔偿请求人要求刑事赔偿，应当先由赔偿义务机关进行确认。

【新法】取消了刑事赔偿中的确认程序，明确规定赔偿请求人应先向赔偿义务机关提出请求，义务机关应当在两个月内作出决定，如果没有按照法定期限作出赔偿决定或者请求人对作出的赔偿决定有异议，可以向其上一级机关申请复议。如果对复议结果不服还可以向人民法院赔偿委员会提出赔偿申请。

变化二：不"违法"，国家机关也得赔偿

【旧法】实行的是"违法确认"赔偿原则，就是说，只有在国家机关违法行使职权造成损害后果时，国家才赔偿。

【新法】对公民采取逮捕措施后，决定撤销案件、不起诉或者宣告无罪终止追究刑事责任的，以及依照审判监督程序再审改判无罪，原判刑罚已经执行的，受害人都有取得国家赔偿的权利。

变化三："躲猫猫死"以后，举证责任倒置

【旧法】对举证责任没有明确的规定。一般情况下，公民申请国家赔偿时均要由自己承担举证责任，造成公民个人和赔偿义务机关各执一词时，人民法院认定事实难，确定责任难。

【新法】明确了赔偿义务机关的举证责任，同时对于特殊情况实行举证责任倒置。人民法院赔偿委员会处理赔偿请求，赔偿请求人和赔偿义务机关对自己提出的主张，应当提供证据；被羁押人在羁押期间死亡或者丧失行为能力的，赔偿义务机关的行为与被羁押人的死亡或者丧失行为能力是否存在因果关系，赔偿义务机关应当提供证据。

变化四："紧箍咒"，从程序上约束公权力

【旧法】国家赔偿程序性规定内容偏少，这造成有关部门互相推诿，案件久拖不决。

【新法】新增申请书签收制度和期限性规定

变化五：精神损害纳入赔偿，考虑四种因素

【旧法】赔偿标准低，没有涉及精神损害赔偿。

【新法】明确规定：国家机关及其工作人员在行使职权时侵犯人身权，致人精神损害的，应当在侵权行为影响的范围内，为受害人消除影响，恢复名誉，赔礼道歉；造成严重后果的，应当支付相应的精神损害抚慰金。

案例 2：拆迁事件①

材料一：2004 年湖南嘉禾事件

2004 年，湖南嘉禾事件震惊全国。事情源于累计投资达 1.5 亿元的珠泉商贸城项目，该项目位处嘉禾县城的最中心地带，工程总占地面积超过 12 万平方米。开发商除了计划进行旧城改造、房地产建设外，其核心项目就是建起一个面积超过 8 000 平方米的大型商贸城，即珠泉商贸城。说起来，这一项目属于商业性建设，应该由开发商独自完成。但由于珠泉商贸城被列为全国 50 个商业网点示范项目之一、郴州市政府批准的全市重点工程，嘉禾县政府便积极出手相助。

为了让工程范围内的 1 100 户居民迅速按照开发商给出的条件搬迁，嘉禾县不仅喊出了："谁不顾嘉禾的面子，谁就被摘帽子，谁工作通不开面子，谁就要换位子，谁影响嘉禾一阵子，我就影响他一辈子"的口号，还创造性地推出了"四包"、"两停"政策。所谓"四包"，就是公职人员必须保证他们的亲属，在规定期限内完成拆迁补偿评估工作、签订好补偿协议、腾房并交付各种证件、甚至还要保证他们的亲属对拆迁及补偿不满意时，不集体上访和联名告状。所谓"两停"，就是不能完成这一任务的将被暂停工作、停发工资，甚至是被开除或下放到边远地区工作。

在嘉禾县政府强制拆迁的过程中，因"四包"、"两停"政策，已经有 160 多名公职人员受到牵连，其中至少有 6～7 名因为其亲属对拆迁提出质疑或拒绝在拆迁同意书上签字，而被调离原工作岗位；3 名拆迁户因站在房顶上抵制拆迁，被警方带走，并被处以拘留，罪名分别为"暴力抗法"和"妨碍公务"。

此事件被披露后，全国一片哗然。经过调查，湖南省委常委会研究决定，责成

① 央视《时空连线》. 湖南嘉禾拆迁调查：拆迁能够株连九族？［EB/OL］. （2004－05－14）http://news. sina. com. cn/c/2004－05－14/11113228504. shtml；陕西西安市碑林区建设局强制拆迁起纠纷［EB/OL］. （2004－07－03）http://news. sina. com. cn/c/2004－07－03/00233591667. shtml；11 起强拆伤亡案问责 57 人，其中副省级官员 1 人［EB/OL］. （2011－09－26）http://news. bandao. cn/news_html/201109/20110926/news_20110926_1618993. shtml.

有关部门展开调查，按规定程序撤销周余武中共嘉禾县委委员、常委、书记职务，撤销李世栋中共嘉禾县委委员、常委、副书记职务，并依法撤销其县人民政府县长职务，对其他相关人员也给予了不同程度的处罚。

材料二：陕西某市某区强拆现场

发展房地产事业对城市发展能起到促进作用，但是如此拆迁不知究竟拆的是什么，是房还是老百姓的心？在陕西某市某区一处拆迁工程的现场，可以看到偌大的一个生活社区，除了剩下的这几栋残缺不全的房子外，其余的就是散落一地的大大小小的瓦砾。有的拆迁居民反映："拆我房子的时候也没给我打招呼，等我知道这个消息，赶到我这个位置的时候，我房子的楼顶基本上都叫人拆完了。"家住这片生活区的张女士的家突然成了拆迁指挥部的临时办公室，而他们一家四口人现在要自己花 500 多块钱在外面租房子住。

不但如此，为了加快拆迁的进度，该区建设局和将在这片生活区建造高楼的某公司还不顾国家有关规定，强行切断了社区内的一切水电供应。为逼迫居民搬迁，甚至采取了殴打拆迁户的极端的方式。

这件事情在 2005 年 7 月 2 日的中央电视台经济信息联播节目中播出后，记者了解到如下情况：①拆迁公司安置地证明已失效。市城市规划管理局在 1998 年 12 月 18 日颁发的，用于建设拆迁群众居住的经济适用房，有效期 6 个月。而该公司是在 2001 年才开始到市计委申请项目立项的，此时安置地证明已经过期了整整 2 年的时间。但就是凭借着这份早已失效的安置地证明，该公司在市拆迁办拿到了拆迁许可证。②该公司的建设项目由于在 2003 年没有及时接转，也已经被发改委认定为废止项目。在这种情况下，市拆迁办先后 6 次为该公司延长了拆迁证的有效期限，时间一直延续到 2005 年的 6 月 30 日。

材料三：2011 年多起强拆顶风违纪违规

监察部、国土资源部、住房城乡建设部、国务院纠风办等四部门会同有关省、区纪检监察机关和纠风部门对 2011 年上半年发生的 11 起强制拆迁致人伤亡案件进行了调查处理，给予党纪政纪处分和行政问责 57 人，其中副省级 1 人，市厅级 4 人，县处级 20 人，乡科级及以下 32 人。涉嫌犯罪移送司法机关处理 31 人。

据介绍，此次查处的 11 起强拆致人伤亡案件均发生在《国有土地上房屋征收与补偿条例》实施后，其中，属于违法违规强拆致人伤亡的 6 起，属于依法依规组织拆迁但由于现场处置不当等原因发生人员伤亡的 5 起。

四部门相关负责人指出，各地区各有关部门要坚决制止违法违规强制拆迁行为；要强化领导责任，保证中央关于征地拆迁各项政策法规的贯彻执行；要切实转变作风，深入细致做好征地拆迁中的群众工作，引导群众依法理性维护自身权益；要加强监督检查，严肃查处违法违规强制拆迁案件。

案例分析提示与思考：

1. 结合材料，剖析强制拆迁行为屡屡发生的深层次原因。

2. 强拆的法律依据是什么？联系实际，谈谈你对当前推进依法行政的看法。

相关知识链接：

行政法制的基本目标，就是要实现依法治国，建设社会主义法治国家。其中，对国家行政机关及其工作人员的基本要求是要依法行政，正确行使人民赋予的行政权力；同时，广大人民群众也要善于利用法律，维护自己的正当权益。具体来说，就是：

(1) 有法可依。有法可依就是要加强行政立法，建立和完善行政管理法规体系，用法律法规来规范行政管理的每一个环节，规范国家行政机关及其工作人员的每一个行政行为，并把法律法规作为行政管理的手段，用法律法规确定公民和法人的作为或不作为。

(2) 有法必依。有法必依就是要坚持依法行政，把法律法规作为行政行为的准则，依照法律法规去作为或不作为。行政管理过程中对具体事情的处理、所采取的具体措施、国家行政机关和工作人员的言行，都必须严格按照法律法规的要求去做。任何人都不得违反法律法规，任何活动都不得超越法律法规规范的范围。

(3) 执法必严。执法必严要求严格执行法律法规，坚决维护法律的尊严，决不允许以情代法、以权压法，决不允许徇私枉法、贪赃枉法。在执法过程中，应当严肃认真，严格按照法律规定的内容和程序办事，不能有任何违反。按照法律法规要求，该办的事坚决办好，不该办的事坚决不办，不能讲例外，搞特殊。

(4) 违法必究。违法必究就是对违反法律法规的组织、团体、公民和法人，不管级别、职务高低，不问背景，坚决依法追究查办。在行政执法过程中，决不允许任何组织和个人享有法律法规以外的特权；决不允许搞以钱代罚、以罚代刑，或者随意免除违法者应承担的法定义务和应负的法律责任。

总之，这四者之间是相互联系、相互依存，不可分割的有机整体，必须全面理解、坚决贯彻。按照这一基本要求，行政机关立法要慎重、及时、准确；执法要坚决、严肃、秉公。行政人员要努力做到知法、懂法、用法、守法、护法。

案例 3：领导干部的法律知识[①]

材料一：干部知法懂法状况

领导干部，在我国政治、经济和社会生活等方面都处于"首领"的地位，其法律素质的状况直接影响着我国法制建设的进程。那么，经过这些年的普法教育，我

---

① 杨亚佳，付文明，兰建勇，等. 当前河北省领导干部法律素质状况及提高对策研究 [J]. 领导之友，1999（4）；四川提请省人大常委会任命干部须过"法律关"[EB/OL].（2005-05-11）http://news.enorth.com.cn/system/2005/05/11/001021374.shtml.

们领导干部的法律知识到底有多少？他们的法律观念到底有多深？他们依法办事的能力到底有多强？围绕这三个方面的问题，某省省委党校课题组对该省的 34 名地厅级干部、59 名县处级干部、158 名科局级干部进行了问卷调查。

调查结果令人吃惊，下面是部分调查结果：

（1）在法律知识学习的积极性和重视程度方面，系统学习过《宪法》的比例，地厅级是 85％，县处级是 70％，科局级仅有 65％；系统学习过《民法通则》的分别是 56％、49％和 36％；系统学习过《行政处罚法》的分别是 59％、47％、39％。

正是由于知识的不足，对法律问题的把握也存在着偏差。在回答"什么机关是宪法规定的最高国家权力机关"时，地厅、县处、科局三级干部的正确率分别是 91％、86.4％和 78.5％。在回答行政诉讼的证据规则时，三级干部的正确率分别是 23.5％、17％和 12.7％。

（2）从调查情况看，目前领导干部虽然充分认识到法律知识和法律素养在市场经济和民主政治建设中的重要性，但自身的法律知识准备严重不足，尤其是《宪法》、《行政诉讼法》和《行政处罚法》等有关国家体制、法制原则、领导干部职权的产生、运作、界限和法律责任等方面的知识和素养严重缺乏，对宪法和法律的一些基本原则和基本问题了解不够，把握不准。

更令人吃惊的是，在接受调查的领导干部中，竟有 27％的领导干部没有学过作为国家根本大法的《宪法》，这不能不说是令人堪忧的现象。

对法律知识的学习不深入，导致了一些领导干部对有些重要问题的理解存在严重的偏差。比如，对于地方人大与地方政府的关系这样一个宪法常识问题，有 1.6％的人回答不知道，有 17.5％的人认为地方各级政府是地方各级党委的执行机关，有 25％的人认为地方各级政府就是地方各级权力机关，回答的正确率只有 55.9％；当问到是否学习过《行政诉讼法》时，有 49％的人作了肯定的回答，但能正确回答出"在行政诉讼中主要应由被告行政机关承担举证责任"这样一个重要的证据规则的人只有 15％。另外不少领导干部对"行政执法"的内涵缺乏正确的认识：对"检查"、"处罚"这类限制权利或剥夺权利的行政行为认为是执法，而对为公民、法人办理注册、登记、发放抚恤金这一类的行为则有相当多的人不认为是行政执法。

（3）在权威观念上，有 67.3％的人认为，依法治国应树立宪法和法律的最高权威，这无疑是十分可喜的；但值得注意的是，被调查者也有 8％选择"法律的权威不能大于人的权威，尤其不能大于最高领导人的权威"这样一个人治论的观点。

在国家权力和公民权利的关系上，只有 41.8％的人回答是公民权利产生国家权力，42.6％的人回答是国家权力产生公民权利，另有 15.6％的人回答"不知道"。由此可见，"中华人民共和国的一切权力属于人民"的宪法原则，以及"国家公务员手中的权力是人民通过法律授予的"这样的法治观念在一些领导干部心目中还相当淡薄。有 71.6％的被调查者对"依法治国"的理解还仅仅停留在管理主义的水平，而对"依法治吏是依法治国的核心问题"采取认同态度的仅仅有 25.9％。

（4）调查对象中，许多人看到了我国法制建设的艰巨性，仅有 3.6％的人认为我国的法治国家目标会很快实现，而 86％的人则认为虽然能够实现，但很艰难。只有 48.6％的人认为，我国现存的法律制度对国家稳定和社会发展发挥了很大的积极作用；另有 46.6％的人认为，虽然发挥了积极作用，但执法现状并不如意。

对"一个行政执法案件，在实践中是否能够以法定程序公正解决"的问题，只有 21.5％的人认为能够依照法定程序公正解决，其余近 80％的人选择了"权压了法"或"钱买了法"；有 51.8％的人认为"权力对公正执法的干扰最大"。但是，当问到"你处理违法行为时，你的上司来电话说情，这时你首先想到的是什么"这一问题时，表示"能继续坚持依法办事"的人 66.1％；表示"准备迎合领导意图或为了给领导一个面子，违心地打点折扣"的人也高达 33.9％。这种情况说明，作为执法者的领导干部，虽然大多数具有依法办事的信念，但当遇到权势的压力或个人利益、地方利益发生矛盾时，其执法的坚定性将大打折扣。

对当前执法现状的评价，基层干部明显要悲观得多。在依法办事的坚定性方面，干部的级别越低，赞成并坚持依法办事的比例越低；在遇到权势的压力时，准备放弃法律原则迎合领导意图的比例却越高，在科局级干部中的比例竟高达 41.1％。

由此可见，在走向法治政府的征途之中，我们还有许多事情要做。

材料二：政府官员任前法律知识考试

2005 年，为深入推进依法执政，某省人大常委会办公厅最近出台规定，要求对提请省人大常委会任命的人员必须进行任前法律知识考试，对过不了"法律关"的人员，省人大将建议提请任命机关撤回提名。

根据《××省人民代表大会常务委员会对提请任命人员任前法律知识考试办法（试行）》（以下简称《办法》）的规定，应当参加法律知识考试的人员包括：省人大专门委员会副主任、省人大常委会副秘书长，省人民政府秘书长、厅长、委员会主任，省高级人民法院副院长、审判委员会委员、庭长，省人民检察院副检察长、检察委员会委员等。该省人大常委会有关负责人告诉记者，在人员任命前设置"法律关"，主要是为了促进国家机关人员学习和掌握法律知识，增强法制观念，提高执法水平。法律考试的内容分为公共法律和相关法律、法规。公共法律指宪法和基本法律，相关法律、法规是指与提请任命人员执行所担任职务有关的法律、法规。

《办法》还规定，提请任命机关应当在召开省人大常委会会议的 15 个工作日前，将提请任命人员名单报送省人大常委会，同时通知提请任命人员做好考试准备。法律知识考试由省人大常委会组织进行。考试计分方式实行百分制，60 分以上为合格。参加考试人员考试不合格的，可以补考一次；补考仍不合格的，建议提请任命机关撤回提名。

案例分析提示与思考：

1. 材料一反映出的主要问题是什么？

2. 你是否赞同某省人大做出的对政府官员任前法律知识考试的规定？

3. 结合实际，谈谈你对加强领导干部法律素质建设的看法。

相关知识链接：

对公民来说，法律素质的构成是了解必备的法律知识、树立必需的法律意识、掌握必要的用法途径。对领导干部而言，就是应具备较高的法律素质，即：掌握必需的法律知识、确立崇高的法律意识、通晓必要的用法途径。

（1）领导干部必须掌握履行领导职责需要的法律知识。对领导干部来说，学习法律知识：一是法律知识面要广。除宪法、民商法、行政法、经济法、刑法、社会法、诉讼与非诉讼程序法的基本知识外，还要着重掌握上述法律部门中有关指导思想、立法依据、基本原则以及行政、组织、管理方面的规定；二是更深入。对法律精神的理解更深刻，这就要求领导干部学习邓小平民主法制理论、法学基本理论、立法理论等内容；三是要专业。熟知与领导工作密切相关和本系统的专业法律法规；四是要务实。结合改革、发展、稳定的大局，学习和思考国企改革、中国入世、科学兴国和可持续发展、维护政治安定和社会稳定等方面的法制建设课题。

（2）领导干部必须牢固确立崇高的法律意识。法律意识是人们关于法和法律现象的思想、观点和心理的总称。领导干部树立法律意识，首先在于认清法的本质和作用，特别要注意防止把党的政策与法律对立起来，充分发挥法在管理国家事务、经济文化事业和社会事务中的作用；其次要善于处理改革、发展、稳定工作中的变和制定法律法规工作中的定的关系，使现行法律体系的长期效应与短期效应更好地结合起来。同时，逐步改变法律滞后于改革、发展、稳定的状况，促使改革、发展、稳定纳入法制化的轨道；再次是对法律的评价和解释方面，要善于历史地、客观地、辩证地观察和思考，以做出正确的决断，使法律手段的运用与其他手段的运用更为科学合理；最后也是最根本的是法治观念的增强。法律意识中最核心的是弘扬法治精神，使依法治国的意识成为领导干部的根本理念、追求和信仰之一。领导干部要树立如下法治观念：宪法和法律有极大权威的观念；法律面前一律平等的观念；法大于权的观念；尊重和保障人权的观念；依法决策依法行政依法管理依法办事的观念；权力必须受到制约的观念和程序法并重的观念等等。在此基础上，把遇到问题学法、重大决策依法、开展工作合法、处理问题靠法作为推进各项工作的基本思路和基本习惯。

（3）领导干部必须善于通过法律途径实施领导。在宏观上，要善于把领导意图通过法定程序变成法律、法规、规章乃至政府的规范性文件，通过加强对依法治理的领导，把经济和社会发展的思路贯串于法律、法规、规章的实施中；在工作手段上，要在深化改革、促进发展、维护稳定的过程中，更多地引导广大群众步入法律途径和运用法律手段；在工作要求上，应明确各级组织都要在宪法和法律范围内活动，党员要模范地遵守宪法和法律；在具体操作中，可以聘请律师担任法律顾问，可以强化内部法制工作机构，可以在决策前听取法学专家、学者和司法工作者的论证意见等等。

案例4：交警粗暴执法事件[①]

这起事件发生在某市湖滨南路224～226号的新闻大楼前，新华社、中新社、中华工商时报、××日报、××省电台等多家中央、××省新闻单位的派驻机构就在这幢大楼里。因此，中央和省级新闻单位的多名记者从头到尾目睹了全过程。

2003年7月3日上午8点10分左右，某市湖滨南路，从湖中路转向人民银行方向的公交道上，一个载着三桶纯净水的送水工人（某市纯净水经营部的孙权民）正骑着一辆破旧的自行车行驶在靠右的车道上（这是普通的违反交通规则的行为）。

这时，一辆尾随而至的交警摩托车突然往右一拐，横在了这部自行车前面，送水工急忙停车，一脚支地，差点摔倒，回头一看，只见一名威风凛凛的交通警察堵在了他的面前，警察对他喊道："你违章了，要扣你的车子！"

送水工用近乎哀求的口气对警察说："这车是我向老板借来的，能不能不扣车？"但警察不理会这些，伸手就抓自行车，送水工紧紧抓住自行车不放。这一举动激怒了二位警察，他们一把推倒送水工和自行车，送水工连人带车摔倒在水泥地上，但还是紧抓自行车不放。

面对倒在地上的送水工，二位警察没有丝毫的歉意，依然伸手抓住自行车，坚持要把车拖走。

看到自行车要被拉走，送水工急了，不断地哀求警察不要扣车，请求等到他的老板来了再协商。那名高大的警察不听解释，拿起对讲机，讲起话来。

不久，一辆大型的专用拖车和另外一名交通警察急匆匆赶来。从拖车上下来了一名驾驶员和一名手拿对讲机、没穿警服的"便衣"。他们一到现场，就动起手来把水桶搬到拖车上。当他们动手要搬走自行车时，那名还坐在地上的送水工，死死抓住自行车不放。

看到这种情况，两名警察和两名"便衣"不由分说围上去，他们有的按肩膀，有的抓手臂，有的掐脖子，高大警察从腰间掏出手铐，要把送水工铐住。送水工拼命挣扎，不一会儿，送水工的双手就被紧紧铐住，号啕大哭起来。

---

① 中新社. 厦门交警执法动粗，警方表示将严肃查办 [EB/OL]. (2003－07－07) http://www.china-court.org/html/article/200307/07/66683.shtml.

接着，4 名警察就打开拖车门，扭着送水工就要将他往车里塞。两只手被铐住的送水工极力反抗，拿头顶着车，用双脚蹬着车，挣扎着不肯上车。

这四人看到送水工如此的不"配合"，拿对讲机的"便衣"对着送水工的背就是一拳。另一名执法者还朝送水工的大腿上狠狠地踹了一脚……

期间，中央、××省等几家新闻单位几名记者看不下去，数度劝阻警察文明执法，希望冷静妥善处理，避免扩大事态，但警察对此置若罔闻。看到警察推人、打人，有记者挺身喝止。警察不但不停手，还要把记者叫去派出所。

在围观群众的声讨声中，那名身高马大的警察又拿起对讲机，喊来了 110 的一辆巡逻警车。

9 点 30 分左右，纯净水经营部的一名代表来了，这几名警察才为送水工打开手铐，并开了一张处罚单，将送水工和那名公司代表连人带车带往交警部门处理。这位送水工走前，记者看到他的脖子被掐得瘀血发青、双手被铐得红肿发紫。

交警粗暴执法一事，经该市公安局迅速查明情况，这次粗暴执法的主要当事人是市公安局交警支队某中队指导员林某和协管员、施救工人朱某，针对在纠正一起骑自行车违章和暂扣无证车辆时态度粗暴，特别是当违章的送水工不服从纠正时，强制使用了手铐，给社会带来了非常不好的影响的行为，故做出了严肃处理：依照党纪和政纪有关规定，决定给予当事交警林某党内严重警告、行政记大过处分，免去指导员职务，调离原工作单位。对动手打人的施救工朱某予以辞退。

此事件引起了该市领导的高度重视，市委郑书记在 2003 年 7 月 23 日举行的市治安工作会议上，要求全市政法各部门要对照公安部"五条禁令"，有针对性地开展执法检查和专项治理，认真解决执法活动中存在的不公、不廉、不文明等突出问题，坚决纠正在执法工作中存在的耍特权、故意刁难群众、办事推诿等不良现象，严肃处理在执法环节中存在的违法违纪案件。

案例分析提示与思考：

1. 政府行政的窗口行业除交警以外还有哪些？请至少列举出 5 个。

2. 针对本案例中曝光的交警粗暴执法行为，你认为在公务员在行政执法过程中应该遵循哪些基本原则？

3. 你认为本案例中，这些执法者的执法程序对吗？如果不对，那么正确的执法程序应该是什么呢？行政执法中对规范的沟通语言应有何要求？

相关知识链接：

行政执法的过程，也就是运用行政法规实施行政管理，发挥行政法规的功能作用的过程。同时，行政执法的内容并不限于行政管理法规的执行，而是包括对国家一切法律法令的执行和实施。行政执法的基本方式有三种：

（1）促使法律、法规的自觉遵守。行政执法的成功标志，是全社会对法律法规的自觉遵守。法律法规最有效的施行，也有赖于全体公民、法人和一切社会组织、政治组织对行政法律法规的自觉遵守。因此，国家行政机关采取一定的方式和措施，对法律法规的实施进行指导、监督，促使法律法规的自觉遵守，是行政执法首选的最为重要的方式。这些措施包括的范围比较广泛，比如：采取标语、广告、电视、报刊、讲座等多种形式，进行普法宣传和普法教育；由有关国家行政机关或行政主管部门对法律法规的内容作出权威性的解释，帮助公民、法人、团体等对相关法律法规作出准确的理解和领会；由有关的行政执法机关或行政主管部门对如何执行实施法律法规提出具体意见，必要时作出示范，帮助公民、法人、团体懂得应当如何遵法守法，等等。

（2）保证法定权利的实现。这是指国家行政机关采取积极的措施，保证行政相对人权利的实现。主要包括两个方面的措施：①为行政相对人享受法律法规规定的权利提供条件。具体措施有：对行政相对人的申请予以审查、批准、批复；对特定的人和事解除禁令；依法为行政相对人就其身份或行为提供证明；依法对行政相对人的身份或行为加以确认；依法赋予行政相对人特别权利；依法免除行政相对人的义务，等等。②使行政相对人的合法权益免受侵犯。主要措施是接受和受理行政相对人的申诉和控告。

（3）采取必要的强制性措施。在上述两种方式不能奏效，出现违反法律法规，或者法律法规不被执行的情况，对有关当事人，行政执法机关就有必要采取强制性的措施，迫使行政相对人履行法定义务和严格执法守法。在行政强制性措施中，常用的有行政强制和行政处罚两种。它们的运用有着严格的要求和程序规范。

案例5：立法听证①

材料一：2005年全国人大个税起征点听证会

2005年9月27日，全国人大举行个税起征点听证会。出席听证会的有听证人13位，听证陈述人28人。其中20名为公众听证陈述人，他们是按照"东、中、西部地区都有适当名额，收入较高、较低的行业和职业都有适当的名额"的原则，从全国各地近4 982件公众报名申请中遴选的。这20名公众陈述人来自东部省市的8人，中部省市的6人，西部省区市的6人。他们的月工薪收入，既有在1 500元以下的，也有在1 500元以上、3 000元以上、5 000元以上或者10 000元以上的。他们从事的职业，有企业职工、企业事业单位管理人员、公务员、教师、各类专业技术人员、农村进城务工人员等；年龄最小的25岁，最大的55岁。此外，听证会现

① 王晓欣. 个税听证：集中三大焦点 [EB/OL]. (2005-09-28) http://finance.66wz.com/system/2005/09/28/100004643.shtml；郭长江. 宁夏自治区将首次举行立法听证会 [EB/OL]. (2006-01-05) http://gb.cri.cn/8606/2006/01/05/1245@849122.htm；崔佳. 重庆举行全国首次网上立法听证会问计公众 [N]. 人民日报，2005-11-11 (10).

场还有 18 名旁听人。

这些代表就个人所得税起征额是否该由 800 元提高到 1 500 元还是更多、各地是否实行统一的起征额、加大对高收入人群的税收监管这三个大问题发表了自己的观点。正是这些"个人看法",将成为全国人大常委会修改个人收入所得税法的"重要根据"。

10 月 27 日,十届全国人大常委会第十八次会议表决通过全国人大常委会关于修改个人所得税法的决定,起征点改为 1 600 元,并将于 2006 年 1 月 1 日起施行。与原来的草案相比,有两处进行了修改:一处是第六条第一款第一项修改为"工资、薪金所得,以每个月收入额减除费用一千六百元后的余额,为应纳税所得额";另一处是对"个人所得税税率表一"的附注作了相应修改。这意味着个人所得税的起征点正式由现行的 800 元,提高至 1 600 元。

另外,新的个人所得税法还特别加强了对高收入者的税收征管。新法第八条修改为:"个人所得税,以所得人为纳税人,以支付所得的单位或者个人为扣缴义务人。个人所得超过国务院规定数额的,在两处以上取得工资、薪金所得或者没有扣缴义务人的,以及具有国务院规定的其他情形的,纳税义务人应当按照国家规定办理纳税申报。扣缴义务人应当按照国家规定办理全员全额扣缴申报。"

从最终的修改结果来看,听证会上的一些意见得到了采纳。

材料二:《宁夏回族自治区道路交通安全条例(草案)》立法听证会

2006 年 1 月 13 日,宁夏回族自治区人大常委会首次举行立法听证会,就即将实施的《宁夏回族自治区道路交通安全条例(草案)》进行立法听证。来自宁夏自治区人大常委会、公安系统、律师、出租车司机、农民,以及新闻媒体等社会各界人士的近百名代表济济一堂。19 位按照严格程序确定的听证陈述人就各自的观点各抒己见,现场气氛热烈。

这次听证会的主要内容是:《宁夏回族自治区道路交通安全条例(草案)》第十五条中,关于电动自行车必须登记上牌后,方可上路行驶的规定是否合理、可行;第七十七条中,关于有证据证明非机动车驾驶人、行人违反道路交通安全法律、法规,机动车驾驶人已经采取了必要处置措施的,超过强制保险责任限额的部分,按照四种减轻幅度规定,减轻机动车一方的赔偿责任是否合理、可行;第一百一十九条中,关于根据交通警察的指认,可以对违反道路通行规定的行为进行处罚的规定是否合理和可行等。

听证会的最终意见将作为宁夏自治区人大常委会组成人员审议修改自治区道路交通安全条例的重要参考依据。

材料三:重庆市政府坚持以人为本创新行政执法公开立法听证会

2005 年 11 月 10 日下午 3 点,重庆市政府法制办开全国先例,在网上举行了《坚持以人为本创新行政执法》公开立法听证会,受到国务院法制办的高度关注,同时吸引了全球八万多网民的眼球。从人大代表到网民，许多人发表了自己的意见，有三百多网民对野蛮执法给予了严厉的批评与指责。两个多小时的立法听证会，新华网进行了全程直播，引起了台湾、香港、澳门、上海、北京及国外许多地区的网民强烈关注。立法听证会直播还惊动了国务院法制办，该办有关人士表示，这是全国法制史上的新创举，值得全国借鉴和学习。

案例分析提示与思考：

1. 你是否参加过立法听证会？是否清楚申请参加各种听证会的程序？

2. 你认为除了听证以外，还有哪些听取公众意见的途径可以推动行政立法的民主化？

3. 在行政立法过程中，采用听证会形式对公民社会建设有什么特殊意义？

相关知识链接：

所谓行政立法，是指国家行政机关依照其职权或根据法律授权，制定和颁布有关行政管理方面具有法律效力的规范性文件的活动。这一定义包含以下内涵：①行政立法的主体是依法享有行政立法权的国家行政机关；②各立法主体必须在法定权限内严格按照行政立法程序进行立法；③行政立法调整的对象是国家行政管理活动中所发生的各种社会关系。

作为国家行政机关一种特定的活动，行政立法不同于以国家权力机关为立法主体的国家立法，属于委任立法，是一种准立法活动，主要是为了适应经济社会的千变万化，使国家行政机关能够及时处理各种具体的事件和问题，由国家立法机关通过法律把一部分立法权授予给国家行政机关，委托国家行政机关进行的立法活动，从而为行政管理提供了必要的法律依据和手段。

案例6：乱收费与乱罚款[①]

社会上的乱收费、乱罚款现象频繁出现，有的地区甚至将其作为增加地方财政收入的重要手段。这不仅造成了不好的社会影响，也降低了人们对行政部门的信任程度。以下的几则材料就是围绕这个问题展开的。

材料一：城建监察大队的罚款

2002年初以来，河南省××市20余家出租车公司的千余辆出租车不止一次地在城区受到城建监察大队的罚款。多数车辆被罚款的情况是类似的，均为：出租车刚停下，乘客上下车时，身着城管制服的执法人员便会出现，或将出租司机拉下车来，或抢去车钥匙，强行开具罚款票据。如果司机稍有不服，车牌照就会被强行卸

---

① 陈伟，刘鸿彪. "的哥"告"城管"乱罚款胜诉，处罚程序不合法［EB/OL］.（2003－05－27）http://www.chinalawedu.com/news/1900/24/2003/5/na414564341725300230534_268.htm.

下拿走，也不给车辆被扣留在停车场的司机开具任何票据。这一情况引起了出租车公司和出租车司机的不满，向法院提起行政诉讼，状告城管部门。

法院一审认为，城管部门处罚正确，但处罚程序违法。对此判决，出租车司机不服，认为城管部门属越权执法，再次提起上诉。法院经过二审，认为城管部门对出租车司机进行处罚是不正确的，依法判决撤销一审判决，同时撤销城管部门对出租车司机罚款的行政行为，限令十日内返还出租车司机的罚款。

材料二：广深高速公路上的一段亲身经历

这是一篇 2004 年 9 月 20 日刊登在《南方日报》上的读者投稿，文章将自己在广深高速公路上的亲身经历描述下来，希望能够引起有关部门的重视。

2004 年 8 月 18 日下午约 4 时（当天广州发布红色高温预警），这位读者（以下称其为当事人）驾着一辆广州牌小轿车载着三位朋友和一批货物，冒着高温经广深高速公路从深圳返广州，一路上遵章行驶，当行至某边检站路段时，两名交管人员突然出现，将车拦停（当时前面已有数辆外地车被拦停），要求检验，当事人表示配合。交管人员经检验后找不到任何现场违规迹象，便将当事人的驾驶证和行驶证收缴到一个有电脑摆设的办公点，通过电脑逐一地查找当事人及其车辆的违章记录。结果是当事人没有违章记录，但当事人所驾的车却有 2002 年 3 月、9 月和 10 月共三次在深圳市滨海路超速的记录。

根据该车辆违章记录，交管人员当即实施扣车，并强行拖车。由于罚款要到深圳市内指定银行缴纳，而银行下午 5 时关门，当日无法缴纳罚款。考虑当时气温高达 38℃，车上又有一人患病，并有一批货物，在高速公路上卸人卸货既危险，又难以转乘其他车辆，当事人一再请求执法人员不要扣车，可暂扣驾驶证或行驶证，待其将客人及货物送回广州，次日专程到深圳缴纳罚款。执法人员对当事人的这一请求完全不加理会，强行拖车时，当事人再一次要求自己将车开往指定扣车停车场，但现场交管人员不管不顾，强行用拖车硬将小车拖走。

当事人和几位被赶下车的客人只好提着一大批物品，顶着烈日，在高速公路上奔波，想方设法返回广州。事后，当事人专程到深圳的有关银行交清了罚款：每次超速各罚 400 元（为东莞等市同类违章罚款标准的 8 倍）；拖车收费 429 元，停场费每小时 10 元。

这位读者在投稿中，对于这几位交管人员强行拦停车有违规定、不符合条件也扣车、用地方性规定处罚外地车等问题提出了自己的不同看法。

案例分析提示与思考：

1. 根据材料一、二所述，分析以上行政执法中存在什么问题？

2. 针对这类乱收费、乱罚款现象，你认为应该采取什么措施才能有效治理？

相关知识链接：

1. 近几年来，党中央、国务院针对一些地区和部门出现的乱收费、乱罚款和各种摊派（以下简称"三乱"）的情况，曾多次发布文件严加制止。各地区、各部门虽进行了一些清理整顿，但总的来说，效果不明显，问题仍相当严重。不少地区和单位继续违反国家规定，任意增加收费项目，提高收费标准，名目繁多，标准过高；有的随意对企事业单位和群众罚款，甚至乱设关卡，敲诈勒索；有的搞建设、办事业不量力而行，强制集资摊派；有的财务管理混乱，监督检查不严，违法违纪现象经常发生。"三乱"屡禁不止，日趋严重，已成为一个尖锐的社会问题，群众对此反映十分强烈。在当前纠正行业不正之风的同时，必须下大决心对"三乱"进行综合治理，坚决加以制止。

2. "三乱"的出现，有体制改革不配套、经济过热、法制不健全的原因，也有部分执法人员素质不高的原因，但更主要的还在于有些地区和部门的领导缺乏全局观念、群众观念和法制观念，对"三乱"的危害性认识不足，管理不严，清理整顿态度不坚决，措施不得力，致使问题长期得不到解决。坚决制止"三乱"，关键在于各级党政领导要统一思想，充分认识"三乱"的严重性和危害性。必须看到，"三乱"不仅加重了企事业单位和群众的负担，造成国家财政收入的大量流失和浪费，而且背离了为人民服务的宗旨，助长了不正之风，严重损害了党和政府同人民群众的关系，挫伤了企事业单位和群众的积极性，影响了经济发展和社会稳定。

案例7：《行政强制法》的立法过程①

材料一：行政"法典三部曲"

《行政强制法》与《行政许可法》、《行政处罚法》并称行政"法典三部曲"，行政处罚法解决的是乱处罚，行政许可法解决的是乱审批，两部单行法对规范政府权力都起到了重要作用。相比于这两部法律，行政强制法的制定并不那么顺利。行政强制法早在 1999 年前后纳入了立法者的视野。当年 3 月，全国人大常委会法工委就开始了起草工作，并于 2002 年形成了行政强制法的征求意见稿。

2005 年 12 月 26 日，《行政强制法》（草案）第一次审议时，不少委员就对立法时机是否成熟提出了不同的看法。这些争议既包括立法部门内部的意见分歧，也有行政部门"扩权"的诉求与规范、制约权力的立法目的之间的矛盾。其中，立法部门内部的分歧主要体现在对行政强制法的认识上，有的人认为该法是规范行政强制

---

① 杨华云. 行政强制法出台历时 12 年，行政权公民权持续博弈 [EB/OL]. （2011—07—01）http://news. sina. com. cn/c/2011—07—01/015722736406. shtml；朱世海. 行政强制法三个亮点 [EB/OL]. （2011—08—29）http://news. xinhuanet. com/legal/2011—08/29/c_121923732. htm.

权力运行的，支持立法；有的人则认为该法是给行政权力赋权，因而反对立法或另寻适当的时机立法。

一审后，该法即因各种分歧而进入漫长的立法过程。根据立法法规定，搁置审议满两年的法律案将终止审议，因而在 2007 年和 2009 年的两次审议，都属于避免该法律案成为"废案"的审议。由于行政强制措施是行政机关在行政管理过程中，为制止违法行为、防止证据损毁、避免危害发生、控制危险扩大等情形，依法对公民的人身自由实施暂时性限制，或者对公民、法人或者其他组织的财物实施暂时性控制的行为。因此，对于公民而言，要防止强制措施对其权益的过度侵犯；对于行政机关而言，这些强制措施意味着权力，意味着行政管理的手段。

这样，如何平衡"公民权"和"行政权"的任务，就交给了立法部门。这是因为行政权强大，公民权弱小，需要通过立法规范行政权、制约行政权，保护公民权。这种平衡贯穿着强制法 12 年的立法过程，也使得这部法律的制订被打上了"命途多舛"的标签。

直至 2011 年 4 月的第四次审议，立法部门内部才基本上对立法的必要性达成了共识。2011 年 6 月 30 日下午，十一届全国人大常委会第二十一次会议经表决，通过了《行政强制法》，并将自 2012 年 1 月 1 日起施行。从 1999 年全国人大常委会开始酝酿制定该法，到如今表决通过，前后历时 12 年，才最终成为法律。

材料二：行政强制法与行政强制权

《行政强制法》是继《行政诉讼法》《国家赔偿法》《行政处罚法》《行政许可法》之后，我国在行政法领域出台的重要法律，与行政机关关系重大。其宗旨是通过规范行政强制的设定和实施，以保障和监督行政机关依法履行职责，维护公共利益和社会秩序，保护公民、法人和其他组织的合法权益。

目前，我国行政强制制度存在问题有二：一是"滥"，包括滥设行政强制和滥用行政强制，侵害了公民、法人或者其他组织的合法权益；二是"软"，行政机关的强制手段不足，对有些违法行为不能有效制止，有些行政决定不能得到及时执行。

在总结了我国多年行政强制实践的基础上，行政强制法确立了行政强制的基本原则，规定了行政强制的种类和方式、行政强制设定、行政强制措施实施程序、行政机关强制执行程序、申请人民法院强制执行、实施行政强制的法律责任等重要制度。这些原则和制度，对行政强制作了系统规范和全面调整，有利于从源头上解决行政强制"滥"、"软"等问题。

在设定权上，此法明确规定："行政强制措施由法律设定。"这正是该法律的核心内容。过去由于行政强制的设定权不明确，不仅法律设定行政强制，法规、规章也在设定行政强制，甚至规章以下的规范性文件也可设定行政强制。

在实施主体上，各地、各部门亦将进行集中清理，凡是行政机关没有法定依据实施行政强制、行政机关内设机构以自己名义实施行政强制措施、非行政机关未经法律或者行政法规授权行使行政强制权的，都将予以纠正。并将依法防止不同行政机关重复实施行政强制现象的再次出现。同时，对于实施行政强制措施的人员，法律规定是行政机关具备资格的行政执法人员；对于不具备资格的人员，将坚决调离执法岗位。

同时，《行政强制法》既规定了行政强制措施、行政机关强制执行和行政机关申请人民法院强制执行的一般程序，又对查封、扣押和冻结等行政强制措施，以及加处罚款和滞纳金、代履行等行政强制执行的程序作了专门规定。

案例分析提示与思考：

1. 政府行政部门与执法人员实施行政执法的法律依据是什么？
2. 剖析《行政强制法》的审议与通过历经12年之久的深层次原因。
3. 《行政强制法》的颁布与实施有什么重要意义与作用？

相关知识链接：

1. 所谓行政强制，是指对违反行政法律规范或者不履行生效的行政决定的行政管理相对人的人身权、财产权和其他权利予以限制或者处分，直接执行或者迫使当事人履行由具体行政行为所确定的法律上的义务。

2. 行政强制法是一部规范行政强制的设定和实施，保护公民、法人和其他组织的合法权益，促进和监督行政机关依法履行职责的一部重要法律。

3. 行政强制立法的指导思想，有两个方面：一方面赋予行政机关必要的手段，保证行政机关履行职责，维护公共利益和公共秩序；另一方面，对行政强制进行规范，避免和防止权力的滥用，以保护公民、法人和其他组织的合法权益。

4. 行政强制法的调整范围，包括行政强制措施和行政强制执行两方面内容。其中，行政强制措施是指行政机关在行政管理过程中，为制止违法行为、防止证据损毁、避免危害发生、控制危险扩大等情形，依法对公民的人身自由实施暂时性限制，或者对公民、法人或者其他组织的财产实施暂时性控制的行为。行政强制执行是指行政机关或者行政机关申请人民法院，对不履行行政决定的公民、法人或者其他组织，依法强制履行义务的行为。

案例 8：《行政诉讼法》执行中面临的问题[①]

材料一：行政诉讼维权的主要障碍

2004 年，据某地中级人民法院调查发现，虽然《行政诉讼法》已经实施十多年，但许多当事人对行政诉讼缺乏了解，不知道自己有依法提起行政诉讼的权利，在行政机关作为与不作为之间，一片茫然，特别是在信息闭塞的农村，情况更为严重。

"每年，我们和基层法院都要到比较偏远的地方去普法，当地老百姓向我们咨询的纠纷中，很多都是可以通过起诉来维权的，可是他们对行政诉讼一窍不通，根本就不知道还可以告官，更不知道怎么告。"

但即便是了解了这些法律知识，大多数当事人还是不愿意通过诉讼解决问题，最大的一块心病就是怕行政机关事后报复，怕法院司法不公，官官相护。

中国社会长期以来"民不与官争"的思维惯性，令很多人在发生争议时选择委曲求全。由于畏惧权力，一些人把希望寄托在上访上，认为只要事情闹大了，政府就会出面解决，从而彻底放弃行政诉讼这条救济途径。

另一方面，调查还发现，有些部门和领导不习惯接受司法监督，认为行政诉讼是给政府"找麻烦"，与政府作对。一些行政部门拒绝接受法院司法审查，对法院送达的法律文书不愿意签收，还经常指示法院审判。而行政部门一旦涉诉，不是积极应诉，而是通过各种方式给法院的行政审判工作施加压力。一些行政部门的领导甚至在案子没有审结的情况下，越过审判程序找上级法院或其他领导反映，给承办法官施加压力。

尤其是在基层，政府对行政案件的干预是很严重的，轻者表现为"批条子"，严重的甚至直接抓走当事人，要不就是对行政诉讼不加理睬。典型的例子是，东部某市曾有一个统计，在全年 2 000 多件"民告官"的案件中，无一位行政长官出庭。政府消极应诉的原因是，认为我是代表人民的政府，政府机关不可能做错事，做错事也不应该用这种方式对待。

因此，我们不能回避这样一个现实：一方面当事人知告、不敢告的情况仍很普遍。如果群众的合法权益得不到有效保护，他们就会认为行政审判是"官官相护"，愚弄百姓，不仅增强维权意识成为空话，而且建立法治社会的目标也将渐行渐远。另一方面，政府消极应诉也给行政审判带来很大影响。行政机关应该认识到，建立对行政权的制约监督机制，并不是要剥夺、削弱和否定行政权的功能，而是基于对

① 行政审判之难，政府职能之痛 [EB/OL]. （2004－09－26）http://news. sohu. com/20040926/n222241326. shtml；高云君.《行政诉讼法》实施 15 年——"民告官"数量上升类型多样 [EB/OL]. （2005－10－10）http://sichuan. scol. com. cn/dwzw/20051010/2005101030350. htm；最高法：我国行政诉讼法修改应着力破解三大难题 [EB/OL]. （2011－10－17）http://www. people. com. cn/h/2011/1017/c25408－1－990977538. html.

"不受监督的权力必然导致绝对腐败"的深刻认识。

材料二：行政案件的依法审理和裁判

2005年10月1日，在《行政诉讼法》实施15年之际，记者从某省高级人民法院获悉，《行政诉讼法》实施以来，全省法院共受理一审行政案件40 520件，已结案39 704件。其中，2003年受理3 027件；2004年受理4 081件，比2003年上升34.82%；受理非诉执行行政案件228 860件，已执行226 691件，已执结标的金额97 752.75万元。

行政审判有效地保护了行政相对人和利害关系人的合法权益，促进了行政机关依法行政。15年来，全省法院通过对行政案件的依法审理和裁判，判决行政机关败诉或部分败诉的7 358件，占结案总数的18.53%。行政机关改变不合法或部分不合法的具体行政行为后，原告申请撤诉的4 632件，占结案总数的11.67%。法院判决行政机关胜诉的9 063件，占结案总数的22.83%。经过审理和法制宣传，原告主动撤诉法院准许的10 243件，占结案总数的25.8%。

同时，《行政诉讼法》实施以来，行政案件类型日趋多样，几乎涉及所有行政管理领域。案件类型也不断增加，过去数量最多的是公安、农民负担、计划生育等案件，现在城建、交通、土地、工商案件居前几位。尤其是近几年来，因城市拆迁、企业改制、社会保障、土地征用等引发的行政争议较多。法院通过依法审理和公正裁判，将这些争议的解决纳入法制轨道，维护了社会稳定。

材料三：《行政诉讼法》修改研讨会

2011年10月，最高法院在北京市高级法院召开了《行政诉讼法》修改研讨会，最高法院副院长江必新出席会议并讲话。目前，最高法院在对全国法院行政审判工作和《行政诉讼法》实施情况进行深入调研的基础上，形成了关于《行政诉讼法》修改的立法建议。本次会议旨在邀请专家学者就最高法院的立法修改建议进行论证和研讨，广泛征求意见和建议。

最高法院副院长江必新指出，现行的《行政诉讼法》实施20余年，总体来说在保护行政相对人合法权益、维护和监督行政机关依法行使职权方面发挥了重要作用。但随着时代的发展，现行《行政诉讼法》对行政相对人权益救济的有效性不够，相当的行政争议游离在制度设计之外，为行政审判功能的发挥带来负面影响，在体例、结构、表述等方面的科学性上仍存在不足。

江必新指出，本次《行政诉讼法》的修改具有重大意义，结合时代背景和国家法治发展进程，应当着重解决三方面问题：首先，如何实现解决行政争议的有效性问题。居高不下的行政案件申诉、上诉率说明，目前的行政诉讼制度设计和行政审判运作机制在保护行政相对人权益、维护和监督行政机关合法行使职权方面尚显不足。如何从立法修改层面进一步增强化解行政争议的有效性，更好的发挥监督行政机关依法行使职权是《行政诉讼法》修改须关注的首要问题。

其次，如何解决行政诉讼救济的广泛性问题。《行政诉讼法》的受理条件有十几个之多，每个要素都具有改造的空间和必要。如何同时关注这些要素，在适度改造的前提下对救济的广泛性问题加以改善是本次立法修改的重要课题。

最后，如何实现行政诉讼法的科学性问题。多年的行政审判实践证明，部分法律规定的不科学影响了法律实施的效果。本次修法应当深入关注法典在体例、结构、表述等问题方面的科学性，为法典的良性适用奠定基础。

江必新表示，希望与会专家、学者多多建言献策，共同为立法机关提供良好建议，推动立法进程，促进《行政诉讼法》修改工作的顺利推进。

案例分析提示与思考：

1. 请阐述《行政诉讼法》的重要作用与意义。

2. 结合材料，谈谈你对我国现行《行政诉讼法》的修改意见。

3. 试论行政诉讼法实施的效果、问题及其修改的必要性。

相关知识链接：

1. 行政诉讼，是指公民、法人或其他组织认为国家行政机关的具体行政行为侵犯其合法权益，依法定程序向人民法院起诉，由人民法院按司法程序进行审理，并作出裁决的活动。由于这一法律制度是为公民、法人或其他组织在认为行政机关的具体行政行为侵犯了自己的合法权益时，所提供的一种法律上的救济手段和途径，所以人们又形象地称之为"民告官"制度。

2. 行政诉讼法是法院审理行政案件和行政诉讼参加人（原告、被告、代理人等）进行诉讼活动必须遵守的准则。它规定法院审理行政案件程序方面的法律规范和行政诉讼参加人行使权利、承担义务的各种法律规范，是现代国家据以建立行政诉讼制度的法律依据。1990年10月1日开始施行的《中华人民共和国行政诉讼法》是新中国第一部行政诉讼法典，标志着行政诉讼法在我国的建立。

这部法典分为十一章，七十五条，规定了制定这部基本法律的目的和贯穿适用于整个法典的一些基本原则；什么样的行政案件由哪一级法院来管辖；可以告到法院去的行政案件的受案范围；行政诉讼各种参加人和他（它）们在诉讼中的法律地位、权利、义务；行政诉讼证据的种类及其有关的一些问题；行政案件的起诉程序、受理程序、审理程序、裁判程序和判决、裁定的执行程序；制止妨害行政诉讼行为的必要措施；由国家（政府）名义承担侵权赔偿责任的行政赔偿制度；有关涉外行政诉讼的一些原则；以及诉讼费用和施行日期等问题。

3. 与刑事诉讼、民事诉讼相比较，我国的行政诉讼具有以下几个方面的特征：①规定被告一方是国家行政机关（及其工作人员）。行政案件是当事人控告政府机关（及其工作人员）的案件。②它解决的纠纷，是政府机关进行行政管理活动过程中同行政管理相对一方当事人之间发生的行政纠纷。③它规定的行政诉讼，是法律规范明文规定的当事人可以向法院控告政府（及其工作人员）的诉讼。④行政诉讼双方当事人所争议的标的，只能是行政机关的具体行政行为。⑤行政诉讼不适用调解。

案例9：信访制度与法治建设①

材料一：

2004年，在国务院对1995年10月28日颁布的《信访条例》进行修改之际，一场围绕信访制度改革的讨论也全面展开，并鲜明地分成了强化派和弱化派：

一种意见认为信访是公民的基本政治权利，只有加强，不能弱化。而没有权威性是现在信访机构遇到的最大问题，导致只有千分之二的信访解决问题率，所以必须强化信访在政府序列中的地位，信访部门的领导应该是政府的主要领导，并赋予信访部门更多如调查、督办甚至弹劾、提议罢免等权力。同时，行政问责制也必须与信访结合起来，才可发挥真实的作用。

另一种是弱化信访权利救济功能的观点。他们认为如果授予信访部门太大的权力，信访部门解决的问题越多，依法行政的可能性就越小，引发的问题会更多；如果上访规范越严，老百姓上访的成本越高，下情更难以上达，底层的问题会更多。因此，必须从行政、法律、政治三个层面，考虑对信访制度进行稳妥而有步骤的改革：

第一，短期的行政治标之策，是给各级党政部门减压和给信访公民松绑，用以减小信访的规模和冲击性，维护社会稳定。

首先，中央减少对地方党政领导的压力，不按信访量给各地排名，取消信访责任追究制，不要求地方政府来京接访；其次，中央信访部门不再给省市开信访移办单；不对信访公民的信访级别作特别的限制。另外，由信访地公安机关依法处理因信访而发生的治安案件。

这样，才能减弱信访的权利救济功能，降低群众对信访的预期，会迅速使一些信访案件平息，减少群众进京走访。"给地方政府减压，才能给中央减压，才能加强和巩固中央的政治权威。"

第二，法律层面的治理是中期步骤，即强化各级司法机关接受公民告诉、申诉及处理案件的责任和能力，由司法机关承办目前积压在信访部门的案件。

这一作法的目的是通过树立国家司法机构的权威，把社会矛盾的解决引导到正规的司法渠道，逐步减少信访以及伴随信访的非制度化公民的政治行动。

---

① 赵凌. 信访改革引发争议 [EB/OL]. （2004−11−18）http://news. sina. com. cn/c/2004−11−18/12254278719s. shtml；贺新莲.《信访条例》修订的背景、主要内容、基本原则及责任 [EB/OL]. （2010−11−19）http://news. 9ask. cn/ldjf/laodongbaozhang/201011/943954. shtml；顾瑞珍. 国家信访局负责人就《信访条例》施行情况答问 [EB/OL]. （2005−07−30）http://review. jcrb. com/zyw/n635/ca398632. htm.

第三，信访制度的长期政治治本之策，是撤销各级政府职能部门的信访机构，把信访集中到各级人民代表大会，通过人民代表来监督一府两院的工作。

这样，不仅使信访工作获得一个权力主体，同时也使信访工作具备了应有的问责性，即向人民负责的特质。把信访集中到人大后，可以建立一套统一的科学的信访登记体系和检索体系，不仅可以准确统计信访量，而且可以节约大量的社会资源，克服目前信访公民盲目投诉、反复投诉、多方投诉造成的巨大资源浪费和政治信任流失。

因此，强化信访并不是解决问题的根本方向，而以此为契机，促进司法救济功能和人大监督作用的发挥，才是改革的正途。当然，这是一个需要进行系统改造的体制难题。

这样一个依靠"法治"和"人大监督"的终极解决方案，被很多人认为过于"天真"，因为很多人就是在当地的司法机关和人大机构苦告无门之后，才转而上访的，现在又把他们推回到这些机关面前，不是又回到矛盾的起点吗？但通过强化信访，就能真正解决这些问题吗？

材料二：《信访条例》制度创新

当争论还在继续之际，新的《信访条例》却在 2005 年 1 月 10 日公布，并于 5 月 1 日起施行。在新《信访条例》中，一系列为保障渠道畅通、机制健全、效率增进、责任落实的制度纷纷被创新写入，必将进一步加强信访工作，并提高其有效性。它所修改的内容主要有以下几个方面：

（1）对信访工作原则做出重大修改和补充。确立了"属地管理、分级负责，谁主管、谁负责，依法、及时、就地解决问题与疏导教育相结合的原则"，突出强调属地管理和主管部门的责任，要求各级政府在处理信访问题过程中要起主导作用，各职能部门要在各自职责范围内处理信访问题，部门之间、地方和部门之间不得相互推诿。

（2）确立了信访工作的新格局，明确了信访工作的领导负责制。县以上各级人民政府要建立"统一领导、部门协调，统筹兼顾、标本兼治，各负其责、齐抓共管"的信访工作格局，确立信访工作领导体制。

（3）明确规定了信访工作机构的设置、性质及职责。县级以上各级人民政府应设立专门负责信访工作的机构。条例赋予各级信访机构受理、交办、转送、承办、协调处理、督促检查、调研分析和业务指导职能，同时赋予了其提出改进建议权、行政处分建议权、完善政策解决问题建议权等三项全新职权。

（4）明确规定了各级人民政府应建立信访工作责任制和将信访工作绩效纳入考核体系。规定把信访工作责任落实到单位、落实到人。对工作中的失职、渎职行为，严格依照有关法律、法规和条例规定，追究有关责任人员的责任。

（5）进一步突出了畅通信访渠道。要求建立信访信息系统、公开相关信息、领导接待日、领导下访、社会参与化解纠纷等行之有效的工作机制，方便信访人就地反映问题、查询信访事项的处理情况。

（6）强化了对信访人合法权益的尊重和保护。有关行政机关在收到信访事项后，要书面告知信访人是否受理；对依法不予受理的，应当告知信访人依照有关法律、行政法规规定程序向有关机关提出。信访事项的处理决定、复查意见和复核意见均要以书面形式答复信访人。

（7）进一步强调维护信访秩序，规范信访行为。针对当前少数信访人的过激、违法行为，新修订的《信访条例》对围堵、冲击国家机关，拦截公务车辆等6类行为作了禁止性规定，规定由公安机关依法采取必要的现场处置措施、给予治安管理处罚，构成犯罪的，依法追究刑事责任。

（8）进一步细化和明确了受理、办理程序。分别明确信访工作机构和职能部门的职责：信访工作机构受理信访事项后，负责登记、转送、交办、督办；职能部门受理信访事项后要登记、办理和答复。同时明确了受理、办理、复查和复核的时限，确立了处理、复查或复核意见要书面告知信访人的制度。

（9）明确规定了信访事项实行"三级终结制"。同一信访事项最多经过三级行政机关进行办理、复查、复核做出决定。信访人仍以同一事实和理由提出投诉请求的，各级人民政府信访工作机构和其他行政机关不再受理。

（10）强化依法行政，将法律责任贯穿于信访事项的产生、提出、受理和办理的全过程。建立了责任体系，明确了责任主体。如为了从源头上预防信访问题的发生，设定了信访事项的引发责任；规定了信访工作机构登记、转送、交办和督办的责任；明确了行政机关工作人员作风粗暴激化矛盾造成严重后果、打击报复信访人的法律责任。

材料三：《信访条例》施行以来的总体情况

2005年7月月30日，国家信访局负责人在接受记者采访时，介绍了《信访条例》施行以来的总体情况。他指出：从5月1日起《信访条例》的正式施行，充分体现了党中央、国务院对信访工作的高度重视，充分体现了以人为本的执政理念和全心全意为人民服务的宗旨，充分体现了民主与法制的精神，充分体现了构建社会主义和谐社会的要求，充分反映了信访工作的实际和客观需要。《信访条例》施行近3个月来，情况良好。各级党委、政府和各有关部门高度重视，切实增强了责任意识，各项工作制度更加规范，工作机制进一步完善，有力地促进了群众信访问题的解决，群众信访态势平稳。信访工作在正确处理人民内部矛盾，维护最广大人民根本利益，密切党和政府同人民群众的关系，维护社会稳定和构建和谐社会等方面发挥了重要作用，受到了人民群众的广泛认同和好评。

案例分析提示与思考：

1. 结合材料，简评关于强化与弱化信访制度的两种不同观点。

2. 结合实际，就信访制度与法治建设的相互关系，谈谈你的看法。

3. 分析我国信访工作"属地管理、分级负责，谁主管、谁负责，依法、及时、就地解决问题与疏导教育相结合的原则"的利弊。

4. 试从信访工作的性质分析我国信访制度创新的必要性。

相关知识链接：

1. 狭义的信访，是指公民、法人或者其他组织采用书信、电子邮件、传真、电话、走访等形式，向各级人民政府、县级以上人民政府工作部门反映情况，提出建议、意见或者投诉请求，依法由有关行政机关处理的活动。

广义的信访，是指公民、法人或者其他组织采用书信、电子邮件、传真、电话、走访等形式，向各级国家权力机关反映情况，提出建议、意见或者投诉请求的行为。它甚至包括了司法意义上的申诉、向纪检监察部门的投诉等各种向国家权力机关寻求公正的行为。从中央到地方，在现实生活中关于信访的理念和治理模式基本上都是党政不分、政法不分。

2. 信访制度作为构建社会主义和谐社会的重要制度之一，主要特征是：①信访对象仅限于国家机关的侵害行为；②当事人必须是国家机关侵害行为的直接关系人，非直接关系人不能提起信访；③在注重信访的信息反馈功能基础上，突出信访的权利救济功能。主要功能有：①沟通功能，即将信访制度作为洞察、把握群众思想脉搏的窗口，人民群众对于社会状况的不同观点、不同意见、不同倾向，都相对集中地通过信访反映出来，从而达到彼此沟通，相互理解；②调节功能，即信访机构对社会纠纷的处理重在调解，既可以依据国家法律法规、党的政策来处理，也可以根据争议双方的实际情况以及争议的性质进行妥善处理；③监督功能，即通过信访听取民声，反映民意，使信访者所反映的问题能够被查处，或者信访者提出的建议能够被采纳和实施；④救济功能，即通过信访解决争议，使信访者的怨声通过信访得到解决和消失；⑤安全阀功能，即信访制度作为一种民情上达的特殊通道，对老百姓起着宽慰剂的作用。中共十六届六中全会提出：要健全信访工作责任制，建立全国信访信息系统，搭建多种形式的沟通平台，把群众利益诉求纳入制度化、规范化、法制化的轨道。

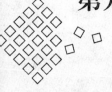

第九章　行政监督

　　行政监督是依法行政的重要范畴。首先，它是一种制度，即通过监督权的有效运用，来保证法律和行政决策的全面、有力地贯彻执行；其次，它是一种管理功能，即通过时、空、物、人、财、观念的最佳组合，改进工作方法，以强化组织的功能，提高工作效率；再次，它是一种工作方式，即通过有效的启发、激励、辅导和督导，来调动成员的内在工作热情，实现人尽其才、才尽其用；最后，它是一种管制功能，即通过对不法或不当行政行为的惩戒、处置，来约束和促使国家行政人员恪尽职守、勤勉谨慎、不骄不躁，努力为人民服务。本章围绕以上主题，选编了13个相关教学案例，供学习者有针对性地进行深入分析和探讨。

　　教学目的：把握对公职人员行政活动的监督内容；了解人大、政协、新闻、听证等不同行政监督方式的异同；探索对党政主要领导干部行政监督的综合方案

　　应用方式：案例讨论、情境角色分析

案例1：网络舆论监督的兴起①

　　2008年中国互联网的主轴在新年伊始的头几天，似乎已经准确得到预测。《人民日报》1月4日第5版发表了文章《2007，倾听中国网民》，文章认为"这一年发出声音的一亿多网民，终将被载入史册"。文章得出一个结论："网民已成为推动社会主义民主政治建设的有生力量。"这个论断，在2008年的中国互联网得到了应验。从年头开始的"零税收"，一直到年底的"天价香烟"曝光，以网络为载体的舆论监督，特别是对特殊利益团体的监督，成效非凡。

　　"零税收"被曝光于2008年3月，网友"老痘"发帖《公务员的工资条：月收入5 900，一分钱税都不交》，披露公务员税收黑洞。此事揭开了2008年互联网"监督"的序幕。4月10日，凯迪论坛等开始流传一篇帖子《××师范大学六位校

---

　　① 2008：中国互联网事件盘点 [EB/OL]. （2008－12－29）http://news. xinhuanet. com/local/2008－12/29/content_10575522. htm.

级领导接见一位美女秘书》，其中转载了该师大官网上一则新闻及其配图，图中学校校长、副校长等6位校领导在迎接教育部评估专家组秘书，并与其合影。事件引发了网友及舆论对大学本科教育评估的广泛质疑。

"汶川大地震"发生之后，网络成为组织救灾的平台，也发挥了监督救灾物资流向的重要作用。成都当地的网友自发组织了一个名为"抓鬼团"的活动，针对救灾帐篷挪为他用进行了跟踪调查并企图寻找帐篷来源。5月21日上午，一名为"安心"的网友在成都"全搜索"网发表了题为《现场直播：全搜索"捉鬼"行动，谁在住救灾专用帐篷?》的帖子，对这次活动进行了详细的描述，贴出了大量救灾专用帐篷可能被挪用的图片。

到年中，网络监督已呈四面开花之势。6月11日，一湖南记者在其网易博客上发表了《湖南××市高考舞弊?》一帖，帖文中称：6月8日下午高考时，湖南××市无线电监测车在××一中考点附近捕获强信号，后来发现是七八位一中和××师院的老师在用无线电发射器向考点发送答案。此事至少有4人被刑拘，2人行政记大过。7月31日，一署名为"李云飞"的网友在麻辣社区发表了《湖南的一大怪事：评选公务员标兵竟然要群众掏钱》的帖子。"李云飞"的评论一针见血："这哪里是在听取群众意见，这分明是要群众向移动公司、电信公司和紫牛网站交钱。"传统媒体纷纷介入报道了此事。

网络监督2008年引起媒体最为广泛关注的，莫过于孙春龙的博客上书一事。《瞭望东方周刊》记者孙春龙在其博客上发表的举报信——《致山西省代省长王君一封信》，指出娄烦事故中真实的死亡人数，结果引起国家领导人重视，总理温家宝批示要求对事故进行核查。10月6日，国务院组成了山西娄烦尖山铁矿"8·1"特别重大排土场垮塌事故调查组，对这起当初被披露为仅"造成11人死亡的山体滑坡事故"进行调查。

网络监督在2008年的最后几个月可以说是步入高潮。10月间，深圳一名中年男子在酒楼内借着向11岁女生问路之机，将其强行拖进洗手间内欲行猥亵。有人将酒楼内的监视录像发布上网，网友开动"人肉搜索"后发现，此人疑为深圳海事局一位领导。该男子的言论嚣张，"怪叔叔"一词，从此亦有了特别含义。

公费旅游文件的意外曝光使年底的监督大戏愈发精彩。11月26日，网友在天涯"贴图专区"发布了一个题为《晒晒咱们公务员的福利》的帖子。发帖者称在乘坐地铁时意外捡获一些省市公务员出国考察的行程及费用清单。事件涉及江西新余市及浙江温州等多个地方，披露的文件显示，考察团挂羊头卖狗肉的纸上行程只为应付审批和上级检查，真正的行程让网友瞠目。后来事件涉及的各方都受到了不同程度的惩处。

2008年最后一个月发生的"天价香烟"，为年度监督大戏拉下帷幕。原南京江宁区房产局局长在开会时的照片经网友分析显示，其手边的烟是南京卷烟厂生产的

"南京"牌系列"九五之尊"香烟，每条售价在 1 500 元至 1 800 元之间。同时，网友还发现，他所戴的手表也是名表，售价约在 10 万元。该局长的公务员身份与其消费能力，引起了网友的广泛兴趣，网友甚至发起了一场"人肉搜索"。有人认为，从事件中可以看到一种新兴的监督力量——网民：他们最无所顾忌，他们最没有利益纠葛。最重要的是，他们那么快捷、有效而且廉价。

这一切，均有赖于国内网民的快速成长，公民意识的快速增强。2008 年 7 月 24 日，中国互联网络信息中心（CNNIC）发布的《第 22 次中国互联网络发展状况统计报告》显示，截至 2008 年 6 月底，我国网民数量达 2.53 亿，首次大幅超过美国跃居世界第一位。其中，拥有个人博客或个人空间的用户规模达到 1.07 亿人，半年内更新过的用户规模超过 7 000 万人，比例远高于其他国家。6 月 20 日，中共中央总书记、国家主席、中央军委主席胡锦涛来到人民网强国论坛同网友们简短在线交流。包括广东、上海等省市的一把手，也纷纷与网民见面及交流。

2008 年的一系列事件表明，每一个网民，都像是一个摄像头在紧盯着特殊利益团体。这也让特殊阶层中的人，无时不刻不得不掂量自身行为及可能发生的后果。这种监督机制的形成，让人对 2009 年的中国互联网充满期待。

案例分析提示与思考：

1. 什么是网络舆论监督？比较网络舆论监督与传统媒体监督的异同。
2. 在新形势下，网络舆论监督能够成为行政监督的一种重要形式吗？
3. 结合本案例，谈谈网络舆论监督的利与弊。

相关知识链接：

1. 所谓"人肉搜索"引擎，是指利用人工参与来提纯搜索引擎所提供的信息的一种机制。它实际上就是通过其他人来搜索自己搜不到的东西，与知识搜索的概念差不多，只是更强调搜索过程的互动而已。搜索引擎也有可能对一些问题不能进行解答，当用户的疑问在搜索引擎中不能得到解答时，就会试图通过其他几种渠道来找到答案，或者通过人与人的沟通交流寻求答案。

"人肉搜索"引擎之所以以"人肉"命名，是因为它与百度、谷歌等利用机器搜索的技术不同，它更多地利用人工参与来提纯搜索引擎提供的信息。先是一人提问，然后八方回应，通过网络社区集合广大网民的力量，追查某些事情或人物的真相与隐私，并把这些细节曝光。"人肉搜索"中或许没有标准答案，但"人肉搜索"追求的最高目标是："不求最好，但求最肉。"由于"人肉搜索"引擎聚集了各地的不同阶层、不同知识背景的人，因此时刻显示着网民互动战争的浩瀚与壮阔。

2. "人肉搜索"引擎自诞生之日起，就毁誉参半，争议四起。这一现象的积极价值包括：一是有利于个人情绪的平衡。网络虚拟社会给个体提供了一个相对自由表达的平台，人们可以以一个本真的自我在这个社会中存在，使现实社会积聚起来的不满得以释放，有利于个体身心的发展。二是有利于社会的稳定。"人肉搜索"现象的出现，有利于网络社会的德治与现实社会法治的结合。通常情况下，来自社会的道德监督的声音通常比较微弱，道德一向都以自律来发挥作用，然而两种方式的效果都较差。有了"人肉搜索"就有了"道德法庭"，这样就能使德治和法治双管齐下，社会更稳定。

"人肉搜索"现象的消极影响有："人肉搜索"使用不当，容易引起网络暴力等消极影响。"人肉搜索"事件中，当被搜索对象的个人隐私被毫无保留地公布，他所面对的不仅仅是人们在网络上的口诛笔伐，甚至在现实生活中也遭受到人身攻击和伤害。对于被搜索对象的搜索一旦失去控制，"人肉搜索"超越了网络道德和网络文明所能承受的限度，就容易成为网民集体演绎网络暴力非常态行为的舞台，侵犯了个人隐私权等相关权益，阻碍了"人肉搜索"发挥网络舆论监督作用。

案例 2：群体性事件新闻网络点击率达百万[①]

记者日前在沪苏渝皖等多个省市采访时发现，群体性事件不仅发生在现实世界中，在网络上同样发生。而其中的一些负面"网上群体性事件"，可以在很短时间内损害百万群众心中的党政机关形象。对此，许多地方党政干部还缺乏足够明确的认识，对网民回应不足、不及时、不充分的现象普遍存在。多位受访专家建议，应提高干部对"两个舆论场"的敏感度，认真回应多形式的群众诉求。

一、网上"一呼百万应"现象

"在网络上，一个普通人就可能做到'一呼百万应'"，安徽省互联网宣传管理办公室车主任说，如 2008 年 11 月的"干部出国旅游清单"事件，记者 2009 年 2 月在网上搜索，仅"温州赴美考察团"一项，相关网页就高达八万多个。仅新浪网一条相关新闻的网页，网民评论就高达 8 098 条。"这一事件的网上点击数至少是在百万人次以上。"中国科学技术大学党委宣传部蒋部长说。在相关部门对事件涉及干部作出免职等处分后，这一网上群体性事件才告一段落。近期"百万级点击率"的"网上群体性事件"屡见不鲜。如"南京天价烟房产局长事件"、"张家港官太太团出国事件"、"贫困县县委书记戴 52 万元名表事件"、"云南躲猫猫事件"，等等。同样，另一情形"网上群体性事件"也是"一呼百万应"，比如汶川特大地震中，网民对参与救援干部的好评铺天盖地；中国向索马里派出护航舰队等事件中，在网上均引起了"百万级的点击"。

记者发现，公权力大、公益性强、公众关注度高的"三公部门"和其中的公职人员，极容易成为网络热点新闻炒作的焦点。例如以"史上最牛"、"天价"等词搜索，就会发现"史上最牛的中部地区处级官员别墅群"、"史上最牛的官腔"、"史上

① 代群，郭奔胜，季明，黄豁. 应对"网上群体性事件"新题 [J]. 瞭望（新闻周刊），2009（22）.

最牛的官员语录"、"史上最牛服务通知"、"史上最牛公章"、"天价烟局长"、"天价薪酬高管"、"天价表县委书记"、"天价公款账单"等话题，无一例外都是网上热点。而且总是呈现为"滚动散发型"，过一段时间总能出现类似的一个帖子引发网民热议。曾任上海市政府新闻办网络新闻管理处张处长说，"史上最牛"加"三公部门"型的网络事件，溯其本源其实就是公共部门和公职人员"涉腐"、"涉富"、"涉权"等三类事件。在当前社会处于转型期背景下，人们对于公权力如何参与社会利益的调整非常敏感，因此才会对这些网络事件如此关注。互联网专家说，多元性是网络意见表达的突出特征，但是在涉及"三公部门"的负面新闻时，往往看到的是一边倒的批判浪潮。

二、"网上群体性事件"有新趋势

有关专家对近几年发生的十多起互联网内外的"群体性事件"分析后发现，这些事件有三种类型，并呈现出网上、网下群体性事件联动的特点。一是"现实与虚拟并存型网上群体性事件"。如重庆、三亚等地发生的出租车司机罢运，先是出租车司机小规模群体性抗议，同时一些人把相关情况散布到互联网上引起更多人关注，随后形成了两个更大规模的群体性事件，即现实社会的全城出租车司机罢运，与网上以出租车司机为主要话题的群体性讨论。这两个事件互相"感染"，增加了事件对抗性。二是"现实诱发型网上群体性事件"。如"周久耕事件"，直接诱因是南京江宁区房产原局长周久耕在会上，发言反对房地产商降价以及抽名贵烟。他的言行引发了网上持续热议，主要矛头集中到官员的职务消费上。现实社会并没有发生群体性对抗，而网民在网上则形成了强大的"表达对抗"。三是"现实诱发网内网外变异型群体性事件"。

一些基层干部分析，网民行为有所变化：① "从说到做"。网民开始对看不顺眼的干部违法违规行为动真格。过去，网民也多次在网上曝光某些党政干部的违法违规行为，但多是"说说就罢"。而在近期，网民呈现出"不处理当官的就绝不罢手"的态度。②政治意识、参与意识的萌发。如干部出国消费清单公开后，就对有关干部作出了处理。随后，一些网民主动曝光一个个清单，曝光—查处—免职这样的"定律"，大大增加了网民主动意识、主体意识。

三、不少基层干部还不适应

记者在采访中了解到，一些基层干部认为，近期某些网群事件频发，暴露了基层党委政府对处置这类网群事件的手段薄弱，而这个薄弱的背后，是一些地方党政主要领导对网上群体性事件缺乏清醒认识。受访的基层干部将处置"网上群体性事件"的手段缺乏概括为"三个进不去"：对网络，基层党组织"进不去"，思想政治工作"进不去"，公安、武警等国家强制力"进不去"。更关键的是，一些基层干部反映，部分基层党委政府目前依然认为"网上群体性事件"仅是百姓闲暇之余的聊天，而对其造成的心理情绪影响，进而可能导致人心向背的政治影响缺乏正确认识。这就导致当一些负面消息甚至不实消息扩散，网络民意沸腾时，地方党委、政府仅仅依靠公安网络警察、地方宣传部门去应对处理，孤军奋战。

但上述两个部门在处置网上群体性事件时都有很大的局限。从公安网络警察看，其力量受到现行体制、技术的限制。安徽省一位公安网监主管干警说，网络没有属地划分，可在现实中，各地公安遵循属地管理原则。网上出现群体性事件时，往往是天南海北的网民就某一地的某件事形成聚集，如何把我们本已有限的网络处置手段整合，在紧急时能够做到快速联合反应，加以有效处置，目前尚无良方。

从地方宣传部门看，则缺乏法律手段。目前，我国每天新增3 000家网站，其中90％为体制外的商业网站。对他们传播转载不实信息，应依法管理，而现在缺乏相应的法律法规。此外，由于外资大量进入中国互联网关键企业，一些网站的倾向明显受到外资影响。处置手段不足，主因还是基层干部对"网络群体性事件"的认识相当不到位。比如有的县处级基层干部向记者"倒苦水"："现在工作压力和强度比过去高得多，要完成的考核指标也比过去多得多，就这样累死累活老百姓还是不满意。真是想不通。"

还有的基层干部对互联网存在明显的对立情绪，认为网络热点事件大多是"炒作"，不足为信，没什么大不了的。中国浦东干部学院负责"公共行政与媒体关系"课程教学的王石泉博士对此深有感触。他认为，过去许多基层领导干部对媒体存在着"不敢说，不会说，不能说"的问题，现在互联网传播时代，除了这三大问题之外，还有许多领导干部对当前网络传播的规律理解程度不深，还习惯于"宣传部把关"，结果导致"小问题引发大热点"，最终损害的是党和政府的形象。

一些干部教育培训专家提出，"勿以恶小而为之"，我国传统文化就非常强调个人细节，加上网络高倍的"放大器"、快速的"传播器"等特点，互联网时代领导干部的一言一行都在"聚光灯"下。他建议，今后对领导干部的培训，要特别增加"互联网时代中，领导干部应当如何提高党性修养和执政能力"的内容，通过深入分析近年来网上热炒的多起涉公案例，总结出其中的规律和教训，教育领导干部树立更加健康正确的财富观、权力观，维护好党和政府在互联网上的公共形象。

四、处理好两个"网络舆论场"

在涉及公共权力的互联网舆论中，实际存在着两个舆论场：一是各级党和政府通过权威发布和权威解读等方式，自上而下主动释放信息而形成的"官方网络舆论场"，报纸、电视、广播等传统媒体是信息的主要来源，网络等新媒体只是传播载体；另一种是依靠网民自下而上的"发帖、灌水、加精、置顶"而形成的"民间网络舆论场"，"草根网民"和论坛版主是这种传播模式的主体。

目前，这两个舆论场从关注内容到文章写作形式等方面都存在着明显的差距。实践中，"官方网络舆论场"在涉及国家大政方针等重大题材上占据主导地位，而

"民间网络舆论场"在贪污腐败、贫富差距、行业垄断、社会保障、城乡差距等民众关心的话题上，更容易被网民认可。如何处理好两个"网络舆论场"的关系，让党和政府的声音以老百姓更加看得懂、好理解、能接收的方式传播，成为互联网时代"网络护牌"的另一项重点工作。

近年来，中央和部分省市领导主动上网与网民互动交流这种形式，网民对此持非常正面的评价态度。看到领导干部在线"网聊"，一问一答之间就会让网友产生"同时存在"的感觉，一下子拉近了决策者和群众的心理距离，增加了民众对权力的亲切感。此外，许多法律法规和行政决策事先上网征求意见的做法，也得到网友们的普遍好评。而对于过去几年中各地逐渐建立起来的新闻发布制度，虽然能够第一时间将政府的决策通报给社会，但有些因为发布内容文件化倾向太严重，基层群众又无法互动交流，传播效果反而偏弱。现在看来，只有一些针对突发事件和热点领域的新闻发布，才能最终成为网络传播的热点事件。因此，网络时代政府信息新闻发布仍有待于进一步完善。

互联网时代下，每个公职人员都是党和政府的"形象代言人"，传播是政府行政的一个重要组成部分，但目前还有许多基层干部对此认识不清。培训干部在互联网时代中如何主动设置议题，提高政府传播效果，在当前具有非常重要的现实意义。

案例分析提示与思考：

1. 请问，网上"一呼百应"的现象说明了什么？
2. 网络条件下政府公共关系活动的新特点是什么？
3. 政府官员应当如何充分利用新媒体有效展开公共关系活动？
4. 网络时代政府及其行政官员应当如何接受群众监督并树立良好形象？

相关知识链接：

群体性事件：是指由某些社会矛盾引发的特定群体或不特定多数人聚合临时形成的偶合群体，以人民内部矛盾的形式，通过没有合法依据的规模性聚集，对社会造成负面影响的群体活动，通常以发生多数人间语言行为或肢体行为上的冲突等群体行为的方式或表达诉求和主张，或直接争取和维护自身利益或发泄不满、制造影响，因而对社会秩序和社会稳定造成重大负面影响的各种事件。这是 2009 年 9 月中共《党的建设辞典》时隔 20 年后再出版新增加的词汇。

由于受不同的政治环境和经济、社会因素的影响，我国对群体性事件的认识也经历了不同的阶段：20 世纪 50 年代至 70 年代末，称"群众闹事"、"聚众闹事"；80 年代初至 80 年代中后期称"治安事件"、"群众性治安事件"；80 年代末至 90 年代初期称"突发事件"、"治安突发事件"、"治安紧急事件"、"突发性治安事件"；

90 年代中期至 90 年代末期称"紧急治安事件";90 年代末至 21 世纪初期称"群体性治安事件"。

2004 年,国务院委托专家完成了"中国转型期群体性突发事件对策研究"的报告。2005 年初,中共中央办公厅、国务院办公厅转发中央处理信访问题及群体性事件联席会议《关于积极预防和妥善处置群体性事件的工作意见》的通知。《通知》中对处理群体性事件的处理原则、组织领导、职责分工、现场处理和宣传教育等项工作都做出明确的规定,对于各地在处理群体性事件提供了依据。2005 年 7 月 7 日,中组部副部长李景田在新闻发布会上明确指出,当前中国改革进入了关键时期,有些矛盾集中显现,并因此发生了一些"群体性事件",他纠正了国外记者所谓"骚乱"这一说法,而代之以"群体性事件"。2005 年底,时任中共中央书记处书记、公安部长的周永康指出,要"研究化解群体性事件的基本条件和内在规律,形成处置'群体性事件'的原则和常效工作机制"。"群体性事件"一词首次公开提出。2007 年 11 月 1 日,《中华人民共和国突发事件应对法》施行,2009 年 9 月,中共中央办公厅《党的建设辞典》再版,在整部辞典的 1 015 个词条中,1/3 是新词,群体性事件等被收入其中。

目前,"群体性事件"的界定仍然有争议,但一般认为是指具有某些共同利益的群体,为了实现某一目的,采取静坐、冲击、游行、集合等方式向党政机关施加压力,出现破坏公私财物、危害人身安全、扰乱社会秩序的事件,可分为群体性暴力事件和群体性非暴力事件。

网络舆论场:是指需要依靠网络媒体作为舆论传播的必要条件,凭借一定数量的参与者与被参与者,通过占据一定的互联网领域,并以迅速的传播方式,对社会舆论形成具有一定规模他能量和影响力。21 世纪,网络已日益成为社会舆论生成的策源地、舆论传播的集散地、舆论交锋的主阵地,在互联网上传播的网络舆论,通常是社会公众对某一焦点或热点问题所表现出的带有倾向性和影响力的意见或言论,它具有丰富性、复杂性、多元性、冲突性和难控性等特点。随着微博、轻博客等这些新型信息传播形式的出现,更使得网络舆论的发展势不可挡,尤其是在频繁使用电脑的人群中,网络舆论备受青睐。

近年来,当"华南虎事件"、"郭美美事件"、"李阳家暴"、"小悦悦事件"、"陕西表哥"的不断曝光,"网路舆论场"的能量已经日益显现。由于其广泛参与性、传播的迅速性及对主流媒体的质疑性,因而有可能会形成暂时的网络舆论场谣言传播和舆论失控等风险。

案例3：监督听证会①

广州市公厕严重不足导致市民如厕难，耗资700多万的30多座豪华公厕却鲜有人问津；寸土寸金的商业旺地商铺林立，公厕却无插足之地。2003年12月10日上午，全国首个监督听证会在广州市人大常委会举行，16位陈述人畅所欲言。在长达3个多小时的人大监督听证会上，公厕、"牛皮癣"、垃圾筒、垃圾收运等问题第一次被摆到台前，成为陈述人关注焦点。

听证会首先由环卫局、城管支队和工商局3个部门的代表人陈述，然后由13名市民代表陈述人提出自己的观点、建议。经主持人综合，最后确定环卫设施配套建设和管理、城市"牛皮癣"和随地吐痰等问题作为主要论题。

这也是广州市民首次站到执法监督前台，公开评说政府执法。广州市人大常委会苏副主任表示，此次监督听证会是推进政治民主化、加强人大监督工作的一个创新和尝试，一方面拓宽了人大常委会监督的途径，另一方面让行政管理相对人直接对行政机关的执法情况评头论足，可以使监督更加到位。

据悉，监督听证结束后，将形成听证报告书提交市人大常委会审议，常委会还可能针对听证过程中发现的问题作出相关决议，向政府发出监督意见书，从而使公众的监督转化为具有法律效力的权力机关监督。

由于监督听证会在全国还属首次，上海市人大常委会也派员来广州"取经"，旁听了监督听证会。

一、听证会实录

焦点一：公厕追星华而不实

现在广州公厕严重不足，却耗费巨资兴建豪华公厕。有听证陈述人直言，不应将有限的资金浪费在"公厕追星"上。

市民如厕难如何解决？广州市市容环卫局代表人梁副局长指出，目前全市共有公厕704座，缺口达570座。他表示，市容环卫局将与市爱卫办联合发出通告，倡议宾馆、酒店、餐饮店、招待所、火车站、医院等公共场所内设的800多座厕所向市民开放。

焦点二：清"牛皮癣"力度不够

"城市'牛皮癣'清除的速度赶不上张贴的速度。"陈述人崔某的话引起了大家的共鸣，大多数陈述人认为对"牛皮癣"的执法力度不够。

市城管综合执法支队代表人徐某说，内环路可说是广州整治"牛皮癣"的"样板路"，城管部门每天24小时巡逻，但执法常常面临尴尬局面，"就算把乱张贴的人抓到了，又无法对其进行处理。"

---

① 李艳. 广州市民首次走上前台评说政府执法 [EB/OL]. （2003-12-12）http://unn.people.com.cn/GB/14748/2242849.html.

众陈述人纷纷支招,不少人提出"对乱张贴的人实行强制义务劳动,让他们尝尝清理'牛皮癣'的滋味";也有人提出,可通过重奖举报人来瓦解违法经营的"内部阵营"。

焦点三:垃圾收运不能扰民

30多个垃圾桶与学校的食堂仅一墙之隔,每天收集垃圾的时候,位于广州大道北的广东某职业技术学院的师生们都要忍受臭气和噪音。该学院的李副教授作为听证旁听人,在发言时义愤填膺,颇为激动。

环卫局梁副局长表示,广州现有两万多名环卫工人,这些工人当中难免有素质较差或态度不好的人,他鼓励市民积极投诉。

陈述人赵某反映,沙面垃圾压缩站作为广州第一个垃圾压缩站,被临时迁移到一个废弃的工地,目前管理混乱,市民反映污水横流、臭气熏天。梁副局长回应,表示近期环卫部门将把沙面垃圾中转站迁移至黄沙一带。

焦点四:垃圾筒要注意造型

广东药学院的学生冯某提出建议,市容环卫部门不要设计动物造型的垃圾筒,否则会令小朋友养成不爱护动物的习惯。同时,她还提出,可在垃圾筒旁边加设废电池的回收筒,一举两得。

梁副局长表示,废电池的回收筒除了摆放在三星级以上的宾馆、学校,还将设置在人流较多的公交车站。

焦点五:废气污染不容忽视

"丽江古城满眼青黛鳞瓦是文化古迹的招牌,昆明春城遍布楼顶的太阳能装置如春蕾萌芽,我们广州花城的楼顶也应该花草如茵。"

在听证会上,一份充满诗情画意的陈述报告引起了大家浓厚的兴致,来自农业银行淘金支行的职员洪女士说,在14条之多的环境卫生管理规定中,独忘了最重要的空气,她希望能够通过市人大的监督,使废气污染得到彻底治理。

赵先生在陈述中说,环沙面岛的沙基涌,退潮时污泥毕露,臭气冲天,给周围的居民带来了严重的生活困扰。

焦点六:罚款太轻执法艰难

乱扔乱吐最多罚50元,乱张贴最多罚200元。听证会上,许多陈述人认为目前实施的《广州市城市市容和环境卫生管理规定》处罚标准太低,实际上起不到惩戒作用。

有一位旁听人指出,根据行政处罚条例,数额少于50元的才能当场收缴,否则须经过7个程序。他认为,这实际上也给罚款增加了难度。

梁副局长还介绍,《广州市城市市容和环境卫生管理规定》要求,建设单位在小区内要建设相应的公共配套设施,但对不按规定建设厕所等公共配套设施的开发商,却没有相关的处罚措施。他建议对《广州市城市市容和环境卫生管理规定》进行修改。

二、各方评说

有关部门：重视意见着力整改

作为监督听证的"当事人"，广州市市容环卫局和广州市城市管理综合执法支队的负责人表示，对听证会上提出的意见和建议，他们将高度重视，加以研究，着力整改。

市环卫局吕局长说，对《广州市城市市容和环境卫生管理规定》的执行情况进行监督听证，这种形式很好，与我们的工作目标也是一致的，因为我们工作的最高标准就是让群众满意。此次听证反映出来的问题，其实我们也注意到了，并已在工作中着力进行解决，如"牛皮癣"治理等。就听证监督本身而言，我们并没有感到特别的压力，因为我们的压力每天都有，那就是 24 小时开通的热线接受市民的各种投诉。我们倒是希望能通过这个活动，对相关法规进行修改，从而进一步推进广州的法制建设。

广州市城市管理综合执法支队许支队长也说，与会代表在听证会上从不同角度提出了很好的意见和建议，体现了对广州城市管理的关心和支持，我们认为很好。对听证会提出的意见，我们将举一反三，有则改之，无则加勉。

组织方：监督听证将专业化

听证会后，市人大常委会法制工委李主任说，监督听证会可使人大的监督更加公开化、更加社会化、更加有效。他还表示，今后监督听证还将作为一种制度进一步加以完善，并向小型化和专业化方面发展。

市民代表陈述人：类似听证会多开些

市民代表陈述人、媒体从业者崔某表示，监督听证会总体效果不错，美中不足的是时间短了一点，一些陈述人的意见未能充分表达。监督听证会是人大监督、市民监督的新方式，相信不是一个炒作的形式，希望监督听证会上的意见、建议，会后市人大常委会以及相关的职能部门要拿出具体的措施，要有反馈结果。目前，首先要做的是《广州市城市市容和环境卫生管理规定》的立法要完善。今后，类似的监督听证会要多开些，以增加公众监督、听取公众意见的渠道。

话没说完时间已到——

三、首次监督听证会留下遗憾

在监督听证会中，多位陈述人的发言随着提示"时间到"的铃声戛然而止。由于时间不够，陈述意见未能在现场充分表达，而在辩论环节，职能部门的陈述人对质疑进行解释、答复时，也数次因超时而未能做出完整的答复。

据介绍，按规定，陈述阶段每位陈述人的发言时间为 5 分钟，来自职能部门的市环卫局、市城市管理综合执法支队、市工商行政管理局的 3 位陈述人，在陈述本部门执行《广州市城市市容和环境卫生管理规定》的情况时，均因超时而被主持人中断。其他好几位陈述人的陈述发言也碰到了这一问题。

在辩论环节，每人的发言时间为4分钟，陈述人、听证人围绕焦点问题提出质疑，3位职能部门的陈述人需要对此进行解释、答复。有听证人一口气对环卫部门提出3个问题，市环卫局梁副局长刚准备回答第三个问题时，提示"时间到"的铃声已响起，相关问题没法在现场得到回应。

听证会后，广州市人大常委会相关负责人表示，他们事先也考虑到了这一问题，但考虑到监督者和被监督者的地位是平等的，因此在时间安排上确定为一样长，而且也曾反复要求陈述人发言一定要尽量简短。由于是首次举办，出现一些不足是难免的，日后将进一步完善。据悉，根据听证程序，听证陈述人和听证旁听人对议题如果"意犹未尽"，还可以在会后以书面形式提交给听证会工作人员，最后由常委会城建工委和法工委根据听证意见作出听证报告书。

案例分析提示与思考：

1. 与一般的听证会相比，监督听证会有哪些特点？
2. 举行监督听证会的必要性和重要意义何在？
3. 如果由你来负责组织一次监督听证会，在程序上你将做出怎样的改进？

相关知识链接：

一直以来，地方人大行使监督职能的途径主要是听取政府报告，对一些政府部门或官员进行评议、大会期间询问和质询、闭会期间执法检查，包括实际中十分鲜见的特定问题调查权。所有这些监督主体都仅限于人大常委会组成人员和人大代表，而监督听证制度的产生，意味着民权的进一步到位。

监督听证制度，是指立法机关在法律或者法规通过后，以公开举行会议的形式，听取公众对法律或者法规的执行情况、行政机关的执法效果，以及对法律或者法规进行修改完善的意见，进而督促行政机关改进工作，并为立法决策提供社会信息的制度。它对于充分尊重民意、重视公民价值的体现，最终做到执政为民、立法符合民意，实现面对面的监督、实实在在的监督。

为了推进监督工作的实效性，一些地方人民代表大会常务委员会还制定了监督听证办法，使监督听证工作制度化、规范化，使权力机关的监督和公众的监督通过听证有机结合起来，进一步增强监督力度；同时，也向社会表明，权力机关尊重民意，重视公民价值，保障公众积极、更广泛地参与地方的政治生活。

案例 4：人大监督刚性化①

背景：2003 年岁末，广东省××市人大常委会一度成为媒体关注的焦点，该常委会以 18 票反对、1 票弃权、0 票赞成否决了市政府一项议案办理情况的报告。这一举动备受关注的原因有二：一是广东省各级人大在审议政府的各类报告中从未出现过零赞成票；二是市人大常委会的书面审议意见措词尖锐、毫不含糊。市人大常委会"零赞成票"的审议结果，对当地政府的工作有什么推动？对人大今后的相关监督工作有什么影响？这些问题引起了人们的关注。

一、人大：第一手调查反映民声

2003 年 10 月 28 日，××市人大常委会以无记名投票方式表决暂不通过该市政府《关于进一步落实国务院〈生猪屠宰管理条例〉议案办理情况报告》。据了解，早在 2002 年 8 月，市人大代表就提出了一个"关于进一步落实国务院《生猪屠宰管理条例》的议案"，指出私宰肉泛滥，群众吃"放心肉"没有保障，政府的税收流失惊人。一年后，市政府提交了相关的议案办理报告，市人大常委会财经工作委员会也拿出了议案办理情况的调查和初审意见。这样，在市十二届人大常委会第七次会议上，与会委员手中同时有了两份报告。

两份报告都肯定了政府在改善管理工作上取得了一定成效，提出了在生猪屠宰管理工作上仍然存在认识不足、发展不平衡、执法难度大的问题。不同之处是：人大的调查报告有详细的数据，包括全年生猪上市与定点屠宰量的对比、税收应收和实收款项的对比，数据之间的差距让人无法回避问题，甚至还列出了肉贩欺行霸市的具体调查等等。政府的报告则相对笼统。

市人大常委会办公室欧主任表示，在收到政府提交的办理报告后，常委会委员和专门委员会花了 15 天时间走访屠宰场、工商局，走进乡镇，拿到了第一手的调查材料。调查结果显示：生猪屠宰管理工作未尽如人意。市人大常委会祝主任认为：生猪屠宰管理在一些政府官员的眼中不是大事情，抓经济抓发展才是要务。但人大应该统筹协调社会利益，关心群众最实际的需要，实事求是地评价政府的工作。在非典、禽流感相继发生之后，能否吃上"放心肉"关系老百姓最切身的利益。这样的民生热点，人大一定要关注。人大的监督一定要求务实，不能"贪污"了事实。

就是本着这样的宗旨，市人大常委会交出了一份让人看了有些"扎眼"的审议报告："除客观原因外，从主观上找，归根到底是对议案提出的热点、难点问题未认真解决好；管理不到位、领导不到位、认识不到位；对议案办理何年结案，目标不明确；对解决问题的措施不够具体、得力。"此外，审议报告还提出了三点具体的工作建议。

---

① 张翼鹏，李时平. 连州人大：刚性监督仍在继续［N］. 人民日报，2004-02-11（13）.

二、政府：改进工作闻声而动

这样的审议报告并没有出乎主管此项工作的林副市长的意料，"因为我们也觉得工作不理想，当时我就表示要虚心认真地改进。不仅人大认为暂不结案，我个人也赞成不结案，各职能部门要按照人大常委会的要求加大工作力度。"至于零赞成票的出现，他认为"是零赞成还是少数赞成，意义是一样的"，都表明人大常委们对议案的办理工作不满意。曾有人担心，人大否决了政府相关报告后，在同一个大院办公的市人大常委会和市政府是否会觉得尴尬？市人大今后的监督是否因此有了顾虑？对此，林副市长毫不担心，因为人大具有监督的权力和职责，政府也应该接受监督。梁代市长也赞同"人大严格要求政府工作"，"毕竟我们的工作有差距。"祝主任对人大的监督工作更是底气很足："我们所做的一切监督都是依法进行的，所有的工作其实都在推进依法治国的进程。而这些监督的核心是实事求是地反映民意，要扎扎实实地到基层调查，不是空口无凭地指手画脚。"

在随后的两个多月，该市召开了两次全市生猪定点屠宰工作会议。在《2003年××市生猪定点屠宰管理工作总结》中写道，一年开两次全市性专业工作会议在连州是少有的。该总结用 16 个字概括了全年工作的要点："领导重视，措施到位，成效理想，问题难免"；到 2003 年底，全市生猪定点屠宰面达到 90%。10 月 28 日的人大常委会会议之后，市政府领导多次到市区乡镇调查情况、研究对策；到外地取经，丰富经验；生猪屠宰管理工作已经成为政府关注的焦点问题。新的生猪屠宰实施方案也正在拟定之中。该方案出台后，市政府将提交人大常委会，一起商议下一步的具体改进工作。

××市人大常委会表示，对生猪定点屠宰工作的监督将继续，此项议案办理的结案期将视工作的实际成效而定，届时还将进行调查，听取市民意见。

案例分析提示与思考：

1. 人大监督作为行政监督的主要组成部分，有何重要意义？

2. 我国当前人大监督存在哪些问题？××市人大的做法对我国加强人大监督有什么借鉴意义？

相关知识链接：

在我国的监督体系中，人大的监督是代表国家和人民进行的具有最高法律效力的监督，人大的监督权是宪法和法律赋予的。监督权作为各级人大及其常委会的一项重要职权，是人大及其常委会依法代表人民在国家事务中"当家作主"的重要保障，也是人大作为国家权力机关的权威体现。从某种意义上讲，只有人大严格依法行使监督权，才能保证人大其他职权得到落实，才能保证人民在国家中的"主人"地位得以实现。如果人大不能充分行使监督权，人大的其他职权也难以落到实处，人民也就谈不上"当家作主"。具体讲，主要体现在三个方面：

第一，法律监督。法律是维护国家和人民利益的准则，也是判断人和事的"天平"。"一府两院"是法律的执行机关，人大及其常委会负责监督法律执行。因此，法律执行出现偏差，人大及其常委会将有不可推卸责任。目前，在法律上仍然存在有法不依、执法不严、盲目执法、执法违法、各自为政、借法牟利的现象。人大及其常委会有责任和义务强化执行法律的监督力度，不屈不挠地进行执法检查，有效地制止执法机关执法违法行为，并对"一府两院"的错案责任一追到底。

第二，工作监督。人大及其常委会对"一府两院"的工作监督只能择其重大问题进行及时的监督。但是，当前人大监督仍然存在随意性、盲目性、妥协性问题，对选择监督对象缺乏针对性，对评价监督对象缺乏尖锐性，对督导监督对象存在客套性。所以，对"一府两院"的工作监督要有较强的韧性和毅力，百折不挠，不做妥协事，从而使人大监督起到推动和促进工作的作用，取得鞭挞落后、纠正错误、处置违法的效果。

第三，人事监督。人大选举和常委会任命的干部都要实施任前、任中、任后的监督。但是，当前人事监督仍然存在不少阻力和深度不够问题，人事监督的领域出现高端空位，严重削弱了人大的监督权威因此，人大监督与人大责任是两个同等重要的问题，必须严肃、认真地对待，从履行人民赋予权力的高度来检查自身建设的不足，找到推动人大监督的动力，促使人大监督与时俱进，确保达到应有的效果。

案例 5：政协的民主监督[①]

除了视察、提案，反映社情民意之外，政协委员参政议政、民主监督又有了新的形式。

2004 年 9 月 5 日下午 4 时，几位不速之客造访园岭派出所，一种全新的民主监督方式迈出了探索的第一步。针对园岭派出所在一桩暴力抗法案件中处罚失当的情况，深圳杨律师以自己市政协委员的身份，向该所提交"政协委员民主监督函"，希望重审这一案件。市政协社会法制委员会方副主任对此表示支持，并指出如果探索成功，将对这一形式进行规范。

一、妨碍公务者应受法律惩处

案件发生在同年 8 月 28 日下午，该市城市管理行政执法局直属执法队在华强北路执行公务时，两名执法人员被占道乱摆卖的一男子用刀刺伤，其中一人被刺伤胸部深达两公分，几乎危及生命。肇事男子被当场抓获，并被处以行政拘留 15 天的处罚。

杨律师的疑虑由此而生："如此明显的刑事犯罪行为，怎能当作一般民事纠纷

---

① 李佳蔚. 政协委员向派出所提交民主监督函 [EB/OL]. (2004—09—10) http://news. sina. com. cn/o/2004—09—10/09203637732s. shtml.

仅作行政违法处理?"近期,深圳已经发生好几起暴力抗法事件,他担心这样的处理会增长暴力抗法者的气焰,"说得重一点,这无异于放纵犯罪"。暴力抗法男子在光天化日之下,公然对依法执行公务人员拔刀相刺,连伤两人,情节不可谓不严重,应该以妨害公务罪论处。

按照我国《刑法》第二百七十七条规定,只要行为人以暴力或威胁的方法阻碍了国家机关工作人员依法执行职务或履行职责,就足以构成犯罪,应处以三年以下有期徒刑、拘役、管制或罚金。他在函中希望能重新审查这一案件,将敢于公然暴力妨碍执法的犯罪嫌疑人绳之于法。

二、提交监督函为履行参政责任

作为市政协社会法制委员会的一名委员,杨律师在对此事进行现场取证后,前往市政协社会法制委员会征求意见,在得到同意后,决定以提交民主监督函的形式,履行政协委员民主监督的职能。

他在民主监督函中说,深圳正在实施"净畅宁"工程、大规模地清理整顿违法建筑,"梳理"行动第二次战役也要打响。如果不对暴力抗法者严惩,将对战斗在第一线的广大行政执法人员的生命安全造成极大威胁。

园岭派出所有关负责人在接函后表示,政协委员提出的建议是深圳执法进程的进步,派出所理应虚心接受社会各界对执法行为的监督。该所会慎重考虑,认真对待。至于具体案情,由于有一整套的程序,他们当时无法作出决定是否重审,不过肯定会重新了解案件,向有关部门提出意见。

三、希望唤起全社会对暴力抗法的义愤

在提交过程中,杨委员表示,希望这份监督函能够唤起全社会对暴力抗法的义愤。据了解,这份监督函同时还抄送了市公安局、市检察院、市中级法院、市城管局等七家单位。他认为,公、检、法对暴力抗法事件,在各自职权范围内具有不可推诿的最基本义务,也是一份责任。

市政协社会法制委员会方副主任陪同杨律师一同前往,表达对这种形式的支持。她表示,提案、社情民意等形式的参政议政往往处理时间较长,政协委员民主监督函的形式值得探索。对待个案和突发事情,政协委员如何发挥作用,这种形式是个很好的探索。她也指出,如果这一形式探索成功的话,政协方面将会对其进一步规范。

案例分析提示与思考:

1. 你了解中华人民共和国政治协商委员会(简称"政协")的性质与构成吗?

2. 政协监督作为独具中国特色的一种外部监督形式,有什么样的特点?

3. 结合本案例,谈谈如何真正落实政协在民主监督工作中应有的作用?

相关知识链接：

在我国，人民代表大会是国家权力机关，其他国家机关由它产生，对它负责，受它监督。人民政协具有政治协商、民主监督和参政议政的职能。这两种监督有着明显区别：

（1）性质不同。人民代表大会是运用国家权力进行监督，其监督具有法律约束力；人民政协不是国家机关，其监督不具有国家权力的性质，没有法律约束力，是一种民主监督。

（2）对象不同。人民代表大会作为国家权力机关，在我国政权体系中居于最高地位，它监督的对象是国家行政机关、审判机关、检察机关的工作，全国人大还监督宪法的实施。这种监督本身带有领导与被领导的含义，政协作为我国多党合作的重要机构和爱国统一战线组织，监督的主要内容有：宪法和法律的实施情况，中共与国家机关制定的重大方针政策的贯彻执行情况，国家机关及其工作人员履行职责、遵守法律情况等。这种监督不具有领导与被领导的含义，不能把它与人大的监督等同起来。

（3）方式不同。人民代表大会是通过其他国家机关向其报告工作的方式进行监督的。近几年还探索出了对"一府两院"的工作进行评议的监督形式。人民政协监督的基本方式是建议和批评。

（4）结果不同。人民代表大会的监督既保证了它是"议行合一"的机关，集中统一行使国家权力，又保证了国家机关之间能够明确责任，分工合作，协调一致地进行工作。政协的民主监督有利于协助国家机关改进工作，提高效率，克服官僚主义。

案例6：中国廉政账户第一案[①]

一、"581"，廉政账户收到10万元

2001年4月26日《锦州晚报》头版发布了一则消息：市纪委、市监察局设立了廉政账户"581"，廉政账户的现金收入主要是有关人员无法谢绝而接受的礼金或本人认为违反有关廉洁自律规定而收受的现金，并规定凡存入廉政账户的款项一律视为拒贿，存储时使用定期，存期不限，存入时可用实名，也可用市纪监委指定户名"廉政"。

同年7月，又有一条有关锦州廉政账户的新闻引起了中央人民广播电台、《辽沈晚报》、《锦州晚报》等十余家新闻媒体的关注和报道：《锦州廉政账户收到10万元巨款》。众多媒体都认为，廉政账户的设立确实为党员、干部拒贿开辟了一个良

---

① 杨青乐. 中国廉政账户第一案 [J]. 廉政瞭望，2002 (12).

好的渠道。

2002 年 4 月《辽沈法制报》对涉及此事的神秘人物及与其有关的一起集体司法腐败案又作了追踪报道,原来事情是这样的:2000 年 7 月,锦州海关曾破获一起案值 3 000 万元的走私案,被捕疑犯之一为广东人李某。为了办理取保候审,李某用百万巨款先后摆平了沈阳海关走私犯罪侦查分局的副局长邱某、锦州支局副科长吴某和贾某以及将 10 万元存入廉政账户的神秘人物——锦州市检察院检察处处长金某。金某利用对该走私案侦查、起诉承办人的职权便利,使李某得以取保候审。然而,事发后金某拒不认罪。金某认为自己无罪,理由是李某放在自己手里的 10 万元钱,已经存到了廉政账户。

二、受贿还是拒贿?

据检察机关指控,金某收受 10 万元是在 2000 年 12 月,而存入廉政账户是在 2001 年 6 月 14 日,是在司法机关对李希翔行贿介入调查之后。因此,在金某收下李某的 10 万元时,受贿事实就已经形成。存入廉政账户只是其处理赃款的一种形式,不影响其受贿罪的成立。检察机关一直都持此观点,2001 年 7 月 23 日,金某被刑事拘留,2001 年 10 月被逮捕。金某多次向有关部门写申诉信,认为自己不构成犯罪,理由是:

(1) 主观上我没有占有故意。我一直想将钱还给李某,但一直没有机会。

(2) 客观上我已将钱交到廉政账户。2001 年 2 月,我考虑李某案件的下一个程序:审查起诉三、四月份就差不多了,等他来到锦州时我就将钱还给他,但此案直到 5 月份还没有审结。我觉得这钱放在我手里不是个事,说不清。5 月初,我从《锦州晚报》上看到市纪检部门设立了"581"廉政账户,5 月下旬,我到商业银行打听了存入方式,6 月 14 日就将这 10 万元钱存到了廉政账户上。

(3) 市纪委、市监察局 4 月 18 日发出的通知规定了一些政策,凡是存入廉政账户的,一律视为拒贿,我认为这笔钱我始终没有占有的故意,也没按李某的意愿去行贿他人,在不好处理、又还不回去的情况下,主动缴入廉政账户,这是一种廉洁自律行为,是无罪的。

辩护律师在辩护时,也把金某将 10 万元存到廉政账户作为重要的辩护理由,认为金某是相信"一律视为拒贿"的纪检机关对每个党员的许诺,即使金某缴入廉政账户的是个人受贿款,纪检部门也曾许诺视为拒贿,所以金某不构成受贿。

2001 年 12 月 13 日,锦州市太和区法院认定金某受贿罪成立,判刑 10 年。李某因行贿判刑 7 年,与本案有关的邱某、吴某、贾某均因受贿被法院判处 8 年徒刑,四人均已认罪伏法。金某对此不服再次上诉,锦州市中级法院还未作出终审判决。这真是一个棘手的案子。

三、众说纷纭廉政账户

近年来,各地几乎都设立了廉政账户,对廉政建设的确也起到了一定作用,但

225 —

存在的问题也引起了各界关注。一些法律工作者和学者认为：廉政账户给一些腐败分子创造了逃避法律制裁的渠道，但其有关"视为拒贿"的规定也同相关法律抵触。根据法律规定：把受贿款交到检察院并如实交代受贿行为的算作自首，受贿的性质不能改变。交到廉政账户却算作拒贿，这显然不公平，也损害了司法的权威。另外，专家还提出：认定是否构成犯罪，应当根据收钱当时的客观情况来判定，把钱交到廉政账户只是犯罪后的态度问题，事后态度只是作为量刑时考虑的一个情节，对行为的社会危害性不起决定作用。因此，专家认为廉政账户只是为一批具有特殊身份的人物开辟了一条规避法律的通道，使他们事后的行为改变原先行为的性质，廉政账户的特殊待遇损害了法律的统一，也损害了法律面前人人平等的原则。

当然，也有人对廉政账户持赞许的态度。廉政账户最先出现在浙江宁波，"581"意为"我不要"，主要是针对"无法退回和不便退回的各种礼金"而设置的，第一年共收到 200 多笔共计 180 多万元的现金。沈阳市"慕马大案"之后的两个多月内，沈阳廉政账户就收到 400 多万元现金。然而，从廉政账户设立起争议就一直没有停止过，因为实践中廉政账户的缺陷也越来越明显。2002 年 5 月，福建省纪委已经发出通知，要求全省各地、各单位全部撤消已经设立的廉政账户；随后又有一个省也宣布了撤销廉政账户。

案例分析提示与思考：

1. 请问你是否赞同设立"581"廉政账户？为什么？

2. 你认为金某是否应以受贿罪受到刑事处罚？其申诉理由是否能够成立？

3. 关于廉政建设你还有其他更好的意见或建议吗？

相关知识链接：

党员领导干部能否做到清正廉洁，直接关系到改革发展稳定大局、人民群众的利益、干部队伍建设以及党和政府的形象。为了不断加强党员领导干部廉洁自律、廉洁从政，中共中央近年来先后下发了：关于印发《中共中央纪委关于严格禁止利用职务上的便利谋取不正当利益的若干规定》的通知和《中共中央纪委关于严格禁止利用职务上的便利谋取不正当利益的若干规定》；关于印发《中国共产党党员领导干部廉洁从政若干准则》的通知和《中国共产党党员领导干部廉洁从政若干准则》。

《中共中央纪委关于严格禁止利用职务上的便利谋取不正当利益的若干规定》：是 2007 年根据中央纪委第七次全会精神，为贯彻落实标本兼治、综合治理、惩防并举、注重预防的反腐倡廉方针，针对当时查办违纪案件工作中发现的新情况、新问题，特对国家工作人员中的共产党员提出并重申了"严禁利用职务便利为请托人谋取利益"等十条纪律要求。

《中国共产党党员领导干部廉洁从政若干准则》：是 2010 年党中央为加强党员领

导干部廉洁自律，在禁止"利用职权和职务上的影响谋取不正当利益"等 8 个方面，对党员领导干部提出了 52 个"不准"，规范了党员领导干部的廉洁从政行为，并充实完善了相应的实施与监督制度，是一部规范党员领导干部廉洁从政行为的基础性法规。

案例 7：一个"不受欢迎"的"政务监督员"①

肖××原是吉林省某市一家国有企业的工程师，退休后从事个体工商业，2003年 7 月 4 日被该市政府聘为政务公开义务监督员。从此，他扔下自己的生意，认认真真地搞起调查研究，反映了政府机关存在的大量政务不公开问题。但是，"过分"尽责的他仅仅当了 5 个月的政务公开义务监督员后，就尴尬地告别了他寄予无限希望的工作。

一、从"政策通"到监督员

肖××1996 年前在该市光学机械厂任工程师，后按政策规定离休回家。他到某商城租了两节柜台卖小型家用电器，成为个体工商户。他说，2001 年以前，只要各部门来收什么税费，他都一分不少地交上去。2001 年末，他明显感觉到利润越来越低，亏损成了家常便饭。问一问周围的业户，也都叫苦不迭。他开始思考问题出在什么地方。2002 年初，工商年检又开始了，当时收取的费用除了换证费外，有《江城日报》报刊费、《消费导报》报刊费、个体协会会员费、消费者协会会员费、防洪基金等，合计 300 多元。肖××跟工商干部讲自己太困难，能不能不订《江城日报》和《消费导报》。他说："我是知识分子，愿意学习国家的方针政策。如果我有钱，你们不让订，我也要订。"但他的请求没有获准。

肖××开始翻阅报纸上关于个体工商业发展的法律、法规和各级领导的讲话，他要弄明白，是他的要求过分，还是基层干部执行政策时出了偏差？

反复研读之后，肖××得出了这样几个方面的结论：一是订各种报纸杂志均属于搭车收费，可以拒绝；二是《中国个体劳动者协会章程》规定凡个体户均为"个体劳动者协会会员"，违反了国务院颁布的《社会团体登记管理条例》"自愿加入，自由退出"的原则；三是给个体工商业户开具的工商管理费发票上，营业额和费率栏都没有填写，蒙骗个体户，超数倍收取。地税发票也是如此。

然后，他将自己的认识写成材料，一份是《应尽快全面清理和废止歧视个体私营经济的工商管理政策和法规》；另一份是《要发展民营经济，吉林省城乡集贸市场管理条例应该立即废止》。他把两份材料寄给了国家工商总局和省民营企业发展局、省工商局以及市人民政府。同时，他与基层工商、地税干部展开了交涉。基层

① 赵云良."不受欢迎"的"政务监督员"［EB/OL］．（2004－04－01）http://www.southcn.com/weekend/top/200404010051.htm.

干部讲政策讲不过他，就说："你可以讲困难，不要讲政策。"肖××不同意："以前，我拿着特困证给他们看，他们说这个东西满大街都是，照顾得过来吗？当他们讲政策讲不过了，让我提困难予以照顾，我偏不和他们提困难了，我要依法维护我的权益。"

肖××反映的问题让工商、税务部门很恼火，却引起了市政府政务公开办公室的重视。这时，他们正在物色政务公开义务监督员。他们计划从社会各界聘请10名，其他领域的监督员很快找到了，但从群众中找一位有思想、懂政策、能说真话的人却让他们费了不少脑筋，最终他们选定了肖××。

2003年初，肖××接到市政府政务公开办打来的电话，问他愿不愿意当政务公开义务监督员，他当即答应下来。7月4日，他接到了通知，让他到市政府出席义务监督员会议。会上，他拿到了有关领导亲自颁发的聘书和监督员证书。

回到家里，肖××非常兴奋。他觉得，他过去反映的问题是有价值的，因而引起了领导的重视，是有利于经济发展和社会进步的；不然，政府不会聘请他当义务监督员。"政府这么隆重聘我当义务监督员，我不能对不起政府，我得尽职尽责。"他对家里人说。

二、撇开摊位搞调查

从拿到义务监督员证书那一天起，肖××就把自己经营的摊位交给了儿子。他的想法是："我是政务公开监督员了，就不能等同于一般老百姓，做得不好会影响政府的形象。既然政府让我当监督员，我就要干好，不能给政府丢脸。"

刚开始，肖××每天必去的地方是市图书馆，《人民日报》、《吉林日报》、《法制日报》、《江城日报》每天必看。有时，为了看一份文件，他要走好几个部门。有一次，为了找一份国务院办公厅转发工商总局《关于工商管理机关限期与所办市场彻底脱钩有关问题意见的通知》，他到区工商分局法制科找，但科里人不让他看。他就到市工商局，局领导说在档案室，但档案员不在。等档案员回来了，局领导又不在了。档案员告诉他，没有局领导的指示，还是不能给他看。肖××又到财政局去找，但他们只给他看了十几分钟，并拒绝他的复印请求。他又到新华书店，书店里有这方面的法律法规政策汇编，拿起一看，20多元一本，太贵了，买不起，他就把关键内容抄了下来。

掌握了充足的法律、法规及政策知识后，肖××专门对地税收缴中存在的问题进行了两个多月的调查。他的调查是从个体工商户开始的，用两周多的时间，他骑着自行车走访了十几个集贸市场，并到市区的各个地税窗口调查。他发现，个体工商户的地税发票上全都只填写了税金一栏，"营业额"和"税率"栏均为空白。他认为这里边有"猫腻"。于是，肖××找到市地税局，地税局政务公开办的人告诉他，发票软件是省地税局制作的，市地税局没有问题。

肖××在向市政府政务公开办公室反映情况的同时，也把情况反映给了省地税局。肖××的做法引起了地税部门的反感，地税部门本来已经将肖××每月的地税额从130元"照顾"到16元，从2003年9月起，又将其地税额恢复到130元。对此，肖××提起行政复议。2003年12月，地税部门又找他，说他的地税可以免掉，肖××不同意："我要依法纳税，既不占国家一分钱的便宜，但也绝不拿一分不明不白的钱。"最后地税部门确定肖××每月交20元。

肖××说："我是政务公开监督员，不能光想着我自己，要想着所有个体工商户。"为了查明地税发票软件到底是谁制作的，他根据别人提供的线索到开发区去明查暗访了十几天，才找到软件开发商。开发商告诉他，软件是按市地税局的要求制作的，地税局要求营业额和税率栏目设为空白，他们就照办制成了空白的。

两个多月的时间里，肖××走遍了该市的每一个区，在炎炎烈日下，他骑着那辆20世纪70年代生产的大金鹿牌自行车走了十几家商场和1/3以上的市直机关，有的要去上十几次才能找到他要找的人，吃闭门羹是家常便饭。当他拿出政务公开义务监督员证说要找某某领导时，常有办公室主任出来讲："某某领导也是你可以见的吗？"但个体工商户们欢迎肖××，喜欢听他讲，也喜欢对他说，甚至有的商场经理也来向他请教。

2003年11月24日，肖××把自己调查的情况写成《对某市地方税务局税收政策不公开、完税证不规范、违反税收征管法超定额征税2~6倍的调查报告》，并提交给市政务公开办公室。2004年2月，他又根据调查写了《关于某市工商局东市开发区工商分局向东市商场个体工商户违反国家规定超标准征收2~5倍市场管理费的调查报告》。

三、以公民的名义继续

截至2004年3月，肖××是10人中惟一填写《政务公开监督检查情况登记表》，向市政府反映情况的监督员，并且一人填写了7份。

肖××的那7份"提案"，连同他的两份调查报告交到市政务公开监督办公室后，没有任何回音。他说他多次找政务公开办的负责人，要求开个会交流一下义务监督员的工作情况，再请领导同志讲一讲怎样更好地开展监督工作。但时至今日，这样的会议也没开起来。他与其他义务监督员联系，看能不能联合对某一具体问题进行监督，其他人都说没时间。肖××说："我觉得自己干这个工作非常孤独。"

让他意想不到的是，一天，由他儿子经营的摊位忽然来了几个不明身份的人，他们说要购买一个电视遥控器，换了一个又一个，最后告诉他的儿子"小心点儿"，就走了。肖××觉得这是冲他来的，"我搞义务监督工作，向一些个体户宣传法律法规和政策，并带一部分个体户到有关部门提起行政复议，让一些干部不舒服了。"

肖××依然故我。2003年12月的一天，午饭后，他到一家批发市场工商所咨询一些问题。自我介绍之后，这个工商所的所长接过他的监督员证反复地看，一边看一边跟他聊天。大约一个小时后，有人叫所长开会，所长出去了。肖××说："这时，我忘记了监督员证还在张所长手里，就回家了。等到想起来，天已经晚了。第二天去要，所长说他根本就没看见。"丢失了监督员证的肖××非常难过，他找到政务公开办公室，问能不能补办一个或拿聘书继续履行监督职能，答复说监督员证不能补办，并嘱咐他先休息一下吧。"政务公开办公室跟我讲，还承认我是监督员，但不能再以监督员名义检查了。如果继续监督，只能以个人名义，后果和责任自负。"

肖××觉得下次再聘监督员，聘他的可能性不大了。"如果政府不续聘，我将以公民名义继续监督。"他说。

案例分析提示与思考：

1. 结合案例，谈谈你对"政务监督员"角色的理解。

2. 请简要评析肖××的政务监督工作，以及他所面临的困境及其原因。

3. 举例说明为什么说公民监督在行政监督体系中的重要作用不可替代？

相关知识链接：

1. 社会监督是指由各种社会组织和团体、新闻舆论机构及公民个人对国家行政机关及其工作人员的行政行为实施的监督活动。它是一种内容十分广泛、方式灵活多样的监督形式，虽然不具法律强制力，不能直接改变和撤销国家行政机关的决定和行为，但仍能够对国家行政机关的权力形成一定的制约作用，主要包括团体监督、公民监督和舆论监督三种形式。

2. 公民监督。这是社会监督中一种最经常、最普遍的监督，既可以将国家行政机关及其工作人员的行政行为置于公民的直接监督之下，也是公民参与行政事务管理，发扬社会主义民主的有效途径。要建立起行之有效的公民监督，必须着重解决以下问题：一是增强政务透明度，坚持公开监督；二是把群众监督与权力体系的监督结合起来；三是创造民主监督的环境，保障公民的监督权利，充分发挥公民的监督作用。

案例 8：关于"官员公示财产"的第三次人大建议①

2008 年 2 月 28 日，烟台大学教授，第十届全国人大代表王全杰在网上发布了一封呼唤反腐"阳光法案"早日出台的公开信。全文如下：

尊敬的读者、网友和编者：

你们好！我是十届全国人大代表王全杰。在 2005 年十届人大三次会议和 2007 年十届人大五次会议上，我与数十位人大代表两次提出了"关于建立党政官员财产

---

① 王全杰. 两会召开前夕，人大代表开出廉政反腐良方 [EB/OL]. (2008－02－28) http://blog. sina. com. cn/s/blog_4cd3dd3901008nn1. html.

公示制度"的议案和建议，受到了人民群众的关注和有关领导的重视。在本届人大的最后一次会议（十届五次会议）我向媒体作出承诺，"我若连任还提领导干部公示财产"，我为下届连任重提这项议案做了大量的准备工作。但事不遂愿，2007年11月我被告知，不再提名为连任候选人。本人坚决服从组织安排，但我的使命和承诺却未兑现，这使我寝食难安，欲罢不忍。于是在新华网、搜狐网、新浪网以及大众日报社和烟台日报社等媒体的支持下，利用我离任前的100天内尚存的人大话语权，充分征求人民群众的意见，将百姓的意见写成议案和建议反映给中央。我的"百日活动"活动得到了广大群众的热情支持和响应，共收到了800多封信件，搜狐博客一日访问量达10万多次、评论1 500多条。群众的建言来信浸透了忧国忧民忧自己的情怀，其事凿凿、其意切切、其情深深，使我看到了社会的各个侧面，使我每天处于感动、激愤和焦虑之中。大量人民来信呼吁重提关于官员公布财产的建议和议案，并提供了很有价值的参考意见，来信者既有基层群众、也有党政高级官员和知名学者。在吸收广大读者、网民的意见的基础上，我起草了《关于将官员收入申报制度改为财产公示制度的建议》，并于2月27日即十一届全国人大召开的前7天，递交全国人大常委会——这是我在本届人大第三次提交关于公示财产的建议和议案。今将建议全文发出，希望更多的读者关心此事，大家共同来促进这一利党、利国、利民的惠及百年的终极反腐的"阳光法案"早日出台。

231

后续资料：
关于将官员收入申报制度改为财产公示制度的建议

当前在我国社会一些主要领域，领导干部的腐败问题仍然相当严重，以权谋私，贪污受贿已成为一种较为普遍的社会现象。据报道，5年来仅各级纪委立案查处的就达80多万人，给予党纪处分的高达50多万人，而实际存在的腐败行为要比已查出的数量大得多……

遏止领导干部以权谋私、聚敛财富，恢复人民对党的信任和对社会的信心，是关乎党和国家生死存亡的大事，应引起全党全民的充分重视。

为了遏制党政官员的腐败，党和国家进行了一系列努力。早在1995年，中央办公厅和国务院办公厅联合发布了关于《党政机关县处级以上领导干部收入申报规定》，1997年出台了《关于领导干部报告个人重大事项的规定》，2001年又发布了《关于省部级现职领导干部报告家庭财产规定》，2006年又出台了《关于党员领导干部报告个人有关事项的规定》。虽然党和国家在反腐败方面下了大的力气，推出了一系列关于申报个人财产的法规，但是实际收效并不理想……这种现象现应引起我们深思。

为什么党政官员收入和财产申报了12年而成效甚微，甚至出现边申报边贪污，边贪污边提拔的怪现象呢？关键在于申报制度的本身仅仅是组织监督或机关内部监督，而恰恰是最有力的监督——人民群众的监督或称舆论的监督在这个最需要监督的节骨眼上出现了缺位！在现行申报制度中，其申报内容是对公众保密的，对其申报内容的审查监督仅仅是上级机关少数领导，而不是人民群众的监督，即使上级机关领导真的铁面无私、火眼金睛，但他对情况的了解总是有限的，因此其监督就存在着严重的局限性，更何况其中不可避免的老上级老同事的人情关系呢？这就使申报制度陷入了人民群众所说的"自己人监督自己人"的怪圈，几近形同虚设，其成效事倍功半是必然的。要想从根本上改变这种现状，必须引入人民群众的监督机制。

世界各国的经验证明，世界上最有力、最彻底的监督是人民群众的监督，而我国的宪法也赋予人民对国家机关工作人员的监督权，要想保证群众的监督权，首先必须保证人民的知情权，而知情就必须开放媒体，将领导干部申报的财产公示于众，才能保证群众的监督。

我们党是工人阶级先锋队，党的一贯方针的是相信群众，依靠群众，放手发动群众。我党一贯认为"群众是真正的英雄""群众的眼睛是雪亮的"，实际上个人财产隐蔽得再好，也逃不脱千千万万群众无孔不入的眼光。如某官员有三处住房仅公示为两处，他的第三处住房邻居很容易对其揭发举报，而官员慑于群众的明察而不敢轻易以身试法、谎报瞒报。既然如此，把对领导干部的私人财产监督权下放给广大人民群众应是一种最彻底的反腐措施，这就是领导干部公示财产或公开申报财产。

值得指出的是有些国家在实施这项制度时，仅称为"财产申报制度"，这是由于这些国家的社会能见度高，新闻媒体呈透明状，申报的同时也就向媒体公开了。

从我党和我国的性质来说，我们更应该毫无顾忌的实行财产公示。我们国家是人民群众当家作主的社会主义国家，共产党代表的是最广大人民群众的根本利益。我们的党政官员都是人民的公仆和勤务员，行为光明磊落，面对我们的服务对象——人民群众，本身就是无产阶级先锋队的我们还有什么私产不可向人民公开的？

无论从世界各国反腐的经验还是从我国我党的性质讲，我们都有必要将现行的"申报制度"发展为"公示制度"。这是人民的需要，社会的需要，也是保持共产党先进性的需要。国情、党情、社情，民怨、民心、党心都要求我们痛下决心，尽快推出这项被世界各国证实为行之有效的终极反腐制度。

为此我们建议：

（1）人大常委会尽快组织专门班子，研究制定"领导干部财产公示法"，所有向上级组织申报的收入和财产，均应通过媒体和网络，向社会公开或通过有效渠道使人民群众得以查询。

（2）与此相配合，全国强制推行存款实名制和账户实名制，股票和股权实名制，商业保险实名制，不动产交易实名制。每个公民拥有唯一的、全国通行的个人账户。个人实名以外的一切有形和无形资产，国内资产和海外资产，均为非法资产，均应无条件的归于全民所有。

（3）在财产公开制度实施前半年应在全国设立退赃账户，在全国推行不记名、有编号、存档案、可查证的退赃运动。对于退赃项目无论数额多少、来源如何，均受法律保护，赦免一切罪、错，永不追究法律责任和行政责任，并无条件地为退赃者保密。

（4）由于我国尚未建立完善的遗产继承制度和财产赠与制度，领导干部公开申报资产应包括其直系亲属和所有家庭成员。

（5）与国外政府和非政府组织合作，建立阳光资产信息共同体，随时审核官员及一切公民的海外资产。

（6）对于领导干部超出正常生活所需的资产，实施资产托管制度。官员在任职期间，不得参与资产的融动和经营。

（7）加强反腐败机构的建设，参照"联合国反腐公约"规定，建议我国受理官员财产申报的机关应与政府机关相互独立，实行逐级垂直领导，最高机关应直属全国人民代表大会领导。

（8）修改《刑法》中对"巨额财产来历不明罪"的处罚规定，加重对官员瞒报资产的处罚；立法重奖公民对官员隐瞒财产的举报行为。

（9）由于我国在官员收入透明化方面积弊甚深，实行公示制度，必然触及许多既得利者。为减轻"阳光法案"的实施阻力，建议采用先易后难、先上后下、循序渐进、分步实施的方法，如：①先从省部级以上的官员做起；②先从人大任命的官员做起；③先从官员任前公示或参选前公示做起。在五到十年的时间内推广到全体党政官员。

只要我们真正从最广大的人民群众的根本利益出发，舍弃本属身外之物的既得利益，真心改革，痛下决心，经过五到十年的努力，一定能够形成一个利及子孙、惠及百年的根本性的社会制度。这是时代的要求，人民的期盼和历史的使命。公布我一个，取信千万人，作为人民公仆的党政官员何乐而不为之。

案例分析提示与思考：

1. 你是否同意人大代表王全杰的建议？为什么？

2. 为什么将关于政府官员公开个人财产的提案称之为"阳光法案"？

3. 评价政府官员公开个人财产法案的反腐败意义与作用。

4. 怎样推进才能使王全杰提出的官员公开个人财产的提案真正成为我国的一项有效扼制腐败的"阳光法案"？

相关知识链接：

"阳光法案"：是自 20 世纪 80 年代以来，世界上许多国家规定和已经实施的公职人员家庭财产申报制度，经过不断的完善和发展，这一制度已经日渐成熟，成为反腐败斗争强有力的武器。由于，美国学者乔治·艾米克说过要"让阳光照亮体制"，故这一法案又被人们地称之为"阳光法案"。这是国外对政府官员监督措施的一种形象用语，这一制度最早起源于瑞典。早在 1766 年，瑞典公民就有权查看从一般官员直到首相的纳税清单，这个制度一直延续下来，到 20 世纪 80 年代，逐渐为大多数国家所采用并逐渐完善。近年来，一些国家开展的"阳光行动"很受公众欢迎。

"阳光法案"的主要内容是：规定政府和官员的公务活动及个人活动都要公开，如合同签订的实情公开、土地信托公开、竞选资金公开、政府官员财产和收入公开等。尽管中国在制度体制、价值观念、文化传统和生活方式等方面与其他国家有所区别，但是在反对以权谋私、遏制腐败蔓延这一点上应该是相同的。渐趋成熟的国外家庭财产申报制也为我们提供了可资借鉴的先进经验。

"阳光法案"的经典案例：美国在实行家庭财产申报制度之后，因巨额财产来历不明而受处理的大小官员不计其数，其中，影响最大的就是众议院议长赖特违反道德法规案。1989 年赖特因在过去 10 年间，先后 69 次违反国会对议员财产收入监督的法规而被迫辞职，成为 200 年来美国第一位因此被迫辞职的众议院议长。2002 年 6 月 17 日，墨西哥《信息公开法》通过后的第 7 天，约 1 万名国家公务员，因未按政府规定在国家审计局指定的网站上公布自己的财产状况，受到墨西哥政府对他们做出的停薪停职 15 天的处理。

案例 9：记者的采访困境[①]

2001 年 7 月 17 日，广西南丹龙泉矿冶总厂所属的拉甲坡矿和龙山矿发生特大矿井透水、造成 81 人遇难的重大责任事故后，当地政府和有关方面故意隐瞒事故，封锁消息，时间长达半个多月之久。面对包括《人民日报》和新华社等媒体在内的各路纷至沓来的新闻记者，南丹事故的有关方面竟串通一气，把一切可以利用的手段都利用起来了，甚至不惜动用矿区的保安，对矿区内的陌生面孔进行盯梢、跟踪、阻挠，致使媒体报道阻力重重。记者成了最不受欢迎的人，不仅所拍的胶片被曝光，就连人身安全也屡遭威胁。可以毫不夸张地说，参与此次事件采访和报道的记者们，都是在冒着生命危险在履行自己的新闻舆论监督职责。广西《南国早报》

---

① 本刊记者. 谁揭开了南丹事故的黑幕：广西南丹特大矿井透水事故报道侧记 [J]. 中国记者，2001 (9).

的一名记者，从 7 月 27 日至 30 日，连续在矿区进行了四天的暗访。28 日那天，他正与矿工交谈，突然看见十几名携枪的保安远远扑过来，其中还有人举枪向他瞄准，后被他侥幸逃脱。29 日下午，这位记者穿得破破烂烂混进了矿区。当他站在一高处观望时，被两人用刀逼上了几百米高的悬崖，面对质问，这位记者努力隐瞒身份，并趁对方不注意，把身上的记者证、身份证丢下了悬崖。后来，他被粗暴地扭出了矿区，一直没敢去找回自己的证件。但正是这些记者冒着生命危险揭开了事故发生的真相，为蒙难者伸张了正义，才使那些涉案的黑心矿主和矿区安监部门部分利欲熏心的政府官员受到了党纪国法的应有制裁。

案例分析提示与思考：

1. 什么是新闻舆论监督？在行政监督体系中其地位与作用如何？

2. 目前，我国新闻舆论监督中存在的主要问题是什么？如何解决？

3. 广西南丹特大矿井透水事故报道始末给我们的启示又是什么？

4. 面对矿难频发的现实，你认为政府应当如何解决和治理这类问题？

相关知识链接：

矿难是指在采矿过程中发生的事故，通常造成伤亡的危险性极大。世界上每年至少有几千人死于矿难。常见的矿难有：瓦斯爆炸、煤尘爆炸、瓦斯突出、透水事故、矿井失火、顶板塌方等。在 2003 年，中国生产了世界约 35％的煤，但在煤矿事故死亡人数上却占约 80％。

中国是产煤大国，是一个严重依赖煤炭能源的国家，同时也是矿难大国。近年来盗采煤矿、生产失误、器械老化及故障等人为因素是导致矿难的主要原因。矿难对矿山有着毁灭性的破坏，同时严重威胁矿工的生命安全。各次矿难事故都说明，解决这些问题需要各级部门的统一协调。只有不断加强矿山开采的管理力度，才能有效地减少矿难事故的发生。

案例 10：舆论监督的温州模式①

2005 年春夏之交，温州人大常委会研究室胡主任在新浪网上看到了福建《东南快报》的一则新闻：自当天起，任何一个市民，如果你对福州台江区人民法院的工作有什么看法，都可以拨打该报热线参与评议。

此前，福州市台江区人大常委会通过了评议区法院的方案，也拉开了该报与台江区人大开展"代表连线"的序幕。《东南快报》评议说："在台江区人大与《东南

① 章敬平. 舆论监督的温州模式 [EB/OL]. （2006－03－03) http://blog.66wz.com/? uid－193753－action－viewspace－itemid－3933.

快报》联手前，温州媒体的'焦点访谈'引起了全国的关注，为人大如何监督政府开辟了一个新的'路线图'。"

"为什么《东南快报》说'此举属省内首创'，而不说全国首创，就是因为我们拔了头筹啊。"温州一位知名人大代表颇为兴奋地说。

胡主任笑逐颜开："都说我们这一套经验好是好，就是不可学，现在不是有人在学吗？"

一、穿过媒体的人大的手

"你们温州新闻网是不是可以考虑一下，和市人大或者市政协合作办一个栏目？"2003年5月的一个下午，温州新闻网郭总编辑，接到时任中共温州市委书记兼市人大主任李某的电话。

此前一个月，他们在网站上开通了一个与市民互动的电子布告栏。被接踵而至的网络舆论反复刺激的李书记对郭总编说，温州民间倾心发展的氛围很好，如果你们建立一个栏目的话，就可以把电子布告栏上抛出的发展问题，乃至社会热点和难点放上去，让政府民间共同讨论。

在16个月之后的一次高级别的专家研讨会上，郭总编说："最近几年，新闻监督的效果不是非常好，不管新闻单位怎么监督，被监督的部门还是自己管自己。""于是，我们想到人大监督和舆论监督的结合，希望人大常委会来督办我们媒体所要反映、批评的问题。"

新闻网作为第四媒体的媒体地位已举世公认，但它在温州依旧是"小众媒体"，它的力量也不是传统媒体可以比拟的。于是，郭总编和他的同事们，在提出"权力监督和舆论监督的互动"之后，提出第二个互动：网络媒体和传统媒体的互动。

6月，温州市人大召开主任办公会。两个互动的原则性方案，在井井有条的讨论中，没有悬念地得到了人大常委会的认可。闻知市人大常委会要联手媒体树立人大的权威，《温州都市报》的一位中层管理者率先拜访具体办事的市人大常委会研究室。经不住来客的"热情攻击"，研究室胡主任和温州新闻网决意将机会让与《温州都市报》。

7月，《代表在线》在三方往来反复的磋商中诞生。在温州市中心一幢简易的写字楼里，一个不足100平方米的弹丸之地，靠着两个年轻记者的脚力拼杀，打出了中国纸媒体与人大合作的一片新天地。

他们的合作方式并不复杂：隔周一个选题，周二的《温州都市报》以整版的篇幅，对所确定的选题进行报道；见报的当天下午邀请人大代表、政府部门领导及相关话题的专家、学者在温州新闻网演播室同网民直接对话；第二天的《温州都市报》，再以整版的篇幅刊登经过整理的网上对话和网民留言。至于那些事关全局的问题和意见，媒体不仅以不同的形式呈送有关部门，还将结果反馈于公众。

8月，温州电视台也多次找到胡主任商议合作事宜。他们要合力催生一个温州的"焦点访谈"，一档有投诉、有反馈、有处理、有结论的大型评论性栏目，而不是原先那种发端于批评报道、终结于"唱赞歌"的"社会纵横"节目。记者现场采访报道，与人大代表坐镇演播室评论是非，栏目中两种方式来回切换，每周日晚8点黄金时间在温州电视台新闻综合频道首播，每周重播3次。

考虑到温州舆论监督的现实，温州市人大常委会开动了权力机器。他们为《代表在线》和《实事面对面》的记者们颁发了工作证。证件的正面，是持有者的照片、姓名，背面则是人大常委会的红印章，明确要求各县市（区）人大常委会和"一府两院"对记者工作予以支持配合。

此外，温州市人大常委会就栏目的开办专门向有关政府部门发了文件，并为这两个栏目专门成立了指导委员会，由一位人大常委会副主任"主掌大局"，秘书长中间把关。至于选题的确定、节目的录制，乃至文稿，以及电视片子的审定等"把关人"的工作，则由胡主任担纲。

9月7日，两个栏目在温州市人大常委会的新闻发布会上高调登场。新闻媒体借助人大监督一府两院的大场面，拉开了一角。

二、监督利器

无论是《代表在线》，还是《实事面对面》，两个栏目的参与者都庆幸自己赶上了好时机。2003年夏秋时节，温州市政府反行政拖拉推诿、效率低下的"效能革命"，为人大和媒体的联合监督找到了好的突破口。

"效能革命"在公安机关开展得怎样？"有困难找民警"，等到真正有困难时，民警是否能及时相助呢？9月11日，一个中秋节的晚上，4位市人大代表及"代表在线"栏目组记者兵分两路，以紧急办理户籍证明、暂住证、发现案情等为事由，分头查访了鹿城、瓯海、龙湾三区的部分派出所，至次日凌晨方归。

5天后，《温州都市报》的读者，从《代表在线》上知晓了9月11日晚11点45分，龙湾公安分局经济技术开发区派出所的表现。

人大代表李××、胡××是第二组的代表，经济技术开发区是暗访的第二站。以办理暂住证为事由的他们，遭遇了《温州都市报》所描述的下列场景：

值班台的两位民警正在记录些什么。接待代表的是一位稍胖点的民警，当李伟良告诉他，自己弄丢了暂住证，明天有急用，想赶紧补办一张时，民警说办暂住证的工作人员已经下班，明天来办理。

李问能不能特事特办，民警非常肯定地回答：今晚没法办理暂住证。旁边那名瘦高个的民警也附和了他的说法——现在不能办。

两位代表"磨磨蹭蹭"呆在派出所里不愿离开，想看看他们的值班情况。这时，那名瘦高个民警有点不耐烦了，他冲代表嚷：出去！出去！这是办公的地方。

代表只好站在派出所的院子内，瘦高个民警有点生气了，喝令代表站住，并要求出示身份证检查。

温州读者一边目睹《代表在线》向低效率的衙门作风，喷吐出舆论监督的火舌，一边领略了《实事面对面》朝"效能革命"中反面典型开火的精妙。2003年10月中旬的《实事面对面》，报道了《70天"效能日记"见证企业辛酸》。

报道说，一个身为县人大代表的私营企业主，让部属办理厂房土地证，70天的日记，详尽记载了70天劳而无功的奔波。该私营企业主气咻咻地拿着品评机关效能的日记，投诉到县效能革命投诉中心。此事点燃了该县效能革命的第一把火。然而，公开的"效能日记"换来的只是无尽的烦恼，领取土地使用权证变得举步维艰。仰仗舆论和人大的双重监督，该私营企业主终于拿回了土地证。

"效能革命"作为政府阶段工作的重点，风一样飘过之后，温州人怀疑担当政府"一杆枪"的两个栏目，还能走多远？接下来的版面和时段，没有令两个栏目的热爱者失望。

2004年5月，《实事面对面》将摄像机的镜头对准了胡主任的老家——乐清市的汽车东站。汽车东站建好半年却无法使用，表面症结在于土地拆迁等所谓历史遗留问题，根子则是政府滥用权力，不讲信用。

2005年初，胡主任让记者观摩了经过删节的播出片："他们没有反映到我这来。"主管城建的副市长接受记者采访时说。演播室一位律师代表不服："你副市长不知道，但是人大代表一下来就知道了，怎么解释啊？"

分管交通的副市长拒绝记者采访，节目同期声立即毫不留情地公之于众："记者想采访分管交通的副市长，但是遭到了拒绝。"

节目播出后，乐清市深感压力巨大，紧急开会，寻找解决方案。

其后，《瑞安非法砖窑严重毁坏土地》、《104国道柳市过境段"优良工程"成豆腐渣》等揭露性报道接连面世。公众先前的担忧消失了，栏目也赢得长久的公信力。

胡主任说，地方人大也因此多了一个督办案件的利器，如果有职能部门硬顶着人大的压力不办，人大的工作人员就会说："我们最好不要到《实事面对面》里面说。"

案例分析提示与思考：

1. 结合材料，归纳舆论监督有什么样的特点？

2. 在本案例中舆论监督与人大监督结合在一起，你对这一模式有何看法？

3. 请问，是否还有其他更好的行政监督组合形式？

相关知识链接：

1. 舆论监督，是指社会大众通过报纸、杂志、电台、电视台等各种传播媒体对国家行政机关工作进行的监督活动。它是一种十分广泛而行之有效的社会监督形式，在监督国家行政机关的活动中具有特殊的作用，主要表现在以下三个方面：一是充分反映国家行政机关各项工作中的情况和问题，揭露和批评一切违反党的路线、方针、政策的言行，以督促各级领导人员正确执行党和国家的方针、政策，及时克服缺点，纠正错误；二是监督国家行政机关及其工作人员严格遵纪守法，对各种违法乱纪的行为进行揭露和批评，支持和监督国家司法机关依法处理违法案件；三是歌颂和宣传公务员先进的新思想、新道德和新风尚，批评和谴责落后的旧观念、旧道德和旧习惯，在社会上形成群众性的、扶正祛邪的舆论力量，以促进公务员提高素质，增长才干，圆满完成本职工作。

2. 要完善行政监督体系，必须充分发挥传媒工具的独特作用，强化舆论监督功能。对国家行政机关的监督既要依靠法律、行政的力量，也必须借助全社会及全民的力量。社会应当在监督网络中为民意的顺畅表达留有位置，而新闻媒体则是民意表达的最直接、最公开的手段。虽然新闻监督本身不具有制裁力，但却具有号召、动员群众的实际能力。当前，我国的新闻舆论监督亟待加强和完善。一方面，新闻工作者的工作权利和舆论监督权利还缺乏充分的法律保护；另一方面，有些新闻报道由于个别从业人员受私利驱使不能做到客观、公正。此外，开展舆论监督还应避免干扰国家司法机关依法独立行使职权，避免误导公众。依法引导、规范、保障舆论监督，使新闻舆论监督法律化、制度化，对于发挥舆论监督作用有着重要意义。

案例 11：审计报告[①]

2004 年 8 月，只要进入 A 省人民政府网站，就会有一个窗口弹出，点击窗口，一份《2003 年省级财政预算执行和其他财政收支的审计工作报告》就能够被任意浏览和下载了——这份 A 省首次向社会公布的审计报告，立刻成为该省焦点话题。

在这份首次公开的审计报告中，指名道姓地列出了该省 15 个政府部门违规违纪使用、管理财政资金的情况。继全国公布审计报告之后，该省纳税人又一次比较清楚地了解到自己的钱是被如何使用的。

随着这次审计报告的公开，该省财政资金使用与管理的一些阴暗角落也开始第一次被阳光照射。

一、被审计的 15 个省直部门个个有问题

2004 年 7 月，在 A 省第十届人代会常务委员会第十次会议上，该省审计厅长

239——

① 侯大伟，江毅. 四川公布审计报告，15 个被审计单位个个问题缠身 [EB/OL]. (2004-08-15) http://news.sina.com.cn/c/2004-08-15/10324034678.shtml.

受省政府委托作了工作报告。该报告共涉及 15 个省直部门，竟个个存在财政资金使用或管理方面的问题：

——省发改委在预算管理中扩大范围安排补助下级基建资金，基建投资计划变动较频繁，约束力不强，减弱了计划的约束力和增大了政府投资缺口。其所属的以工代赈办公室，将财政拨入的扶贫资金管理费等 284 万元另账存放，收支均未纳入部门决算。

——国土资源厅收取各种费用 600 多万元未纳入预算管理，并与其直属单位挤占国土专项资金 152 万元用于行政经费开支。

——农业厅所属单位超预算列报支出 1 251 万元。

——省教育厅收取的"教师培训费" 532 万元，手续不完备且未纳入财政专户管理。

——省科技厅所属单位存在预算外资金，未按规定缴入财政专户管理。

——省建设厅存在虚列会议费支出，将资金挪作他用情况。

——省民政厅预算外收入 36 万元未纳入财政专户管理，挤占专项经费 191 万元，将预算资金 407 万元转移到下属单位。

——财政厅在核定部门预算时缺乏深入的审查核实，致使结余资金沉淀于部门，影响了部门预算的完整性。

——省地税局税收过渡专户的开设和管理不规范，存在税款长期未缴入金库的现象。

——省统计局一处室虚开会议费发票 47 万元，形成"小金库"。

——省民委虚列 443 万元费用并将这笔钱转入其下属机构，将专项经费 74 万元出借给民族饭店和用于自身经费开支，购入固定资产 144 万元未入固定资产账。

——省人防办不将房租收入和其他收入交由物业公司管理，或转入工会等其他账户单独管理。

——省广电局预算外收入 1 501 万元未纳入财政专户管理。

——省劳教局系统收支有 1 024 万元未纳入决算反映，同时虚列防疫款和网络款 500 万元。

——省新闻出版局购入固定资产 31 万元未入固定资产账，形成账外资产。

随即，被审计报告点名的 15 个省直部门，在报告公布后的 3 天之内，就有 13 个部门通过新闻媒体表态，将对审计所查处认真进行整改。一些今年没有审计到的部门，也在报告公开的促进下及时召开专门会议，研究加强财务管理工作。这表明社会公众、新闻媒体、上级领导部门对审计工作是关注、支持的，被审计单位对审计工作也是理解和支持的。

二、天保、扶贫等专项资金也有人敢乱用

在人们心目中，专项资金有自己的专项账户，有更严格支出程序，资金安全的责任更重大，也更易于监督。但该省这次公布的审计报告改变了不少人的看法。

据审计，某县国有林场采取编造虚假的管护人员姓名、工资等手法，虚报天保工程资金支出159.7万元，县林业局从中抽走116万元现金，用于弥补自身机关经费56万元、借给县财政局60万元周转；县总工会也以送温暖保稳定为由，从林场取走现金40万元，用于发放下岗职工生活补助及送温暖活动等。最后，导致部分管护人员工资不能如期兑现和公益林造林任务未完成，对该县天保工程的实施带来了不良影响。

某林业局弄虚作假，编造18个乡管护人员花名册，虚列工资支出，并由个体私营者提走现金125万元，资金去向不明；该县林产品公司假借支付森林抚育费名义，将天保资金转入其他账户，以及采取虚列支出，套取现金等手法，私设"小金库"201万元，用于弥补经费、发放奖金补贴等；县天保办、林产品公司和个别林场还在天保资金中发放各种奖金补贴、列支购买汽车款及弥补行政经费等316万元。

扶贫资金的使用情况也大致如此。在审计报告中，A省审计厅对36个扶贫工作重点县和122个"五大扶贫工程重点项目县"2001年至2002年的财政扶贫资金和信贷扶贫资金的管理、使用情况进行了审计，发现有4 500多万元被挤占挪用，4 400多万元拨付不及时，4 400多万元被随意改变上级下达的扶贫项目计划，其他违规违纪的也达4 000多万，有的地方甚至将扶贫资金拿来买车建房。

省审计厅厅长指出：我省对扶贫资金审计的效果是明显的，按2003年审计同口径的比较，全国贫困县每个县挤占挪用近100万元，而我省只有平均数的一半左右，这也说明了我们近年来不断地对扶贫资金进行审计是有效果的。

审计报告公布后，该省扶贫部门是最早宣布整改的。到目前为止，1.7个多亿违规违纪资金基本整改完毕，相关责任人也受到了处理和追查；用扶贫资金买车建房的，也通过卖车卖房，将扶贫款补上了。

A省这次公布审计报告引来大多数市民百姓的赞赏和社会的广泛关注，该省当地媒体更是以"A省审计风暴"为题，进行连篇累牍地报道。

审计厅办公室主任说："一个明显的变化是，审计厅的职能是什么，以前并不被社会所了解，每年投到审计厅的举报信也只有十几封，而在审计报告向社会公布以后，几乎每天都收到十几封举报信。"

三、审计不是一刮即过的"风暴"，大棒举起切莫轻轻落下

A省的市民百姓对这场审计风暴普遍大声叫好，并期望审计风暴能一刮到底。

许先生（退休干部）："审计做得好！但审计必须有结果。违反法规政纪的都应得到处理。不能审计完就完了，要向群众公开。棒子举得高，轻轻落下去。这样群众是不满意的，有了上文就必须有下文。"

廖女士（某企业干部）："对于各家部门的小金库，要调查从哪来、到哪去了。

审计风暴要刮倒一些人，不要不了了之。对于那些说自己不知情、把责任推给手下的厅局干部，要特别严审，追查责任。自己是一把手，不知情就能推托干系？"

王先生（大学教师）："审计报告公开不仅让老百姓能了解政府部门财政支出，有利打造透明政府，还可以在一定程度上遏制贪污腐败，强化政府职能。审计报告不仅要公开，审计力度还需进一步加强。"

当地一家媒体上，一篇文章称：多年来，审计法赋予审计机关的审计结果"公示权"迟迟难以付诸实施，使之不得不置身在"只闻楼梯响、不见人下来"的尴尬地位，因而许多审计中查出的问题，最多只能在向人大提交的审计报告中反映一下。假若这些问题能及时地向社会公示，审计监督的监督功效就会大大地增强，因为"阳光是最好的消毒剂"。当那些违纪问题一旦被公诸于众，那些违纪的单位与相关责任人就不得不接受群众和舆论的监督，从而使得审计监督产生出更大的威慑力，同时也有助于降低监督成本，提高审计监督的功效和水平。

对于市民百姓的质疑，该省审计厅厅长表明了态度："审计监督是国家一项基本的经济监督制度，这种监督是法制化、制度化、经常化的，绝不是一阵风式的监督。审计工作报告面向社会公开，既是对审计工作的支持，也是对审计工作的监督检查。我的确感到审计机关自身是有很大压力的。这个压力就在于今后审计工作的质量要求会越来越高，社会对审计的期望值也会越来越大，需要我们的审计人员经常保持'如履薄冰'的压力感。"

案例分析提示与思考：

1. 结合材料，简述审计监督的重要作用。

2. 请你谈谈如何才能确保审计监督落在实处，而不会成为"一阵风式的监督"。

相关知识链接：

1. 审计监督，是指由特设的审计机关及其委托的专业人员依法对国家行政机关的财政和经济活动进行审核检查，以判断其合法性、合理性、有效性的监督活动。它是一种特殊的行政监督，由审计机关以规范的审查程序、系统的查账方法、周密的审计报告、完备的审计档案等为基本手段，对国家行政机关执行国家财政、经济法律和政策的情况实施经常、规范的监督检查，揭露和纠正其中的违法违纪事件，具有别种监督所不能替代的作用。

2. 审计监督有财务财政审计、财经违纪审计和经济效益审计等三种，具体内容主要包括：审计本级政府各职能部门和下级政府预算的执行情况和决算，以及预算外资金的管理和使用情况；审计监督国家建设项目预算的执行情况和决算；审计监督政府部门管理的和社会团体受政府委托管理的社会保障基金、社会捐赠资金，以及其他有关基金、资金的财务收支情况；审计监督行政机关接受的国际组织和外国政府援助、贷款项目的财务收支情况等。

案例12：也谈对"一把手"的监督[①]

一、腐败现象发人深省

翻阅沈阳"慕马"腐败大案的名册，有心人会发现，涉案人员中有17人是党政部门"一把手"，且无一不来自"要害"部门：从法院到检察院，从建委、财政局、土地规划局到国资局、国税局，再到烟草专卖局、物价局等，不一而足。

透过厚厚的卷宗，这些"一把手"腐败的特征跃然而出：

——党政大权一把抓，财务审批一支笔。

以受贿罪、巨额财产来源不明罪被判处死缓的原沈阳市市长慕绥新自称是"党内个体户"，市委常委会他说来就来，说走就走。政府年度计划、财政收支情况、城建计划等，他不在市委常委会上作详细报告，工作部署模糊不清。重大项目以及大块土地批租，都由他个人自作主张，土地出让金说免就免。

——肆无忌惮地任用亲信，干部任免"一锤定音"。

因犯贪污罪、受贿罪被判处19年有期徒刑的原沈阳市物价局局长王秀珍，既是局长，又是党组书记，财务收支由她"一支笔"审批，干部任免、人员调入、工程招标等更是她一人说了算。一次，王秀珍决定让一名转业干部进物价局，直到办手续时，她才告诉班子其他成员。

原国企黎明集团从纺织局划出去成立大企业集团，原董事长王宏明享受正局级待遇。按规定，这样的大事应由市委集体讨论决定，但慕绥新在一次考察时只以一句"事就这么定了"决定下来。结果，集团控股的上市公司出现亿元财务假账，王宏明畏罪潜逃。

——大肆收受贿赂，利用权力帮助他人招揽工程或干预基建项目。

鞍山一名周姓干部向慕绥新行贿后，慕绥新便力主举荐他到沈阳任烟草局副局长、局长。在要求省烟草局吸收周某当党组成员遭拒绝时，慕绥新狂妄地表示：不给这个职务就不交税。仅此一项给国家造成税收损失高达上亿元。

沈阳市物价局新建办公大楼时不成立基建办，不公开招标，一切都由王秀珍和原办公室主任暗箱操作。新楼施工质量差，群众议论纷纷，王秀珍勃然大怒："谁再敢议论，就把他调出去。"

这些"一把手"的腐败行为，直接影响到一个地区和一个单位的风气。市长收受局长们的钱，局长就收处长们的，处长再收科长的，形成了"对上送，对下收，不送则办不成事"的怪圈。

二、权力监督的"软肋"

这些"一把手"所在单位都有一整套规章制度，但往往是"贴在墙上，说在嘴

———————————

① 姜敏，陈芳，李斌. 从沈阳17个"一把手"落马看党内监督［EB/OL］.（2004-01-06）http://news.sina.com.cn/c/2004-01-06/09511516446s.shtml.

上，做做样子，搞搞形式"。

沈阳市物价局将各种规章制度汇编成《加强机关党风廉政建设有关规定》和《沈阳市物价局管理制度》，人手一份。然而这些制度只能约束副局长以下的干部，唯独约束不了王秀珍。物价局的干部说："各项规章制度对王秀珍仅是一纸空文。"

领导班子的内部监督流于形式。一些副职干部习惯于"一把手"拍板，真有意见也不敢提，一怕伤了和气，二怕打击报复对自己前途不利。原本行使监督职能的一些"要害部门"如纪律检查部门、人事组织部门的领导人，大多由"一把手"提拔任用，不听话的就频繁"调动"，"要害部门"很快"清一色"地与"一把手"绝对保持一致。

广大群众的眼睛是雪亮的，而一些"一把手"以非法手段对付群众监督。沈阳市原物价局局长王秀珍为逃避监督和打击报复监督她的人，竟在局办公室和电梯间里安上窃听器和隐蔽式摄像头。"官官相护"也成为"一把手"腐败的重要温床。

有关党建专家说，沈阳市 17 个"一把手"犯罪案件再一次警示人们，在我们党内没有特殊的党员，每一个党员和党的领导干部都要主动接受党组织和人民群众的监督，绝不允许个人凌驾于组织之上。

案例分析提示与思考：

1. 结合材料，试分析造成难以对"一把手"进行有效监督的主要原因。

2. 结合本案例，请就如何改进和加强对"一把手"的监督，提出你的看法。

相关知识链接：

1. 所谓"一把手"，是指领导班子中居于首位的负责人。在一个地区、一个部门、一个单位的领导班子和全局工作中，一把手有着举足轻重的地位和作用。由于一把手职位高、权力大，为他"吹喇叭"、"抬轿子"的人多，在这种环境下，一把手极易成为各种势力腐蚀的对象。因此，加强对一把手的有效监督是十分必要的。

2. 近年来，一把手违法违纪案件在领导干部犯罪中所占比例居高不下，这表明一把手监督问题是党政领导干部工作的一个薄弱环节，反映出当前对党政"一把手"的监督仍显薄弱。主要表现在：

(1)"一把手"自律意识淡薄，不愿接受监督。有的过于自信，总以为自己不错，无可挑剔，用不着别人监督；有的认为接受监督会影响自己的权威；有的自视高人一等，自认为不受监督乃天经地义；甚至有个别的"一把手"个人私欲膨胀，讲关系不讲原则，讲私情不讲党性，工作中独断专行，听不进他人的意见，个人说了算，千方百计拒绝监督或逃避监督。

(2)上级组织对下级"一把手"重使用轻管理，疏于监督。一些地方往往只注重对"一把手"的工作实绩特别是经济指标完成情况的监督，忽视对其思想、作风，特别是廉洁自律情况的监督。对下级"一把手"存在的问题，总是遮遮掩掩，处理起来也是避重就轻。

（3）同级班子成员碍于情面，不便监督。有的班子成员认为"提了没有用，还得罪人，不如不说"；有的担心被"一把手"误解自己有"野心"、想"篡权"，不敢监督；有的怕反对意见提多了会当成"闹不团结"，影响自己的前程，不愿监督。因此，往往出现事不关己，高高挂起，明知不对，少说为佳，"你好我好大家都好"一团和气的状况。

（4）下级怕打击报复，不敢监督。有的同志认为自己职位卑微，上级"一把手"的态度可以决定自己的前途命运，担心打击报复，故宁可"多栽花少栽刺"，信奉"是非面前莫开口"的处世哲学，不敢挺直腰杆对上级领导进行监督。

（5）群众不知情或不行使监督权力，无法或没有开展监督。有的"一把手"对重大问题的处理不经过群众讨论，重大决策不与群众商量，使群众很难真正有效地行使民主监督权。六是缺乏有效的监督手段，没法监督。目前，对一些"一把手""八小时"以外的情况，缺乏有效的监督手段，导致监督管理工作缺乏预见性和针对性，收不到应有的实效。

案例 13：反腐新办法是金点子，还是馊主意？[①]

材料一：反腐新办法

近年来，一场全国规模的反腐活动正在深入展开，一些地方政府相继出台了很多反腐新办法。这些办法到底是金点子，还是馊主意呢？

反腐新办法之一：廉政账户，退赃账号。

近几个月来，沉寂了一段时间的廉政账户、退赃账号又在一些省份开通了。退赃者可以在全国任何一个县以上国有商业银行退赃，不需要公开本人的任何情况。有的地方还明确规定，对在规定期限内主动并如数退赃者，无论职级高低，无论问题大小，无论问题将来是否暴露，一律不给予任何处分，一切待遇不变，而对不退的人则施以严惩。

反腐新办法之二：妻子监督丈夫，孩子监督父母。

2004 年 4 月，某市区纪委筹划了"小眼睛盯大眼睛"的活动，向小学生颁发聘书，试图通过孩子们的"小眼睛"对其亲生父母的行为进行监督，防止家长贪污腐败行为的出现。

2004 年 7 月，某市委组织部下发文件，在全市聘请 15 个党政一把手的妻子担任监督信息员，检查和监督丈夫在 8 小时以外做些什么，并随时向组织部门反映。

① 央视论坛：反腐新办法，是金点子还是馊主意？[EB/OL].（2004－08－14）http://news.163.com/40814/0/0TO686G50001124T.html；于津涛. 中国酝酿反腐特别行动，研究惩治预防"妙计"[J]. 瞭望东方周刊，2004（23）.

反腐新办法之三：廉政短信，反腐扑克。

从 2003 年 6 月 27 日开始，某省近 3 万名副处级以上干部的手机每月都能收到三次省纪委发出的有关反腐倡廉的短信息，例如："珍惜权力，远离腐败，拒绝诱惑，呵护职务，预防职务犯罪，维护公共权利……""口渴时觉得能喝下整个大海，这叫贪念……"据了解，这样的廉政短信在很多省份和城市都有。

1993 年 4 月，某县的检察院制作了一种"反腐扑克"，将 52 种职务犯罪的罪名、特点配上漫画展现在 52 张扑克牌上，据说这样可以寓"廉"于乐。

反腐新办法之四：廉政访谈，电视述廉。

某市从 2003 年 11 月中旬起，11 个县（区）市的财政、审计、教育等市直单位的党政"一把手"，分别在电视节目的黄金时段向全市群众公开述廉。特邀监察员、市人大代表、政协委员等在电视述廉会上提问，让那些"一把手"当着公众的面回答有关自己是否廉洁的问题。

材料二："反腐败特别行动"，即"一二三工程"

"新世纪中国惩治和预防腐败对策研究"课题组成立 5 年来，对中国现阶段各种腐败发生的特点及应对之策进行了一系列突破性研究。面对改革开放以来所形成的大量腐败"呆账"，如果仍运用现行手段，将会出现涉及面大、人多而难以解决的问题，因而有必要寻找更符合当前实际、更有效的反腐措施。为此，该课题组于 2004 年 6 月提出建议，呼吁实施"反腐败特别行动"，即"一二三工程"：

首先，"设立一个全国退赃的公开账号"。退赃者可在任何一个县以上国有商业银行匿名退赃。退赃时，只需分栏目按"特种资金缴款单"上的时间、金额、来源三项填写，无需公开本人任何情况。

其次，"实行二项特别决定"。一是对在规定期限内，主动并如数退赃者，无论职级高低和问题大小，无论问题将来是否暴露，一律不给任何处分，一切待遇不变。二是对在规定期限内，拒不退赃或不如实退赃者，一旦案发，凡触犯刑律的，一律开除党籍、开除公职；一律按最高量刑标准处罚。

最后，"采取三条配套措施"。一是在存款实名制的基础上，完善国家公职人员家庭财产申报登记制；二是提高国家公职人员待遇，以俸养廉；三是建立健全举报制度，最高奖励举报者 50% 的追缴赃款。

一些专家认为"特别行动"打破了多年来严于惩前的思维定式，用"静悄悄的革命"解决"腐败包块"。虽然按照中国现行法律制度，实行"特别行动"尚缺少立法上的保障，与现行法律制度也存在着某些冲突，但在腐败已经关系到党和国家的生死存亡的前提下，反腐败有必要跳出常规来解决问题。另一些学者则提出了严厉的批评，认为这不是一个"金点子"，而是一个"馊主意"。

案例分析提示与思考：

1. 结合材料，简评上述"反腐新办法"和"反腐败特别行动"方案。

2. 结合实际，阐述你对建立健全惩治和预防腐败体系基本途径的看法。

3. 你是否同意对公务员要"高薪养廉"的观点及措施?

相关知识链接:

行政监督体系建设的基本目标，就是要建立起一个法制完备、民主健全和具有多种功能的行政监督系统，以保证行政监督活动的正常展开。

1. 法制完备。主要表现为要制定系统的法律和纪律。其内容一般应包括有关行政管理活动的规范和监督主体的权力、责任、职能;监督实施的方式、程序;惩戒的措施;申诉控告的办法;监督部门与被监督部门之间、各个监督部门之间的相互协调和相互制约的关系，等等。只有法制完备，才能使监督者有法可依，严于职守，正确判断和及时纠正国家行政机关及其工作人员的各种"越轨"行为。同时，只有法规完备，才能避免监督的盲目性和任意性，防止滥用监督权、干扰正常的行政管理活动等现象的出现。

2. 民主健全。主要表现为国家行政机关及其工作人员与广大人民群众之间、国家行政机关内部一般工作人员和领导人员之间，要建立顺畅的监督渠道，使各种监督渠道畅通无阻，相互协调，共同加强监督工作。

3. 具有多种功能。主要是指行政监督系统至少应当具备监测和反馈、督促和校正、预测和防范等三种功能:一是监测和反馈功能。这是指要保证监督主体及时、准确地获取监督对象活动的信息，并将其与一定的规则相比较，判断其中违反规则的情况，依法予以处理，或者迅速传递到有关部门和机关，及时解决或补救;二是督促和校正功能。这是指监督系统应当能及时对被监督者形成一种压力和推动力，使行政越轨行为及时得到纠正，并使行政效率有所提高。如果缺乏严明的监督制度和强有力的惩戒措施，即使监测和信息反馈做到了及时、准确，监督仍会流于形式;三是预测和防范功能。这是指对监督对象在行政管理活动中出现问题的苗头，事先就有所觉察，并能及时采取措施，做到防患于未然，并防止违法与不当行为的再次发生。只有具备了预测和防范功能，监督才是最为主动和有效的。

第十章　行政效率

　　行政效率是国家行政机关和行政人员从事行政管理活动效果的重要衡量标准，提高行政效率是行政管理者追求的重要目标，也是公共行政学着力研究和不得不了解的核心课题之一[①]。按照国际目前通行的"三大 E 模式"，政府绩效由经济、效率、效益三部分构成，涉及政府管理活动的资源、投入、产出、效果等四个方面，体现在行政管理的各个程序、各个环节和各个层次上。因此，提高行政效率必须从多方面、多渠道、多层次入手。本章围绕着行政效率的方方面面，选择了 10 个有关行政效率的典型案例，供学习者在教学中有针对性地进行分析与讨论。

　　教学目的：把握行政效率、执政绩效与执政成本的相互关系；考察行政体制改革、电子政务和"行政服务中心"的运行状况，寻求提高行政效率的途径；探索公车改革的方案和政府绩效评估的方式创新；探讨民主、法治与效率的相互关系

　　应用方式：案例讨论、情境角色分析

案例 1："效能革命"[②]

　　教学目的：考察效能建设，了解行政效率

　　应用方式：案例讨论、课堂情境角色分析

　　2006 年 5 月，走进河南××市道路运输管理局，班前点名、定期学习、制度科学、考核严密，群众自发送来的锦旗、表扬信摆满了一屋子……谁也不会想到，如今管理有序、群众满意的市道路运输管理局，以前却是一个部分机关人员办事拖拉扯皮、运管人员执法简单粗暴，领导摇头、群众不满的部门。"曾经有一位基层同志来办事，我们的办事人员竟然把人家的介绍信撕烂。"王局长至今提起来还直摇头，"当时老百姓对我们的意见真是很大！"

　　这种状况不仅在运管局存在。近年来，虽然该市经济发展很快，但在一些党政

---

①　张国庆. 公共行政学［M］. 3 版. 北京：北京大学出版社，2007：320.

②　王明浩，崔士鑫. 河南焦作："效能革命"提升执政能力［N］. 人民日报，2006-05-09（9）.

机关和干部中，许多令群众不满的体制机制和思想意识问题，仍没有从根本上解决。市里三令五申要求搞好"服务"，但党政机关"门难进、脸难看、话难听、事难办"的现象仍屡见不鲜；全市一次次削减行政审批和收费事项，但变相收费项目却在悄悄增加。个别机关干部把权力当作为小团体和个人谋利的工具；有的党员干部衙门习气和形式主义严重，"不怕群众不满意，就怕领导不注意"。

这些变化，都是××市开展的"效能革命"带来的。它是××市为提高党的执政能力、优化经济发展环境，于2004年6月起开展起来的，目的是要转变政府职能、转变干部作风，更好地为群众、基层和纳税人服务。

"为什么叫效能革命？"市委铁书记总结了从2004年6月开始的这场"效能革命"的含义："就是要革有法不依、有令不行、有禁不止的命；革乱检查、乱收费、乱摊派、乱罚款的命；革作风不实、办事拖拉、推诿扯皮、效率低下的命；革思想封闭、观念保守、人为设置条条框框、抬高门槛的命；革故意刁难、态度蛮横、吃拿卡要的命，把执政能力提上去，把一些老百姓冷了的心拉回来！"

"效能革命"首先是从开门纳谏，请群众"挑刺"开始的。根据市委市政府下发的"效能革命三十条"，全市500多家单位通过发放问卷、开座谈会、街头接待群众等方式征求意见，近千条意见成了各单位清理行政审批事项、服务性收费、证照和乱着装等问题的强大动力，各单位先下力气自己"拔刺"。"公仆行为主人评说"、"纳税人评议职能部门"、"百家暗访"、对综合测评得分排名最后两位的给予红牌警告，直至责令主要党政领导辞职等活动，一下子就打出了"效能革命"的威力和影响。

但是，数十年形成的痼疾，很难在一朝一夕彻底改变，一些单位阻力重重。怎么办？市委纪委郭书记带队进行调查研究，大量的调查研究材料表明：党政机关工作不规范，是"效能革命"受阻的重要原因。

随后，市委选定了35家单位进行试点，结合工作实际，拟定工作标准，大力实施党政机关"日常工作规范化，各项管理程序化"。结果出人意料：工作流程清晰了，工作程序规范了。财政局在制定标准化程序时取消了20多个不必要的程序，精简了许多环节。在92项工作程序中，最少的仅3个环节，最多的也只有15个环节；市质量监督局简化办事程序，由过去企业提前一个月申请特种设备检验，变为提前告知并派人上门检验；市房管局科学安排流程，过去一个房产证要办上50个工作日，现在压缩到15天。

市县两级党政机关的问题有了眉目，更多群众反映："中梗阻"，梗在基层，阻在中层。2004年一年中，全市查处的539起案件，涉及基层站所的占83%！乡镇站所处于基层，人民群众往往是通过基层站所人员的具体行为，来认识和评判党和政府的。这些"中梗阻"不解决，党的执政能力建设的根基，就必然不牢固。

于是，2005年4月，"百乡千所"效能升级活动拉开帷幕。通过大规模的群众评议，全市共处理了 1 403 人，同时为基层站所配备微机等"硬件"，提升办事能力。一时间，基层站所的面貌大变。某工商所原来向百姓承诺"决不让群众跑第二趟"，后来却改为"不让群众跑一趟"，由工商所代替群众办理可以代办的相关业务。派出所提出"把群众的鸡毛当令箭"，把群众利益无小事，落实到日常工作中……

最后，加强"执行力"建设——对全市重大工作，形成流程图，层层建立台账，逐件实行销号，科学进行考评，动态激励淘汰，使"效能革命"形成了长效机制。

"效能革命"提高了党政机关民主执政、依法执政的能力和水平，提高了工作效率。两次"万人评议"转变了干部的观念，使干部从"官本位"向"民本位"转移；基层站所从硬件、软件上，都上了一个新台阶；党政机关推行工作质量管理基本标准，使党政机关的工作有了标准，运作有了程序，监督有了依据。市出入境检验检疫局在价值鉴定工作中，增加了"听证"、"会审"两个关键控制点，结果在对一合资企业进行外商投资财产价值鉴定时，发现该企业申报的 1 180 万美元的成套设备，实际价值仅为 181 万美元，减少我方损失近 1 000 万美元。市法院把工作质量管理标准融入到民事案件、经济案件等审判中，在开庭后、判决前增加了听取双方当事人意见程序，大力推行和谐调解，有力地化解了社会矛盾。

"效能革命"的最大成果，是让群众得到了实惠。全市共退免企业、群众各种费用 2 亿元；清欠农民工工资 6 526 万元；清欠工程款 49 807 万元；查处教育乱收费，清退违规金额 168.2 万元。同时，干部手中的权力被置于了阳光下。市直单位特别是有执法执纪职能的部门，在推行了党政机关工作质量管理标准后，严格制定和落实了执法行为规范，变过去的"强制"、"扣压"、"罚款"为现在的"告知"、"警示"、"处罚"，避免了权力的滥用。

现在，在该市行政服务中心一侧，有一面内容滚动出现的巨大屏幕。屏幕上的内容，连接着千家万户——群众遇到与党政机构有关的大事小情，只要上网投诉，很快就能得到回复。

这个"效能服务连心网"，也是"效能革命"的创新成果之一。这场"效能革命"，正是在不断创新、层层推进中，取得了扎扎实实的效果。

案例分析提示与思考：

1. 结合材料，试分析该市推进"效能革命"的成功经验。

2. 结合实际，谈谈你对深化党政机关行政效能建设的看法。

相关知识链接：

效率最初是电学和机械学中的概念，是指投入的能量与产出的能量之比。后来，这个概念被引入到社会科学领域，把社会活动中的劳动效果同所消耗的劳动量进行比较，以考察该社会活动的有效程度。

行政效率，是指国家行政机关及其工作人员在从事行政管理活动中给社会和人民带来的有益成果同所消耗的人力、物力、财力、时间等因素之间的比率关系，即行政活动的产出与投入之间的比率。它可以用如下公式来表述：行政效率＝行政产出/行政投入。简言之，行政效率就是效果与消耗之比。其中，效果是指有形的社会效果和无形的社会效果；消耗是指人力、物力、财力和时间等综合消耗。由此，对行政效率的内涵可从两方面来理解：

（1）行政效率的高低有一定的数量关系，可以作定量分析和对比。行政效率的的比例关系表现在时效上，就是能否以最短的时间实现预定的目标；同时，也表现在人力、物力、财力的消耗上。行政效率量的要求就是力求以最少的人力、物力、财力和时间的消耗，取得尽可能大的效果。

（2）行政效率有质的规定性，可以作定性分析。行政效率应当把行政结果的质量即社会效益放在第一位，在保证质量的前提下，以最少的投入取得最大的成果。国家行政机关对国家事务和社会公共事务的管理活动，是否有利于国家、有利于人民，这是行政管理的根本方向。没有质的量或没有量的质，都不能客观地反映政府的行政效率。

总之，行政效率就是政府效率。政府效率也就是政府生产力，是一种推动社会发展的综合生产力。它可以优化整个社会各方面的发展环境，可以优化国家各种生产要素的结构与配置，可以集聚和优化各种资源，可以凝聚人心，决定国家发展的方向与速度。

案例 2：节约型社会建设①

材料一：中国发展高层论坛 2005——建设节约型社会国际研讨会

为什么要节约？这个问题看似多余，但有些数字估计你看了，会觉得触目惊心。在 2005 年 6 月 24～26 日举行的《中国发展高层论坛 2005——建设节约型社会国际研讨会》上，国务院发展研究中心产业经济部冯部长说："中国的资源总量虽然居世界第三位，但是人均资源占有量是世界第 53 位，仅为世界人均占有量的一半；中国的人均淡水资源占有量目前是世界平均水平的 1/4，但随着中国人口的增长，人均的淡水资源占有量将会越来越少，估计到 2030 年中国将被列入严重缺水国家。"一方面，人均资源大大低于世界平均水平；另一方面，我国资源利用效率明显偏低，正为当前的快速城市化进程付出着巨大的资源代价。

---

① 2006 申论模拟试卷 1 节约社会 [EB/OL]. (2005-11-15) http://edu.sina.com.cn/exam/2005-11-15/154011395.html.

材料二：重化工业加速发展的资源、能源问题

在中国经济高速发展过程中，特别是人均国内生产总值超过 1 000 美元之后，结构性的变化是非常显著的。这种变化既包括经济结构的变化，也包括消费结构的变化。从经济结构变化看，近几年出现重化工业加速发展的特征，重化工业占工业增加值的比重 2004 年已达 67.6%。重化工业往往是高能源消耗、高资源消耗的产业，其加速发展是造成近几年资源、能源紧张的最主要原因。从消费结构的变化看，特别是城镇居民的消费结构正在实现从传统的"吃、穿、用"到"住、行"的升级。这一变化和升级导致了资源消费的强度在增加，使用方向在变化。

材料三：我国资源利用效率低、浪费现象

当前，我国资源利用效率低、浪费现象普遍存在，已出现资源约束不断加大的情况。总体上看，与发达国家、部分发展中国家相比，我国的资源利用率是偏低的。当然，在过去的 20 年即 1980—2000 年中，中国在资源利用效率方面取得了明显的进步。特别是在能源消费方面，这一时期我国的能源累计节能率是 64%，而国际上同期水平是 19%。在国内生产总值保持年均 9.6% 的增速中，能源增长保持年均增长 4.6%，实现了经济发展一半靠能源开发、一半靠能源节约的目标。但近几年，尤其是从 2002 年开始，出现了能源消费增长快于国内生产总值增长的势头，能源对经济的制约作用开始显现。

同时，我国资源浪费现象很严重。矿产资源的总回收率约在 30%，比发达国家低 20%。有统计显示，我国仅在城市供水方面，漏损率在 20% 以上。在建筑能耗方面，我国的单位面积能耗相当于气候相近发达国家的 2~3 倍。我国每年新增约 20 亿平方米的建筑面积，大于各发达国家新增建筑面积之和，但节能型住宅仅占总量的 3.5%。在快速城市化的过程中，如果每年仍然大量建设高耗能的建筑，而它们的使用期限一般都是七八十年，不仅对当前的能源造成更大的压力，而且将贻害子孙。因此，现在就必须解决这一问题。一旦高耗能的建筑大量建成，将来再改，成本和代价更加巨大。

案例分析提示与思考：

1. 请根据上述材料，阐述建设节约型社会的必要性。

2. 请结合实际，谈谈如何抓好节约能源资源的工作。

相关知识链接：

1. 建设节约型社会，是指在社会再生产的生产、流通、消费环节中，通过健全机制、调整结构、技术进步、加强管理、宣传教育等手段，动员和激励全社会节约和高效利用各种资源，以尽可能少的资源消耗支撑全社会较高福利水平的可持续的社会发展模式。

其中，"节约"有两层涵义：一是杜绝浪费，即要求我们在经济运行中减少对

资源消耗的浪费；二是在生产消费过程中，用尽可能少的资源、能源，创造相同的、甚至更多的财富。这是因为资源节约型社会以满足人们的生活需要为前提，离开这个前提，虽然资源节约了，但却是"不发展的社会"，与科学发展观背道而驰。

2. 节约型社会与过去强调的"勤俭建国"相比，内涵更广泛、发展的层次更高。它是一种全新的社会发展模式，既要尽可能少地消耗资源，并能尽量循环利用，又要保证全社会较高的福利水平。基于此，必须着眼于制度规范和政策引导，以科学发展观为指导，坚持节约资源、结构调整、技术进步和加强管理相结合，把节约资源纳入经济转换方式的重要内容，促使生产者和消费者珍惜资源、保护环境，同时，让每个人羞于浪费、不敢浪费。

案例3：执政绩效与成本[①]

材料一：莱茵河保护委员会

莱茵河流经瑞士、德国、法国、卢森堡、荷兰等9个欧洲国家，是沿途好几个国家的饮用水源，是世界上管理得最好的一条河。

莱茵河也曾号称"欧洲下水道"、"欧洲公共厕所"。现在的成功，是因为莱茵河流域各国有效协调与合作。莱茵河由莱茵河保护委员会管理，委员会主席轮流由各成员国的部长担任。但这是一个民间组织，没有制定法律的权力，也没有惩罚机制，委员会工作人员仅12人。这样一个松散的小组织，却有条不紊地管理着莱茵河。

莱茵河保护委员会的最高决策机构，是各国部长参加的全体会议，每年召开1次，决定重大问题，各国分工实施，费用各自承担；但分委员会监管和执行讨论会议，基本上1周1次，执行效率相当高。

12人的莱茵河保护委员会，虽很难协调不同国家的利益，但很好地保护了流经9个国家的这条大河。而流经13个省（自治区、直辖市）的长江，尽管属于一个国家、尽管有数万人在管理，却出现严重污染并呈恶化趋势。两相对比，发人深省。

根据国家统计局发布的初步核算结果，2005年中国国内生产总值达到182 321亿元，极有可能超过英国，跃居世界第四位。但是我国的人均国内生产总值，仍只有世界平均水平的1/5，在世界100位之后。我国还有近1亿农村贫困人口、2 000多万需最低保补贴的城市人口，合起来有1.2亿城乡贫困人口，发展任重道远。有

---

① 赵崇强. 莱茵河从欧洲下水道成2千万人饮用水源 [EB/OL]. （2010-08-19）http://news. sina. com. cn/green/2010-08-19/093920930728. shtml；秦德君. 重视执政的成本与绩效 [EB/OL]. （2006-03-13）http://www. china. com. cn/chinese/zhuanti/xxsb/1153949. htm；胡淇. 深圳对行政机关工作人员实行效能监督，明确责任 [EB/OL]. （2006-04-09）http://news. xinhuanet. com/newscenter/2006-04/09/content_4401188. htm.

统计表明，我国的发展成本，较之世界平均水平高出 25％。其中，管理不善和结构不合理占了 8％以上。2003 年，中国公务和行政性支出占国家全部支出的 37.6％，而美国只占国家全部支出的 12.5％。

材料二："节约型社会"的建立

从根本上说，"节约型社会"的建立，依赖于"节约型执政"、"节约型行政"的引导和示范。当代世界各国执政实践表明，一种理性的执政形态，除了具有法治执政、集约执政、廉洁执政、人本执政这些内涵外，还必须具有重绩效产出的"成本执政"的品质，实现执政低成本与高绩效之间的统一。

执政绩效是执政的业绩和效能，它反映的是执政的公共产出情况。执政绩效是一定执政成本支付下的效能和收益，执政成本是为取得执政预期目标而支付的成本和耗费。毫无疑问，执政行为必须具有"法理正义"，但同时，执政行为还必须在耗费与绩效问题上体现出"伦理正义"，因为政治运行的成本从根本上说都来自社会成员的劳动。重视成本理念下的执政产出、重视实现执政目标的最大化，不仅仅是一种经济意义的考量，更是区别正义与非正义、是否真正立党为公、执政为民的分水岭。因此，执政的成本和绩效问题，实际上是一个涉及执政正义的伦理问题。

为此，2005 年 12 月 20 日，胡锦涛同志在中央政治局第二十七次集体学习时的讲话中，强调指出："要研究完善政府机构设置，实现机构职能、编制、工作程序的法定化，提高行政效率，降低行政成本。"

成本执政必然是严格实行绩效管理，从而与不计成本、不惜代价、不恤民力的执政形态相对立。而公共部门引入绩效管理，是 21 世纪席卷西方社会的"新公共管理运动"的重要组成部分。它是在全球化发展和政府财政压力增加下，公共部门主动吸纳企业绩效管理的经验和做法，以顾客为导向，及时回应社会市场需求，引入市场竞争机制，强调注意绩效评估和提高公共服务质量。

材料三：深圳市政府行政责任体系

2005 年 12 月，深圳市政府相继出台了健全行政责任体系、加强行政执行力建设的《实施意见》，以及行政机关工作人员十条禁令、行政首长问责、行政过错责任追究、行政许可责任追究、行政执法责任、政务督察等 6 个配套文件，被统称为"1+6"规定。这一政府行政执行责任体系的形成，意味着除了对行政机关工作人员的法律监督和纪律监督，深圳在全国率先对行政机关工作人员实行全面的效能监督。它是将行政责任法规化、制度化，是给全市行政机关工作人员"定规矩"。

同时，深圳已全面推行公务员职位说明书、行政责任"白皮书"等制度，使行政执行的责任主体明确化、部门责任法定化、岗位责任具体化、责任层级清晰化、责任"链接"无"缝"化；通过部门行政绩效评估、公务员分类分级考核、舆论监督调查处理、行政监督部门联席会议等，实现行政权力运用到哪里、监督就到哪里、财政资金支出到哪里、审计就到哪里、公共服务提供到哪里、绩效评估就到哪里。

在明确责任、强化监督的同时，深圳通过责任倒查制度、政府部门行政首长问责制度、重大责任检讨制度、行政过错训诫和警醒教育制度等，加大行政执行责任的追究力度。根据"1+6"的规定，34种情形将对行政"一把手"问责，108项行政行为要承担行政过错责任，53种行政许可的违规行为将被处罚。

"1+6"的实施，使得政府的责任更加健全明晰、政府的行为更加透明规范、政府的运作更加协调高效，企业和市民因此得到实惠。深圳市行政电子监察系统记录的数据显示，"1+6"实施4个月来，该市行政许可事项的按时办结率就从70％提高到100％。过去需耗时256至380天才能审批完毕的重大投资项目，现在提速至114天内完成；同时，每个项目的内容、进度、结果等信息都将实时置于监察部门的监督之下。如果哪个部门未在审批时限内完成审批，根据"1+6"文件规定，都将被追究行政责任。

案例分析提示与思考：

1. 结合材料，试分析公共部门加强绩效管理的重要意义。

2. 结合实际，谈谈你对执政绩效与执政成本相互关系的看法。

3. "他山之石，可以攻玉"，从以上案例中可以借鉴的管理方式有哪些？

相关知识链接：

1. 执政绩效是指执政党领导国家政权为实现执政目标和阶段性任务在治国理政和服务公众的过程中所取得的实际业绩及社会效益。一个先进的执政党总是希望取得优异的执政绩效，因为党的执政地位能否得到巩固和延续，不仅靠执政党的纲领和政策正确，更重要的是党的执政绩效是否显著，是否给人民群众带来实实在在的利益，是否真正提高了综合国力等。全面把握党执政绩效的内容，科学评价党的执政绩效，对于我们党提高执政能力、保持先进性、巩固执政地位都具有重要意义。

2. 从广义上说，执政党在执政过程中取得的一切成绩都是执政绩效，其指标体系主要包括以下几方面：①保持国家和平与发展经济、提升综合国力的绩效；②发展社会主义民主政治的绩效；③促进社会和谐发展的绩效。我们党执掌的国家权力，不仅具有公共管理的职能，还具有社会服务的职能；④人民群众物质文化生活水平普遍提高的绩效；⑤执政成本降低的绩效。

3. 理论界通常从两个角度来界定执政成本的含义：一种是从执政资源的角度考虑，认为执政成本通常是指执政党维持执政地位和政权运行，为推行自己的社会理想和政治主张而耗费的执政资源的总和；另一种是从经济学概念的角度考虑，认为成本是投入与产出的关系，党的执政过程也是一个从"投入"到"产出"的过程，因而必然也有相应的执政成本。执政过程的"产出"就是执政效益。为了获得执政效益，由党、全国各族人民和社会所付出的有关因素的总和就是执政成本。

案例4："三公消费"问题讨论①

材料一：政府管理改革的几个切入点

2006年3月，由中央党校主办的《学习时报》第326期刊登了国家行政学院竹立家教授的文章——《政府管理改革的几个切入点》。文章指出：据资料显示，2004年，我国至少有公车400万辆，公车消费财政资源4 085亿元，大约占全国财政收入的13%以上。与公车消费相联系，据各种资料显示，全国一年的公款吃喝在2 000亿元以上。二者相加总数高达6 000亿元以上，如果财政收入按3万亿元计算，几乎相当于财政收入的20%左右。这与社会主义社会的发展目标、人民群众的基本愿望和建立一个廉价政府的改革诉求不相符合。

同时，近几年来，借培训为名，公费出国几乎成为各级政府和公共机构的一种普遍现象，有些地区甚至把出国培训搞到乡镇一级，似乎只有出国学习、培训、考察才能学到新观点、新思路、新知识、新的政府管理经验。据2000年《中国统计年鉴》显示，1999年的国家财政支出中，仅干部公费出国一项消耗的财政费用就达3 000亿元，2000年以后，出国学习、培训、考察之风愈演愈烈，公费出国有增无减。

以上三者合计，按保守估计，一年也高达9 000亿人民币。

此外，大大小小的政策性浪费更是成为行政质量不高和延缓经济社会发展的主要障碍，如由一个人或几个人决策的"政绩工程"、"面子工程"等等。仅政府投资决策失误一项，据世界银行估计，在"七五"到"九五"期间，我国的失误率就高达30%，资金浪费大约4 000亿~5 000亿元，远远高于发达国家平均水平的5%左右。据资料显示，目前全国地方政府债务至少在1万亿元以上，各级地方政府投资的建设项目拖欠工程款达700亿元。

材料二：2004年度行政事业单位的三公经费

竹立家教授的文章一石激起千层浪，国内各大网站及部分媒体纷纷转载，引发对我国公款消费的广泛议论，观点和数据也众说纷纭。2006年4月，就公款消费问题，记者采访了财政部预算司有关负责人。

该负责人介绍，根据《2004年度行政事业单位决算》有关科目数据，可以对公车消费、出国费用等进行初步估算：一是2004年末全国共有各种公车180万辆，全年公车消费大约为1 000亿元（包括交通费、交通工具购置费、司机工资），其中，中央106亿元，地方894亿元；二是2004年全国行政事业单位公款伙食费如果按"招待费"的40%（其他部分为住宿费、外宾接待费等）、"会议费"的10%

---

① 竹立家. 政府管理改革的几个切入点 [J]. 学习时报，2006（326）；财政部：我国每年公款消费近9 000亿元的说法不实 [EB/OL]. （2006-04-19）http://www.circ.gov.cn/web/site0/tab129/i30000.htm；媒体聚焦行政成本，行政管理费用疯涨原因何在 [EB/OL]. （2006-03-13）http://npc.people.com.cn/GB/28320/58835/58851/4191169.html.

（其他部分为房租费、文件印刷费、场地租用费等）和"培训费"的10%（其他部分为场地租用费、教材费、课酬费、住宿费等）估算，大约为172亿元，其中中央19亿元，地方153亿元；三是2004年全国行政事业单位出国费用约为29亿元（其中出国用汇19亿元），其中中央11亿元，地方18亿元。

以上三类开支，合计1 201亿元（其中中央136亿元，地方1 065亿元），占当年全国财政收入的4.5%、财政支出的4.2%。

该负责人同时表示，上述数据是根据中央和地方决算报表所列数据统计的（未包括转嫁到企事业单位的相关开支），实际生活中估计会略高于这一数字，但远远没有达到竹立家教授所说9 000亿元的水平。

材料三：中国行政成本居高不下的原因

每年两会，"中国行政成本居高不下"问题都会以不同的"议程形式"被代表议案直观地"设置"出来。2006年3月，全国政协委员、国务院参事任玉岭再次发出呼声："我国行政管理经费增长之快，行政成本之高，已经达到世界少有的地步。尤其值得注意的是，近年来行政管理费用的增长还在上升。"

他指出，目前我国共有1.2亿人口生活困难。而1978年至2003年25年间，我国的行政管理费用已增长87倍，高于同期财政收入增长和国内生产总值增长。行政管理费用占财政总支出的比重在1978年仅为4.71%，到2003年上升到19.03%。将2003年行政管理费用同2000年相比，三年内增长1 923亿元，平均每年增长23%。

行政成本居高不下，解决民生问题的资金就可能受到影响，有时甚至很难得到保障。尤其是医疗、教育、社会保障等民生问题万众瞩目，然而资金投入长期严重不足。虽然中央财政在社会福利和社会保障等方面的支出，从1997年至今，已有十几倍的增长。但按《教育蓝皮书》里的数据，从1995年至2011年的16年里，文教事业经费在财政支出结构中的比重仍未达到4%的国际公认标准。与此同时，行政管理费增加了4.4%。

在这种背景下，任委员剑指行政成本不断攀高，可谓一针见血。

案例分析提示与思考：

1. 你是如何看待这场"9 000亿"与"1 200亿"之争的？

2. 结合实际，你认为如何才能有效降低行政成本，提高政府绩效？

相关知识链接：

1. 行政成本，是政府向社会提供一定的公共服务所需的行政投入或耗费的资源，是政府行使其职能必须付出的代价，是政府行使职能的必要支出。从狭义的角度看，政府机构正常运行需要消耗资源，比如建筑物、办公设施、人员工资等，这一部分行政成本本身不会带来直接的经济效益，却是必需的。从广义的角度看，政府行政成本还包括政府行政决策所付出的代价，这部分代价是不是值得，取决于决策是否正确，如果决策失误，必然会导致不必要的行政成本支出。

2. 我国的行政成本总体较高，主要体现在五个方面：①公务成本高。文山会海、公务旅行、拖沓推诿现象较严重，效率低下；②运行成本高。运用行政资源走后门、拉关系、投机钻营现象普遍；③基础成本高。机构众多、人员臃肿；④装备成本高。追求办公场所、交通工具、办公用品高档化；⑤无形成本高。效率低下影响了政府形象，造成干群关系紧张，产生行政成本积累现象。

3. 三公消费，是指政府部门人员在因公出国（境）经费、公务车购置及运行费、公务招待费产生的消费。其中的公款出国（境）旅游、超标购置公车与公车私用、公款大吃大喝是典型的腐败行为，长期以来饱受社会舆论诟病。这一现象的持续存在无论是对干部，还是对社会、对人民都会造成持续的不良影响，是当前公共行政领域亟待解决的问题之一。

案例5："行政服务中心"的喜与忧①

"门难进、脸难看、事难办"，一个项目跑下来往往需要盖上十几个章，跑了多少冤枉路，耗费了多少精力和金钱？许多与政府机关打过交道的人都深有感慨。于是，有人建议地方政府可以组建行政服务中心，将各个行政单位集中在一处办公，以此方便百姓。××市某区率先开始这种尝试。然而，在得到老百姓肯定之时，他们自己却对这种尝试越来越感到困惑……

2004年9月28日，该区综合行政服务中心开始运行。进入干净、整洁的综合行政服务中心大厅，35个进厅单位井然有序，分布其中。在市工商行政管理局分局办事窗口，第一次来大厅办理企业登记申请的王先生发现，这些窗口的服务人员态度和蔼、热情，非常注意自身的形象和言谈举止，对每项表格的填写都讲解得很详细，与以前办理业务的感觉很不一样。

其实，对服务大厅持肯定态度的不只是王先生一个人，来这儿的办事人员都对服务大厅提供的服务水准给予了高度评价，一致认为设立行政服务中心比较彻底地改变了以往进机关办事"门难进、脸难看、事难办"的情况。据悉，截至目前，该综合行政服务中心共承办事项505项，其中行政许可291项，服务事项214项。中心共接待办事人员15万7千多人次，承办事件51 694件。

群众和企业对中心前台的窗口满意度是挂在脸上、写在纸上了，但窗口后面的

---

① 王红茹. 中国经济论坛："行政服务中心"试点喜忧参半［EB/OL］.（2005-10-09）http://news.sina.com.cn/o/2005-10-09/07197118491s.shtml.

"老板"却并不轻松，中心在发展中遇到的体制问题让他们感到困惑。

目前，中心进驻单位 35 个，中心按办理事项将这 35 个进厅单位分别设置在法人登记服务大厅、基建项目服务厅、农业发展服务厅、社会发展服务厅、社保法律援助服务厅等五个相对集中的大厅分区。

中心内管理机构实行扁平化管理，即职能部门将内部职能交叉、重叠、相近的科室归并为一个大科室进驻中心，减少行政管理层次，并实行大处制，即：综合处和管理协调处。同时，行政服务中心实行行政许可两章制，即驻厅单位刻制综合行政服务中心窗口专用章，进厅事项办理只盖此章，无需再加盖本单位行政章，以解决"厅内接件厅外办"体外循环的问题。

"虽然两章制、委托代理等，避免出现"两张皮"和把中心作为一个收发室现象，但也有其局限性。对本区域的各个单位，中心的这个章起作用，对市里的比如国税、地税等一些垂直部门，这个章就不起作用。"综合服务中心的余副主任无不忧虑地说，"现在我们面临的地方法规、内部政策的冲突非常多。同样一件事情，因为各个单位的内部政策和要求不同，协调起来非常难。服务中心的成立，应该是上下联动，现在却往往是下面动，上面不动。"

部门集中到服务大厅，不用再去找一系列单位和一系列科室，办事的群众和企业确实感觉方便多了。但是各个进驻单位却另有一番感慨。据相关人士透露，该区综合服务中心在筹备过程中，就遇到很大的障碍，他们内部的说法是"诸侯格局"——各个单位各把一摊，谁也不管谁。究其原因，是行政许可的大部分服务事项相对集中到一起，在很大程度上触动了各单位自身的利益，阻力之大可想而知。

"现在我们这个中心的党委书记和主任是常务副区长兼着，如果单靠我们是推不动的。"余副主任坦言，"如果大的体制不做变动，目前中心在区领导高度重视的前提下，还有生命力；如果领导的重心转移，中心就将处于岌岌可危的境地。"

"现在的两章制使得我们有了两个老板——中心一个，原单位一个。因为原单位机构的科室还在，我们不可能整天呆在这里。但中心的管理制度又很严，也不能随意离岗，两个老板让我们感觉很累。"其实感觉别扭的不只是中心的领导，进驻中心的工作人员也遭遇两难境地。

"按照行政许可法的规定，一部分人员进大厅以后，原单位科室剩余的人员，就应该相对集中在决策调研和执法力度上。但现在两者基本都存在，一方面，进厅人员的人事关系还在原单位，还被原单位牵着；另一方面还要受中心管理制度的约束，难免会很累。现在的问题是尾巴留得越大，越不好办。"综合服务中心管理协调处孟处长认为，"政府服务中心发展目前遇到的最大难点是在体制上，如果社会环境不发生变化，只靠中心是滚不动的，而且越往深处走，越艰难。"

其实，两个"老板"的现象不是个别现象，在全国各地的政府服务中心都存在。在这种情况下，行政服务中心很难对中心的这些人员形成有效的制约，所有的事情实际上并没有改变。

案例分析提示与思考：

1. 请分析政府"行政服务中心"一站式办公模式的必要性和前提条件。

2. 请就怎样解决"行政服务中心"存在的问题，谈谈你的看法。

3. 结合材料，试分析"行政服务中心"是如何提高政府机关办事效率的？

相关知识链接：

1. "行政服务中心"，在一些地方也叫"政务服务中心"、"行政审批服务中心"，是由地方政府举办，集中办理本级政府权限范围内的行政许可事项和服务项目、集信息与咨询、管理与协调、投诉与监督于一体的综合性行政服务机构。随着政府职能的不断转变（服务型政府的建立），其服务内容也在扩展，比如将政府采购、投资服务、信访接待、政务公开等职能纳入，实行"一站式办公，一条龙服务"，以行政审批为主，以其他便民服务为补充。这是地方政府为贯彻落实《行政许可法》，加强对行政权力的监督和制约，从源头上预防和治理腐败，改善政务服务，提高办事效率，建立廉洁、规范、高效的服务型政府，深化行政审批制度改革，转变政府职能，优化投资和发展环境，确保经济社会事业持续、健康发展，构建和谐的群众关系的重要措施之一。

2. "行政服务中心"的机构设置，一般由管理层和窗口层组成，内设各类管理科室。管理层的主要职责是对进入政务中心的窗口单位工作人员进行培训、管理、考核，对审批或服务项目进行协调、督查，监督窗口工作人员的服务行为并受理投诉；组织开展全市机关效能建设、对本级政府的行政事务进行公开、政务投诉和查处等工作。窗口层由进驻政务中心的单位抽派工作人员组成，窗口层负责办理纳入政务中心的行政许可事项和服务项目。

3. "行政服务中心"的运作方式，大都实行一门受理、统一收费、限时办结。"一门受理"是指凡是政务中心职能服务范围内事项，统一由政务中心内设办事窗口一门受理，政府其他部门不再受理群众递交的许可事务；"统一收费"是指凡在政务中心办事的一切收费，均必须依据规定的收费项目、收费标准，由设在政务中心的收费处代理收取后，再分解给有关部门，纳入财政"收支两条线"管理；"限时办结"是指凡在政务中心审批或服务的事项，明确限定办结时间，力求在最短时间内办结。

案例 6：新规与新政[①]

材料一：深圳市改进会风的八条规定

2005 年 7 月 1 日，经市委、市政府研究决定，深圳出台了《进一步改进会风的八条规定》，明确提出：力戒形式主义、官僚主义，在"并"、"缩"、"简"、"变"上下功夫，改变以会议和文件指导工作、落实工作的现象。其中：

"并"，就是将时间集中、内容相近的会，尽量合并到一起开。年初市委系统和市政府系统有关部门的会议合并召开，市主要领导集中讲话，分管领导简要部署，部门负责同志简短发言。

"缩"，就是缩短时间、缩小规模，开短会小会，改进文风、长话短说，坚决反对新的"党八股"。原则取消 49 项由市级部门组织的年度表彰和相关会议。除市委全会、市委或市政府工作会议外，全市其他工作性会议和市直部门业务会议不超过半天。

"简"，就是按照简朴、简单、简明的要求，删繁就简，从简办会。领导不陪会，除全市性重大会议外，一般不安排市主要领导出席。按照"谁分管、谁出席"的原则，专业性会议由市分管领导出席，其他市领导不出席会议。提倡领导站着讲话，讲短话。

"变"，就是打破常规，改变会议形式，多开电视电话会议、视讯会议。利用已经覆盖到各区的应急指挥系统以及部门内部网络，多开电视电话会议，参会人员就地就近参会。同时，坚决执行"无会日"制度，周一、周二不召开有各区、各部门、各单位负责同志参加的会议，保障基层集中精力研究工作、解决问题。

出台这八项规定的目的是为了切实改变深圳存在的以会议和文件指导工作、落实工作的现象，保障主要领导集中精力研究工作、解决问题。那么，规定制定后的效果究竟如何？从有关部门制定的《市领导同志公务活动安排预报（7 月 11 日～7 月 17 日）》可见端倪：除了 7 月 14 日（周四）上午有一个"京、津、沪、渝、深国资工作交流会"外，没有任何大型会议。这一周，市领导的公务活动或是检查学校安全工作、或是调研重大项目、或是到社区调研，"调研"字眼在公务活动安排表上占到了 80% 以上。

据了解，深圳以往也对会风进行过多次整顿，但效果并不明显。然而此次不同以往，因为改进会风与节约行政成本联系在了一起，市政府工作报告明确写入："坚决反对形式主义、铺张浪费、盲目攀比、急功近利等不良作风，节约行政成本，改进会风和文风，重实干、办实事、求实效。"

---

① 深圳"并、缩、简、变"改进会风［EB/OL］.（2005－06－30）http://www. 12388. gov. cn/Template/article/display0. jsp? mid=20050630014033；效能政府，建设路径［EB/OL］.（2011－10－04）http://www. fsa. gov. cn/web_db/sdzg2006/MAP/agc/gcbg2006－037. htm；深圳公务员聘任制改革能否引发鲶鱼效应［EB/OL］.（2010－03－25）http://edu. sina. com. cn/official/2010－03－25/1010240865. shtml.

材料二：深圳行政管理体制改革试点方案

深圳是全国行政管理体制改革的 5 个试点城市之一。继 2004 年出台《深圳行政管理体制改革试点方案》，对政府机构设置调整，推行"大处制"，重点加强综合性的部门，弱化专门分工后，2005 年 9 月 13 日，一份统领深圳政府改革的纲领性文件——《关于推进行政管理创新加强政府自身建设的实施意见》（以下简称《实施意见》）正式公布，一场深层次的政府改革将在深圳全面铺开。

根据该《实施意见》，深圳市将从提高行政效率、完善行政决策体制、建设法治政府、建立完善的绩效考核制度，以及提高公务员素质等五个方面，加大政府改革力度。其中，核心内容还是转变政府职能、合理划分部门职责，实现政府职能编制机构科学化、法定化，提高行政效能，建立一个职责清、任务明、交叉少、可考核、执行力强的现代政府。

为确保《实施意见》落到实处，深圳市政府办公厅将专门下发文件，要求各区、各部门结合自身实际，制定相应的实施细则，明确工作目标、职责分工、工作步骤和进度安排。市政府每年底将对各区、各部门落实《实施意见》的情况进行考评。行政监察部门将健全公务员监督约束机制、行政首长问责制和行政责任追究制度、建立"行政效能综合评估指标体系"、完善行政审批电子监察系统，对全市所有行政许可和其他审批窗口的视频进行监控等。

另外，《实施意见》在明确了此次政府改革的完成时间要求，提出到 2006 年末基本实现行政许可设定的法定化、实施的标准化；2006 年内完成非行政许可类其他审批行为的管理办法制定工作；2006 年开始推行非行政许可类其他审批的法定化和标准化工作；2006 年，首先在环保、城管、交通等与市民生活息息相关的部门推行政策白皮书制度。

材料三：深圳公务员聘任制的试点工作进展

深圳从 2007 年 1 月开始了公务员聘任制的试点工作，目前已基本建立了聘任制公务员管理制度体系，并招聘了两批共 53 名聘任制公务员。从 2010 年起，深圳决定扩大聘任制公务员招聘规模，在有行政编制空缺的前提下，争取每年补充 1 000 名左右聘任制公务员。同时，改革将把公务员原来"大一统"管理模式划分成综合管理类、行政执法类、专业技术类；其中，69％的公务员将被划入行政执法类和专业技术类中，并通过职位分类和聘任制的实施，摘掉这部分公务员的"官帽"，变"铁饭碗"为"瓷饭碗"，以期激起聘任制的"鲶鱼效应"。此举能否推动公务员退出机制的完善，人们除了关注外，更多的是期盼。

目前，我国对公务员分类管理改革，尤其是行政管理和专业技术这两类公务员的录用、培训、交流、晋升等仍没有一个具体的方案。深圳这次利用自身的优势"先行先试"，进行了体制上的尝试和创新，为公务员创造了一个"宽口进"的机会，尤其是让一些从事专业技术、以往在综合考核中很难排上号的技术人员有了一个"凭技术说话、凭本事升官"的渠道,有利于激发他们的工作积极性。

此外,聘任制公务员与传统的委任制公务员不同,前者实行的是契约化管理,后者是法制化管理。虽然各自在管理上互不干扰,但随着聘任制公务员的增多,当其在组织中占据了相当比例时,对委任制公务员难免会造成一种压力。从长远看,这两类公务员的竞争,有利于保持机构的活力,提高工作效率。

案例分析提示与思考:

1. 深圳市在提高行政效率方面有什么创新之处?你如何评价?

2. 学习引进深圳市提高政府行政效率的意义何在?有什么阻力?

相关知识链接:

深圳市政府 2005 年 9 月 13 日发布的《关于推进行政管理创新加强政府自身建设的实施意见》的第一项就是"积极推进行政管理体制改革创新,提高行政执行能力和行政效率",具体内容如下:

(1)进一步转变政府职能,推进政事分开、政社分开和政企分开。推进政府公共事务的社会化和市场化改革,将可以通过市场解决的公共服务以适当形式推向市场。积极培育、发展、引导和规范行业组织与中介机构。按照《行政许可法》等相关法律法规的要求,理顺政府部门与事业单位的关系,各级政府及其职能部门所属的事业单位均不得承担或变相承担任何政府职能。

(2)优化政府机构配置,建设职能清、责任明、能力强、效率高的政府。按照决策、执行、监督相协调的原则和提高政府行政执行力的要求,理顺政府部门之间的职能分工,实现职能、机构、编制的科学化和法定化。解决职能交叉重叠、责任不清和事权分离等问题,做到部门职能和处室事项不重叠。理顺市、区政府的职责权限,实现社会管理重心下移,探索社区管理的新方式。创新公安、城管、工商、劳动等执行部门内部的人员配置结构,减少中间平行管理层次,显著提升一线执法人员比例。健全各种预警和应急机制,提高政府应对处置公共安全和突发事件的能力与抗风险能力。

(3)进一步大力改革创新行政审批制度,规范行政行为。建立经常性的审批事项审查机制,进一步减少审批事项,成熟一个取消一个。进一步规范行政许可行为,对依法设立的行政许可,要严格规范许可标准、程序和时限。至 2006 年末基本实现行政许可设定的法定化和实施的标准化。加快完成清理非行政许可类其他审批行为,2005 年内完成非行政许可类其他审批行为的管理办法制定工作。2006 年开始推行非行政许可类其他审批的法定化和标准化工作。加强对审批事项和行政许可事项的监督管理,任何行政部门不得擅自将本部门实施的行政许可事项委托其他组织实施或增加初审、预审等许可环节。在四届政府任期内,要实现对涉及多个部门办理的行政许可事项进行统一办理、联合办理和集中办理,并积极探索相对集中行政许可权的方式。

（4）强化职能部门责任制。实行主办部门责任制，精简议事协调机构。全面推行公共政策、部门责任白皮书制度。2006年，首先在环保、城管、交通等与市民生活息息相关的部门推行政策白皮书制度。每年向社会公布部门职责、工作目标及完成情况，列入人大、政协民主监督及行政监察考核内容。全面加强对各职能部门的行政督察，严格按照《深圳市人民政府行政执法协调办法（试行）》的规定解决各职能部门在执法过程中产生的争议。

（5）推进行政管理工作方式的改革创新，进一步提高政务信息化水平。不断创新方便企业和市民办事的工作方式，提高办事效率，为市民和企业提供新的服务产品，为社会提供更为便捷、经济和有效的服务。提高行政透明度，完善政府重大决策向人大政协报告、通报制度；进一步创新与企业、市民沟通机制，加强政府部门与企业、市民的交流和沟通。对企业、市民提出的有关政府政策、管理和行政执法的意见应当及时研究处理，并给予反馈。

案例7：电子政务①

一个低保户需要带5～19种证明，15天才能走完申办程序；一个房地产建设项目有38个审批环节，需要提交422份材料，盖122枚图章；注册一个企业需要几十个部门的审批——这是几年以前上海办"政事"的真实情景。

最近两年来，上海以信息化为支撑，合理配置和整合行政、社会资源，实行网络内各类信息资源共享、工作协同的电子政务后，这一切都成为过去。

2005年，全国地方电子政务建设现场会议在上海召开。上海作为地方代表，交流了在积极推动信息共享和业务协同，以电子政务促进上海和谐社会建设方面的成功经验。

上海市信息委乔副主任介绍道："政府部门信息资源存在着'纵向应用充分，横向协同不足'的问题。比如说注册一个企业，到工商局办理完执照，对于工商局而言，它完成了自己的职能。但是对于业主来说，还必须向其他部门申办，其实登记的是差不多的信息。这就造成市民多头跑、重复报，造成基层重复采集、重复输入，管理部门信息不对称，难以支撑属地化管理。"

从2003年开始，上海提出"资源共享、工作协同"为核心的网络化管理理念。一是推进信息共享，着眼于解决政府信息分散、不一致、重复采集、重复输入等问题，建立集中与分布相结合的信息资源库体系，支撑社区属地化管理和服务，形成存量信息的"一次采集、多次使用"和增量信息"一口采集、多方使用"的机制。

---

① 李秀中. 网格化电子政务提升上海行政效率［EB/OL］.（2005-08-19）http://finance. stockstar. com/QJ2005081910051457. shtml.

二是促进业务协同，着眼于解决市民多头跑、部门间信息不对称，造成管理漏洞的问题，选择市民关注的跨部门事项，通过流程优化和系统整合，提高行政效率和质量，形成"前台一口受理、后台协同处理"的行政处理模式。

根据上述要求，上海市在自然人、法人和城市建设三个领域分别在黄浦、松江和徐汇三个区试点。经过两年的建设，三个区的试点都取得很好的成效。

在黄浦区，以低保业务为例，救助对象只带3~9种证明，在3天内就可以走完申办程序。这样，既堵塞了管理漏洞，也体现了社会公正。在松江区，已经建成了全区统一的区级企业基础信息数据库，包含全区约13万户企业的135项信息。涵盖企业的基础信息、行政许可信息和后续监管信息，分别由工商、公安、质检、经委、商委等23个部门提供并负责维护，实现了各部门企业信息资源的共享。企业设立时间从原来的30天甚至几个月，减少到了10天以内。

试点区在三个领域的探索和实践，改善了政府管理信息多元、分散、不一致以及重复建设等问题，切实方便市民，减轻了基层工作负担，降低了行政运行成本。

目前，上海正在研究编制信息化"十一五"专项规划，将继续把电子政务作为重要内容之一，并根据实际发展需求，把工作重心逐渐从建设网络、数据库、单一业务系统，转到推动系统集成、信息共享和跨部门业务协同上来，构建可亲、可信、可靠的电子政务体系。

案例分析提示与思考：

结合案例和实际，论述电子政务为什么能提高政府行政效率？

相关知识链接：

1. 所谓电子政务，是指政府机构运用计算机、网络和通信等现代信息技术手段，实现政府组织结构和工作流程的优化重组，超越时间、空间和部门分隔的限制，建成一个精简、高效、廉洁、公平的政府运作模式，以便全方位地向社会提供优质、规范、透明、符合国际水准的管理与服务。相对于传统行政方式，电子政务的最大特点就在于其行政方式的电子化，即行政方式的无纸化、信息传递的网络化、行政法律关系的虚拟化等。

2. 政府作为国家管理部门，其本身上网开展电子政务，有助于政府管理的现代化，实现政府办公电子化、自动化、网络化。通过互联网这种快捷、廉价的通信手段，政府可以让公众迅速了解政府机构的组成、职能和办事章程，以及各项政策法规，增加办事执法的透明度，并自觉接受公众的监督。

在政府内部，各级领导可以在网上及时了解、指导和监督各部门的工作，并向各部门做出各项指示。这将带来办公模式与行政观念上的一次革命。在政府内部，各部门之间可以通过网络实现信息资源的共建共享联系，既提高办事效率、质量和标准，又节省政府开支、起到反腐倡廉作用。

3. 电子政务的主要内容。①政府从网上获取信息，推进网络信息化；②加强政府的信息服务，在网上设有政府自己的网站和主页，向公众提供可能的信息服务，实现政务公开；③建立网上服务体系，使政务在网上与公众互动处理，即"电子政务"；④将电子商业用于政府，即"政府采购电子化"。

与传统政府的公共服务相比，电子政务除了具有公共物品的属性，如广泛性、公开性、非排他性等本质属性外，还具有直接性、便捷性、低成本性，以及更好的平等性等特征。

案例 8：公车改革给我们带来了什么？①

材料一："公车私用"是公共行政治理的一大顽疾

位列三公消费之一的"公车私用"，一直是公共行政治理的一大顽疾。如果从 1994 年中共中央办公厅、国务院办公厅联合颁发《关于党政机关汽车配备和使用管理的规定》算起，我国的公车改革已近 16 个年头。然而现实是，这项改革仍没有一个像样的头绪。据有关统计数字，早在"八五"期间，全国公车耗资 720 亿元，年递增 27%，约为国内生产总值增长速度的 3.5 倍。到了 20 世纪 90 年代后期，全国约有 350 万辆公车，包括司勤人员在内耗用约为 3 000 亿元。在社会强烈呼吁下，公车改革在 2003 年前后正式启动，各地纷纷采取了"卖公车、发补贴"的办法。然而，汽车在政府采购物品中始终占据前三位，2005 年全国政府采购公车花了 600 多亿元，2006 年则一举突破 700 亿元，占财政部预计实现的 3 000 亿元全国政府采购规模的近 1/4。

近十年来，中国财政收入平均每年增长约 20%，约是国内生产总值增速的两倍。这大大增强了公车的消费能力。据国家财政部、国家发改委和国家统计局调研数据显示，党政机关及行政事业单位公务用车总量为 200 多万辆，每年公务用车消费支出 1 500 亿~2 000 亿元（不包括医院、学校、国企、军队以及超编配车），每年公务用车购置费支出增长率为 20% 以上。

同时，据统计，社会上私家轿车每万千米运输成本是 0.82 万元，而党政机关单位公务轿车则高达 3 万元以上。

材料二：杭州市大规模的公车改革行动

从 2009 年起，杭州市开始了大规模的公车改革，涉及 100 多个单位，分三批进行车改。经过两年多时间，市政府的公车数量从 1 200 辆缩减到 400 辆左右，总量减少了三分之二。截至目前，除了市级四套班子领导、公、检、法及 3 个驻外办事处以外，其他党政机关、参公单位、民主党派、群众团体初步完成了车改。

---

① 我国每年公车支出近 2 000 亿，改革 16 年仍无头绪 [EB/OL]. (2010-12-06) http://finance.qq.com/a/20101206/003971.htm；方益波，商意盈. 杭州公车改革两年节约 3442 万，车贴发放仍遭质疑 [EB/OL]. (2011-11-06) http://politics.people.com.cn/GB/14562/16149036.html.

杭州车改的基本理念是"单轨制、货币化、市场化"，所谓单轨制就是公车上缴统一处理；货币化是指向公务员发放"车贴"；市场化是指成立公车服务中心，将留用车辆进行市场化管理。为此，本市下发了《关于杭州市市级机关公务用车制度改革的实施意见》等7份车改文件。据统计，参加第一、第二批车改的机关单位，共计上缴了400辆公车，其中200辆公车由服务中心留用，132辆补充执法单位工作用车不足，57辆被拍卖，剩余11辆作报废处理。发放"车贴"，则是将普通公务员至局级公务员分为300元到2 600元9个档次，交通补贴每月直接打入公务员市民卡，可以用于乘坐公交车、打的、加油等各项交通事务支出，但不能取现。

　　同时，为了保障政府部门正常公务用车的需要，杭州市设立了公车服务中心，公务员借用公车与打的一样，有偿计价使用，计价方式完全市场化。据了解，目前，公车服务中心有专职驾驶员61人，截至2011年5月底，为车改单位提供出车服务1.5万台次，安全里程200余万千米。

　　另外，杭州市还配套出台了《市级机关公务用车制度改革纪律规定》，严禁公职人员向社会"借车"或转嫁费用等行为，凡违反公务用车制度改革有关规定的，一旦发现将给予相应的组织处理或纪律处分，扣发车贴；涉嫌违法犯罪的，移送司法机关处理。

　　但是，"杭州车改"在受到舆论肯定的同时，也遭遇了一些质疑，最多的意见集中于"车贴"。一些市民指出，公车消费本来就有浪费，现在用发放定额车贴的方式，实际上是将一些浪费行为合法化，公权变成了特权，特权又被"赎买"成了私产。还有市民认为，车改呼吁这么多年，还是迟迟改不到位，"凭啥干部就可以用公车，取消公车就得发车贴？为啥不能像百姓一样完全自理？如今欧美国家并没有'公车''车贴'一说，咱们为啥做不到？"而且按照每月22个工作日，每天打车四次计算，月打车支出也不会超过1 000元，"一个正局级公务员的车贴比普通百姓工资还高，怎么说得过去呢？"

　　长期研究政府管理实践的求是《小康》杂志社舒社长认为，公车的存在，立意是为了工作需要，不能像封建时代那样，成为显示官威、讲究享受的"官轿"，这是和现代文明格格不入的。但他也指出："比较各地的车改尝试，杭州车改是最具可操作性的，或者说是比较现实的；因为车改一步到位，目前还做不到，任凭浪费现象继续下去，只能造成更大的损失。不管怎么说，先改起来是必要的。"

　　在一些地方，公车配备制度形同虚设，不要说规定不能配备专车的厅级处级干部，就连科级干部也配备了高档专车；为了规避相关制度，有的是以"接待用车"名义报批高档专车。还有的地方不仅发放"车贴"，还将单位公车低价拍卖，以改革名义对公有资产进行瓜分。

　　专家表示，公车改革之难实为公权"革命"之难，"杭州车改"为其他省市车改提供了一个借鉴。浙江大学教育学院张博士说："要承认杭州车改并不完美，是一个折中方案，也是无奈之举，但它至少是'节能减排'和节约开支的。"

案例分析提示与思考：

1. 结合材料，试分析杭州的"公车改革"能否提高政府的行政效率。

2. 你认为"公车改革"难在哪里？推动这项改革最大的阻力和障碍是什么？

3. 结合实际，你认为我国应该如何进一步推进"公车改革"？

相关知识链接：

1. 目前，我国各地公车改革试点大致有三类模式：一为公车货币化；二为公车集中管理；三为两者模式的结合。其中：公车货币化模式以广东珠三角、辽阳弓长岭区为代表，曾长期被认为是公车改革的方向，其措施是公车全部收回，公务人员按照行政级别给予补贴；公车集中管理则以昆明为代表，其措施是党政机关的所有公车全部停用，或上缴各区组建的机关公务交通服务车队，或拍卖收回部分财政经费；第三类模式则以杭州为代表，取消单位的公务车，所有公务用车集中至杭州市机关公务用车服务中心，单位公务用车可向中心提前预约租用，同时按级别给公务员发放车贴。不同的是，杭州车改没有采取"货币化"现金补贴的模式，而是将车贴全部打入"市民卡" IC 卡中。

2. 国外模式。纵观一些国家在配备公车的导向上，都坚持了"一要方便工作，有利于提高工作效率；二要尽量为纳税人节省开支"的原则，并以此作出各项具体规定。

（1）德国。德国政府从联邦到各州乃至大城市区和各州县政府，都为一定级别官员配备公务用车。配备公务用车的标准是：联邦总统和联邦议院议长为奔驰 450型；联邦总理和副总理为奔驰 350型；各部部长为奔驰 280型；各部国务秘书相当于副部长为奔驰 230型；司局长级的官员，保证公务用车，但不配备专车。

（2）芬兰。芬兰公车包括三大类。首先是专车：在芬兰共和国政府各部（总统除外）中，只有总理、外交部长、内务部长、国防部长 4 人享受配备固定车辆、固定司机的专车待遇。其次是公车：芬兰政府办公厅负责安排 18 位内阁成员公务用车。政府各部办公厅主任通常掌握 3 辆公车（包括小车和面包车）。第三种是工作关系车。这是由公家（政府机构或公司）买车，公家出汽油费和负责保险维修，但由个人自己驾驶的车，既可执行公务也可私用。使用工作关系车的人首先是工作需要，其次是要有一定级别。在拥有 30 多个机构的赫尔辛基市政府共有"工作关系车"约 30 部。

（3）印度。印度政府规定，只有内阁部长和副部长、文官中的秘书（相当于中国的常务副部长）、辅秘（相当于中国的部长助理）和少数联秘（相当于中国的正局长）等以上级别的官员可以配备政府专车。除了少数联秘因工作需要配备专车外，其他联秘要办理公务，可临时要车，有的是两个联秘共用一辆车。联秘以下的各级官员原则上一律不配车，如果确因公务用车，经批准和办理一定的登记手续可以向有关行政部门临时要车，办完事立即送还车辆。

（4）南非。南非由交通部牵头修订和颁布了政府官员配车规定。根据这一规定，国家公务员可根据自己的级别和工作需要，申请配备不同档次的轿车，并由个人承担一定的费用。具体做法：副处长级以下公务员只能配排气量1.6升以下的国产车；正处长至副局长级别的官员可配备排气量2升以下的国产车或进口奔驰牌、宝马牌等名牌轿车。至于正局长以上的官员，不论什么级别，在购车时需自己支付1/3左右的购车款。车子越好，自己交的钱就越多。

案例9：仇和何以成了"最富争议的市委书记"？[①]

2004年2月5日，《南方周末》详细报道了"最富争议的市委书记"——中共宿迁市委书记仇和的施政经历。他在担任沭阳县县委书记与宿迁市市委书记的8年期间，以非常手段推进了一场又一场的"激进"改革，并取得了卓著成效。然而对他本人，有人说他是酷吏，有人称他如青天；有人怒斥他"简直是胡闹"，有人鼓励他"大胆地试"。由此，他本人和他主导推动的改革便一度成为各方舆论关注和争议的焦点，"最富有争议的市委书记"——这个评价对他而言可谓"当之无愧"。那么，仇和是因何而成了最富争议的市委书记的呢？

一、仇和改革之言

"允许和扶持宿迁市在不违背国家政策法规的前提下，采取更灵活的政策和做法，探索加快发展的新路子"。——徐州机场到宿迁市高速公路旁的宣传牌。

"我也不强求你们统一思想，但我看准了的事，就要干。"——仇和在关于"小城镇建设"问题的一次常委会上。

"民风不正，弊在官风。"——为此，仇和定出了"四风"行动计划：端正官风、引导民风、净化乡风、树立县风。

"我觉得中国现在要加快发展，用30年走完西方300年的路，政治优势是很重要的，权力相对集中，可以采取压缩饼干式的发展，不要截然把人治和法治当成是非的两极，承认宿迁的现状的话，能不能用人治来推动法治，用不民主的方式来推进民主呢？"——接受《南方周末》的采访。

"宿迁515万人民所居住的8 555平方千米的土地上，只要可以变现的资源或资产，都可以进入市场交易。"——关于国企改革。

"要把个体、私营、民营企业壮大为市场主体；把国有、集体企业改造为市场主体。"——1997年《元旦献辞》。

---

① 仇和何以成了"最富争议的市委书记"［EB/OL］.（2012—06—18）http://www.fsa.gov.cn/web_db/sdzg2006/MAP/DJY/jcjy2006-180.htm.

"改革必然要触动一部分人的利益，做 10 件事，有一件错了，9 件事上头不一定全了解，而错事肯定知道，因为有人会去上访，会去传播。"因此，要"在外界争议中扬名，在内部不争议中发展"。——1998 年 8 月 22 日《焦点访谈》曝光沭阳后。

"凡是政策没禁止的，先上车，后补票"—— 2002 年初的"软环境整治会"上。

"我体会现在改革的阻力，不是体制，也不是机制，而是来自领导者的障碍，这个障碍包括能力、思维、处事方式、方向感等各方面。改革其实是革命，革既得利益者的命，是利益再调整、权力再分配。而往往权力拥有者首先是既得利益者，所以总会舍不得，会不自觉地去维护，就成为了阻力。"—— 2004 年接受媒体采访谈改革阻力。

二、仇和改革之行

环境治理：1996 年 12 月，仇和接任沭阳县委书记后做的第一件事是全县 5 000 多名机关干部被勒令充当"清洁工"。

整饬会风：在沭阳和宿迁开大会，每个与会的干部编号，设迟到席。每次会后，通报迟到缺席者，并勒令次日到纪委交检讨，罚款 50～100 元。

"政绩工程"修路：每个财政供养人员扣除工资总额 10％，每个农民出 8 个义务工，组成修路队；高峰时，扣款达到 20％。

"招商引资"：1998 年，宿迁市下属的沭阳县，给教师下达"招商引资"任务，结果引起集体罢课，此事被央视《焦点访谈》披露。

"小城镇建设"：这项工程要求各乡镇沿街的房屋改建为贴白磁砖的二层楼房，一楼作商用，二楼作住宅。同时要求，3 年内将城镇化的水平提高到 20％，用优惠政策吸引 20 万先富农民进小城镇。

强行拆迁：划定为拆迁的范围，居民限时必须搬完。为此，沭阳县动用了铲车、吊车、公检法和居委会的干部，采取了强制举措。

国企改革"一卖到底"：从一开始的出售国有单位的门面房，到所有国企改制"能卖不股、能股不租，以卖为主"，再到拍卖乡镇卫生院、医院，再到出售学校，可谓"一卖到底"。

催生官商：2002 年，宿迁推行 1／3 干部离岗招商、1／3 干部轮岗创业，政府催生了上千"官商"，引起媒体集中轰炸。

强推教改医改：2003 年，宿迁市强行推进教改医改，变卖幼儿园和医院，引起激烈争议。从 7 月 12 日至 10 月 2 日，短短一个半月时间，《焦点访谈》三次聚焦宿迁。

三、仇和改革之果

整顿社会治安：1997年，沭阳查出5年来非正常保外就医、非法取保候审人员达1 884人。其后，沭阳一夜之间调动41个派出所长异地轮岗，对嫌犯展开追捕。仅1997年一年，全县就破获各类刑事案件4 656起。

反腐风暴：1997年，查处前任县委书记黄登仁卖官案。当年，该县共查处党员干部243人，其中副科级以上35人，副处级以上7人。

修路：沭阳用3年时间创造的奇迹——黑色路424千米、水泥路156千米、砂石路1 680千米，分别是1996年底的9倍、11倍和8.5倍，一跃成为苏北交通最好的县。

信访问题亲历亲为：仇和在沭阳县的4年间，一共亲自处理群众来信1.2万件，交办9 300件。

四、仇和改革之评

沭阳县赶步村一位村民：黄登仁也"收钱"，收了就没有了，仇和也"收钱"，但他用这些钱给我们办了事。

出租车司机王师傅眼里的仇和：治安好了，经济发展了，他是个好人，办了不少实事。

一位基层官员的评价：环境确实改善了，但我们的利益也受损了，这叫享受并痛苦着。我也知道全国不少地方扣工资，但哪个地方像我们这里，扣得简直像苛捐杂税？

下属的评价：仇和从来不研究官员，他研究的是群众心理。

当地一位干部：仇和做事喜欢走极端，不重过程，重结果。

江苏一位学者的评价：各地搞改革，也在出售国企，但像仇和这样，敢把医院和学校都卖掉的书记，只怕不多见。

江苏省一位省领导的感慨：按常规方式，50年也办不了。（但在沭阳办成了）

案例分析提示与思考：

在本案例中，对仇和这样一个"压缩饼干"式的激烈改革及其发动者，其施政效率是有目共睹的，但也有评论者认为"仇和现象"折射出的是民主、法治与效率的对立困局。请就这一点谈谈你的看法？

相关知识链接：

1. 民主与效率作为政治决策和管理中的两种价值体系，既有相互区别甚至矛盾的一面，又在深层次上存在着互相促进和保障的一面。在直接的目标和形式上，民主程序对于政治效率确实存在着一定的牵制关系。但在深层次的互动关系上，民主对于效率又有保障和促进的一面。从这个意义上来说，民主不仅不和效率相矛盾，而且还是保证和提高长远的政治效率和经济效率的前提条件。

众多的事实证明，把民主和效率简单的对立起来的观点和实践是错误的。特别是以牺牲民主为代价来追求效率，很可能造成民主和效率都丧失。邓小平同志曾经提出了把民主和效率辩证地统一起来的重要思想，从而揭示了社会主义现代化建设中民主与效率关系的客观规律。既要发展民主，又要追求效率，二者不可偏废。通过发展民主，实现集思广益，集中全党和人民群众的聪明才智，避免个人决策和"拍脑瓜"决策造成的不可挽回的重大失误。同时，高举效率的大旗，在法治和民主的轨道上提高政治管理和经济建设的效能，为民主的发展创造良好的政治和经济条件。

2. 法治和人治是治理国家的两种不同主张和方法。它是政治学和法学中的一个重要问题，在中国和西方国家历史上曾出现过几次关于法治和人治的争论。法治论者和人治论者赋予法治和人治多种含义。在中国古代儒法两家的争论中，人治指的是主要依靠道德高尚的圣贤通过道德感化来治理国家，法治则是指统治者应主要依靠强制性的法律来治理国家。在古希腊的柏拉图和亚里士多德之争中，人治不仅指依靠道德高尚的人以道德感化来治理国家，而且指对人们的行为应根据不同情况进行具体指引，还指君主或少数寡头的统治。法治则不仅指依靠由不受人的感情支配的法律来治理国家，而且还指用一般性的规则指引人们的行为。在17、18世纪资产阶级反封建斗争中，法治主要指民主、共和制，人治则代表君主专制、等级特权等。

法治与人治相比较，主要区别一般可概括为四个方面：①人治论提倡圣君贤人的道德教化，法治论强调依法治理；②人治论主张因人而异，对人的行为作具体指引，法治论强调对事不对人，提倡一般性规则；③人治论推崇个人权威，维护专制体制；法治论弘扬民主，保障共和体制；④当个人与法律不一致时，法治强调"法律至上"，而人治则是个人权威至上。

案例10：公共部门通用框架与国际标准化组织①

材料一：厦门中国—欧盟公共部门绩效评估国际研讨会

2005年11月，在福建厦门召开的中国—欧盟公共部门绩效评估国际研讨会上，一套名为"公共部门通用框架"（简称CAF）的绩效评估系统引起了与会者的广泛兴趣。这个绩效评估系统根据政府公共部门的特点，提出了适用于各个公共部门的通用绩效评估的模型，把对政府绩效评估的内容分成两大类九个要素，每个要素又细分为若干的标准。这样一来，公共部门在进行绩效评估时，就有了一个相对固定的标准和尺度。

① 姜洁. 党政部门绩效评估重在"细化" [N]. 人民日报, 2005-11-01 (9)；杨健. 党政机关尝试ISO考评 [EB/OL]. (2005-12-01) http://www.people.com.cn/GB/news/37454/37460/3905689.html.

近年来，如何考核评估党政部门政绩，日益引起人们的重视。各地根据自身实际，制订出了不少的考核指标，诸如国内生产总值增长速度、财政收入、社会治安水平、失业率乃至计划生育完成情况等等，指标有越来越细化的趋势。

然而，到目前为止，有关党政部门绩效评估，仍陷入各自为政、标准不一的状态。哪些指标该列入考核、占多大比重、如何检验、结果如何使用等，都没有统一的标准。尤其是许多考核指标，仍然处于粗放状态。如对领导班子的评价，往往用"班子团结"、"作风民主"等抽象的定性语言，没有用具体、可操作性的标准来衡量。

而 CAF 系统的绩效评估标准就很有可借鉴之处。比如对"领导力"的评价，仅对"如何指导组织的发展方向，提出并传达组织的愿景"一点，就列出了 7 个具体可操作性的要素：是否确立了组织的发展方向与目标任务；是否为组织建立了价值体系和相应的行为准则；是否把发展目标转化为中期和近期的目标和措施；是否让利益相关者（如上级机关、服务对象等）参与本组织相关目标的制订过程；是否定期审查远、中、近期目标完成情况；是否根据外部变化调整目标与价值观；是否向组织的所有员工及其他利益相关者传达了新的目标与价值观等。这些标准，几乎个个可以随时检验、打分。

材料二：全国第一家通过国际质量体系认证的信访单位——青岛市信访办

2005 年 11 月 28 日，青岛市信访办通过 ISO9001：2000 质量认证，成为全国第一家通过国际质量体系认证的信访单位。此前的 4 月份，浙江安吉县递铺镇政府成为第一家通过该体系认证的乡镇机关；10 月份，江西铜业集团党建工作再次接受国际标准化组织（简称 ISO）认证机构评审，这是 2002 年江铜党建获得认证后三年一次的例行评审。

党政机关纷纷探新路，ISO 能否成为党政机关工作的"质量保证书"？

最近，安吉县递铺镇的一项调查显示，实施 ISO 以来，公文的处理时间从原来的 7~15 天缩减至 3~5 天，2/3 的文件当天办结，工作重大差错率为零、有效投诉为零。递铺镇党委书记陆为民说，"职责明确、效率提高"，是 ISO 带来的最明显变化。

小王是镇里已经工作两年的普通科员，以前每天一张报纸，一杯清茶，不求有功，但求无过。推行 ISO 标准后，他的工作有了明显变化，以前"口头交接"的习惯不允许了，代之而起的是要求自觉履行每一道签字手续，使得每项工作过程有据可查，职责清晰，可追溯性强，扯皮推诿行不通了。"现在我知道我的职责范围，也知道每件事情的完成期限，这迫使我不得不动脑筋，去保质保量按期完成，干不好要扣奖金呐。"小王说。

2005 年春耕备耕前夕，递铺镇一位种粮户，向镇信访办反映村里一片靠山边的水田水流不通，影响春播。信访办把材料整理后转交农机站，当时站长出远差不在家。信访办负责人说，要是在以前，这事肯定得等站长回来再议，但站长十天八天回不来，农民的春耕不就耽误了吗？在 ISO 规范要求下，农机站当天下午就实地踏勘，和村干部一起商量对策。问题很快就解决了。

递铺镇政府推行 ISO 的目的，不仅仅局限于缩短文件处理时间，更重要的是真正树立为百姓服务的理念。打造服务型政府的观念已经提了很久，但很难有一种机制来保证执行。"目前看来，ISO 是一种行之有效的机制。"负责 ISO 规范落实的递铺镇党委王副书记说，以前镇里公务员多少存在"管理镇民、指挥镇民"的想法，现在推行 ISO 时时处处讲究"让顾客满意"，政府的顾客就是镇民，因此"服务镇民"的观念正在执行 ISO 中潜移默化地体现。

江铜集团"党建 ISO"则更为量化，传统的党建工作由虚变实。集团组织部黄部长介绍说，党建工作首先被分解成建设好班子、培育好队伍、创造好机制、塑造好文化四个质量目标，四个质量目标又被细化为 16 个子项，16 个子项再细化为 41 个目标指向，最后再被分解为 100 个点。江铜集团党建以完成子目标的点数考评公司及其二级单位的党建工作实施情况，年终考评为"优秀实现"的进行通报表扬及奖励，不合格的在分配奖金时按对应点数扣除。组织科肖科长说，"哪一项工作没做到，不仅看得一清二楚，还和责任人的切身利益密切相关。以前看似热闹实为职责不清的做法现在过不了关。"在江铜，每个党支部都有一份《党支部作业表单》，上党课、党员大会、民主生活会等都有详细的记录要求，需要记录上报的内容达 40 项，检查考评都有依据。

江铜集团的观点是，我们党服务的对象是人民。如何为人民服务？党员先锋模范作用如何发挥？空喊口号没用，要量化、要测评，党员应该做什么、为什么做、谁来做、何时做、怎么做、做到什么程度都要有指标。记者看到，在江铜，对科技创新的考核，党员的指标要比普通工人高。江铜宣传部黄副部长说，"这个零点一或零点二高出来的指标，就是确认和衡量党员的先进性指标，否则口说无凭。"

但也有人质疑，即使是国家的权威认证机构，也不能评审各级政府领导班子，因为领导班子的审核最终还要到组织部门。如果这种"请人监督"到最后还是变成"自我监督"的话，ISO 岂不是毫无意义了吗？对此，江铜集团为确保客观性，请中国质量认证中心江西分中心审核认证过程中，还全程聘请江西省委组织部、江西省国资委以及党建专家参与审核。安吉递铺镇则请人大代表、普通镇民组成监督组进行监督，并以班子成员"每月绩效公示制"的做法作为补充。

案例分析提示与思考：

1. 结合材料一，谈谈你对公共部门引入 CAF 绩效评估系统的看法。

2. 结合材料二，谈谈你对党政机关运用 ISO 质量管理认证体系的看法。

3. 你认为 CAF 绩效评估系统和 ISO 质量管理认证体系的弱点是什么？

相关知识链接：

1. 1998—1999 年，欧洲质量管理基金会（EFQM）、德国施派耶尔学院（Speyer Academy）和欧洲行政学院（EIPA），在欧盟公共管理局的领导下，合作完成了通用评估框架（Common Assessment Framework，以下简称 CAF）的最初设计该框架，旨在建立一个适用所有公共部门的通用的管理质量评估框架，为公共部门提供一个简便易行的自我评估工具。

CAF 的特点在于：一是容易掌握，操作简便，为使用者提供了更加友好的用户界面（user— friendlines）；一是非常适合于公共部门的自我评估，通过实施该框架对组织的管理进行"健康诊断"（health check），能很快发现组织的优势和需要改进的地方；三是通用性较强，便于使用者之间共享最佳实践（best practices）和标杆比较（benchmarking）。

2. CAF 的基本框架来自于欧洲质量管理基金会的"卓越模型"，其内容模块之间有着很强的内在逻辑性。根据 CAF 的内在逻辑结构，绩效、顾客、雇员和社会等"卓越结果"标准是通过领导力、战略和规划、人力资源管理、合作伙伴和资源管理，以及流程和变革管理等"组织管理过程"标准来取得的。因此，在 CAF 中有 5 项一级标准作为"过程"（enablers）要素，用以说明"组织为达到卓越结果应当做什么"，有 4 项一级标准作为"结果"（results）要素，用以说明"组织实际所取得的成果是什么"。

3. 在 CAF 正式版本中，指标体系分为"过程"（enablers）和"结果"（results）两大要素，共 9 个一级指标（criteria）27 个次级指标（sub—criteria）。其中：

"过程"（enabler）要素共有 5 个一级指标，19 个次级指标。①领导力：a. 在开发和传递组织愿景、使命和价值观方面给予的指导，b. 开发和实施组织管理的系统，c. 激励和支持员工并担当起恰当角色，d. 协调与政治家和相关利益人之间的关系；②战略和规划：a. 收集与相关利益人当前和未来需求有关的信息，b. 开发、评估和修正组织的战略和规划，c. 在整个组织内实施战略和规划；③人力资源管理：a. 规划、管理和改进与战略和规划密切相关的人力资源，b. 围绕个人、团队和组织的目标，确认、开发和运用雇员能力，c. 面向雇员开展对话和授权；④合作伙伴和资源管理：a. 开展和实施关键的合作伙伴关系，b. 与公民/顾客开展和实施合作伙伴关系，c. 知识管理，d. 财务管理，e. 技术管理，f. 房屋和资产管理；⑤流程和变革管理：a. 确认、设计、管理和改进流程，b. 面向公民/顾客开发和提供服务和产品，c. 对现代化和创新的规划和管理。

"结果"（results）要素共有 4 个一级指标，8 个次级指标。①顾客/公民结果：a. 顾客/公民满意度测量的结果，b. 顾客/公民导向的测量指标；②雇员结果：a.

雇员满意度和激励度测量的结果，b. 雇员结果的指标；③社会结果：a. 社会绩效结果，b. 环境绩效结果；④关键绩效结果：a. 目标的取得，b. 财务绩效。

4. ISO 是一个组织的英语简称。其全称是 International Organization for Standardization，翻译成中文就是"国际标准化组织"，成立于 1947 年 2 月 23 日。ISO 负责除电工、电子领域和军工、石油、船舶制造之外的很多重要领域的标准化活动。ISO 现有 117 个成员，包括 117 个国家和地区。ISO 的最高权力机构是每年一次的"全体大会"，其日常办事机构是中央秘书处，设在瑞士日内瓦。中央秘书处现有 170 名职员，由秘书长领导。ISO 的宗旨是"在世界上促进标准化及其相关活动的发展，以便于商品和服务的国际交换，在智力、科学、技术和经济领域开展合作。"ISO 通过它的 2 856 个技术结构开展技术活动，其中技术委员会（简称 SC）共 611 个，工作组（WG）2 022 个，特别工作组 38 个。中国于 1978 年加入 ISO，在 2008 年 10 月的第 31 届国际化标准组织大会上，中国正式成为 ISO 的常任理事国。

5. 标准涉及的内容广泛，从基础的紧固件、轴承各种原材料到半成品和成品，其技术领域涉及信息技术、交通运输、农业、保健和环境等。每个工作机构都有自己的工作计划，该计划列出需要制订的标准项目（试验方法、术语、规格、性能要求等）。ISO 的主要功能是为人们制订国际标准达成一致意见提供一种机制。其主要机构及运作规则都在一本名为 ISO/IEC 技术工作导则的文件中予以规定，其技术机构在 ISO 是有 800 个技术委员会和分委员会，它们各有一个主席和一个秘书处，秘书处是由各成员国分别担任。

目前，承担秘书国工作的成员团体有 30 个，各秘书处与位于日内瓦的 ISO 中央秘书处保持直接联系。通过这些工作机构，ISO 已经发布了 9 200 个国际标准，如 ISO 公制螺纹、ISO 的 A4 纸张尺寸、ISO 的集装箱系列（目前世界上 95% 的海运集装箱都符合 ISO 标准）、ISO 的胶片速度代码、ISO 的开放系统互联（OS2）系列（广泛用于信息技术领域）和有名的 ISO9000 质量管理系列标准。

此外，ISO 还与 450 个国际和区域的组织在标准方面有联络关系，特别与国际电信联盟（ITU）有密切联系。在 ISO/IEC 系统之外的国际标准机构共有 28 个，每个机构都在某一领域制订一些国际标准。它们通常在联合国控制之下，一个典型的例子就是世界卫生组织（WHO）。ISO/IEC 制订 85% 的国际标准，剩下的 15% 由这 28 个其他国际标准机构制订。

6. ISO9001 是指国际质量管理体系。在引进过程中，将国际标准转换为国家标准，转换方式有等同采用和等效采用两种，在我国是采用等同采用的方式采用该标准的，就是说没有作任何改动的引用此标准。为便于识别在引用国际标准上我们加了"10000"，故引用后的质量管理体系标准正确写法为：ISO9001：2008 idt GB/T19001－2008。其中 idt 表示等同采用的意思，GB/T 代表国家推荐标准的意思。

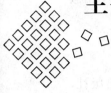

主要参考文献

[1] 夏书章. 行政管理学 [M]. 4版. 广州：中山大学出版社，2008.

[2] 张康之，李传军. 公共行政学 [M]. 北京：北京大学出版社，2007.

[3] 齐明山. 行政学导论 [M]. 北京：中国人民大学出版社，2006.

[4] 杨继昭，李桂凤，王金. 行政管理基础 [M]. 北京：中国人民大学出版社，2005.

[5] 张国庆. 公共行政学 [M]. 3版. 北京：北京大学出版社，2007.

[6] 孙荣，徐红. 行政学原理 [M]. 上海：复旦大学出版社，2001.

[7] 江超庸. 行政管理学案例教程 [M]. 广州：中山大学出版社，2001.

[8] 曾明德，罗德刚. 公共行政学 [M]. 北京：中共中央党校出版社，1999.

[9] 王乐夫，许文惠. 行政管理学 [M]. 北京：高等教育出版社，2000.

[10] 彭和平. 公共行政管理 [M]. 北京：中国人民大学出版社，1995.

[11] 王德中. 管理学 [M]. 4版. 成都：西南财经大学出版社，2008.

[12] 罗珉. 现代管理学 [M]. 成都：西南财经大学出版社，2005.

[13] 李贵鲜，张德信. 公共行政概论 [M]. 北京：人民出版社，2002.

[14] 丁煌. 西方行政学理论概要 [M]. 北京：中国人民大学出版社，2005.

[15] 虞崇胜. 中国行政史 [M]. 北京：高等教育出版社，1999.

[16] 朱仁显. 中国传统行政思想 [M]. 福州：福建人民出版社，2000.

[17] 中国行政管理学会. 新中国行政管理简史 [M]. 北京：人民出版社，2002.

[18] 李文良. 中国政府职能转变问题报告 [M]. 北京：中国发展出版社，2003.

[19] 宋德福. 中国政府管理与改革 [M]. 北京：中国法制出版社，2001.

[20] 教军章. 公共行政组织论 [M]. 哈尔滨：黑龙江人民出版社，2005.

[21] 阎洪琴，翁毅. 公共行政组织 [M]. 北京：团结出版社，2000.

[22] 魏娜，吴爱明. 当代中国政府与行政 [M]. 北京：中国人民大学出版社，2002.

[23] 朱光磊. 当代中国政府过程 [M]. 天津：天津人民出版社，2002.

[24] 朱立言. 行政领导学 [M]. 北京：中国人民大学出版社，2002.

[25] 刘建军. 领导学原理——科学与艺术 [M]. 上海：复旦大学出版社，2001.

[26] 郭咸纲. 西方管理思想史 [M]. 北京：经济管理出版社，2004.

[27] F. 赫塞尔本等. 未来的领导 [M]. 成都：四川人民出版社，1998.

[28] 舒放，王克良. 国家公务员管理教程 [M]. 北京：中国人民大学出版社，2007.

[29] 张觉文. 现代政府与公务员制度 [M]. 成都：四川人民出版社，2000.

[30] 李和中，陈广胜. 西方国家行政机构与人事制度改革 [M]. 北京：社会科学文献出版社，2005.

[31] 张旭霞. 公务员制度 [M]. 北京：对外经济贸易大学出版社，2006.

[32] 孙柏瑛. 公共部门人力资源开发与管理 [M]. 北京：中国人民大学出版社，2006.

[33] 边慧敏. 公共部门人力资源管理 [M]. 成都：西南财经大学出版社，2003.

[34] 崔裕蒙. 论行政决策的软约束 [J]. 中国行政管理，2002 (3).

[35] 徐珂. 政府执行力 [M]. 北京：新华出版社，2007.

[36] 张正钊. 行政法与行政诉讼法 [M]. 北京：中国人民大学出版社，1999.

[37] 马庆钰. 中国行政改革前沿视点 [M]. 北京：中国人民大学出版社，2008.

[38] 薛刚凌. 行政体制改革研究 [M]. 北京：北京大学出版社，2006.

[39] 颜廷锐. 中国行政体制改革问题报告 [M]. 北京：中国发展出版社，2004.

[40] 约翰·科特. 变革的力量 [M]. 北京：华夏出版社，1997.